tiger woods

JEFF BENEDICT Y ARMEN KETEYIAN

Traducción de Denis Torres Gamero

CONTRA

Tiger Woods
© 2018, Jeff Benedict & Associates, LLC, y Lights Out Productions, LLC
Publicado según acuerdo con Simon & Schuster, Inc.
Todos los derechos reservados

Dirección editorial: Didac Aparicio y Eduard Sancho

Diseño y maquetación: Endoradisseny

Primera edición: Septiembre de 2019
© 2019, Contraediciones, S.L.
c/ Elisenda de Pinós, 22
08034 Barcelona
contra@contraediciones.com
www.editorialcontra.com

© 2019, Denis Torres Gamero, de la traducción
© Michael O'Neill / Contour RA / Getty Images, del retrato de Tiger Woods de la cubierta

ISBN: 978-84-120287-8-2
Depósito Legal: B 19.017-2019
Impreso en España por Liberdúplex

Para Lydia, la mejor de las esposas, la mejor de las mujeres.

Para Dede, mi extraordinaria esposa, que ha tolerado, ha inspirado, ha confiado y, lo mejor de todo, ha amado.

ÍNDICE

PRÓLOGO

Plantado entre dos lápidas, Mike Mohler hundió la perforadora en la tierra, dándole vueltas como a un sacacorchos. Era viernes, 5 de mayo de 2006, y las calurosas temperaturas habían ablandado el suelo del Sunset Cemetery de Manhattan, en el estado de Kansas. Terrón a terrón, el sepulturero, de cuarenta y cuatro años y cuyo pelo empezaba a clarear, cavó meticulosamente una fosa, apilando la tierra a su lado. En veinticuatro horas, las cenizas del hijo más famoso de la ciudad serían sepultadas allí. Casi nadie sabía del entierro y Mohler pretendía mantener la discreción.

La noche anterior, Mohler se encontraba en casa viendo la televisión cuando sonó el teléfono. Eran aproximadamente las nueve, y su interlocutora no se identificó.

—Tenemos un entierro en camino —dijo.

«Curiosa manera de iniciar una llamada», pensó Mohler. Especialmente a su domicilio y a una hora tan tardía.

—¿Cómo se llama el difunto? —preguntó.

—No puedo decírselo —respondió la mujer.

—Bueno, pues yo no puedo ayudarla si no me da un nombre —le explicó.

—No puedo decírselo hasta que no firme unos documentos de confidencialidad —replicó ella.

Mohler le contó que no sería necesario. El estado le había exigido firmar unos documentos que lo obligaban a guardar confidencialidad al hacerse sepulturero diecisiete años atrás.

—Tengo que saber a quién voy a enterrar; si no, ni siquiera puedo saber si tiene parcela aquí —dijo.

La mujer aseguró a Mohler que la persona fallecida tenía una parcela. Entonces, este oyó de fondo a una voz de hombre decir: «Dile a quién va a enterrar y ya está».

—Llamo de parte de Tiger Woods —le contó la mujer a Mohler—. Su padre ha fallecido.

El teniente coronel Earl Dennison Woods murió de un ataque al corazón en su casa de Cypress, California, el 3 de mayo de 2006. Tenía setenta y cuatro años y estaba delicado de salud; el cáncer y su eterna afición al alcohol y el tabaco lo habían debilitado mucho. Earl, un boina verde que había servido en Vietnam en dos ocasiones, había conseguido que en todo el mundo se le aclamara por su casi mítica labor criando al golfista más famoso de todos los tiempos. Woods era célebre por sus excéntricas declaraciones, como cuando auguró en *Sports Illustrated* que su hijo, que por ese entonces tenía veinte años, llegaría a tener mayor influencia en el mundo que Nelson Mandela, Gandhi o Buda. «Es el Elegido —explicó Earl a la revista—. Tendrá el poder de influir en las naciones.»

Esas expectativas eran desmesuradas. Sin embargo, Tiger dijo en repetidas ocasiones que nadie lo conocía mejor que su padre, el hombre al que a menudo se refería como su «mejor amigo» y su «héroe». Juntos protagonizaron uno de los momentos más memorables de la historia del deporte. Inmediatamente después de que Tiger embocara su último *putt* y ganara el Masters de 1997 por doce golpes —una ventaja sin precedentes—, Earl le dio un inolvidable abrazo de oso. En la que fue la retransmisión de golf más vista de la historia de los EE. UU., se calcula que unos cuarenta y tres millones de espectadores (casi el quince por ciento de los hogares estadounidenses) fueron testigos de cómo padre e hijo lloraban abrazados mientras Earl le decía al oído: «Te quiero, hijo». Decenas de programas de golf habían terminado de manera similar, con los dos fundidos en un abrazo y Earl susurrando esas tres mismas palabras.

Pero Mike Mohler no veía torneos de golf. No era muy aficionado a ese deporte y no había cogido un palo de golf en su vida. A pesar de ello, admiraba a Tiger Woods y para él fue todo un orgullo cavar la tumba de Woods padre. Con la ayuda de un mapa del cementerio, Mohler había localizado la parcela funeraria de Earl (bloque 5, parcela 12, tumba 02), justo entre las de sus padres, Miles y Maude Woods. Desde que asumió el cargo de sepulturero en 1989, Mohler había cavado más de dos mil fosas. La de Earl sería mucho más pequeña que la mayoría, pues lo habían incinerado. Tiger y su madre, Kultida, estaban volando desde el sur de California con una caja de madera cuadrada de veinticinco por veinticinco centímetros y poca profundidad que contenía las cenizas de Earl. Mohler estaba listo y esperaba su llegada. Tras casi una hora cavando, había dado forma a una tumba que recordaba al hueco de un ascensor en miniatura. Medía treinta centímetros de largo, treinta de ancho y ciento siete de profundidad. Sirviéndose de una pala, raspó la tierra suelta de los laterales hasta dejar los bordes milimétricamente rectos.

Al día siguiente, sobre las doce del mediodía, dos limusinas se detuvieron en una antigua sección del cementerio. Tiger, su mujer, Elin, y la madre de Tiger salieron del primer coche, y los tres hijos fruto del primer matrimonio de Earl se apearon del segundo. Mohler y su esposa, Kay, los recibieron. Hacia el final de la ceremonia, que no duró más de veinte minutos, Kultida entregó a Mohler la caja de madera con las cenizas de su marido. Él la colocó en el hoyo y vertió cemento. Bajo la atenta mirada de la familia, Mohler, cuidadosamente, llenó el agujero de tierra, allanó la parte superior y la cubrió con un tepe de césped. Acto seguido, los familiares desfilaron hacia las limusinas y, tras un breve alto en el domicilio donde Earl había pasado su infancia, volvieron al aeropuerto.

Unos días después, cuando se corrió la voz de que Earl Woods había sido enterrado, la empresa local encargada de fabricar lápidas y piedras sepulcrales (una compañía llamada Manhattan Monuments) previó que les encargarían un gran monumento de granito. Llamaron a Mohler, pero él no tenía información al respecto. Ni Tiger ni su madre habían dejado instrucciones para una lápida.

En un primer momento, Mohler pensó que la familia simplemente necesitaba tiempo para decidir qué quería. Cada uno lleva el luto de manera distinta, él lo sabía mejor que nadie. Sin embargo, pasaron cinco y luego diez años y la familia seguía sin haber encargado un monumento funerario.

«No hay lápida —declaró Mohler en 2015—. Su tumba no tiene ninguna marca. La única manera de saber dónde está enterrado Earl Woods es sabiendo dónde buscar los delimitadores de la parcela, que están bajo tierra. Se necesita un mapa para encontrarlos.»

En definitiva, Earl Dennison Woods fue sepultado en la tierra de Kansas en una tumba sin marcar. Sin piedra. Sin epitafio. Nada.

«Es como si ni siquiera estuviera ahí», dijo Mohler.

Tiger Woods era el tipo de estrella trascendente que aparece con una frecuencia similar a la del cometa Halley. Se mire por donde se mire, es el golfista con más talento que ha existido, y podría decirse que el mayor deportista individual de la historia moderna. Durante un periodo de quince años —desde agosto de 1994, cuando se hizo con la primera de sus tres victorias consecutivas en el US Amateur siendo un estudiante de dieciocho años en su último curso de secundaria, hasta las primeras horas de la madrugada del 27 de noviembre de 2009, cuando estrelló su todoterreno contra un árbol y acabó con la trayectoria más hegemónica de la historia del golf—, Woods fue un torbellino humano de apasionante dramatismo y entretenimiento, protagonista de algunos de los momentos más memorables de la historia del deporte televisado.

A Woods se lo comparará siempre con Jack Nicklaus, que ganó más *majors*. Sin embargo, el efecto Tiger no se puede medir con datos estadísticos. Puede que una comparación literaria sea más adecuada. Considerando todo el espectro de sus impresionantes dotes, Woods era nada menos que un Shakespeare contemporáneo. Alguien como nunca nadie había visto ni volverá a ver.

El legado golfístico de Woods raya en lo inimaginable. Fue el primer golfista de herencia afroamericana y también el más joven de la historia en ganar un *major*. Ganó catorce grandes y un total de setenta y nueve[1] torneos en el PGA Tour (marca solo superada por Sam Snead) y más de cien en todo el mundo. Ostenta el récord en número de cortes consecutivos superados (142 en cerca de ocho años) y de semanas siendo el número uno del mundo (683). Además, ha sido nombrado once veces Jugador del Año, ha conseguido en nueve ocasiones la mejor puntuación anual y ha ganado más de 110 millones de dólares en premios oficiales. Los torneos que disputaba batían sistemáticamente récords de asistencia y de audiencia en televisión. Su carisma y sus dos décadas de hegemonía impulsaron el estratosférico incremento en los premios en metálico del PGA Tour; de 67 millones de dólares en 1996, su primer año como profesional, llegaron a una cifra récord de 363 millones en 2017-18, a la vez que la media de premios en metálico por torneo pasó de 1,5 a 7,4 millones de dólares durante ese mismo periodo. De paso, ayudó a que más de cuatrocientos profesionales se hicieran millonarios. En definitiva, que Woods transformó el golf desde un punto de vista deportivo, social, cultural y económico.

En el apogeo de la carrera de Tiger, el golf estaba por encima de la NFL y la NBA en los índices de audiencia Nielsen. Como imagen de Nike, American Express, Disney, Gillette, General Motors, Rolex, Accenture, Gatorade, General Mills y EA Sports, Woods aparecía en anuncios de televisión, en vallas publicitarias y en revistas y periódicos. Los seguidores lo acosaban allá donde iba: Francia, Tailandia, Inglaterra, Japón, Alemania, Sudáfrica, Australia e incluso Dubái; los reyes y los presidentes intentaban congraciarse con él; las grandes empresas le cortejaban; las estrellas del rock y los actores de Hollywood querían ser él, y las mujeres querían acostarse con él. Durante casi dos décadas, fue simple y llanamente el deportista más famoso del mundo.

Tiger no estaba solo únicamente en la cima del mundo del golf. En un sentido muy literal, estaba solo. Pese a su instinto asesino en el campo, fuera de él era una persona introvertida que se sentía más cómoda jugando a videojuegos, viendo la televisión o entrenando en

---

1. Desde la publicación de este libro en EE. UU. en 2018, Tiger ha cosechado dos victorias más en el PGA Tour, la más reciente en el Masters de 2019. [N. del T.]

soledad. Ya durante la infancia, pasaba mucho más tiempo solo en su habitación que jugando en la calle con otros niños. Al no tener hermanos, muy pronto aprendió que sus padres eran los únicos en quienes debía confiar y de quienes podía depender. Así fue más o menos como ellos lo programaron. Su padre asumió los roles de mentor de golf, sabio, visionario y mejor amigo. Su madre, Kultida, era su exigente y temible protectora. Juntos, sus padres resultaban una fuerza inexpugnable que no dejaba que nadie penetrara en el camino hacia el éxito que habían allanado —y protegido celosamente— para su hijo. En su hogar del sur de California, donde la vida giraba en torno a Tiger y el golf, el mantra estaba claro: la familia lo es todo.

La dinámica de la familia Woods convirtió a Tiger en el deportista más misterioso de su tiempo, un enigma obsesionado con la privacidad que consiguió dominar el arte de ser invisible a la vista de todos, de decir cosas sin revelar prácticamente nada. Por un lado, creció ante nuestros ojos, ya que apareció en programas de televisión desde la temprana edad de dos años y se le hicieron fotografías y artículos durante toda su infancia. Por otro lado, gran parte de su verdadera historia familiar y su vida privada sigue oculta tras entrevistas con condiciones pactadas de antemano, ruedas de prensa meticulosamente estructuradas, relatos míticos, medias verdades, sofisticadas campañas publicitarias y titulares de tabloides.

Así las cosas, no nos sorprendió que Woods, a través de su portavoz principal, Glenn Greenspan, se negara a ser entrevistado para este libro. (De hecho, para ser más exactos, se nos dijo que antes de que «consideraran» una entrevista teníamos que informarles de con quién habíamos hablado, qué nos habían dicho y las preguntas concretas que íbamos a formular, condiciones que no estábamos dispuestos a aceptar.) La madre de Woods, Kultida, a su vez, no respondió a nuestra solicitud de entrevista. No obstante, Woods sí autorizó a su quiropráctico de toda la vida a que nos facilitara una declaración completa sobre su trato con el golfista y el asunto de las sustancias para mejorar el rendimiento.

En un esfuerzo por ser exhaustivos, empezamos por leer todos los libros significativos sobre Woods (en total más de veinte) escritos por él, su padre, exentrenadores, un antiguo *caddie* y la primera mujer de Earl (Barbara Woods Gary), entre otros. Incluidos en esa lista se encontraban los por momentos extraordinarios relatos de periodistas como Tom Callahan, John Feinstein, Steve Helling, Robert Lusetich, Tim Rosaforte, Howard Sounes y John Strege. Sería un descuido por nuestra parte no destacar dos fuentes de información de incalculable valor: *El Masters de mi vida: Mi historia*, de Tiger Woods con Lorne Rubenstein, publicado en 2017, en el vigésimo aniversario del histórico triunfo de Woods en Augusta, y *The Big Miss: My Years Coaching Tiger Woods*, de Hank Haney. Escarbamos prácticamente todas las páginas de ambos libros en busca de perspectivas, hechos y reflexiones que hicieran que nuestra historia fuera veraz. Además, leímos libros sobre budismo, las Fuerzas de Operaciones Especiales de la Marina de los Estados Unidos, niños prodigio, el éxito, el negocio del golf, la adicción al sexo, conducta compulsiva, infidelidad y sustancias para mejorar el rendimiento. Simultáneamente, pasamos meses elaborando una completa cronología de ciento veinte páginas de la vida de Woods, detallando cualquier momento o acontecimiento significativos desde el nacimiento de sus padres. También revisamos las transcripciones de más de trescientas veinte ruedas de prensa oficiales que Tiger dio entre 1996 y 2017, así como decenas de transcripciones de entrevistas que concedió sobre una gran variedad de temas a medios informativos y programas de televisión. Con la ayuda de un periodista de investigación de *Sports Illustrated*, recopilamos y leímos miles de artículos de revistas y periódicos de todo tipo sobre Tiger. Y gracias a los canales de televisión CBS, NBC y Golf Channel, y al PGA Tour, vimos más de cien horas de metraje de Tiger, dentro y fuera del campo.

Durante un periodo de tres años, también realizamos más de cuatrocientas entrevistas a más de doscientas cincuenta personas de todas las épocas de la vida de Woods, desde profesionales de la enseñanza y entrenadores de *swing* que una vez ocuparon un lugar en su círculo cercano hasta amigos íntimos de dentro y fuera del mundo del golf, pasando por su primer amor. No obstante, algunas de las informaciones más reveladoras vinieron de los montones de personas del pasado de Tiger que nunca antes habían sido entrevistadas: aquellas que ayudaron a financiar su carrera amateur, la propietaria de la casa de Augusta donde Tiger se alojaba año tras año durante el Masters, una íntima confidente, antiguos empleados, socios comerciales, su profesor de submarinismo, sus vecinos de Isleworth y aquellos que trabajaron con él detrás de las cámaras en IMG, Nike, Titleist, EA Sports, NBC Sports y CBS Sports.

Pronto descubrimos que dos de las cualidades que más valora Woods son la privacidad y la lealtad. En cuanto a la primera, muchas de las personas con las que hablamos —desde el exagente de Tiger, J. Hughes Norton III, hasta antiguos empleados de su empresa, la ETW Corp.— habían firmado acuerdos de confidencialidad que les prohibían hablar con nosotros. «Al igual que tantos otros en su círculo, estaba sujeto al cumplimiento de contratos y otros documentos legales», nos contó un antiguo empleado en un email. No es inusual que los personajes públicos obliguen a aquellos que los rodean —especialmente a aquellos que tienen contacto directo con los familiares y acceso a información personal— a firmar acuerdos de confidencialidad. Sin embargo, Tiger tomó medidas extremas para proteger incluso la más trivial de las informaciones sobre su pasado. Por ejemplo, pidió personalmente que nadie tuviera acceso a sus anuarios del instituto. Sorprendentemente, el distrito escolar público accedió a su petición y nos dijeron que no nos estaba permitido verlos (acabamos consultándolos en la biblioteca local). En cuanto a la lealtad, todos, uno detrás de otro, nos dijeron que tendrían que «consultarlo con Tiger» antes de acceder a hablar. Un antiguo compañero de secundaria con el que hablamos simplemente con la esperanza de averiguar algunas cosas acerca del instituto Western High School de Anaheim nos hizo saber que antes necesitaba el permiso de Tiger. Le dijimos que no se molestara.

Después de todo esto, la pregunta es obligada: ¿por qué embarcarse en este proyecto? Nuestra respuesta es sencilla: muy pocas personas son conocidas en todo el mundo por una sola palabra. Tiger ha logrado formar parte de ese selecto club siendo el mejor golfista —algunos dirán el mejor deportista— de la historia moderna. Sin embargo, su historia va más allá del golf y su influencia ha alcanzado todos los rincones del planeta. A pesar de ello, nunca se ha hecho una biografía completa que ofrezca una perspectiva de 360 grados de toda la vida de Tiger hasta la fecha, una que examine de cerca sus raíces y el papel fundamental que jugaron sus padres en sus épicos ascenso, caída y regreso. Tras escribir *The System*, en el que nos sumergimos en el complejo mundo del fútbol americano universitario, buscábamos otra montaña que escalar. No se nos ocurrió ninguna más imponente y estimulante que el monte Woods. Desde el principio, nuestro objetivo fue aportar algo fresco y revelador y, de paso, trazar un retrato humano completo de un auténtico aunque reticente ídolo americano.

Este libro es ese retrato.

CAPÍTULO UNO
EL FINAL

Descalzo y aturdido, el deportista más poderoso del planeta se había encerrado en un cuarto de baño. Durante años, como un escapista, había sido capaz de ocultar las huellas de su vida privada. Aquella vez no. Finalmente, su mujer le había descubierto. Pero había muchas cosas que no sabía, muchas cosas que nadie sabía. Eran cerca de las dos de la madrugada del viernes 27 de noviembre de 2009, el día después de Acción de Gracias. Con la mente probablemente embotada por efecto de los medicamentos recetados, era imposible que aquel hombre tan obsesionado con la privacidad previera que su próximo movimiento iba a destrozar su imagen perfecta y le iba a hacer caer en la desgracia más profunda de la historia del deporte moderno. Tiger Woods abrió la puerta y huyó.

Dos días antes, el *National Enquirer*, que le había estado siguiendo de cerca durante meses, había publicado una bomba —«El escándalo de infidelidad de Tiger Woods»— con fotografías de una despampanante azafata de treinta y cuatro años de un club nocturno de Nueva York llamada Rachel Uchitel. El tabloide acusaba a Tiger Woods de haber mantenido un tórrido encuentro con Uchitel la semana anterior en Melbourne, durante el Australian Masters. Woods, que insistía en que se trataba de otra mentira, llegó incluso a poner a su mujer al teléfono con Uchitel, pero, después de treinta intensos minutos, Elin seguía sin creerse la historia de su marido. Tal vez fuera rubia y guapa, pero de tonta no tenía un pelo. La tarde de Acción de Gracias, cuando Tiger volvió a casa después de jugar a las cartas con algunos chicos en el club de su urbanización privada de Isleworth, a las afueras de Orlando, Elin esperó a que se tomara un Ambien y se quedara dormido. Bastante después de medianoche, cogió el móvil de Tiger y empezó a investigar. Bastó un mensaje de su marido a un misterioso destinatario para que su corazón se partiera en dos: «Eres la única persona a la que he amado».

Elin se quedó mirando aquellas palabras y, entonces, desde el móvil de Tiger, envió un mensaje a la persona desconocida. «Te echo de menos —escribió—. ¿Cuándo volvemos a vernos?»

A los pocos segundos, llegó una respuesta que manifestaba sorpresa de que Tiger siguiera despierto.

Elin marcó el número. Le respondió la misma voz ronca de mujer que el día anterior le había declarado su inocencia. ¡Uchitel!

—Lo sabía —gritó Elin—. ¡Es que lo sabía!

—Mierda —dijo Uchitel.

Los gritos de Elin no tardaron en despertar a Woods. A trompicones por el aturdimiento, salió de la cama, cogió su móvil y se metió en el cuarto de baño. «Lo sabe», le escribió a Uchitel.

Pero a quien Woods temía de verdad no era a la mujer que había al otro lado de la puerta. La había estado engañando durante años con decenas de mujeres, alimentando un apetito sexual insaciable que había desembocado en una adicción incontrolable. No. La única mujer a la que en realidad había temido era la que se encontraba durmiendo en una habitación de invitados en otra parte de la mansión: su madre, que había venido de visita para celebrar Acción de Gracias. Kultida Woods, viuda desde hacía más de tres años, había tenido que tragarse un matrimonio en ocasiones humillante en el que había habido agresiones verbales, desatención y adulterio. Tiger idolatraba a su padre, pero no podía soportar que hubiera roto el corazón de su madre. Kultida nunca se divorció de Earl por Tiger. Prefirió preservar el nombre de la familia y dedicar su vida a criar a su único hijo para que llegara a ser un campeón. La reputación y Tiger: a Kultida no le importaba nada más.

Cuando Tiger era pequeño, su madre dictó una ley: «Nunca jamás arruinarás mi reputación como madre —le dijo—, o te atizaré». De niño, el miedo a su represalia había mantenido a Tiger a raya. Ahora que era un hombre, nada le aterraba más que la idea de que su madre descubriera que había seguido los pasos de su padre. No podría mirarla a la cara.

Woods salió de la casa. En la calle, la temperatura era de cinco grados y él llevaba solo un pantalón corto y una camiseta. Según se cuenta, Elin lo persiguió con un palo de golf en la mano. Tratando de escapar, Tiger subió rápidamente a su Cadillac Escalade y lo sacó del aparcamiento a toda prisa. Inmediatamente después, saltó un bordillo de hormigón y se metió en una mediana encespedada. Giró bruscamente hacia la izquierda, atravesó Deacon Circle, saltó otro bordillo, pasó rozando una hilera de setos, volvió a cruzar la calle con otro viraje brusco y chocó con una boca de incendios justo antes de estamparse contra un árbol del jardín de los vecinos de al lado. Elin hizo añicos las ventanas de los asientos de detrás del conductor y el copiloto con el palo.

Kimberly Harris se despertó con el sonido producido por las explosiones del motor. Al asomarse a la ventana, vio un todoterreno al final de su entrada. La parte frontal estaba aplastada contra un árbol, y el único faro indemne alumbraba la casa. Preocupada, despertó a su hermano de veintisiete años, Jarius Adams. «No sé quién hay ahí fuera —le dijo—, pero será mejor que salgas a ver qué pasa.»

Adams salió con precaución por la puerta delantera, intentando procesar lo que estaba viendo. Woods estaba tirado boca arriba en la acera. No llevaba zapatos, había perdido el conocimiento y le sangraba la boca. Había cristales rotos esparcidos por la entrada y un palo de golf torcido junto al vehículo. Elin daba vueltas alrededor de su marido y gimoteaba.

—Tiger —susurró, sacudiéndole suavemente los hombros—. ¿Estás bien, Tiger?

Adams se agachó y vio que Tiger estaba dormido, roncando. Tenía el labio roto. Sus dientes estaban manchados de sangre.

—Ayúdame, por favor —dijo Elin—. No llevo el móvil. ¿Puedes llamar a alguien?

Adams corrió hacia su casa y le gritó a su hermana que cogiera mantas y almohadas. «Tiger está inconsciente», le explicó. Luego volvió a salir corriendo y llamó a urgencias.

TELEFONISTA: Servicio de emergencias. ¿Qué ha pasado?

ADAMS: Necesito una ambulancia urgente. Delante de mi casa hay una persona inconsciente.

TELEFONISTA: ¿Se trata de un accidente de coche, señor?

ADAMS: Sí.

TELEFONISTA: De acuerdo. ¿Hay alguien atrapado en el interior del vehículo?

ADAMS: No, está en el suelo.

TELEFONISTA: Señor, el servicio médico está a la escucha, ¿de acuerdo?

ADAMS: Tengo un vecino... ha chocado contra un árbol. Hemos salido solo para ver qué pasaba. Le estoy viendo y está tirado en el suelo.

TELEFONISTA: ¿Puede ver si respira?

ADAMS: No, ahora mismo no sabría decirle.

De repente, Kultida Woods salió de la casa de Tiger y corrió hacia la escena del accidente.

—¿Qué ha pasado? —gritó.

—Eso intentamos averiguar —le explicó Adams—. Ahora mismo estoy hablando con la policía.

Kultida se volvió hacia Elin con lágrimas en los ojos. Poco después, oyeron una sirena y vieron aproximarse unas luces azules. Un coche del Departamento de Policía de Windermere se detuvo, seguido de una ambulancia, un *sheriff* y un agente de tráfico de Florida. Los paramédicos midieron las constantes vitales de Tiger y comprobaron que no hubiera sufrido una parálisis, intentando generar movimiento mediante la estimulación de su pie izquierdo. Tiger abrió los ojos entre gemidos, pero enseguida se le pusieron en blanco al movérsele las pupilas hacia arriba con los párpados todavía abiertos.

Cuando los paramédicos alzaron la camilla de Tiger para meterla en la ambulancia y se marcharon a toda velocidad, la pregunta de Kultida quedó en el aire: «¿Qué ha pasado?». ¿Por qué había huido Tiger Woods de su casa en mitad de la noche? Y ¿cómo había acabado el deportista más célebre de nuestro tiempo tirado en la acera medio muerto? En cuestión de días, el mundo entero haría preguntas mucho más inquietantes. Las respuestas, al igual que el personaje, resultaron ser complejas. Cuando uno sigue un rastro sobre un camino muy sinuoso, lo mejor es empezar por el principio.

CAPÍTULO DOS
ASUNTOS FAMILIARES

El 14 de septiembre de 1981, a los cinco años, Tiger Woods entró en un aula de parvulario de la Cerritos Elementary School que había sido cuidadosamente decorada para que los niños se sintieran cómodos. Era el primer día de clase. En un par de pizarras de corcho había colgadas fotografías de animales y plantas. En una pared había también dibujos coloreados a mano: uno con nubes blancas y esponjosas sobre un cielo azul y otro con un sol amarillo y radiante que emitía sus rayos. Encima de la pizarra había números y las letras del abecedario. Pero nada de todo eso disminuía la sensación de Tiger de sentirse diferente al resto de los niños. Completamente diferente. En lugar de sus juguetes, su posesión más preciada era un juego de palos de golf hechos a medida. Dejando de lado a sus padres, su mejor amigo era su entrenador de golf, un hombre bigotudo de treinta y dos años llamado Rudy. Tiger ya había hecho algunas apariciones en la televisión nacional, había jugado delante de millones de personas y se había codeado con Bob Hope, Jimmy Stewart y Frank Tarkenton. Su *swing* era tan suave que parecía un profesional en un cuerpo en miniatura. Había llegado a firmar autógrafos, escribiendo «TIGER» en mayúsculas, puesto que todavía no había aprendido a escribir en letra ligada. También era un genio con los números. Su madre le había enseñado a sumar y restar cuando tenía dos años. A los tres, le enseñó las tablas de multiplicar. Practicaba cada día, una y otra vez. Cuanto más le machacaba su madre, más afición cogía por los números. Su nivel en matemáticas era el de un niño de tercer curso. Sin embargo, nadie en su clase de la guardería sabía nada de todo eso. Ni siquiera su profesora.

Tiger tomó asiento en silencio junto con otros treinta párvulos. Solo tres cosas lo diferenciaban del resto: su piel era algo más oscura, era increíblemente tímido y tenía un nombre muy peculiar: Eldrick. No obstante, cuando la profesora de parvulario, Maureen Decker, puso una canción para ayudar a los niños a presentarse el primer día de clase, él dijo que se llamaba Tiger. Se pasó el resto de la clase resistiéndose a los amables intentos de Decker de hacerlo hablar. No fue hasta que terminó el horario lectivo que se acercó cautelosamente a su profesora y le dio un tirón para llamar su atención.

—No me llames Eldrick —dijo tartamudeando—. Llámame Tiger.

Kultida Woods le dio esas mismas instrucciones: debía dirigirse a su hijo por su apodo, no por su nombre.

Tiger vivía a ciento cincuenta metros de la escuela. Su madre le acompañaba cada mañana y lo iba a recoger todas las tardes. Luego le llevaba a un campo de golf cercano, en el que practicaba. Decker no tardó en darse cuenta de que Tiger tenía una rutina inusualmente estructurada que le dejaba poco o ningún tiempo para interactuar con el resto de los niños fuera de la escuela. Académicamente estaba muy por delante de sus compañeros de clase, especialmente en todo lo que tuviera que ver con números. Para tener cinco años, también era insólitamente disciplinado. Pero apenas hablaba y en el patio parecía perdido, como con miedo de jugar con los demás.

Cuando creció, Tiger recordó su infancia y el hecho de haberla dedicado exclusivamente al golf. En unos DVD que salieron en 2004 con el título *The Authorized DVD Collection*, Tiger admitió que de niño disfrutaba corriendo y jugando al béisbol y al baloncesto, pero que eran actividades que tampoco le entusiasmaban. «El golf fue decisión mía», dijo. Pero sus profesores de preescolar recuerdan otra cosa. En la primera reunión de padres y profesores, Decker manifestó diplomáticamente su preocupación y sugirió apuntar a Tiger a alguna actividad extraescolar. Earl descartó la idea inmediatamente, dejando bien claro que, después de las clases, Tiger iba a jugar al golf. Cuando Decker intentó explicarle las ventajas de dejar que su hijo hiciera amigos de su misma edad, Earl la interrumpió. Él sabía qué era lo mejor para su hijo. Kultida permaneció en silencio y la reunión terminó de manera algo incómoda.

Decker decidió no volver a sacar el tema. Un día, sin embargo, Tiger se le acercó durante el recreo. «Pregúntale a mi madre si puedo ir a jugar a fútbol», dijo en voz muy baja. Decker habló con Kultida en privado. Las dos habían entablado una relación de amistad y Kultida coincidió en que a Tiger le iría bien jugar al fútbol con los demás niños. Le rogó a la profesora de su hijo que siguiera insistiéndole a Earl para que permitiera que Tiger participara en actividades extraescolares. Y eso hizo: en la siguiente reunión de padres y profesores, Decker sacó de nuevo el tema. En esa ocasión, Earl se alteró. Mientras se le llenaba la boca asegurando saber qué era lo que más le convenía a su hijo, Kultida volvió a guardar silencio. En definitiva, que nada de fútbol. Era golf y no se hable más.

«Me supo mal por el pequeño, que quería relacionarse con los demás», dijo Decker.

En una época en la que pocos padres de la escuela Cerritos asistían a las reuniones con los profesores, Earl Woods se presentaba siempre. En ocasiones, incluso iba sin Kultida. Los responsables del centro se acostumbraron a verlo más a él que a ningún otro padre. Iba incluso a las exposiciones orales. Ann Burger, la profesora de Tiger en primer curso, dijo que nunca olvidaría el día en que presenció la presentación oral más inusual de sus treinta años como docente: Earl entró con una bolsa con palos de golf en miniatura, y Burger acabó haciendo salir a toda la clase para que Tiger hiciera una demostración durante la cual lanzó pelotas de golf por todo el patio.

«Era bueno —recordó Burger—. Tenía unos palos especiales. Eran pequeños, pero eran sus palos.»

Tiger iba golpeando mientras Earl explicaba que si su hijo había llegado a ser tan bueno había sido gracias al esfuerzo y la práctica. Los niños de seis años se quedaron boquiabiertos, pero esa exhibición fue solo una más de las muchas situaciones que despertaron preguntas en la mente de los profesores: ¿Qué clase de cosas tendrá que soportar ese crío? ¿Qué pasará en su casa? ¿Cuál es la dinámica de esa familia?

Parte del árbol genealógico de la familia de Tiger Woods proviene de Manhattan, en el estado de Kansas, una ciudad azotada por la miseria y el viento donde, al nacer Earl Woods el 5 de marzo de 1932, imperaba la segregación racial. Su padre, Miles Woods, un albañil de cincuenta y ocho años que cuando nació Earl ya no pasaba por su mejor momento de salud, fue cariñosamente descrito por sus hijos como un «viejo quisquilloso y tozudo». A pesar de ser un baptista devoto que evitaba el alcohol y el tabaco, su gusto por el lenguaje soez era legendario. «Mi padre me enseñaba disciplina y palabrotas —dijo Earl más tarde—. Podía blasfemar durante treinta minutos seguidos sin repetirse.»

La madre de Earl, Maude, una mujer mestiza de ascendencia africana, europea, china y nativa americana, había obtenido un título universitario en Economía Doméstica en la Kansas State University. Enseñó a Earl a leer y escribir en una casa de ciento veinte metros cuadrados que se les quedaba pequeña. La familia no tenía coche ni televisor, y Earl pasaba mucho tiempo fuera con su padre. Juntos construyeron un muro de piedra entre el domicilio familiar y la calle. «Me enseñó a hacer la mezcla del mortero —dijo Earl—. Tenía su propio truco. Decía: "Tienes que meterle la cantidad justa de saliva", escupía en el cubo y seguía: "Sí, más o menos así está bien".»

Earl también pasó mucho tiempo con su padre en Griffith Park, el nuevo estadio de béisbol para ligas menores de la ciudad, donde Miles hacía de anotador. Miles era capaz de decir de memoria los nombres, el promedio de bateo y las estadísticas de lanzamiento de todos los futuros jugadores de las Grandes Ligas que pasaban por Manhattan. En agosto de 1943 llevó la cuenta de su último partido; horas después del último lanzamiento, falleció a causa de un derrame cerebral a los setenta años. Earl tenía entonces once y recordaba ver a su desconsolada madre sentada en la mecedora canturreando sin parar el himno góspel «What Are They Doing in Heaven». Cuatro años después, Maude también murió de un derrame. A solo unos meses de cumplir dieciséis años, Earl de repente se había quedado huérfano y bajo el cuidado de una hermana mayor que llevaba la casa como «una pequeña dictadora».

El padre de Earl murió con una obsesión: quería que su hijo se convirtiera en jugador de béisbol profesional. Nada le habría enorgullecido más. Consciente de ello, Earl puso todo su empeño en llegar a jugar en las Grandes Ligas. Era un sueño que recibió un empujón en 1947, cuando Jackie Robinson rompió la barrera de color y fichó por los Brooklyn Dodgers. Aquel verano, Earl estaba trabajando como encargado de material en Griffith Park, y muchos de los mejores jugadores de las Ligas Negras estaban de gira por el Medio Oeste. Earl conoció a Roy Campanella, Josh Gibson y Monte Irvin. También dijo que una tarde, durante una práctica de bateo, consiguió coger una pelota del legendario lanzador Satchel Paige, cuya bola rápida se creía que alcanzaba los ciento sesenta kilómetros por hora.

Al terminar el instituto en 1949, Earl se matriculó en la Kansas State University y se unió al equipo de béisbol como receptor. También jugó de lanzador y en primera base. Al tercer año ya era uno de los mejores jugadores de un equipo pésimo. De mayor, Earl publicó unas exitosísimas memorias en las que afirmó que había conseguido una beca de béisbol y había roto la barrera de color al ser el primer deportista negro en la Conferencia de los 7 (más tarde 8 y actualmente 12) Grandes. Ambas declaraciones fueron exageradas.

«Yo no le concedí ninguna beca —le explicó Ray Wauthier, el exentrenador de béisbol de la universidad, al periodista Howard Sounes en 2003—. Supongo que lo añadió a la historia para que le quedara más bonita.»

Tampoco es cierto que Earl fuera el primer deportista negro de la Conferencia de los 7; antes que él estuvieron Harold Robinson y Veryl Switzer, el segundo de los cuales jugó más adelante con los Green Bay Packers. Sin embargo, Woods sí fue el primer jugador negro del equipo de Kansas de la Legión Americana, y eso llevó a Wauthier a ofrecerle un puesto en la alineación de la universidad, por lo que Earl consiguió romper la barrera de color de la Conferencia de los 7 en béisbol.

La carrera de Woods como jugador de béisbol nunca pasó de la universidad, pero su visión sobre la raza se vio fuertemente influenciada por su experiencia como único jugador negro de la alineación. Una vez, cuando el equipo se fue de viaje a Misisipi durante los entrenamientos de primavera, el entrenador de un equipo rival vio a Woods calentando y le dijo a Wauthier que su receptor tendría que quedarse en el bus sin jugar. La respuesta de Wauthier fue ordenar a todos sus jugadores que volvieran al autobús. El equipo se fue sin jugar. En otra ocasión, en Oklahoma, el gerente de un motel le hizo saber a Wauthier que no permitiría que su único jugador negro se alojara allí, sugiriendo que Woods debía pasar la noche en otro motel a cinco kilómetros. Wauthier canceló la reserva de todo el equipo.

Esas no fueron ni por asomo las primeras experiencias de índole racista de Earl. Cuando estudiaba en el instituto Manhattan High School le echó el ojo a una chica blanca guapísima. Siempre había querido bailar con ella, pero nunca se atrevió a pedírselo (en Kansas, a finales de los años cuarenta, que pudiera tener una relación con una chica blanca era impensable). En lugar de ello, se lo guardó para sí y almacenó en su mente todo el inventario de mofas, rechazos y trabas personales que se interponían en su camino por culpa de su color de piel.

Durante su tercer año de universidad, Earl se unió al Cuerpo de Entrenamiento de Oficiales de Reserva. La primera vez que se enfundó el uniforme militar tuvo una sensación de orgullo y de autoestima poco familiar. El motivo era que no había superado del todo el hecho de no ser lo suficientemente bueno para convertirse en el jugador de béisbol profesional que su padre había deseado.

Uno año después de graduarse en Sociología en la universidad estatal de Kansas, Earl se alistó en el ejército y se prometió con Barbara Ann Hart, una chica de la ciudad que conocía desde que ambos eran niños. Ella se había mudado a San Francisco para ir a la universidad, pero, por insistencia de Earl, abandonó sus estudios en el segundo año y volvió a Kansas. El 18 de marzo de 1954 se casaron en los juzgados de Abilene durante una tormenta. Ella tenía veinte años y él veintidós.

La tormenta fue un presagio de lo que se avecinaba.

Barbara Hart creía que Earl Woods era un hombre con un brillante futuro por delante. Conducía un Chevrolet de 1936 al que llamaba Jitney. Escuchaba jazz. Tenía un grado universitario. Y su primer destino militar fue Alemania, donde pronto ascendió a jefe de pelotón. El primer hijo de ambos, Earl Woods Jr., nació en un hospital del ejército cerca de la pequeña ciudad de Dos Puentes. Todo parecía idílico.

Earl y Barbara no tardaron demasiados años en tener dos hijos más: Kevin Woods, que nació el 1 de junio de 1957 en Abilene, Kansas, y Royce Woods, nacida el 6 de junio de 1958 en Nueva York. Cuando llegó Royce, Earl ya estaba apostado en el cuartel general del ejército en Fort Hamilton, Brooklyn, cerca de donde vivía la familia.

Fue entonces cuando Earl empezó a desaparecer. Con tres hijos menores de cuatro años, se matriculó en un máster en la New York University. Pasaba los días en la base y las noches en la universidad. Cuando no estaba trabajando o estudiando, estaba fuera con sus compañeros del ejército, quienes le llamaban por su apodo, Woody. Su matrimonio ya había empezado a hacer aguas cuando recibió órdenes de ir a Vietnam, en 1962. Barbara cogió a los niños, que por ese entonces tenían siete, cinco y cuatro años, y se marchó a San José, California, donde se instaló en una diminuta casa de tres dormitorios.

Con Earl en Vietnam, el rencor de Barbara hacia él aumentó. Se sentía abandonada. Cuando Earl volvió después de estar un año fuera, se sintió un extraño en su propia casa. Según su descripción de los hechos, llegó a la casa de California bien entrada la noche y se encontró la puerta cerrada con llave. Golpeó la puerta hasta que despertó a Barbara.

—¿Quién es? —dijo ella desde el otro lado.

—Soy yo —respondió él.

Hubo un prolongado momento de silencio.

—¿Y quién es yo? —continuó ella.

—¡Que abras la puerta, joder! —gritó Earl.

Poco después, su hija salió de la cama y entró en la habitación. «Mamá —dijo—, ¿quién es este señor?»

Más tarde, Earl reconoció que sus largas ausencias habían hecho sufrir a sus hijos. En sus memorias escribió: «Admito que la culpa de eso la tengo yo».

Sin embargo, su carrera militar progresaba a un ritmo vertiginoso. Al regresar del primero de sus dos periodos de servicio en Vietnam, fue destinado al Centro y Escuela John F. Kennedy de Guerra Especial del ejército, y más tarde al 6.º Grupo de Fuerzas Especiales de Fort Bragg, en Carolina del Norte. De ahí pasó a la academia de *rangers*, y luego a la de tropas aerotransportadas. A los treinta y dos, contra todo pronóstico, se convirtió en boina verde y se marchó a las tierras salvajes de Alaska para realizar un entrenamiento avanzado de supervivencia. Entonces, un día del verano de 1966, volvió a casa y le dijo a Barbara que había recibido órdenes de ir a Tailandia. Ella enseguida se mostró muy ilusionada con la idea de poder llevarse a la familia al extranjero, pero Earl le aclaró que le habían ordenado ir solo, lo cual significaba que debía dejar atrás a su mujer y sus hijos.

En la primavera de 1967, el teniente coronel Earl Woods llegó a una oficina del ejército de los EE. UU. en Bangkok, donde iba a realizar entrevistas a civiles para trabajar en un proyecto del ejército local que él supervisaba. Acompañado de un ayudante, Woods se acercó al mostrador de recepción. Una joven tailandesa alzó la vista y dijo en inglés: «¿En qué puedo ayudarle, señor?».

La pregunta iba dirigida al ayudante de Woods, un hombre blanco que ella asumió que debía estar al mando. Woods no se molestó en corregirla, y la chica los acompañó a un despacho privado, separado del área de recepción por una gran ventana. Earl se sentó, puso los pies sobre la mesa y empezó a dar órdenes. A través del cristal, se dio cuenta de que la secretaria había vuelto a su mostrador y le estaba mirando.

«Me atrajo desde el primer momento —escribió más tarde—. Era una mujer increíblemente atractiva.»

Woods se volvió hacia su ayudante y le dijo: «Voy a hablar con esa preciosidad».

En sus memorias, Woods describió lo que sucedió a continuación:

Me sentí muy atraído por esa imponente mujer de ojos expresivos. Me acerqué a ella y se puso coloradísima. A esas alturas ya se había dado cuenta de que yo era el coronel y no el ayudante.

Cuando empezó a disculparse, le dije: «No, no. No te preocupes». Eso propició que empezáramos a hablar a un nivel más personal. Charlamos de todo y de nada, y ella no paraba de reírse. Tenía un rostro radiante y le brillaban los ojos. Enseguida sentí que entre nosotros había algo.

Me alejé con una sonrisa de oreja a oreja. Teníamos una cita.

Kultida Punsawad nació en 1944 en las afueras de Bangkok y era la menor de cuatro hijos de una familia acomodada. Su padre era arquitecto y su madre profesora. Kultida, a quien llamaban Tida, tenía cinco años cuando sus padres se divorciaron. Por si no hubiera tenido suficiente con aquello, la metieron en un internado hasta que cumplió diez. «Después de que se divorciaran lo pasé muy mal —dijo en 2013—. Durante los cinco años que estuve en el internado apenas fui a casa de ningún familiar. Me quedaba en el colegio. Cada fin de semana tenía la esperanza de que mi padre o mi madre vinieran a visitarme, o mis hermanos o hermanas mayores, pero nunca vino nadie. Me sentí abandonada.»

De mayor, Tida le confesó a una amiga que su infancia había sido «traumática» y «solitaria». Como había recibido una buena educación y sabía inglés, a los veintipocos empezó a trabajar como secretaria civil y recepcionista en una oficina del ejército de los EE. UU. de Bangkok. Cuando el teniente coronel Earl Woods se presentó allí en 1967, no tenía ni idea de que tuviera mujer e hijos. Simplemente le gustó que le prestara atención. Toda la primera cita, que tuvo lugar durante una festividad religiosa, la pasaron en la iglesia. Fue un humilde comienzo para una relación que acabaría engendrando a uno de los deportistas más grandes de la historia. Pero, seguramente, en Bangkok y en aquellos tiempos era imposible pensar que su encuentro con aquel militar estadounidense llegaría a convertirse en algo serio. Vivían a trece mil kilómetros de distancia. Ella era doce años menor que él y nunca había salido de su tierra. Él era un trotamundos experimentado y tenía una familia. Además, eran muy diferentes. Ella era budista y él baptista no practicante. Sin embargo, Earl no tardó en poner sobre la mesa la idea de que Kultida se fuera con él a Estados Unidos, no sin antes advertirla de los problemas que podría tener por culpa del racismo.

«Ya sé que eres tailandesa —le dijo—, pero en Estados Unidos solo hay dos colores: el blanco y el que no es blanco. Ten por seguro que los blancos te harán saber que tú no lo eres; podrás verlo en sus acciones y en sus reacciones. Conque ya puedes irte olvidando de llegar a ser una ciudadana estadounidense de pleno derecho.»

Cuando terminó su periodo de servicio en Tailandia, Woods fue destinado a Fort Totten, cerca del barrio de Bayside, en Queens, Nueva York. Barbara y sus hijos fueron allí con él. Earl no tardó en conseguir un trabajo a tiempo parcial en el City College of New York como profesor asistente de Ciencias Militares, donde daría clases de Guerra Psicológica a los alumnos del Cuerpo de Entrenamiento de Oficiales de Reserva. Barbara sintió como si estuviera utilizando su formación en esa disciplina contra ella. Ejemplificó la manipulación verbal y emocional a la que Earl la sometía con esta conversación:

BARBARA: No lo entiendo. ¿Qué he hecho mal?
EARL: ¿No lo sabes?
BARBARA: No sé de qué me hablas.
EARL: Tú no estás bien. Necesitas ayuda.

Tras demasiadas conversaciones similares, Barbara empezó a preguntarse si sería verdad que no estaba bien. Aquella mujer, siempre tan segura de sí misma, llamó a su hermana llorando y le dijo: «Yo sé que no estoy loca». Pero los juegos psicológicos de Earl la estaban afectando. «Puede que Earl tenga razón —le contó—. Tal vez necesite ayuda.»

Poco después, el 29 de mayo de 1968, Earl se presentó en casa con su amigo Lawrence Kruteck, un prometedor abogado de Nueva York. Barbara estaba viendo la televisión en el dormitorio y Earl le pidió que fuera con ellos al salón. Ella se fijó en que Kruteck llevaba un maletín.

—Sin duda, esto es lo más duro que he tenido que hacer —le dijo el abogado.

Abrió el maletín, sacó un documento legal y empezó a leer:

—Las partes abajo firmantes exponen que actualmente son marido y mujer, habiendo contraído matrimonio el 18 de marzo de 1954 en Abilene, Kansas...

—Espera —interrumpió ella—. ¿Qué es esto?

—Woody quiere la separación judicial —respondió Kruteck.

Sorprendida, miró a Earl, que estaba sentado en una esquina del salón.

—Sí —dijo Earl sin añadir una palabra más.

Kruteck le extendió el documento a Barbara y la instó a que lo leyera.

Apenas podía centrarse, pero leyó: «Que han surgido entre ellas ciertas desavenencias desafortunadas a consecuencia de las cuales desean vivir por separado». Después de aquellas últimas dos palabras, no pudo continuar. ¿Qué significaba aquello? ¿Qué estaba pasando?

El acuerdo estipulaba que Earl y Barbara Woods vivirían separados durante el resto de sus vidas «como personas independientes y no casadas». Barbara se quedaría con la custodia de sus hijos y Earl tendría derecho de visita. Además, recibiría doscientos dólares al mes «en concepto de ayuda para ella y de ayuda y manutención para los hijos».

Desconcertada, Barbara firmó el documento sin consultar con un abogado.

Aquel verano, Earl y Barbara viajaron con sus hijos desde Nueva York hasta su pequeña casa de San José. Convirtieron aquel viaje por carretera en unas extrañas vacaciones familiares, haciendo paradas para ver, entre otras cosas, la Campana de la Libertad y el monumento a Lincoln. Pasaron una noche en Las Vegas. Earl y Barbara llegaron incluso a hacer el amor. Parecía como una segunda luna de miel, lo que llevó a Barbara a preguntarse en voz alta:

—¿Por qué tenemos que separarnos?

—Porque sí —le contestó Earl.

Cuando la familia estuvo instalada en California, Earl cogió un vuelo y volvió a Nueva York. Estuvo fuera durante meses. La siguiente vez que visitó San José, el tío de Barbara le fue a recoger al aeropuerto y se quedó perplejo cuando lo vio bajar del avión con una mujer asiática. Earl le contó al tío de Barbara que la había conocido durante el vuelo y que iba a ayudarla a encontrar trabajo en Nueva York.

Había pasado aproximadamente año y medio desde la primera cita de Earl y Kultida. Ella llegó a Estados Unidos en 1968 con veinticinco años, consiguió trabajo en un banco de Brooklyn y, según Earl, se casaron en Nueva York en 1969.

Pero Barbara Woods no tenía ni idea de su existencia. Y su tío no tuvo el valor de contarle que había otra mujer.

En la primavera de 1969, la salud le jugó una mala pasada a Barbara. Sufrió una hemorragia grave y los médicos le detectaron tumores fibroides. Le dieron hora para una histerectomía y Barbara le rogó a Earl que fuera a San José. Lo hizo, pero primero pasó por México y no llegó a California hasta cuatro días después de la operación. Aquella noche, mientras Barbara se recuperaba en su cama, ya en casa, Earl le comunicó que había conseguido el divorcio en Juárez alegando «incompatibilidad de caracteres entre los cónyuges». Barbara se quedó sin habla. Más tarde, en sus memorias, escribió que ella y Earl despertaron a sus hijos, les contaron que ya no estaban casados y luego intentaron sin éxito que dejaran de llorar. Después de eso, Earl dejó a Barbara definitivamente.

Al final resultó que en realidad Earl no había obtenido el divorcio. El 25 de agosto de 1969, dos días después de que volviera de México, el Consulado de los Estados Unidos se negó a validar los papeles estipulando lo siguiente: «El Consulado no se responsabiliza del contenido del documento adjunto y tampoco de la validez del mismo o de su aceptabilidad en ningún estado de los Estados Unidos».

En aquel momento, Barbara desconocía el parecer del Consulado y todo lo que había pasado entre su marido y Kultida. Lo único que tenía claro era que ya había tenido suficiente. El 25 de agosto de

1969 —el mismo día que el Consulado de los EE. UU. declaró nulo el divorcio juarense de Earl— inició los trámites de divorcio en San José alegando «crueldad extrema» y «sufrimiento mental grave». Más de dos años después, el 28 de febrero de 1972, el Tribunal Superior de California determinó que «las partes siguen casadas y [...] ninguna de las partes puede volver a contraer matrimonio hasta que no se dicte una sentencia de disolución definitiva». Más adelante, el 2 de marzo de 1972, el tribunal dictó esa sentencia, que reconocía oficialmente el divorcio entre Earl y Barbara Woods. Para entonces, Earl y Kultida llevaban casados casi tres años y Barbara estaba un poco más al corriente de lo que había estado sucediendo a sus espaldas.

«Pongo en duda la LEGALIDAD de ese matrimonio —dijo Barbara Woods en una formulación posterior ante el tribunal—. Según las leyes de California, este hombre era BÍGAMO. Todo formó parte de un plan FRÍO y CALCULADO. Se ha perpetrado FRAUDE desde el principio.»

Como respuesta a aquellos cargos, Earl presentó una declaración jurada en la que explicó: «Obtuvimos el divorcio en México en algún momento del año 1967. Yo volví a casarme en 1969». No era cierto. Una copia certificada del juicio de divorcio de México prueba que Earl Woods lo solicitó el 23 de agosto de 1969, dos años más tarde de lo declarado. Además, el estado de California dictaminó más adelante que había estado casado legalmente con Barbara Woods hasta 1972. Pero eso a Earl no le preocupaba. «Yo no sé nada de lo de California. No vivía allí —dijo años más tarde—. No me considero bígamo.»

Earl Woods no estaba muy por la labor de tener un hijo con Kultida. Después de sus ausencias como padre durante la mayor parte de su carrera militar y del posterior abandono de su exmujer, finalmente había empezado a retomar el contacto con sus hijos. Al retirarse del ejército a los cuarenta y dos años, Earl empezó a trabajar en Long Beach, California, como procurador de materiales para la contratista de defensa McDonnell Douglas. Según los términos del divorcio, sus hijos tenían la opción de mudarse con él al terminar el instituto, y eso hicieron los dos varones. Un bebé no entraba en los planes de Earl.

Kultida satisfacía casi siempre los deseos de Earl: cocinaba para él, le cortaba el pelo, le hacía la colada y mantenía la casa en condiciones. Se había criado en una sociedad patriarcal en la que el 95 % de la población era budista y las mujeres eran consideradas inferiores a los hombres. En Tailandia se solía decir que el marido era las patas delanteras del elefante y la mujer era las traseras, las que impulsaban y apoyaban las decisiones del cabeza de familia. Al mismo tiempo, el nacimiento y la crianza de los niños eran sumamente importantes en la cultura tailandesa. Finalmente, Kultida se lo hizo entender a Earl.

«Yo habría sido feliz sin hijos —dijo Earl—. Sin embargo, en la cultura tailandesa, un matrimonio no es un matrimonio hasta que tiene uno.»

En la primavera de 1975, con treinta y un años y tras seis de casados, Kultida se quedó embarazada. A Earl ya se le había pasado la novedad de la relación y había encontrado un nuevo amor: el golf. Un compañero del ejército le inició y se enganchó de inmediato. Si el golf hubiese sido una droga, se le habría podido calificar de adicto. Le gustaba tanto que llegaba a consumirle y pasaba mucho más tiempo con sus palos que con su mujer. «Me di cuenta de lo que me había estado perdiendo toda mi vida —dijo Earl—. Decidí que, si tenía otro hijo, le enseñaría a jugar al golf desde el principio.»

CAPÍTULO TRES
HA NACIDO UNA ESTRELLA

A las 22.50 del 30 de diciembre de 1975, Kultida Woods dio a luz a un niño en el Long Beach Memorial Hospital. Poco después del parto, los médicos le dijeron que no podría tener más hijos, con lo que el recién nacido sería hijo único.

Desde el primer momento quedó patente que todo lo que rodeara a aquel niño sería excesivamente complicado, empezando por su nombre: Eldrick Tont Woods. Pensado exclusivamente para su hijo, el nombre simbolizaba la relación del pequeño con sus padres. La *E* de Eldrick era por Earl; la *K* por Kultida. Desde que llegó al mundo, Eldrick estuvo, en sentido figurado y literal, rodeado de sus progenitores; de un lado, su padre, que le llamaba mucho la atención, y del otro, una auténtica mamá tigresa.

Ser madre significaba para Kultida más que cualquier otra cosa. De niña, sus padres la habían abandonado a su suerte. Estaba decidida a convertirse en la madre que ella habría querido tener. Eso significaba que, por muy apurada que fuera la situación económica de la familia, nunca dejaría al niño al cuidado de nadie ni trabajaría fuera de casa. Ella misma enseñaría a su hijo a leer, escribir, multiplicar y dividir. Lo tenía claro: iba a dedicar su vida a su único hijo. Su niño se iba a sentir querido.

Pero Earl no tenía ninguna intención de llamar Eldrick a su hijo. Enseguida le puso el apodo de Tiger en honor a un compañero de Vietnam. Vuong Dang Phong era un teniente coronel del ejército survietnamita a quien Earl a menudo había atribuido el mérito de haberle salvado la vida en dos ocasiones: una cuando le advirtió que no se moviera y pudo evitar el mordisco letal de una víbora venenosa, y la otra cuando le empujó a un foso mientras disparaban los francotiradores. Ya antes del segundo incidente, Earl le había puesto a Phong el sobrenombre de Tiger por su ferocidad en el combate. Durante el embarazo de Kultida, Saigón cayó y terminó la guerra de Vietnam. Después de eso, Earl perdió el contacto con su amigo y temió que lo hubieran capturado y recluido en un campamento norvietnamita. Fue por eso que, a modo de homenaje, Earl le dio el mote de Phong a su pequeño.

La cuestión racial era todavía más complicada. Por parte de madre, Tiger era un veinticinco por ciento tailandés y un veinticinco por ciento chino. Por parte de padre, sus genes eran una mezcla de nativo americano, afroamericano y blanco. La herencia que predominaba era sin duda la asiática, pero Earl estaba decidido a criar a su hijo como afroamericano. «El chaval tiene solo un par de gotas de sangre negra —dijo Earl Woods en 1993—, pero yo ya se lo dije: "En este país solo hay dos colores: el blanco y el que no es blanco". Y él blanco no es.»

Earl y Kultida se mudaron con Tiger a una casa tipo rancho de ciento treinta y siete metros cuadrados en el número 6704 de Teakwood Street, en Cypress, una ciudad que limita con Long Beach y Anaheim y que, en 1975, tenía poco más de treinta mil habitantes. Su urbanización en el condado de Orange había sido durante mucho tiempo un lugar de tierras fértiles famosas por sus campos de fresas y sus pastos para ganado lechero. No obstante, en los setenta, el condado ya se había convertido en «territorio Richard Nixon»: profundamente conservador y con una inmensa mayoría de residentes blancos. Hasta donde se sabe, los Woods eran la única pareja interracial del vecindario. El matrimonio afirmaba ser víctima de la intolerancia racial, motivo por el cual no interactuaba con sus vecinos.

Seis meses después de que Tiger naciera, la hija de Earl, Royce, se graduó en el instituto de San José y se fue a vivir con ellos. No está clara la opinión de Kultida con respecto a que los hijos del primer matrimonio de Earl anduvieran por ahí pululando, pero Royce acabó convirtiéndose en un gran apoyo para su madrastra. Le echaba una mano con la casa y se ofrecía a cuidar de Tiger cuando Kultida necesitaba un descanso. Antes de aprender a hablar, Tiger ya llamaba a su hermanastra La La. Royce le tenía tanto cariño que decidió adoptar ese apodo.

Earl empezó a desaparecer. Tenía un trabajo a tiempo completo y dedicaba la mayor parte de su tiempo libre al golf. Cuando estaba en casa, se metía en el garaje, donde había montado una red para practicar su *swing*. Colocó un trozo de moqueta cuadrado en el suelo y desde ahí golpeaba bolas hacia la red. Ese garaje era su santuario. Allí podía fumar, tomarse unos tragos y perfeccionar su golpe. Y, lo mejor de todo: le servía como refugio. Cuando Tiger tenía unos seis meses, Earl empezó a llevárselo al garaje, y allí lo amarraba en una trona. Mientras golpeaba una bola detrás de otra con un hierro 5, Earl hablaba con su hijo. A veces Kultida se sentaba junto a la trona con una cuchara en una mano y un potito en la otra. Según cuenta ella misma, cada vez que Earl golpeaba la bola, Tiger abría la boca y ella metía la cuchara. Repetía el mismo procedimiento hasta que se lo había acabado todo. Se convirtió en el ritual de todas las noches: Earl iba golpeando la bola y hablando, Tiger le observaba y escuchaba, y Kultida alimentaba a su bebé.

Los neurocientíficos llevan tiempo investigando los efectos de la repetición en el cerebro de los niños, especialmente durante los tres primeros años de vida. Las experiencias repetitivas y la calidad de las relaciones tienen durante esos primeros años una influencia grande y perdurable en el desarrollo del cerebro. Por ejemplo —y aunque los niveles de exposición a la televisión pueden ser altos durante la infancia—, hay estudios que demuestran que los niños son más propensos a imitar acciones que presencian en directo que aquellas que ven a través del televisor. En el caso de Tiger, estuvo expuesto a un nivel extremo de exhibiciones en vivo. Según cálculos posteriores de Earl, habría pasado entre cien y doscientas horas viendo a su padre golpear pelotas de golf.

Si bien es cierto que Tiger no recuerda ese episodio de su vida, Earl describió con todo lujo de detalles una escena que tuvo lugar cuando su hijo tenía unos once meses. Después de ver practicar a su padre, el niño se bajó de la trona y cogió un palo que Earl había recortado para que lo utilizara como juguete. Luego se acercó andando como un pato hasta el trozo de moqueta, se colocó junto a una pelota de golf y realizó un *swing*. La pelota aterrizó en la red y Earl le gritó a su mujer: «¡Cariño, ven aquí! ¡Tenemos un genio en casa!».

Que un niño de once meses tuviera la suficiente coordinación para golpear correctamente la bola suena a floritura de padre que presume de hijo. Es posible que así sea. Al fin y al cabo, la mayoría de los niños apenas han dado sus primeros pasos a los nueve meses, y a menudo no es hasta que tienen por lo menos un año que son capaces de caminar sin caerse. Pero sería un error subestimar el efecto de la continua exposición de Tiger Woods al *swing* de su padre. Durante el periodo en el que Tiger era más fácil de impresionar, Earl pasó una enorme cantidad de tiempo ensayando su *swing* frente a él.

Además, tanto los neurocientíficos como los pediatras coinciden en que es durante los primeros años de vida cuando se desarrolla la confianza. Como dijo un experto, cuanto más amor y cuanta más sensibilidad ofrece un cuidador, más fuerte es la unión que tiene el niño con él. El palo recortado que Earl fabricó para Tiger se volvió mucho más que un juguete: fue un vínculo simbólico entre padre e hijo. En lugar de andar por ahí con una mantita o un peluche, Tiger iba de una punta a otra de la casa arrastrando un *putter*. Apenas lo soltaba. Su madre, al mismo tiempo, rara vez se apartaba de su lado: le daba de comer, le limpiaba la boca, le hablaba, le hacía sonreír.

Más adelante, Earl explicó que su relación con Kultida empezó a hacer aguas más o menos cuando descubrieron que a su pequeño parecía interesarle el golf. «Tida y yo prometimos invertir toda nuestra energía y todo nuestro dinero en asegurar que tuviera lo mejor —escribió Earl—. ¡Haríamos lo que fuera necesario! Bien, pues algo tenía que resentirse, y fue nuestra relación. La prioridad era Tiger, y no nosotros. Al volver la vista atrás me doy cuenta de que fue a partir de entonces que nuestra relación empezó a ir mal.»

Esa es una carga muy pesada para un niño. Además, lo cierto es que la cosa no fue del todo así: para entonces, Earl ya había empezado a descuidar a su mujer. En todo caso, fue Tiger, y su destreza precoz para el golf, quien mantuvo a sus padres juntos. Por otra parte, Earl merece que se le reconozca el mérito de haberse dado cuenta tan temprano de que su hijo tenía un talento y una habilidad innata poco comunes. Como padre, hizo todo cuanto estuvo en su mano para aprovechar y desarrollar ese don.

El Navy Golf Course (el campo de la Marina, en Seal Beach) lleva desde 1966 ayudando a familias de militares, destinando el cien por cien de sus beneficios a financiar programas de moral, bienestar y recreación para marines en activo y sus familiares. Las instalaciones, entonces de uso exclusivo para militares, contaban con el Destroyer —el campo más difícil, de dieciocho hoyos y 6.200 metros— y el Cruiser —uno más corto, de nueve hoyos (cuatro pares 4 y cinco pares 3)—.

El campo quedaba a unos tres kilómetros —cinco minutos en coche— de la casa de los Woods. Como militar retirado, Earl tenía privilegios de juego en el campo y se pasaba la vida allí. Con el tiempo se convirtió en uno de los mejores jugadores del club. Kultida no le acompañó hasta que Tiger tuvo edad para ir con ella. Cuando el pequeño tenía dieciocho meses, empezó a llevarlo a un campo de prácticas para que tirara algunas bolas. Después, lo volvía a colocar en el carrito y se quedaba dormido. Algunos días, Kultida llamaba a Earl al trabajo y le pasaba el teléfono a Tiger. «Papi, ¿hoy podré jugar al golf contigo?», preguntaba. A Earl se le caía la baba y nunca le decía que no. Kultida era la encargada de llevar a Tiger al campo. Desde que cumplió dos años, Earl se aseguró de que pasara dos horas al día golpeando pelotas de golf. A una edad en la que la mayoría de los niños estaban desarrollando sus habilidades motrices y descubriendo diferentes texturas jugando en cajones de arena, Tiger estaba en un campo de golf con su padre, cogiendo el hábito de practicar sin tregua.

Y entonces, una tarde de 1978, Earl Woods tomó una decisión que cambiaría el curso de la vida de su pequeño: llamó a la cadena de televisión KNXT, que por ese entonces era la filial de la CBS en Los

Ángeles, y preguntó por Jim Hill, el presentador de los deportes, de treinta y dos años.

—Mi hijo tiene dos años —empezó Earl— y en este momento puedo afirmar que se va a convertir en la nueva promesa del golf. Va a revolucionarlo todo, incluidas las relaciones raciales.

Era una manera muy directa de iniciar una conversación telefónica con un completo desconocido. Hill, sumamente escéptico, no tenía muy claro qué contestar.

—¿Cómo ha llegado a esa conclusión? —respondió.

Hay que reconocer que Earl sabía cómo vender a su hijo a los medios. Y siempre hacía sus deberes. Hill había jugado siete años en la NFL como defensa, y le encantaba practicar el golf. Y, lo más importante, era un afroamericano tremendamente volcado con las minorías jóvenes que había estado muy involucrado en la difusión de la causa a nivel local a través de la Liga Urbana de Los Ángeles y el Departamento de Parques y Recreación de Los Ángeles. El presentador sabía de sobra que en todo el país había campos de golf que tenían por costumbre vetarle la entrada a los negros. Earl recalcó que, algún día, su hijo conseguiría que el juego estuviera al alcance de todos los niños de color del país.

A la mañana siguiente, Hill y un equipo de cámaras detuvieron su vehículo en el aparcamiento del campo de la Marina. Earl, que llevaba una camiseta de golf y una gorra, sonrió afectuosamente y extendió su mano.

—¿Dónde está Tiger? —preguntó Hill.

—Venga conmigo —dijo Earl, y lo condujo hasta el campo de prácticas.

Al acercarse, Hill reconoció uno de los sonidos más dulces que existen en el mundo del deporte: el de un palo de golf impactando a la perfección contra una bola. Cuando vio quién había sido el responsable de aquel sonido, se quedó helado.

«Y entonces veo al pequeño Tiger golpeando bolas rectas —recordó Hill—. Y no me refiero a medio rectas, no. ¡Completamente rectas! Medía poco más de medio metro y ahí estaba, lanzándolas a cincuenta metros y siempre con un golpe limpio.»

Hill había dejado atrás el escepticismo.

—Hola, Tiger, ¿qué tal? —dijo.

Tiger lo miró en silencio.

—¿Puedo jugar al golf contigo? —continuó Hill.

Tiger asintió con la cabeza.

En su primer *drive,* Hill hizo un *slice.* En el segundo pegó un *hook.*

—No se me da demasiado bien, ¿verdad? —dijo sonriendo.

—No —dijo Tiger con cara seria.

Hill estaba fascinado. Aquel niño de dos años tenía un *swing* que parecía hecho para el PGA Tour y, sin embargo, su inocencia era la propia de su tamaño. Definitivamente, el viaje hasta Long Beach había merecido la pena. Cuando los cámaras terminaron de grabar a Tiger pegando *drives* y *putts,* Earl los llevó a la casa club.

—Tiger —dijo amablemente Hill—, necesito que me dejes hacerte una entrevista.

Earl sentó a su hijo sobre su regazo y le hizo mirar a Hill y a la cámara.

—Tiger —preguntó Hill—, ¿qué es lo que te gusta tanto del golf?

El pequeño suspiró, inclinó la cabeza y no dijo nada. Hill reformuló la pregunta. Tiger seguía sin decir nada. Daba igual lo que Hill intentara, Tiger no abría la boca. Finalmente, después de una pausa larga y de que Earl presionara un poco a Tiger, Hill se inclinó hacia delante.

—Tiger —dijo sonriendo—, mi carrera está en tus manos. Necesito que me expliques qué es lo que te gusta tanto del golf.

Tiger bajó del regazo de Earl y suspiró de nuevo.

—Tengo que hacer caca.

Hill soltó una gran risotada. Los cámaras también.

El reportaje de Hill sobre Tiger se emitió en Los Ángeles y se convirtió en una de las noticias más recordadas de sus más de cuarenta años como periodista en antena. Las imágenes de un niño de dos años golpeando pelotas con semejante naturalidad y potencia resultaban cautivadoras. Su diminuto tamaño y su movimiento perfecto —giraba los hombros al inicio de la subida sin permitir que sus caderas ni su cuerpo se fueran hacia la derecha— parecían sacados de una película de Hollywood. Era una técnica de manual ejecutada por un niño que no tenía edad ni para saber leer. Durante la emisión, Hill hizo una predicción arriesgada: «Este hombrecito será para el golf lo que Jimmy Connors y Chris Evert son para el tenis».

No está claro qué motivó la llamada en frío de Earl Woods a Jim Hill. ¿Sería la necesidad irrefrenable de presumir de un hijo con semejante talento? ¿Un impulso inocente fruto de un orgullo paterno perfectamente comprensible? ¿O quizá se trataba de algo más calculado? En sus memorias de 1998, Earl contó que tenía la esperanza de que la fama de su hijo llegara a todos los rincones del planeta y le permitiera reencontrarse con el compañero responsable del apodo de su hijo. «Esa era mi ilusión: que este niño, apodado en honor a Tiger Phong, llegara a ser famoso —escribió Earl—. De ese modo, aquel viejo amigo al que tanto apreciaba leería historias sobre Tiger Woods en los periódicos o le vería en televisión, ataría cabos y se pondría en contacto conmigo.»

Esas declaraciones fueron escritas justo después de que Tiger se hiciera golfista profesional en 1996. Indudablemente, en 1978 Earl tenía otras motivaciones, pero lo que está claro es lo siguiente: con dos años y medio, Tiger Woods ya mostraba signos inequívocos de ser un auténtico niño prodigio, y su padre había dado pie a una serie de acontecimientos más difíciles de creer —y, a la larga, más duros— que los que Charles Dickens imaginó para Pip, el niño protagonista de *Grandes esperanzas*.

Poco después de que se emitiera el reportaje de Hill en la KNXT, Mike Douglas, presentador de un espacio de entrevistas de la cadena ABC, ordenó a su equipo que consiguiera a Tiger para su programa. Por ese entonces, *The Mike Douglas Show* era uno de los programas diurnos más vistos de los Estados Unidos. El 6 de octubre de 1978, Tiger entró entre ovaciones en el plató donde se grababa, en Filadelfia. Caminaba como si tuviera prisa y llevaba un pantalón corto caqui, calcetines blancos, una camiseta de manga corta con cuello rojo y una gorra roja. Tenía los hombros caídos hacia delante por el peso de la bolsa de golf en miniatura que llevaba cruzada a la espalda.

En compañía de Douglas, el humorista Bob Hope y el actor Jimmy Stewart, Tiger puso una bola en un *tee*, se colocó en posición y la mandó a la red.

—¡Perfecto! —dijo Douglas mientras el público ovacionaba y Hope y Stewart aplaudían.

Pero enseguida quedó claro que Tiger no estaba cómodo. Con un dedo en su oreja izquierda, empezó a hurgársela, nervioso.

—¿Cuántos años tienes, Tiger? —preguntó Douglas.

Tiger seguía sacudiéndose la oreja mientras Earl respondía por él.

Al percatarse de la incomodidad de Tiger, Douglas hincó una rodilla en el suelo, le puso una mano sobre el hombro y, señalando a Bob Hope, le preguntó:

—¿Sabes quién es este señor?

Tiger se quedó callado y siguió tironeándose de la oreja.

—¿Cómo se llama el señor? —insistió Earl.

Tiger apartó la mirada.

—Gírate y mírale, Tiger —dijo Earl—. Este señor de aquí.

La escena empezaba a resultar incómoda. Hope se agachó con las manos en las rodillas y sonrió a Tiger.

—¿Cómo se llama? —repitió Earl.

Tiger levantó la vista por fin y miró a Hope, pero seguía sin decir nada.

Al final, Earl lo cogió en brazos.

—¿Qué tal si hacemos un concurso de *putts*? —dijo Douglas—. ¿También sabe patear?

—Sí, claro —dijo Earl.

Tiger colocó su bola en el *green*, a aproximadamente un metro y medio del hoyo, pero falló el *putt*. Hizo dos intentos fallidos más. Earl colocó una cuarta bola a los pies de Tiger y retrocedió. El pequeño la cogió, la puso a unos pocos centímetros del hoyo y la embocó. El público enloqueció. Hope dio una palmada y empezó a troncharse. Douglas se rio tan fuerte que acabó tirando una cesta llena de pelotas de golf.

Si bien la aparición de Tiger en *The Mike Douglas Show* resulta divertida, también puso de manifiesto todos los atributos que los psicólogos infantiles asocian a un típico caso de niño prodigio: callado, sensible, solitario. Tenemos las sacudidas compulsivas de la oreja, el deseo evidente de complacer a su padre y la necesidad de hacer las cosas bien, que quedó clara cuando se aseguró de no fallar su último *putt*. En la obra de referencia *El drama del niño dotado*, la famosa investigadora y psicóloga infantil Alice Miller califica a este tipo de niños de más inteligentes, más sensibles y más emocionalmente conscientes que los demás. Tras décadas de investigación, Miller llegó a la conclusión de que los niños prodigio son más sensibles a las expectativas de sus padres y hacen cualquier cosa por estar a la altura, aunque ello suponga ignorar su propios sentimientos y sus propias necesidades. Miller utiliza el concepto «sótano de cristal» para referirse al lugar donde el niño prodigio encierra su verdadero yo mientras intenta convertirse en el hijo ideal para sus padres.

El actor Jimmy Stewart no era psicólogo infantil, pero llevaba casi sesenta años en la industria del espectáculo y había visto a una cantidad considerable de niños a quienes sus padres habían colocado delante de las cámaras sin ser conscientes de las consecuencias a largo plazo de una fama tan temprana. Después de la aparición de Tiger en el programa, Stewart habló con Earl entre bambalinas. Luego le comentó a Mike Douglas: «He visto a demasiados niños precoces como esa criaturita, pero también a demasiados padres ilusos».

La primera aparición de Tiger Woods en la televisión nacional fue trascendental. No es una exageración afirmar que aquel día nació una estrella. También se podría añadir que lo hizo de forma prematura. Ni siquiera algunos de los mejores deportistas del mundo —Muhammad Ali, Pelé, Michael Jordan, Steffi Graf, Usain Bolt— actuaron ante todo un país a los dos años. Pero, en el caso de Tiger, estar frente a las cámaras pronto se convirtió en la norma. Su padre seguía exponiéndolo a los medios de comunicación.

Earl no tardó en llevar a su hijo a *That's Incredible!*, un *reality show* muy popular que abarcaba todo tipo de casos, desde fenómenos naturales hasta proezas arriesgadas, como malabares con cuchillos o saltos en motocicleta por encima de las hélices de un helicóptero en marcha. A los cinco años, Tiger fue el protagonista de una sección bastante extensa del programa, aunque, delante las cámaras, el que hablaba era Earl. Con Kultida a su lado y un montón de trofeos de Tiger de fondo, Earl dijo: «Nosotros no podemos decidir lo que debe o no debe ser. Lo que hacemos es estar con él en el golf. Y si le gustaran los bolos, estaríamos con él en los bolos —y añadió—: Cada uno es libre de vivir su propia vida. Y él puede elegir cómo quiere vivir la suya».

Kultida permaneció en silencio, pero cuando su marido afirmó con total convicción que Tiger podía elegir, le lanzó una mirada gélida. Por aquel entonces, Tiger no podía elegir. Siendo justos, ningún niño de cinco años elige cómo vivir su vida; a esa edad son los padres quienes toman las decisiones por ellos. En casa de los Woods, Earl llevaba la batuta en lo relativo a su hijo y el golf.

Cuando Tiger tenía cuatro años, Earl decidió que era el momento de que tuviera un entrenador particular. Le había echado el ojo al Heartwell Golf Course, un campo público de par 3 situado a solo once kilómetros de su casa, en Long Beach. El problema era que Earl no podía permitirse las clases particulares de Tiger. Le tocó a Kultida buscar una solución.

El profesional asistente Rudy Duran, de treinta y un años, llevaba la sección júnior del Heartwell. Tenía bigote, el pelo negro y ondulado, y era esbelto y atlético. Una mañana de primavera de 1980, mientras atendía en la tienda del campo, vio a una mujer acompañada de un niño de cuatro años.

—Mi hijo tiene mucho talento —dijo—. A mi marido y a mí nos encantaría que le diera clases particulares.

Duran miró por encima del mostrador y Tiger le devolvió la mirada. Duran no había visto en su vida a un golfista de cuatro años. Su primera reacción fue bastante similar a la de Jim Hill cuando Earl le llamó por primera vez: escepticismo. Pero Duran no quería ser impertinente.

—Bueno —dijo educadamente—, pues vamos a echarle un vistazo.

Tiger siguió a su madre y a Duran hasta el campo de prácticas. Cuando Duran hubo colocado cuatro bolas en cuatro *tees*, Tiger sacó el palo recortado que le había fabricado Earl. Con el agarre de diez dedos, o agarre de béisbol, golpeó y mandó cada una de las bolas a unos cincuenta metros con un vuelo perfecto de derecha a izquierda.

«¡Impresionante!», pensó Duran mientras observaba el vuelo de las bolas y estudiaba el estilo de Tiger. Quedó asombrado con la amplitud de movimiento del pequeño. Había visto a profesionales incapaces de realizar ese *swing*.

—Estaré encantado de trabajar con su hijo —le dijo a Kultida—. Puede jugar aquí siempre que quiera.

En aquella época, la tarifa del Heartwell para golfistas júnior por media hora de clases particulares rondaba los quince dólares la hora. Pero Duran no lo mencionó, y Kultida no preguntó. Convencido de que Tiger era un prodigio, Duran estaba ansioso por ayudarle a progresar sin ningún tipo de contrapartida económica o restricción por su edad. Fue entrenador de golf de Tiger durante seis años. Durante ese periodo, nunca les cobró nada a Earl y Kultida, y ellos nunca se ofrecieron a pagar.

Tiger se sintió cómodo desde el primer momento con Duran, que empezó por fabricarle su propio juego de palos. Por ese entonces, la mayoría de los palos de los jugadores júnior eran como juguetes. Pero Duran había trabajado en un campo de prácticas, donde había aprendido a cambiar empuñaduras y reparar maderas, habilidades que le fueron muy útiles a la hora de equipar a un niño de cuatro años. Cogió un juego de varillas para mujeres, más ligeras, para reducir el peso de los palos, y las recortó aún más para adaptarlas a la estatura de Tiger. Luego colocó unas empuñaduras adecuadas para sus manitas.

El método de entrenamiento de Duran consistía en dejar jugar a Tiger. Ya tenía un *swing* rítmico y un equilibrio casi perfecto. También terminaba el recorrido con su peso en el pie izquierdo, orientado al objetivo. Aquellos fundamentos tan sólidos eran algo insólito en un niño. Por eso, en lugar de machacarle constantemente con ejercicios, Duran se limitó a dejar que las habilidades naturales y el amor por el juego de Tiger crecieran de manera orgánica. Con cuatro años, Tiger ya jugaba los dieciocho hoyos con su entrenador. En el campo parecía un profesional del Tour en miniatura, pero fuera de él hablaba con Duran de Happy Meals y *Star Wars*. Rudy no tardó en convertirse en el mejor amigo de Tiger fuera de casa.

El par en el Heartwell era 54. Para fortalecer la confianza de Tiger, Duran creó lo que llamó el «par de Tiger», que era 67. Por ejemplo, en un par 3 de 130 metros, Duran calculó que Tiger lanzaría el *drive* a unos setenta metros y se quedaría a una distancia del *green* de hierro 7 o 9. Si Tiger golpeaba desde ahí y embocaba el *putt* subsiguiente, sus tres golpes equivaldrían a un *birdie*, no a un par. En menos de un año, Tiger destrozó el par que llevaba su nombre, terminando -8 con con 59 golpes.

A Duran le pareció que Tiger estaba listo para tener sus propios hierros a medida. Earl estuvo de acuerdo y juntos hablaron con un representante comercial de una empresa llamada Confidence Golf. La reputación de Tiger ya se estaba extendiendo por los círculos golfísticos del sur de California, y el representante de Confidence quería asociarse con el niño del que todo el mundo empezaba a hablar. Se ofreció a regalarle a Tiger un juego de palos nuevo.

Todavía le quedaban meses para empezar la guardería, pero Tiger ya estaba aprendiendo una valiosa lección: los deportistas de primera no pagan. Clases particulares, *green fees*, equipo: esos gastos eran algunos de los aspectos socioeconómicos que normalmente hacían del golf algo exclusivo para los niños de familias pertenecientes a clubes de campo. Tiger nunca sería un niño de club de campo. Pero eso no le detendría.

Earl siempre buscaba la manera de que su hijo llevara la delantera. Cuando Tiger estaba en primaria, su padre le dio un reproductor de casetes y unas cintas de autoayuda motivacional. Además de frases de empoderamiento, los casetes contenían música relajante y sonidos de la naturaleza, como el del agua de un arroyo. A principios de los ochenta, mientras los demás niños escuchaban canciones del *Thriller* de Michael Jackson en sus *walkman*, Tiger llenaba su mente con palabras pensadas para convertirle en uno de los grandes. Llegó incluso a escribir en una hoja algunos de los mensajes de los casetes y a pegarlos en la pared de su habitación:

Creo en mí
Seré dueño de mi destino
Sonrío a los obstáculos
Soy el primero en mi determinación
Cumplo mis resoluciones poderosamente
Mi fuerza es grande
Persevero con facilidad, de forma natural
Mi voluntad mueve montañas
Me concentro y lo doy todo
Mis decisiones son firmes
Lo hago con todo mi corazón

Tiger escuchaba esas cintas tan a menudo que llegó a gastarlas. Le dieron una confianza que le permitió competir en el torneo Optimist International Junior Golf Championship de San Diego con seis años. De los 150 participantes, Tiger quedó octavo. Los siete chicos que quedaron por encima de él tenían diez años. En 1984, a los ocho años, Tiger quedó primero en la categoría masculina 9-10. Un año después, volvió a ganar con una ventaja de catorce golpes sobre el chico que lideró el grupo de edad «superior» al de Woods.

En el campo de golf, Tiger se mostraba tan seguro que llegaba a parecer engreído, pavoneándose y celebrando cada *putt* que conseguía embocar. Pero en el colegio no se atrevía a levantar la mano. Tan seria era su ansiedad que acabó desarrollando un trastorno del habla. «Mi tartamudeo era tan perceptible y me hacía sentir tal ansiedad —escribió más adelante— que hacía todo lo posible por sentarme al fondo de la clase y rezaba porque los profesores no me preguntaran.»

Las únicas veces que no tartamudeaba en el colegio era cuando hablaba de golf. Incluso sus profesores se dieron cuenta de que, en esas ocasiones, de golpe se mostraba seguro y hablaba con fluidez. Sin embargo, en lo relativo a cualquier otra materia, reculaba. «Mi cabeza funcionaba —explicó Tiger—, pero no podía pasar las palabras del cerebro a la boca. Siempre que me tocaba hablar, tartamudeaba de tal manera que acababa por claudicar.»

Pasó dos años en un programa extraescolar diseñado para ayudarle a hablar más cómodamente, pero su tartamudez le acompañó durante toda la educación primaria. El golf era para él un arma de doble filo. Por un lado, hacía desaparecer su ansiedad y su seguridad afloraba siempre que tenía un palo en sus manos; por otro, a diferencia de los deportes de equipo, que favorecen la interacción y la comunicación entre los participantes, el golf obligaba a Tiger a pasar solo una cantidad desmesurada de tiempo. Incluso a medida que fue avanzando en la escuela primaria, rara vez tenía tiempo de jugar con los niños del barrio después de las clases.

«Recuerdo que, a medida que iba creciendo, me tiraba horas pateando en el garaje —rememoró Tiger—. Mi padre había colocado en el suelo una alfombra feísima y desgastada, pero tenía lo que yo llamaba calles, que hacían de ancho lo mismo que la cabeza de un *putter*. Siempre me aseguraba de que el palo se alejara de la bola y volviera a entrar en la calle. Luego lo devolvía al punto donde había golpeado la pelota, y de nuevo dentro de la calle y hacia arriba.»

«Lo aprendí casi sin querer en aquel garaje, sobre aquel trozo de alfombra raída —continuó—. Los colores eran como para quedarse ciego: amarillo, verde y naranja. Estaba hecha polvo. Mi padre no la utilizó nunca, pero yo me pasé horas pateando en ella.»

Cuando no estaba con su entrenador, practicando en el campo de la Marina o pateando en el garaje, Tiger solía refugiarse en su habitación. Allí tenía sus cintas inspiradoras y un perro que le habían regalado sus padres. Era un labrador retriever llamado Boom-Boom. Solo en su cuarto, Tiger se pasaba horas hablando con él. Con Boom-Boom nunca tartamudeaba.

«Me escuchaba hasta que me quedaba dormido», dijo Tiger.

CAPÍTULO CUATRO

EL PRODIGIO

Con diez años, sentado en el sofá del salón, Tiger Woods miraba atentamente el televisor con su madre a un lado y su padre un poco más allá, en su silla. Era un domingo por la tarde, el 13 de abril de 1986, y la CBS estaba retransmitiendo la ronda final del Masters. Unas horas antes, Tiger y Earl habían estado estrechando su vínculo paternofilial jugando nueve hoyos en el campo de la Marina, próximo a su casa. Pero ahora observaba cómo Jack Nicklaus, con cuarenta y seis años, se imponía con un *putt* para *birdie* de un metro en el hoyo 16 y ponía en pie al público del Augusta. «No cabe duda —exclamó el locutor—. ¡El Oso ha despertado de su hibernación!»

Aquel día, Nicklaus consiguió su sexta victoria en el Masters, convirtiéndose en el golfista de mayor edad en conseguir la chaqueta verde tras firmar su decimoctavo y último *major*. Por aquel entonces, Tiger llevaba ya siete años contando sus puntuaciones en los torneos. Su sueño era llegar a jugar en ese mismo campo. El logro histórico de Nicklaus es el primer recuerdo relacionado con el Masters que le marcó verdaderamente. «Sus reacciones tras aquellos últimos hoyos del Masters de 1986 me impresionaron. Eran espontáneas, y me hicieron ver hasta qué punto uno debe entregarse en cada golpe —escribió Woods años después—. Jack tenía cuarenta y seis años; yo solo diez y todavía no era capaz de expresarlo con palabras. Pero quería estar donde él estaba, haciendo lo que él hacía.»

Earl era fumador y siempre que cavilaba le gustaba dar caladas largas y expulsar el humo lentamente. Ver a su hijo observar al gran Jack Nicklaus a través del televisor le dio mucho en lo que pensar. La escena en el Augusta National, con su público exclusivamente blanco y el cabello dorado de Nicklaus, era muy distinta de la del salón de los Woods. En 1934, la PGA de Estados Unidos modificó su reglamento y pasó a aceptar únicamente a «golfistas profesionales de raza caucásica». Aunque la cláusula acabó suprimiéndose en 1961, los clubes de campo como el de Augusta seguían siendo territorio de blancos. Era el único aspecto del golf que Earl detestaba. Consideraba que, a lo largo de su vida, su color de piel le había impedido avanzar personal y profesionalmente: la guapísima chica blanca con la que no pudo bailar en el colegio; los moteles del Medio Oeste que le vetaron la entrada cuando viajó con el equipo de béisbol de la universidad; el coronel racista que no le permitió ascender en el ejército.

«Lo mío era una lucha constante contra el racismo, la discriminación y la falta de oportunidades —dijo Earl—. Por muy inteligente y elocuente que fuera, un negro no podía conseguir nada loable ni ser algo en la vida. Era tremendamente frustrante y agobiante, especialmente cuando uno quería lograr cosas y se le negaba la oportunidad.»

Earl estaba decidido a conseguir que su hijo cambiara aquello. Su raza no sería un impedimento. Tiger lograría algo loable. Tendría una oportunidad. Al diablo con animar a Tiger para que fuera como Jack; Earl le estaba preparando para desbancarlo.

Después del Masters de 1986, *Golf Digest* publicó una lista con todos los hitos que Nicklaus había logrado a lo largo de su carrera. Indicaba también la edad con la que los había conseguido. Tiger pegó aquel palmarés en la pared de su habitación. Desde aquel momento, cada mañana al despertarse y cada noche al acostarse, Nicklaus estaba presente.

Tiger llevaba entrenando con Rudy Duran seis años cuando Earl decidió que era hora de cambiar. Su hijo cada vez era más alto y Earl quería un entrenador que pudiera adaptar su *swing* a su crecimiento físico. Pensó en John Anselmo, el profesional del Meadowlark Golf Course de Huntington Beach, a unos veinte kilómetros al sur de Cypress. A lo largo de los años, Anselmo había entrenado a muchos niños prodigio de California. Earl fue a verle poco después del Masters de 1986 y le hizo todo tipo de preguntas sobre su filosofía y su método de entrenamiento.

Anselmo había oído hablar de Tiger, pero no fue hasta que lo vio realizar un *swing* que se dio cuenta de que era un caso aparte. «Nunca había visto a un niño con semejante talento», dijo. Le contó a Earl que los golfistas especiales necesitaban un tipo de entrenamiento distinto. «El entrenamiento no debe consistir en hacer muchas cosas —le explicó Anselmo—. Hay que dejar que todo fluya y se desarrolle con naturalidad. Hay que sentirlo.»

Earl sabía que Anselmo era el mejor entrenador de golf del sur de California. Llegaron a un acuerdo similar al que Woods había tenido con Duran: Anselmo no le reclamó dinero y Earl no se lo ofreció.

En su primera clase con Tiger, Anselmo se apresuró a hacer algunas observaciones: su *swing* era de un plano, es decir, su brazo izquierdo nunca sobrepasaba la altura de los hombros durante la subida del palo y, al iniciar la bajada, quebraba la muñeca derecha. Nadie lo había detectado hasta entonces.

Tiger se habituó al enfoque técnico de Anselmo y fue mejorando gracias a sus ejercicios. El entrenador le indicó que se balanceara sobre los tercios anteriores de los pies y que relajara los brazos, y él siguió las instrucciones al pie de la letra. Otra práctica consistía en coger una cesta vacía del campo de prácticas en lugar de un palo y, agarrando la parte izquierda con los dedos de la mano izquierda y la derecha con los de la derecha, levantarla hacia atrás de manera natural, alejándola del objetivo y estirando los músculos de la espalda y el brazo izquierdo. Era una sensación nueva que hizo que Tiger empezara a adquirir un movimiento más amplio y completo.

Anselmo detectó otra cosa: Tiger estaba obsesionado con mandar la pelota lejos. No se trataba de un defecto técnico en su juego, sino más bien de una mentalidad. No era algo que hubiera que mejorar mediante ejercicios. Sin embargo, Anselmo opinaba que había que corregirlo. Un *swing* demasiado potente podía llegar a destruir a un buen golfista.

Tiger empezó a entrenar con Anselmo todas las semanas.

La encargada de llevar a Tiger a las clases de golf y a practicar era Kultida. También era ella quien le acompañaba a todos los torneos. Como Earl trabajaba todo el día, Tiger pasaba la mayor parte del tiempo con su madre. Iban juntos a todas partes. El verano antes de que Anselmo apareciera en sus vidas, Tiger visitó Tailandia y tuvo ocasión de conocer el país donde había nacido su madre y su religión. Fueron incluso a ver a un monje budista. Kultida le dio al monje una tabla que había hecho cuando Tiger nació y en la que había apuntado todos sus logros durante sus primeros nueve años de vida. Más tarde le contó a un periodista lo que sucedió a continuación:

«El monje me preguntó si al quedarme embarazada le había pedido a Dios que mi hijo naciera así —recordó—. Le pregunté que por qué y me dijo: "Porque es un niño especial. Es como si Dios hubiera enviado a un ángel". Dijo que Tiger era especial. El monje no tenía ni idea de golf. Los monjes no ven la televisión. Y dijo que era como un ángel enviado por Dios. Que Tiger sería un líder, y que si se alistaba en el ejército llegaría a ser general de cuatro estrellas.»

La visita a Tailandia reforzó el vínculo de Tiger con su madre. No se sintió obligado a hacerse budista, pero quería hacerla feliz. Cada noche, antes de acostarse, Kultida le pedía a Buda que, en su próxima vida, Tiger volviera a ser su hijo. Las fundas que cubrían la cabeza de sus palos de golf llevaban inscritas las palabras «*Rak jak Mea*», que en tailandés significan «amor de madre». «Siempre puedes contar conmigo —le aseguró—. Mamá nunca te mentirá.»

Pasaron miles de horas juntos en el coche de camino a las clases, las prácticas y los torneos por todo el sur de California. Cuando a Tiger le tocaba competir, Kultida le acompañaba en todos los hoyos con una tarjeta para anotar las puntuaciones y un lápiz. Para ella, llevar la cuenta era muy importante. Aunque era amable y respetuosa con los competidores de su hijo, a Kultida no le hacía ninguna gracia que le ganaran. De camino a los torneos, le inculcaba su filosofía: «En el deporte tienes que ir a la yugular —le decía—, porque los que van de amiguitos luego vienen y te patean el culo. Tienes que matarlos. Arrancarles el corazón».

Fuera del campo, Tiger conocía las reglas:

1. La educación está antes que el golf.
2. Los deberes están antes que el entrenamiento.
3. Prohibido contestar de malas maneras.
4. Respeta a tus padres.
5. Respeta a tus mayores.

En el campo, solo había una regla: jugar sin piedad.

Era una mentalidad un tanto dura para un circuito de golf júnior, pero en 1987, con once años, Tiger participó en treinta y tres torneos y los ganó todos. «Nada es comparable a lo que siento cuando he ganado a todo el mundo —dijo Tiger—. El segundo puesto es para el primer perdedor.»

Por las tardes le tocaba con Earl. Muchas veces, cuando su padre salía de trabajar, Tiger se reunía con él en el campo de la Marina y jugaban juntos hasta que oscurecía. Estar allí a solas con su padre era lo que más le gustaba. Su momento de paz. De vez en cuando, Earl invitaba a alguien a jugar una vuelta con ellos.

Un día, cuando Tiger tenía doce años, se les unió Eric Utegaard, comandante de un destructor de la Marina. En 1969, Utegaard se había convertido en el primer miembro de la Academia Naval en recibir el reconocimiento de All-America (otorgado a los mejores jugadores amateur) desde la creación del programa de golf de la Marina en 1909. Lo había organizado todo para jugar una ronda con padre e hijo. Vino acompañado de su amigo Jay Brunza, que tenía un doctorado, era capitán de la Marina y había trabajado con el equipo de golf de la Academia.

—¿A qué se dedica? —le preguntó Earl a Brunza.

Brunza le contó que era psicólogo y que había estudiado en la facultad de la Academia Naval de Annapolis, en Maryland. Más recientemente había trabajado en la unidad de oncología pediátrica del Bethseda Naval Hospital, donde trataba a niños con cáncer y otras enfermedades graves. Cuando a un niño que, por ejemplo, tenía leucemia tenían que hacerle radioterapia, Brunza le ayudaba a pensar en otras cosas. Lo llamaba «conciencia atenta». Básicamente, utilizaba una especie de hipnosis para conseguir que sus pacientes visualizaran cómo lidiar con el malestar. En un terreno menos serio, Brunza era muy buen golfista y había trabajado como psicólogo deportivo para el equipo de golf de la Marina.

Para el *foursome*, Utegaard se ofreció a jugar con Earl y propuso emparejar a Tiger con Brunza. Tiger enseguida empezó a hablar de chorradas con el psicólogo, y él le seguía el rollo. Al niño aquello le gustaba y, además, agradecía que Brunza supiera jugar. Durante la ronda, Earl percibió que había buena sintonía entre ellos. Al terminar, habló con Brunza en privado:

—¿Me ayudaría a que Tiger tuviera las mismas oportunidades que tienen los niños de los clubes de campo? —le preguntó—. ¿Trabajaría con él?

Tiger llevaba más de un año trabajando su equilibrio con Anselmo. Brunza empezó a desplazarse los fines de semana desde San Diego para enseñarle a visualizar los tiros. Al principio, le dio al niño unas cintas de casete con mensajes subliminales grabados especialmente para él. Juntos hacían ejercicios de respiración y visualización, y Tiger aprendió a respirar profundamente, aguantar el aire y expulsarlo lentamente cuando preparaba el tiro. Era una técnica de relajación. Más tarde, Tiger cambió su manera de patear. En lugar de apuntar al hoyo, empezó a visualizar una imagen alrededor del agujero y a apuntar allí. La técnica de Brunza combinaba algunas de las técnicas hipnóticas que había utilizado durante años con los pacientes de cáncer.

«El elemento hipnótico es esa concentración —explicó Brunza—. Con la hipnosis, uno tiene la impresión de perder el control, pero no es así. En realidad es un estado en el que se agudizan la conciencia y la concentración. A Tiger le enseñé a centrarse, a desarrollar una conciencia creativa que cada uno puede adaptar a su naturaleza.»

Después de cada sesión, Brunza le ponía deberes a Tiger. Nunca tuvo que decirle que practicara. «Tiger era el mejor alumno que uno pudiera tener —dijo Brunza—. Un niño muy creativo y prodigioso.»

A Tiger le gustaban los juguetes como a cualquier niño, pero todo lo relacionado con el equipo de golf le fascinaba: la empuñadura de los palos, la superficie lisa y brillante de la varilla de los *drivers* e incluso el olor y la textura de la piel suave de una bolsa de golf nueva. Trataba con sumo cuidado todo su material, desde las zapatillas hasta la funda de sus palos. Anselmo se dio cuenta de eso y decidió presentarle a uno de sus antiguos alumnos: Scotty Cameron, de veinticinco años.

Cuando Cameron era un chaval, él y su padre empezaron a experimentar con *putters* en un garaje. Al principio lo hacían por diversión, pero aquello no tardó en convertirse en un taller. Cuando padre e hijo no estaban en el campo de golf, estaban allí, colocando empuñaduras, moldeando cabezas de palos y diseñando *putters*: realizando «experimentos de campo», como ellos decían. Pronto Cameron vio que no llegaría a jugador profesional y que su verdadero talento era fabricar *putters*. Cuando tenía poco más de veinte años, cambió el garaje por un taller de verdad donde poder fabricar palos de gran calidad con herramientas de última generación.

A Tiger le alucinaba el trabajo de Cameron. Tenía trece años menos que él, pero hablaban el mismo idioma. Cameron sentía que su destino era fabricar *putters* para un golfista que revolucionaría el juego. Tiger empezó a utilizar sus *putters*.

A los doce años, Tiger Woods estaba siempre rodeado de adultos. Tenía al mejor entrenador de golf del sur de California; a un psicólogo deportivo de formación militar que a menudo hacía las veces de *caddie* en los torneos júnior, y a todo un artesano que le fabricaba *putters* a medida. Su equipo de golf, empezando por la bolsa, era visiblemente superior al del resto de los niños de su edad. Y tenía unos padres —que a menudo llevaban camisetas en las que podía leerse «Team Tiger» (Equipo Tiger)— que dedicaban su vida a conseguir que su hijo contara con los privilegios que le permitieran derrotar a los niños ricos a los que se enfrentaba. Cuando pisaba el campo de un torneo júnior, intimidaba a todos sus rivales.

No obstante, al mirarse al espejo, Tiger se veía pequeño y flacucho. Estaba convencido de que no era lo suficientemente duro, así que acudió a su padre en busca de ayuda.

Earl lo «alistó» en lo que bautizó como la Escuela de Perfeccionamiento Woods, donde, haciendo uso de las técnicas de guerra psicológica y para prisioneros de guerra que había impartido a los soldados, le machacaba para curtirlo.

«El entrenamiento psicológico de mi padre me preparó para enfrentarme a todo lo que el golf pusiera en mi camino —dijo Tiger más adelante—. Me enseñó a ser plenamente consciente de lo que sucedía a mi alrededor sin perder nunca la concentración en lo que estaba haciendo.»

Más adelante, Earl alardeó de sus técnicas ante los periodistas de golf. Explicó que, cada vez que Tiger se disponía a patear, hacía sonar las monedas de su bolsillo, y que se ponía a toser o dejaba caer la bolsa mientras su hijo subía el palo preparándose para golpear. «Era una guerra psicológica —escribió Earl en sus memorias—. Quise asegurarme de que nunca se cruzara con nadie que tuviera más fortaleza mental que él, y lo conseguimos.»

De boca de Earl y de otras personas, esas anécdotas pueden sonar inofensivas; una lección ingeniosa más transmitida de padre a hijo. Sin embargo, según extraemos de la versión que dio Tiger muchos años después de que su padre muriera, algunas de aquellas técnicas, según los estándares actuales, rozaban el maltrato.

«Mi padre soltaba un montón de tacos adrede mientras yo golpeaba pelotas. Constantemente. Y también durante el *swing* —dijo Tiger—. "Menuda mierda, Tiger", decía a veces... Todo era "Hijo de puta", "Pedazo de escoria", "¿Qué se siente al ser un negrata?"... cosas de ese estilo.»

«Estaba siempre machacándome —recordaba Tiger— y, cuando me cabreaba de verdad, decía: "Sé que quieres destrozar ese palo, ¡pobre de ti! ¡Ni se te ocurra!". Me llevaba al límite y luego me dejaba en paz. Otra vez al límite, y otra vez paraba. Era una locura.»

Puede que nunca sepamos qué sentía realmente Tiger cuando, con once, doce o trece años, su padre le humillaba de esa manera. Sin embargo, en 2017, a los cuarenta y uno, Woods habló de este modo sobre su experiencia: «Necesitaba que me llevara al límite de no querer continuar, porque tenía que aprender a deshacerme de cualquier inseguridad. Teníamos una palabra clave que podía utilizar si veía que no aguantaba más. Pero nunca la utilicé. No pensaba ceder ante él. Hacerlo me hubiera convertido en un cobarde, y yo nunca me doy por vencido».

La palabra clave que Woods nunca pronunció era *basta*.

La técnica de Earl poco tenía que ver con las experiencias previas de Tiger. Rudy Duran y John Anselmo siempre se habían centrado en fortalecer su seguridad, y el Dr. Brunza era un entrenador extremadamente sensible y apacible que jamás levantaba la voz. Su enfoque consistía en hacer que Tiger se relajara. Earl, sin embargo, intentaba que se sintiera inseguro.

Por ese entonces, solo Tiger sabía lo que su padre se llevaba entre manos. «Me entrenó para que en el campo fuera, como él mismo decía, un "asesino despiadado", y para ello utilizó las técnicas que había aprendido y aplicado en el ejército —admitió en 2017—. Necesitaba ese entrenamiento para lograr soportar la vida de golfista profesional, la vida de la supuesta "esperanza negra" del golf... alguien de quien se esperaban grandes cosas... Me inscribía en todos los torneos para ganar; tenía esa seguridad.»

Fue duro, pero funcionó. Tiger sencillamente arrolló a todos sus competidores del circuito júnior del sur de California. Se impuso incluso en el Leyton Invitational de Yorba Linda, en California, un torneo de élite que atraía a los mejores jugadores de la zona. Tom Sargent, uno de los entrenadores más respetados del condado de Orange, era el profesional del Yorba Linda Country Club. Desconocía los métodos de Earl, pero llevaba años observando a Tiger y había llegado a conocer bastante bien a Kultida. A menudo charlaban durante los torneos, y, al terminar, ella a veces le llamaba para comparar notas. Sargent sentía que Kultida era tan responsable del éxito de Tiger como el que más.

«Tida es una fiera —dijo Sargent—, y es mejor no interponerse en su camino. Y lo digo como algo positivo. Protegía a Tiger férreamente. Dicho de otro modo: nadie jodía a su hijo y conseguía irse de rositas.»

A Sargent le habían contratado como entrenador particular de Bob May, un chico de clase alta del instituto Lakewood High School, que quedaba cerca de allí. May era el futuro estudiante universitario más prometedor del sur de California. Había dos entrenadores de universidad —Wally Goodman, de la Stanford University, y Dwayne Knight, de la University of Nevada, Las Vegas— que le hacían la corte y preguntaban constantemente a su actual entrenador por sus progresos. Pero Sargent había visto a Tiger cargarse sistemáticamente a chavales que le superaban en edad y tamaño. En una ocasión, advirtió a Goodman y a Knight de que no perdieran de vista a un chaval de doce años llamado Tiger Woods. Según los cálculos de Sargent, estaba diez años por delante de los demás niños.

Un día de primavera de 1989, Tiger volvió a casa de la escuela secundaria y se encontró con una carta de Wally Goodman. En ella mencionaba a Tom Sargent y recalcaba que Stanford estaba interesada en Tiger como futuro miembro de su equipo de golf. La normativa de la NCAA (la Asociación Nacional Deportiva Universitaria) prohibía a los entrenadores de las universidades contactar con alumnos en los tres primeros años de instituto, pero no decía nada acerca de los estudiantes de la escuela secundaria, que, a su vez, también eran libres de escribir a los entrenadores.

El 23 de abril de 1989, Tiger respondió a Goodman:

Estimado entrenador Goodman:

Gracias por su reciente carta manifestando el interés de Stanford en mí como futuro estudiante y golfista. En un primer momento no entendía por qué una universidad como Stanford podía estar interesada en un estudiante de trece años, pero, después de hablarlo con mi padre, lo he comprendido y le doy las gracias. Es todo un honor. Quiero agradecer también el interés que ha demostrado tener en mi futuro el Sr. Sargent al recomendarme.

Me interesé por los estudios que se imparten en Stanford mientras veía las Olimpiadas y a [Debi] Thomas. Mi meta es recibir una formación empresarial de calidad. Sus consejos me serán increíblemente útiles a la hora de prepararme para la vida universitaria. Mi nota media de este año es de un 9,65, y mi intención es mantenerla o subirla durante los próximos años.

Estoy siguiendo un programa de ejercicios para aumentar mi fuerza. Mi hándicap del mes de abril según la Asociación de Golf de los Estados Unidos es 1, y este verano tengo pensado jugar en el SCPGA y quizá en algún torneo de la AJGA. Mi objetivo es quedar primero en los Junior World de julio por cuarta vez y convertirme en el primer jugador en ganar en todas las franjas de edad. En el futuro me gustaría convertirme en un profesional del PGA Tour. En febrero del año que viene tengo intención de viajar a Tailandia para participar en el Thai Open como amateur.

He oído hablar mucho de su campo de golf y me encantaría poder jugar allí con mi padre algún día.

Espero recibir noticias suyas pronto.

Atentamente,
Tiger Woods
165 cm / 45 kg

Goodman se olió que la carta no la había escrito Tiger. Se sabe que en alguna ocasión Earl le había dictado a Tiger lo que debía escribir, y parece evidente que eso fue lo que sucedió con esta carta. Es demasiado refinada y calculada para un niño de trece años. Pero a Goodman le dio igual. Estaba tan encantado que enseñó la carta a todo su equipo y presumió de lo bien redactada que estaba. Bajo su punto de vista, Stanford le había cogido la delantera a todas las universidades que tarde o temprano acabarían persiguiendo al chaval.

El verano de 1989 supuso un antes y un después para Tiger y su familia. Aunque solo tenía trece años, todo el mundo coincidía en que estaba preparado para empezar a competir en los torneos júnior del país. Eso provocó un cambio en los roles de sus padres: Earl dejó su trabajo en McDonnell Douglas para poder acompañar a Tiger; mientras tanto, Kultida se quedaba al cuidado de la casa y los perros. La primera prueba fue el Big I National Championship, el mayor torneo de golf júnior del país. Compitió con los mejores golfistas de esa categoría de los Estados Unidos: Justin Leonard, David Duval, Notah

Begay III, Chris Edgmon, Patrick Lee y muchos más. En total eran 155 participantes. Tiger era el más joven.

El torneo se celebró en el Texarkana Country Club de Arkansas, y la organización dispuso alojamientos privados para que los jóvenes golfistas se hospedaran durante el fin de semana. Sin embargo, Earl dejó claro que no formaría parte de aquello. No quería que su hijo se alojara con otra gente. Llamó al presidente del torneo y le comunicó que Tiger se quedaría en un hotel, lejos del resto. Quería que su hijo se mantuviera centrado.

El primer día de torneo, Tiger parecía un niño entre adolescentes, pero hizo 71 golpes y terminó empatado a tres en el primer puesto. Pasó el corte sin dificultad y, cuando el tercer día emparejaron a los participantes con profesionales del PGA Tour, le tocó con John Daly, un joven valor de veintitrés años y estilo agresivo famoso por tener el golpe más largo del circuito. Nada más empezar la vuelta, Daly se puso a disparar bolas por encima de los árboles con el *driver* y a utilizar *wedges* de arena en los pares 5. Woods, que recordó los consejos de Anselmo acerca de no excederse en sus *swings*, resistió la tentación de demostrar su potencia. Después de nueve hoyos, iba dos golpes por delante de Daly. Decidido a no dejarse humillar por un niño de trece años, el profesional se puso las pilas en los nueve últimos. A pesar de ello, cuando quedaban tres hoyos por jugar, Tiger seguía en situación de ganar o empatar. Fueron dos *bogeys* en dos de los tres últimos hoyos los que finalmente le hicieron perder, quedando dos golpes por detrás de Daly. Pero acabó segundo en la general del torneo, convirtiéndose en el jugador más joven de la historia en quedar entre los cinco primeros.

Que Tiger casi derrotara a Daly fue la comidilla del torneo, y todo el mundo empezó a especular acerca de cuándo daría el salto a profesional. Tiger no se pronunció al respecto. A Earl, sin embargo, le faltó tiempo para decirle a los reporteros que Tiger era libre de ser lo que quisiera ser: «Si quiere ser jefe de bomberos en Memphis, Tennessee, por mí perfecto —le contó a un periodista—. No hay expectativas y, por consiguiente, no hay ningún tipo de presión para que se haga profesional».

Aquel otoño, Tiger fue sin duda el mejor deportista de la escuela secundaria Orangeview Junior High y, sin embargo, no jugaba al fútbol americano, al baloncesto, al fútbol ni al béisbol (por lo menos, no de manera oficial). «En la escuela secundaria lo hacía en secreto —recordó uno de sus amigos más íntimos—. Su padre no sabía nada.»

A Tiger no le estaba permitido pertenecer a equipos de ningún otro deporte, pero no podía resistirse a jugar durante el recreo. En una ocasión, mientras jugaba al fútbol americano, saltó para atrapar un pase, se cayó y se hizo una herida en la rodilla. Su reacción fue desmesurada para lo que parecía ser una simple rozadura:

—¡Ya la hemos liado! —exclamó inspeccionándose la rodilla.

—Tranquilo —dijo uno de sus amigos—. No es para tanto.

—Tú no lo entiendes —le explicó Tiger—. Mi padre me va a matar. Se supone que no debería estar jugando al fútbol.

CAPÍTULO CINCO
¿QUIÉN ES TIGER WOODS?

Tiger empezó a ir al instituto Western High School de Anaheim en otoño de 1990. A sus catorce años, medía un metro setenta y cinco, pesaba cincuenta y cuatro kilos y era capaz de mandar una pelota de golf a más de doscientos cincuenta metros del *tee*. Solo un puñado de profesionales podían enviarla más lejos. Era el jugador júnior número uno del sur de California, y todas las universidades importantes, las que contaban con los mejores programas de golf, tenían la vista puesta en él. Los periodistas especializados en golf ya estaban opinando sobre cuándo daría el salto al profesionalismo.

Al llegar Tiger, el entrenador de golf del Western, Don Crosby, sintió que a su joven equipo le había tocado la lotería, a diferencia de los funcionarios del centro, que no tenían ni idea de que el recién llegado Eldrick Woods era para muchos el futuro del juego. Unos meses antes del inicio de las clases, en el distrito en el que se encontraba el instituto se planteó un pequeño cambio en la circunscripción que iba a dejar fuera la casa de Tiger. Durante una reunión urgente con el director del centro, Crosby desenrolló un mapa y dibujó un círculo alrededor de la parcela de Cypress situada en la esquina entre Teakwood y Chestnut Street.

—Hagan lo que hagan este verano —le dijo Crosby al director—, esta zona tiene que quedar dentro.

—¿Por qué? —preguntó el director.

—Porque ahí vive un chaval llamado Tiger Woods.

El director levantó la vista del mapa y miró a Crosby con cara de no entender nada.

—¿Quién es Tiger Woods?

Los alumnos tampoco le conocían. Su círculo de amigos se reducía a tres chicos: Alfredo Arguello, Mike Gout y Bryon Bell. A Arguello le conocía desde hacía más tiempo que al resto, desde segundo de primaria. Habían sido amigos desde entonces, llegando incluso a jugar en el mismo equipo de fútbol juvenil. A pesar de ello, durante todos esos años, Arguello solo había estado en casa de Tiger una vez. Gout era un año mayor que Tiger y vivía a unos cuantos bloques de él. Y luego estaba Bell, un chaval con fama de empollón. Tiger le había conocido en la escuela secundaria. También jugaba al golf, y llegaría a ser el segundo mejor jugador del equipo del Western.

Cuando entraron en el instituto, Woods, Arguello y Bell eran como los tres mosqueteros. Todos iban a cursos para alumnos aventajados. Arguello estaba entre los mejores de la clase de primero. Woods y Bell le iban a la zaga. Eran unos empollones en todos los sentidos, y competían entre ellos para ver quién sacaba las mejores notas. Sabían que no eran populares —eso era para los deportistas y las animadoras—, pero ya tenían claro el camino que seguirían en la vida:

—Alfredo —decía Woods—, tú serás mi abogado.

—Y yo seré tu médico —añadía Bell.

Fuera del instituto, Tiger tenía otro amigo: Joe Grohman, de veinticuatro años, el profesional ayudante del campo de la Marina. Se conocieron en 1989, al poco de que Grohman empezara a trabajar allí. Durante el verano previo a entrar en el instituto Western, Tiger se había tirado más de un día hasta diez horas en el campo de prácticas. Grohman también estaba allí a diario, y empezó a tratar a Tiger como su hermano pequeño. Le llamaba la atención que el chico prefiriera practicar antes que jugar rondas. Finalmente, una tarde le sacó el tema:

—¿Cómo es que apenas juegas en el campo? —preguntó Grohman.

—Me gusta más practicar —le explicó Tiger.

No sería exagerado afirmar que el verano antes de empezar el instituto Tiger practicó durante más de quinientas horas, sin contar los cientos de horas que pasó participando en torneos. Esas rutinas de práctica extremas no eran nuevas ni suponían un desafío para él. «Lo primero que le enseñé a Tiger, además del amor por el golf, fue el amor por la práctica —dijo Earl—. Cuando era muy pequeño, la gente le preguntaba: "¿Cómo has llegado a ser tan bueno, Tiger?", y el respondía "Práctica, práctica y más práctica".»

Practicar no era algo que le hubieran impuesto a Tiger, y tampoco era que se sintiera obligado a hacerlo. Le encantaba estar solo en la zona de prácticas o en el campo con sus palos. Esos palos eran, de algún modo, una proyección de su genio creativo. En su libro *Fuera de serie*, Malcolm Gladwell analiza la trayectoria de algunos genios —Bill Gates, Mozart, Bobby Fischer, los Beatles— y concluye que la preparación tuvo en sus extraordinarios logros un papel más importante que el talento innato. El autor calcula también el tiempo que pasaron practicando y preparándose durante su juventud Gates y los Beatles. En el caso del empresario informático, durante su último año en la escuela media pasó más de 1.500 horas en un periodo de siete meses conectado a un ordenador central y, de media, invirtió entre veinte y treinta horas semanales en aprender a programar de forma autodidacta. Algo parecido sucedió con Paul McCartney y John Lennon, que empezaron a tocar juntos en el instituto siete años antes de alcanzar la fama, y se calcula que actuaron en directo unas 1.200 veces antes del primer concierto de los Beatles en Estado Unidos. Gladwell fue quien acuñó la expresión «la regla de las 10.000 horas» para referirse al esfuerzo que separa a los grandes del resto. «Los que están en lo más alto de la cumbre no es que trabajen un poco o bastante más que todos los demás —escribió Gladwell—. Trabajan mucho, *mucho* más.»

Tiger empezó a desarrollar sus habilidades a una edad mucho más temprana que Gates, McCartney o Lennon. Cuando tenía seis meses y apenas era capaz de mantenerse erguido, pasó innumerables horas sujeto a una trona observando cómo su padre practicaba su *swing*. A los dos años, según Earl, Tiger ya pasaba dos horas al día golpeando pelotas. A ese ritmo, a los quince años habría alcanzado las diez mil horas. Pero cuando tenía cinco ya pasaba mucho más de dos horas al día practicando. A esa edad ya actuaba en televisión y participaba en torneos. Probablemente nos quedemos cortos al estimar que, cuando apareció en *That's Incredible* a los cinco años, Tiger Woods ya había jugado y practicado durante más de tres mil horas. Para ponerlo en perspectiva, se calcula que McCartney y Lennon llegaron a las diez mil horas de práctica a los veinte años. Bill Gates las alcanzó más o menos al cumplir los veintiuno. Tiger Woods probablemente había acumulado diez mil horas de juego y práctica a los doce años.

Justo antes de que Tiger empezara el instituto, Grohman le puso el apodo de Champ (campeón). No llegó a cuajar del todo, pero él siempre le llamaba así, y a Tiger le gustaba. También agradeció que el profesional ayudante le diera algunos consejos bastante directos acerca de las chicas: debía evitarlas. El golf requería muchísimo tiempo y una novia no era más que una distracción:

—El mundo está lleno de tíos que eran extraordinarios hasta que conocieron a una chica —le explicó.

No era algo que a Tiger le preocupara. De todos modos, las chicas no le hacían ni caso. Andaban detrás de los jugadores de fútbol americano. Ellos eran los que conseguían a las chicas, y no él. Ellas no sabían ni cómo se llamaba. Al poco de entrar en el instituto, un reportero de la revista *People* le hizo una entrevista. Le preguntó si era muy duro estar perdiéndose tantas cosas, en concreto tener novia.

—No podría sacar tiempo para ella —dijo Tiger, y añadió—: Esto es mejor que vivir una infancia normal.

Y con «esto» se refería al golf.

Hacía más o menos un mes que Tiger había empezado el instituto cuando Earl recibió una llamada de Jaime Diaz, un veterano redactor de *Golf Digest*. Diaz se mostró interesado en conocer a Tiger y quién sabe si escribir sobre él en la revista. Earl sugirió que empezaran por jugar una vuelta juntos. A Diaz le pareció bien la idea de desplazarse hasta Los Ángeles.

A Tiger no le entusiasmaba demasiado quedar con un periodista. Nunca le había gustado mucho hablar con desconocidos que llevaran bolígrafos, libretas y grabadoras. Su padre llevaba concertándole entrevistas desde que tenía dos años, y a los catorce ya estaba harto. Pero ese sábado por la mañana del otoño de 1990 acompañó obedientemente a Earl al Coto de Caza Golf & Racquet Club, un campo privado en el condado de Orange, para reunirse con Diaz.

Cuando Diaz se presentó, Tiger, sin levantar la vista del suelo y en voz muy baja, le contestó con un «Hola». El periodista no se molestó en intentar entablar una conversación. Fueron directamente hacia el primer *tee* y empezaron a jugar. Después de unos cuantos hoyos, a Tiger le empezó a caer mejor. Parecía distinto a los demás periodistas. Para empezar, la mayoría de los redactores de golf eran blancos, y Diaz era una grata excepción. Además, sabía jugar, y eso siempre era un plus para él. Después de la ronda, Tiger y Earl fueron a comer con Diaz a un restaurante de la cadena Sizzler. La conversación no tardó en desviarse hacia el tema de los medios:

—¿Y cómo sé yo quiénes son unos capullos? —soltó Tiger mientras masticaba.

«Qué desconfiado para tener solo catorce años», pensó Diaz, pero se lo guardó para sí.

—Eso tienes que decidirlo tú —le dijo—. A mí me cuesta tratar con según qué tipos, y esos mismos tipos serán lo más para otras personas.

Tiger asintió.

—Así que yo te diría que tuvieras una mente abierta y que no fueras por ahí como si todo el mundo intentara fastidiarte —continuó Diaz.

Earl se unió a la conversación para apuntar que había enseñado a Tiger a contestar a las preguntas sin elaborar las respuestas.

Estaba claro que Tiger tenía una manera un tanto sofisticada de entender los medios de comunicación y su funcionamiento. Se sabía el nombre de todos los periodistas especializados en golf y había leído mucho. Invitaron a Diaz a casa para que conociera a Kultida. Para cuando se marchó de la ciudad, todos se tuteaban. Fue el inicio de una relación que prometía ser beneficiosa tanto para el periodista como para la familia Woods.

Tiger creció a unos sesenta y cinco kilómetros del exclusivísimo Bel-Air Country Club, al oeste de Los Ángeles, pero no fue por primera vez hasta un día de primavera de 1991, cuando acudió para asistir a un clinic de Jack Nicklaus. El club era impresionante. Era imposible no admirar sus calles verdes y exuberantes y sus piscinas de agua cristalina. Entre sus miembros figuraban Ronald Reagan, Richard Nixon, Bing Crosby, Jack Nicholson y Clint Eastwood. El primer golfista negro acababa de ser admitido recientemente.

En un momento dado, Jack Nicklaus le pidió a Tiger que hiciera una demostración de su *swing*. Como chaval de quince años con fama de ser la «gran esperanza negra del golf», Tiger sintió que todas las miradas de los allí presentes pasaban de Nicklaus a él. Era una sensación que ya había experimentado muchas veces al entrar en otros clubes de campo. De puertas para adentro, lo llamaba «la mirada», y afirmaba sentirse como un preso entrando en prisión, con todo el mundo observándole.

En aquella ocasión, la sensación fue mucho mayor. Unas semanas antes, el taxista afroamericano Rodney King había sido agredido brutalmente por cuatro agentes de policía tras una persecución a toda velocidad que terminó cerca de allí, en el valle de San Fernando. Las imágenes grabadas por un videoaficionado mostraron cómo, estando King tirado en el suelo, le habían disparado con una pistola Taser, aporreado y dado patadas en la cabeza y el cuello. El escalofriante vídeo permitió que se pudiera detener a los cuatro agentes y que se abriera un debate a nivel nacional acerca de la brutalidad policial y el racismo.

Woods mantuvo la calma e hizo gala de su *swing* perfecto. Después de realizar unos cuantos más, Nicklaus le hizo parar:

—Tiger —dijo sonriendo—, cuando sea mayor quiero tener un *swing* tan bonito como el tuyo.

Todos los que estaban observando en el Bel-Air se rieron. Aunque el elogio de Nicklaus incluía un toque de humor autocrítico, fue una curiosa muestra de aprobación pública del mejor golfista al niño prodigio que había sido nombrado su sucesor. Los padres de los demás niños allí presentes miraron a Tiger con una mezcla de sorpresa, envidia y asombro.

Durante los siguientes tres meses, mientras acababa su primer año de instituto, Tiger no defraudó. En los campeonatos entre institutos de California celebrados en mayo, superó a jugadores de todos los cursos y acabó como mejor golfista individual. En julio, a pesar de ser el más joven en el grupo de quince a diecisiete años, ganó el Optimist International Junior Golf Championship de San Diego. Luego le tocó el turno al Bay Hill Country Club de Orlando, donde ganó el US Junior Amateur Championship, convirtiéndose en el jugador más joven y el primer negro en conseguirlo en los cuarenta y cuatro años de historia del campeonato.

—Hijo mío —le dijo Earl—, has conseguido algo que ningún negro de los Estados Unidos había logrado jamás. Ya formas parte de la historia para siempre.

Tiger se sentía bien. Su racha casi mecánica de victorias del verano de 1991 le había convertido claramente en el mejor golfista júnior del país. En agosto, el *New York Times* declaró en un llamativo titular: «¡Atención! Nicklaus, cuidado con el jovencito». El artículo lo había escrito Jaime Diaz, que ahora trabajaba para el periódico. «Quiero ser el Michael Jordan del golf —le contó Tiger a Diaz—. El mejor que haya existido.»

Dina Gravell era una de las chicas más guapas del Western High. Una animadora rubia de ojos azules y piernas esbeltas. Tenía dieciséis años y era, además, una estudiante modelo y una gran deportista que jugaba en los equipos de tenis y fútbol del instituto. Siempre estaba rodeada de un amplio círculo de amistades —principalmente compuesto por deportistas y animadoras— y nunca había interactuado con Tiger. Ni siquiera había oído hablar de él. Pero, sin duda, a Tiger le llamó la atención cuando la chica fue a parar a su clase de Contabilidad Avanzada al inicio del segundo año.

Aunque él era un año menor, ambos eran los alumnos más avanzados de la clase. Después de aproximadamente un mes, el profesor habló con ellos y les preguntó si les importaría darle clases particulares a un compañero que iba un poco flojo. Durante la primera sesión, Tiger apenas pronunció una palabra. Lo dejó todo en manos de Gravell. Cuando por fin se decidió a hablar, resultó que explicaba muy bien. Era evidente que era inteligente, pero Gravell también se dio cuenta de que había algo que le diferenciaba del resto. Incapaz de identificar de qué se trataba, llegó a la conclusión de que simplemente era el típico empollón. Le pareció que a Tiger le iría bien juntarse con más gente.

—Oye, ¿por qué no te vienes con nosotros algún día? —le dijo después de una de las clases particulares—. No sé, a ver un partido o algo.

Tiger no tenía claro qué decir.

—¿Has ido alguna vez a un partido de fútbol americano? —le preguntó.

—Pues la verdad es que no.

—Vente con nosotros.

En cierta manera, la invitación desató su fobia social. Tiger no conocía a la gente con la que se juntaba Gravell. Su mundo eran el golf, estudiar y sus pocos amigos. Ya le iba bien así. Asistir a un partido con Dina era territorio inexplorado, uno alejadísimo de su zona de confort. Sin embargo, le gustaba que una de las chicas más guapas del instituto le prestara atención. Sus colegas no se lo iban a creer. El viernes por la noche se sentó con Gravell y su grupito en las gradas. Faltaban dos meses para que cumpliera dieciséis años, y era genial haber podido salir un rato. Poco después del saque inicial, Gravell se giró hacia él.

—Bueno, ¿y tú que haces? —preguntó.

—Juego a golf.

—¿Golf?

—Sí, es un deporte.

—Ya, eso ya lo sé. Pero es como de gente mayor, ¿no? ¿Cómo es que jugas a eso?

Tiger se rio.

—Bueno, me gusta.

—Ah.

—Y se me da bastante bien.

Ella no le hizo más preguntas sobre el tema y él no dio más explicaciones. Gravell no tenía ni idea de que Woods era una estrella consagrada. Una semana antes, le habían hecho un reportaje en la revista *People*. Los periodistas deportivos desde Los Ángeles hasta Nueva York conocían su nombre. Pero él no hablaba de eso. Simplemente estaba ahí, sentado en una gradería plagada de adolescentes un viernes por la noche, perfectamente feliz siendo una estrella invisible. En el Western High, Dina Gravell era más famosa que Tiger Woods.

Unas semanas más tarde, Gravell invitó a Tiger a otro partido. Llegaron juntos y, cuando se reunieron con los amigos de ella, una de las chicas susurró:

—Anda, pero si es el chico del golf.

Tiger no dijo nada y se sentó justo detrás de Gravell en las gradas. No conocía a sus amigos y no tenía especial interés en dejar que ellos le conocieran a él. Gravell charlaba con ellos mientras él se dedicaba a ver el partido. En un momento dado, sin dejar de conversar con las chicas que tenía sentadas a ambos lados, Gravell se reclinó hacia atrás y colocó los brazos en las piernas de Tiger, apoyando la espalda en sus rodillas. Fue como si una descarga eléctrica recorriera el cuerpo de Woods. Apenas pudo concentrarse en el partido. Más tarde, cuando se quedaron solos, Tiger se lo confesó:

—Cuando me has tocado las piernas casi me muero —le dijo.

Ella se rio.

—Solo me he apoyado —dijo.

El silencio que se produjo a continuación dijo muchas cosas. Estaba colado por ella. No era solo que fuera preciosa. Podía hablar con ella. Le escuchaba. Le daba igual que Tiger fuera famoso o un golfista de élite. A todas las personas a las que había conocido solo les interesaba su talento. A ella le interesaba él como persona.

Gravell también sentía algo. Cuanto más tiempo pasaba con él, más cariño le cogía. Era muy diferente a los demás chicos. Muchos de los deportistas se pasaban el día gritando y eran unos chulitos que andaban siempre pavoneándose. Tiger nunca le decía nada a nadie ni hablaba de él. «No intentaba ser popular —recordó—. No intentaba destacar. Era simplemente un caballero. Se dedicaba a lo suyo sin meterse en los asuntos de los demás. Supongo que eso fue lo que me atrajo de él.»

Al acercarse las vacaciones, Gravell invitó a Tiger a cenar a su casa con sus padres. Él aceptó, pero le daba un poco de reparo. ¿De qué iba a hablar con sus padres? Estuvo casi toda la noche con la cabeza gacha y sin apenas hablar, aunque sí elogió la comida de la Sra. Gravell y le agradeció que le hubiera invitado. Los padres de Gravell, que no sabían nada de sus hazañas golfísticas, concluyeron que Tiger era un chico educado y muy tímido. Le dijeron que podía ir a su casa siempre que quisiera.

Poco después de eso, Tiger invitó a Gravell a cenar con sus padres en su casa. Nada más entrar por la puerta y ver semejante cantidad de trofeos, Gravell se quedó boquiabierta. Estaban por todas partes: en las mesas, en las estanterías e incluso en el suelo. Debía haber por lo menos cien. También había artículos de periódicos sobre Tiger enmarcados.

—¿Te han sacado en la revista *People*? —preguntó alucinada.

—¿Y sabías que una vez salió en *That's Incredible!*? —preguntó Earl.

No tenía ni idea.

Earl le puso un vídeo. Tiger pasaba del tema, pero Gravell no podía creerse lo que estaba viendo. ¿El chico que le gustaba había salido en la televisión nacional con cinco años?

Earl la corrigió: ¡Con *dos* años!

¿Cómo? Gravell no entendía nada. ¿Por qué Tiger no le había contado nada de todo eso?

Había muchas cosas que Tiger no le había contado sobre él.

Kultida cocinó un plato de pollo delicioso. Tiger nunca había llevado a una chica a casa, y su madre hizo todo lo posible porque se sintiera a gusto. Después de cenar, lo único que quería Tiger era que Dina conociera a su nuevo perrito.

A Tiger no le llevó mucho tiempo decidir que prefería estar en casa de Gravell que en la suya. Empezó a ir allí después de sus prácticas. Iba a cenar cada vez más a menudo y sus padres le acogieron como un miembro más de la familia. Los fines de semana, él y Gravell se quedaban viendo la televisión hasta tarde y, cuando los padres se iban a dormir, se enrollaban en el sofá.

Tiger celebró su decimosexto cumpleaños en Florida. Estaba allí con motivo del Orange Bowl Junior Classic, de la agencia International Management Group. Después del torneo, se dirigió a casa de Mark O'Meara. Hughes Norton, agente de IMG, y Mark McCormack, fundador de la empresa, lo habían dispuesto todo. Ambos llevaban detrás de Tiger desde mucho antes de que la mayoría reconociera su potencial. Woods sabía que tarde o temprano IMG le acabaría representando. Sabía también que se trataba de la agencia deportiva más grande y poderosa del mundo del golf. Pero no conocía el trasfondo de IMG, ni tampoco las dimensiones del acuerdo al que habían llegado con su padre.

Mark McCormack había sido un golfista muy competitivo en sus tiempos de estudiante en el College of William & Mary, a finales de los años cuarenta y principios de los cincuenta. Después de graduarse, se matriculó en la Facultad de Derecho de Yale y sirvió en el ejército de EE. UU. antes de empezar a ejercer como abogado en Cleveland. Pronto dio con la manera de combinar su carrera legal con su pasión por el golf. Un día que había estado organizando exhibiciones para golfistas profesionales se le ocurrió una idea mejor y más lucrativa: negociar sus contratos. A finales de los cincuenta, los premios en metálico del PGA Tour apenas llegaban a los dos mil dolares, y prácticamente nadie se planteaba que un golfista profesional pudiera firmar un contrato con un fabricante de equipo deportivo. El golf era un deporte de ricos, pero nadie lo veía como un deporte con el que poder hacerse rico. Hasta que llegó McCormack.

El 15 de enero de 1959, McCormack convenció a Arnold Palmer, golfista de veintinueve años, para que firmara un contrato con él. Palmer se había criado en un pueblo industrial de Pensilvania. Era humilde, atractivo y carismático, y su padre era cuidador de un campo de golf. Según le pareció a McCormack, Palmer era perfecto para atraer a la clase media al golf. Al poco tiempo, McCormack había dejado su bufete de abogados y había montado una agencia que más tarde llevaría por nombre International Management Group. Finalmente acabó firmando un acuerdo con Jack Nicklaus y Gary Player y convirtió IMG en una agencia deportiva y un gigante de la mercadotecnia. Con Mark McCormack e IMG negociando contratos y acuerdos de patrocinio para los jugadores de primera línea, Cleveland se convirtió en enclave destacado del universo golfístico.

En 1972, Hughes Norton empezó a trabajar para IMG. Llegó cuando ya se había graduado en Harvard y Yale. Era agresivo y sofisticado, y tenía fama de ser un negociador duro. De lo que Norton no tenía fama era de humilde. Era vengativo y capaz de intimidar. Pero McCormack y Norton eran muy buenos en dos cosas: reconocer el talento y convertirlo en enormes sumas de dinero para IMG. Cuando oyeron hablar de Tiger Woods por primera vez, no les cupo duda de que podía revolucionar el juego de la misma manera que había hecho Arnold Palmer tres décadas antes.

No se sabe con exactitud cuándo le llegó a la familia Woods la primera propuesta de IMG, pero en una ocasión Earl afirmó que Hughes Norton había aparecido en escena cuando Tiger tenía solo cinco años. Tom Callahan cuenta en su libro *His Father's Son: Earl and Tiger Woods* que Norton oyó hablar de Tiger cuando todavía era un niño y se presentó en la casa de los Woods, en Cypress. Mientras hablaba con Earl, Tiger montaba en bicicleta por allí delante.

—Yo creo que el primer negro que llegue a ser un buen golfista ganará una millonada —le habría dicho Earl a Norton.

—Así es, Sr. Woods —respondió el agente—. Por eso estoy aquí.

Norton se negó a responder a las preguntas relativas a su vinculación con la familia Woods, pero en un correo contó que había estado «con Tiger y su familia» durante diez años, dando a entender que su relación había empezado en 1988. Entonces Tiger tenía casi trece años. Antes de su muerte en 2003, Mark McCormack confirmó que las negociaciones entre IMG y Earl habían empezado cuando Tiger era adolescente: «Cuando [Tiger] todavía jugaba como amateur, me reuní varias veces con su padre para hablar de las diversas opciones —le dijo McCormack al periodista británico Howard Sounes, autor de *The Wicked Game*—. Estaba clarísimo que llegaría a convertirse en alguien importante para el mundo del golf».

Se ha escrito mucho acerca de hasta qué punto el supuesto acuerdo verbal entre McCormack y Arnold Palmer cambió la economía del golf. No obstante, en la época en la que McCormack y Norton cortejaban a Earl Woods, IMG ya era un gigante internacional que representaba a cientos de deportistas de todo el mundo. Los acuerdos verbales eran cosa del pasado para la agencia deportiva. Además, IMG veía que Tiger Woods probablemente acabaría superando a cualquier otro deportista representado por la empresa. Era demasiado valioso como para arriesgarse a dejarle escapar.

Por ese entonces, la familia Woods no podía permitirse las decenas de miles de dólares que costaban todos los viajes de la carrera amateur de Tiger. Según registros judiciales de la época, los ingresos anuales de Earl ascendían a poco más de 45.000 $, y sus gastos mensuales superaban los 5.800 $. Earl pagaba los gastos derivados de los viajes y los torneos de su hijo principalmente con tarjetas de crédito y lo que más adelante definió como «un préstamo rotativo con garantía hipotecaria», que solicitaba cada verano depositando el hogar familiar como fianza y, de un modo u otro, amortizaba cada invierno. En definitiva, que la familia necesitaba dinero e IMG lo proporcionaba. A espuertas.

Según un alto ejecutivo de IMG que trabajó con McCormack, en torno al verano de 1991 la agencia empezó a pagarle a Earl Woods 50.000 $ al año en calidad de «cazatalentos júnior». La cifra cuadra perfectamente con lo que Earl reveló dos años más tarde durante una entrevista en el programa *Primetime Live* de la ABC: que invertía 50.000 $ al año en la carrera amateur de Tiger.

A principios de los noventa, quien estaba al mando de las operaciones golfísticas a nivel mundial de IMG era el vicepresidente de la agencia, Alastair J. Johnston. En respuesta a un correo enviado en septiembre de 2017 en el que se le preguntaba por la cifra de 50.000 $, Johnston dijo: «En estos momentos no puedo confirmar detalles. Me consta que, en efecto, Earl Woods recibió de IMG una compensación por su trabajo como cazatalentos en el circuito de golf júnior. Sin embargo, sí recuerdo (porque fue un paso muy importante) que hablamos del tema con la Asociación de Golf de los Estados Unidos, que decidió tomar parte con IMG en ese acuerdo en particular, para asegurarnos de que, al asociarnos con Earl Woods, no estábamos incumpliendo ninguna de sus normas ni haciendo algo que pudiera afectar a la condición de amateur de Tiger».

La cifra que IMG amasó por representar a Tiger Woods fue probablemente de récord. Partiendo de esa base, la decisión de pagarle a Earl cinco cifras al año para que les hiciera de cazatalentos fue una inversión módica. Y, como «cazatalentos», lo único que tenía que hacer era conseguirles a un golfista: su hijo. Todo lo que hizo IMG estaba calculado para llegar a ese fin, incluso presentar a Tiger y Mark O'Meara cuando Woods visitó la ciudad con motivo del torneo de la agencia.

O'Meara residía en Isleworth, una urbanización privada de 245 hectáreas en la localidad de Windermere, a unos dieciséis kilómetros al oeste del centro de Orlando. Norton le pidió que pasara un rato con Tiger, le enseñara un poco la zona y jugara una ronda con él. Con suerte, harían buenas migas. Esa era la idea.

Tiger se quedó impresionado con Isleworth nada más llegar. No tenía nada que ver con Cypress. Para entrar tuvo que pasar por un control de seguridad. Un cuerpo de policía privado patrullaba la urbanización. Había como doscientas casas, todas perfectas. En Isleworth vivían el actor Wesley Snipes y las superestrellas del deporte Ken Griffey Jr. y Shaquille O'Neal. La casa de O'Meara estaba enfrente del campo de golf —diseñado por Arnold Palmer— y no muy lejos de la casa club. Aquello era ideal en muchos aspectos.

Tiger jugó dieciocho hoyos con O'Meara. Hablaron de muchos temas, y este le dio un consejo bien sencillo al joven:

—Tú disfruta. No tengas prisa por llegar al Tour.

Después fueron a casa de O'Meara. Tiger se pasó la mayor parte del tiempo hablando con la mujer de Mike, Alicia, considerada una de las esposas más atractivas del Tour, que hizo que Tiger se sintiera como en casa y le presentó a sus dos hijos. La vida de Mark parecía idílica: se ganaba la vida jugando al golf, vivía en una casa estupenda y tenía una mujer preciosa y dos hijos adorables. Y en su casa se respiraba un ambiente muy relajado. Tiger podría acostumbrarse a aquello.

Cuando Woods se marchó, Mark le preguntó a Alicia:

—¿Qué te ha parecido como persona?

—Creo que tiene muchísimo talento —respondió Alicia.

—¿De verdad?

—¡Dese luego!

Mark no lo entendía. Después de todo, Alicia no había visto a Tiger jugar al golf. ¿Cómo podía saber si tenía talento o no? Y es que su mujer no se estaba refiriendo al golf. Alicia había trabajado para un consejo educativo local y había estado en contacto con muchos adolescentes. Tiger parecía mucho más maduro que ellos: la miraba a los ojos mientras hablaba, decía cosas interesantes, tenía una gran presencia y era excepcionalmente carismático. Había algo que hacía imposible apartar la vista de él.

—¿Pero es bueno jugando al golf? —preguntó Alicia.

Mark levantó las cejas y asintió.

—Ya lo creo que sí.

Cuando volvió a Cypress, Tiger ya podía conducir legalmente. Metió su bolsa de golf en el asiento de atrás de su Toyota Supra de segunda mano y se fue a casa de Dina Gravell.

—Tendrías que venirte al campo de prácticas conmigo —le dijo.

—¿Qué es eso? —contestó ella.

Él se rio. De golpe sonaba inocente e ingenua. En lugar de explicárselo, Tiger le dijo que subiera al coche.

Cuando llegaron al campo de la Marina, se cruzaron con Joe Grohman.

—¡Hola, Champ! —dijo Grohman.

Joe echó un vistazo a Gravell y supo que Tiger había ignorado su consejo. Pero por dentro sonreía. Champ había pasado de no tener novia a estar con un bombón rubio. «Típico de Tiger —pensó—. Pasa directamente de cero a cien.»

Grohman le dio la bienvenida a Gravell y Tiger la llevó hasta el campo de prácticas, donde colocó una pelota en el *tee* y la mandó por los aires.

—¡Hala! —exclamó ella, echando la cabeza para atrás al oír el sonido del palo golpeando la bola.

Durante la demostración, que duró treinta minutos, ella iba repitiendo esa misma expresión. Era como si Tiger se hubiera metido en una cabina telefónica y, tras quitarse las gafas, hubiera salido transformado en superhéroe. Su comportamiento cambiaba totalmente cuando tenía un palo de golf en las manos. Caminaba con la cabeza alta. Estaba más erguido. Rebosaba autoconfianza. «¡Pero quién es este chico?», pensó. En el instituto era tan callado que apenas le dirigía la palabra a sus compañeros, pero en el campo hablaba con los adultos con perfecta normalidad.

Tiger le explicó varias cosas sobre el agarre del palo, la trayectoria de la bola y la colocación de los pies. Era todo muy técnico, pero él lo hacía comprensible. Hacía que sonara genial.

—La verdad es que el golf no me parecía un deporte —dijo Gravell—. Lo veía más como una actividad recreativa para gente mayor.

Tiger no pudo evitar reírse. Ella no sabía nada sobre golf y no tenía ni idea de cómo era su vida fuera del instituto. A ambos les gustaba que sus papeles se hubieran invertido de golpe. En el Western, a ella le divertía su desconocimiento absoluto de la vida social. Ahora le tocaba a él enseñarle un par de cosas. Insistió en que el campo de la Marina no era nada. Era solo un lugar donde practicar. Para conocer de verdad su mundo, tenía que acompañarle a un torneo.

—¿Y qué tienen de especial los torneos? —preguntó Dina.

—Ya lo verás.

En el *tee* del hoyo 1 siempre estaba nervioso. Pero en esa ocasión era diferente. Más intenso. Al ir a sacar el *driver* de la bolsa, Tiger sintió una especie de *rigor mortis* repentino. Le costaba sujetar el palo. «Respira —le habían dicho—. Tú solo respira.» Era jueves por la mañana, el 27 de febrero de 1992, y a Tiger le tocaba clase de Geometría en el Western High de Anaheim. Sin embargo, se encontraba a sesenta y ocho kilómetros de distancia, en lo alto de un barranco de Pacific Palisades, veinte metros por encima de la primera calle del Riviera Country Club, preparándose para dar el primer golpe de la vuelta inicial del Nissan Los Angeles Open. El primer hoyo estaba a 458 metros, pero no era eso lo que le preocupaba. La distancia no suponía un problema para él. Lo que le inquietaba eran las expectativas y, en ese momento, eran mayores que nunca. Era su primer torneo del PGA Tour.

Apenas habían pasado dos meses desde su decimosexto cumpleaños, lo que le convertía en el jugador más joven de la historia del Tour en participar en un torneo. Los otros 143 golfistas eran profesionales. A la cita acudió un ejército formado por periodistas, fotógrafos y cámaras de televisión. Todos estaban allí para verle a él. Seis filas de espectadores rodeaban el *tee*.

Vestido con una gorra blanca, una camiseta de manga corta con rayas y unos pantalones plisados, Tiger golpeó y mandó la bola por encima del barranco. Con el sol alumbrándole, el estudiante de segundo de instituto, de metro ochenta y seis y sesenta y cuatro kilos, permaneció inmóvil como una estatua, con las caderas abiertas, la columna girada y el palo detrás de él. Mantuvo esa postura hasta que la pelota cayó del cielo a 256 metros. El público se volvió loco. Tiger se dirigió inmediatamente hacia la calle, escoltado por los guardias de seguridad y las cámaras de televisión.

Los guardaespaldas eran solo una guinda más en todo el espectáculo circense que rodeaba a Tiger. Se los habían asignado después de que Mark Kuperstock, presidente del torneo, ejerciera el derecho conocido como exención del patrocinador, consistente en invitar a jugar a alguien —en este caso, Tiger— que no hubiera conseguido clasificarse. De resultas, Kuperstock recibió una llamada anónima de un hombre al que no le parecía bien que hubiera concedido la exención del torneo a un «negro». Tiger también había recibido amenazas de muerte. Pero los seguidores que formaban fila a lo largo de la calle le adoraban.

—¡Así se hace, chaval! —gritó un aficionado.

—Es el próximo Jack Nicklaus, o puede que mejor —afirmó otro espectador.

—Por ahí va el futuro del golf estadounidense —dijo otro.

Sus nervios se disiparon y acabó con 72 golpes, terminando uno sobre par y ocho por detrás del líder. No llegó a pasar el corte, pero para cuando hubo terminado la segunda jornada, todos los profesionales sabían que Tiger Woods era alguien a tener en cuenta. Los periodistas de golf ignoraron el marcador y quisieron hablar con él. Los aficionados le adoraban. La gente quería fotos, autógrafos, la oportunidad de tocarle. Ser el centro de atención era tan excitante que nada podía salir mal.

Dina Gravell no sabía qué decir. Recorrer el campo con Kultida había sido una experiencia surrealista. ¿Qué había sido del empollón que había conocido cinco meses atrás en clase de Contabilidad? Con un palo de golf en la mano, Tiger parecía invencible y poderoso. Se colocaba frente a las cámaras de televisión y de *Sports Illustrated* luciendo una sonrisa magnética y mostrando seguridad. Ni se inmutaba cuando hombres distinguidos, mujeres atractivas, adolescentes y niños gritaban su nombre. En Estados Unidos, la película número uno de la semana era *El mundo de Wayne*, pero Gravell se dio cuenta de repente de que el mundo de Tiger era mucho más emocionante que cualquier idea de Hollywood, y de unas dimensiones mucho mayores que cualquier cosa que pudiera suceder en los pasillos del Western High, donde los alumnos supuestamente populares le veían simplemente como ese chico del golf. Para el resto del mundo, Tiger era un ídolo.

Tras la ronda final, Tiger se moría de ganas de hablar con Gravell, pero primero tenía que atender a *Sports Illustrated*.

—Creo que estos han sido los mejores dos días de mi vida —declaró a la revista—. En serio. Incluso cuando he golpeado mal, la gente me ha aplaudido.

Tres días después, Tiger consiguió la victoria para el equipo de golf del Western High en su primer torneo de la temporada contra el instituto Gahr High de Cerritos. No había prensa ni espectadores. Ni siquiera sus padres o Gravell habían ido a verle. Tiger estuvo muy por encima del resto, pero después de haber jugado una prueba del PGA Tour le supo a poco. El instituto limitaba su creatividad en muchos aspectos. Él había nacido para algo mucho más grande.

Cuando terminó fue a casa de Gravell, y sus padres le recibieron con abrazos y elogios. Habían seguido el LA Open por los periódicos y las noticias locales. Además, Dina se había tirado tres días hablando del tema. A Tiger le encantaba pasar tiempo con los Gravell y la facilidad con la que mostraban su afecto. Eran siempre así, y era algo a lo que él no estaba acostumbrado. El ambiente en su casa era mucho más frío. No se abrazaban y rara vez había palabras de afecto, ni entre sus padres ni hacia él. Ese era uno de los motivos por los que Tiger prefería quedar en casa de Dina.

Cuando la pareja se quedó a solas, ella le dijo que, después de haberle visto jugar, había estado dándole vueltas a una cosa. Lo dijo de la manera más sencilla que pudo: el Tiger del instituto no era el Tiger que había visto en el torneo. Uno caminaba con la cabeza gacha y apenas hablaba, y le costaba socializar; el otro actuaba con seguridad, fuerza y control. Parecían dos personas distintas.

A Tiger jamás le habían dicho nada parecido y no tenía claro qué responder. Básicamente, Dina le había hecho preguntarse: «¿Quién soy?». Era una pregunta que requería una seria introspección, y Tiger notaba que ella quería que la hiciese partícipe de sus sentimientos. Pero él no se sentía cómodo en esa tesitura. Ni siquiera sabría por dónde empezar. Una de las reglas no escritas de su familia implicaba no exteriorizar sus emociones. Sus padres simplemente no hablaban, ni entre ellos ni con él, de sentimientos, asuntos del corazón o cualquier tema que requiriera abrirse. Más tarde, Tiger describiría aquello como «uno de los acuerdos de los Woods».

En lugar de intentar explicarle todo eso a Dina, prefirió ignorar su observación y pensar en un tema con el que se sentía más cómodo: su futuro. Se le presentaba como una amplia carretera, y se moría de ganas de empezar a recorrerla. Sin embargo, por primera vez estaba considerando la posibilidad de que alguien le acompañara en su viaje. Dina había estado por él antes de saber de su talento y su fama. También era la primera persona que le había mostrado afecto físico. Puede que todavía no estuviera preparado para abrirse con ella, pero la quería a su lado.

CAPÍTULO SEIS
EL SIGUIENTE NIVEL

John Merchant estaba acostumbrado a mandar. El abogado, de sesenta años, vestía trajes elegantes y pertenecía a la junta directiva del mayor banco de Connecticut. Además, hacía poco que el gobernador le había nombrado director del consejo de la Oficina del Consumidor del estado. Desde su mesa en el capitolio de Hartford coordinaba a varios grupos de fiscales, pero ese día radiante de finales de julio de 1993, Merchant se encontraba en un campo de golf de Portland, Oregon, a unos cinco mil kilómetros de su casa. Vestido con unos pantalones y una camisa de golf caquis que realzaban su bigote blanco y su pelo afro y canoso cuidadosamente recortado, salió de los vestuarios del Waverly Country Club sin que nadie advirtiera su presencia. Era la primera jornada del US Junior Amateur Championship, y el campo, normalmente tranquilo, estaba lleno hasta los topes. Merchant se detuvo para admirar aquel terreno tan puro y no pudo evitar sonreír y preguntarse: «¿Cómo he llegado hasta aquí?».

Todo había empezado tres años atrás, cuando el golf tuvo que hacer frente a una crisis moral desatada por Hall W. Thompson, un importante empresario de Alabama, responsable de la construcción cerca de Birmingham, en ese mismo estado, del campo Shoal Creek Golf and Country Club, que fue escogido como sede del PGA Championship de agosto de 1990. En junio de ese mismo año, Thompson habló con un periodista del *Birmingham Post-Herald*, que le preguntó acerca de la política de miembros del Shoal Creek, que aceptaba a judíos y mujeres, pero excluía a personas de raza negra. «No discriminamos a nadie, solo a los negros», dijo Thompson.

Las reacciones no se hicieron esperar: la Conferencia Sur de Liderazgo Cristiano amenazó con organizar piquetes en el torneo; varias empresas patrocinadoras, como IBM, retiraron de la parrilla televisiva el equivalente a más de dos millones de dólares en publicidad; periódicos y medios de comunicación de todo el país se pusieron a investigar ese tipo de políticas; el *Charlotte Observer* publicó un reportaje en el que señalaba que, en diecisiete de los clubes de golf que eran sede de torneos del PGA Tour, todos los miembros eran de raza blanca; otro reportaje parecía indicar que tres de cada cuatro clubes de golf privados de los Estados Unidos tenían políticas similares a la del Shoal Creek.

Thompson insistió en que se habían tergiversado sus palabras, pero finalmente acabó disculpándose. No obstante, el PGA Tour ya estaba en el centro de una polémica en torno al racismo. El presidente de la USGA (la Asociación de Golf de los Estados Unidos), Grant Spaeth, reconoció que la organización tenía por costumbre celebrar los torneos en clubes que vetaban a miembros de raza negra. «Así que, por muy desagradable que pueda resultar esta controversia —declaró Spaeth al *New York Times*—, doy por finalizado el debate abierto. Las decisiones ya han sido tomadas y se nos ha brindado la oportunidad de arreglar las cosas de manera justa y definitiva.»

En 1991, después de lo del Shoal Creek, John Merchant recibió una llamada inesperada de S. Giles Payne, un abogado de Connecticut que llevaba tiempo colaborando con la USGA. Merchant y Payne eran viejos amigos y, ocasionalmente, compañeros de golf, pero llevaban unos cuantos años sin hablar. Payne fue directo al grano y le preguntó a Merchant si estaba interesado en formar parte del comité ejecutivo de la Asociación. Halagado, Merchant se rio y admitió que no tenía muy claro qué era ni qué hacía un comité ejecutivo. Payne le explicó que era un consejo de administración compuesto por dieciséis miembros responsable de establecer las reglas del golf y de regular el equipamiento que se utilizaba en Estados Unidos y México.

Los puestos en el comité estaban muy codiciados y normalmente se asignaban a personas ricas e influyentes.

Merchant estaba intrigado. Él tampoco tenía tanto dinero, y su influencia estaba limitada a los círculos legales y bancarios de Connecticut. Pero sabía por qué le estaban ofreciendo el puesto: en los noventa y siete años de historia de la USGA, nunca había habido un afroamericano en el comité ejecutivo. Shoal Creek había dejado claro de una manera vergonzosa que la directiva necesitaba diversificarse. El comité ejecutivo buscaba una persona de color y Merchant parecía el candidato ideal: en 1958 se había convertido en el primer graduado negro de la Facultad de Derecho de la University of Virginia; fue el primer —y, en aquella época, el único— miembro de color del exclusivísimo Country Club of Fairfield de Connecticut; y fue el primer negro en formar parte de la junta directiva del mayor banco de Connecticut. Resultaba que además jugaba muy bien a golf.

Los trámites para la investigación previa, el nombramiento formal y la aprobación duraron más de un año, pero en 1993 Merchant ya ocupaba su puesto. Solo le preocupaba una cosa: «¡No quiero que nadie de la Asociación me vea como un puto miembro simbólico!», dijo.

Pese a sus obligaciones gubernamentales como principal asesor jurídico de los consumidores de Connecticut, Merchant decidió que iría a todos los encuentros de golf júnior que pudiera a fin de ponerse al día en su nuevo puesto. El torneo júnior amateur de Portland fue el primero. Merchant no conocía el campo, así que decidió darse una vuelta. Lo primero en lo que se fijó fue en que no se veían personas de color. Fue entonces cuando vio a un hombre negro bajo un paraguas, sentado en una mesa de un patio que había junto al campo. Merchant se acercó y el hombre alzó la vista desde su vaso.

—Soy John Merchant, del comité ejecutivo de la USGA.

—Earl Woods —dijo el desconocido—. Siéntese.

Al poco llegó un camarero.

—Tomaré lo mismo que él —dijo Merchant, haciéndole un gesto con la cabeza a Woods.

Los dos pasaron la siguiente hora conociéndose. Earl le contó que su hijo estaba participando en el torneo, pero no mencionó el nombre de Tiger y Merchant tampoco cayó en que Earl podía ser su padre. Hablaron principalmente de temas raciales y de golf. Woods estaba impresionado con los logros en el ámbito académico, legal, bancario y empresarial de su interlocutor. También hizo por memorizar que Merchant había sido campeón de club en Connecticut en dos ocasiones. Era la primera vez que Earl, siempre a la caza de cualquiera que pudiera dar un empujón a la carrera de Tiger, se encontraba con un negro tan inteligente, exitoso y buen golfista como John Merchant. Se dieron los números de teléfono y acordaron mantener el contacto.

Tiger acabó ganando el torneo tras una remontada espectacular, imponiéndose a Ryan Armour gracias a dos *birdies* en los dos últimos hoyos. Era su tercer triunfo en el US Junior Amateur y su decimoctava victoria consecutiva en un torneo júnior amateur, con lo que lograba un récord en *match plays* de 22-1 en un total de cuatro US Junior. Para cuando Tiger consiguió el trofeo, John Merchant ya había atado cabos: el hombre con el que había estado bebiendo era su padre. Cuando volvió a Connecticut, Merchant llamó a Earl y le felicitó por el gran resultado de su hijo. Earl insistió en que se vieran en el siguiente torneo, y a Merchant le pareció bien. Tenían muchas más cosas de las que hablar.

Durante el penúltimo año de instituto, a Tiger le llovieron las ofertas de becas. Las universidades con los mejores programas se lo rifaban. Pero después de visitar la UNLV (la Universidad de Nevada, Las Vegas) se convenció de que su sitio estaba en esa ciudad. Le encantaron las instalaciones y el clima. El campus quedaba relativamente cerca de casa —a unos 430 kilómetros— y podía llegar en coche en menos de cinco horas. Además, el ambiente de la ciudad era estupendo. Le parecía el lugar idóneo para estudiar. Sus padres, por el contrario, estaban empeñados en que fuera a Stanford: académicamente estaba a la altura de Harvard y Yale, factor que Kultida consideraba importante, y, en lo relativo al golf, tenía uno de los mejores programas del país.

Todos, incluido el entrenador principal de la universidad, Wally Goodman, daban por hecho que Tiger iría a Stanford. Él sentía que podía hablar de su dilema con Dina Gravell. Se habían vuelto inseparables, y ella había decidido cursar su primer año de universidad en el Cypress Community College para estar cerca de él durante su último año de instituto. Tiger le contó que quería ir a la UNLV, pero no quería ir en contra de sus padres ni del plan.

Poco a poco, Tiger se había ido abriendo con Dina y le había hablado un poco de la presión que sentía en casa. A Gravell no le sorprendió. Había visto lo suficiente para adivinar que Tiger se había criado en un ambiente muy distinto del suyo, más complicado. Un día que habían estado haciendo travesuras con unos amigos —tirando rollos de papel de váter por la urbanización—, al llegar a casa de Tiger, Kultida le regañó delante de todos: «¿Cómo se te ocurre?», dijo con severidad mientras los amigos de su hijo observaban. Por otro lado estaba Earl, que constantemente cantaba las alabanzas de Tiger a la prensa para labrar su reputación. Gravell no quería complicar las cosas: «Decidas lo que decidas —le dijo—, saldremos adelante».

Tiger se enfrentaba a otra importante decisión: escoger entrenador de *swing*. A principios de año le habían diagnosticado cáncer de colon a John Anselmo, que tuvo que dejar de dar clases durante el tratamiento. Tiger había entrenado con él siete años. Durante ese tiempo había logrado ganar tres US Junior Amateur consecutivos, se había consolidado como el mejor golfista de todos los institutos del estado de California y se había convertido en el jugador júnior más dominante del país. Anselmo esperaba poder volver a entrenar a Tiger después de recuperarse, pero Earl ya había empezado a plantearse que su hijo necesitaba a otra persona que le preparara para hacerse profesional. Y tenía a alguien en mente.

Claude Harmon Jr., conocido en el PGA Tour como Butch, llevaba el golf en las venas: su padre, Eugene Claude Harmon Sr., había ganado el Masters en 1948. Butch acabó de director de golf en el Lochinvar Golf Club, un exclusivo club masculino de Houston. Además, era el entrenador de *swing* de Greg Norman, que, en 1993, tenía el *swing* más preciso del PGA Tour.

En agosto de 1993, Tiger se encontraba en Houston para competir en su primer US Amateur y aprovechó para visitar el Lochinvar. Entre su relativamente reducido número de miembros se encontraban el antiguo presidente George H. W. Bush, magnates del gas y del petróleo, directores generales y varios deportistas profesionales. Harmon le propuso a Tiger hacer una pequeña exhibición y él accedió. Para Tiger, era más bien como una prueba. Ante la atenta mirada de millonarios dueños de aviones privados, plataformas petrolíferas y ranchos del tamaño de Rhode Island, Tiger se puso a golpear, sorteando los árboles con precisión y mandando las pelotas a más de 250 metros. El talento innato y la creatividad de Tiger impresionaron a Harmon, pero fue la velocidad y la potencia de su *swing* lo que le resultó más chocante. El primer adjetivo que a uno le venía a la cabeza era *violento*. La violencia del golpe de Tiger era tal que el roce de sus antebrazos al bajar el palo para ejecutar el golpe le había producido heridas.

—¿Cuál es tu golpe infalible cuando te falla el *swing*? —preguntó Harmon.

Tiger se encogió de hombros y siguió golpeando.

—Hago el *swing* lo más rápido que puedo y suelto todo lo que tengo junto con la bola —dijo—. Luego voy a buscarla y la golpeo otra vez.

Según entendió Harmon, aquello significaba, aunque dicho de otra manera, que Tiger no tenía un golpe concreto al que recurrir cuando necesitaba mandar la bola a un lugar específico. Ni *swings* de tres cuartos ni medios golpes ni *punchs*: solo potencia. Aun así había ganado tres US Junior consecutivos y había demostrado que sabía cómo puntuar y cómo ganar. Casi daba miedo imaginar lo letal que sería Tiger cuando incorporara un toque de delicadeza a su repertorio.

La noche del día siguiente, Earl llamó a Harmon desde su casa en Cypress y le hizo una pregunta directa:

—¿Ayudarías a Tiger a pasar al siguiente nivel?

Harmon estaba deseando que Earl se lo pidiera. Durante las últimas veinticuatro horas no había hecho otra cosa que pensar en la idea de entrenar a Tiger. Le dijo a Earl que sí y estuvo de acuerdo en no cobrarle su tarifa de trescientos dólares la hora.

—Sé que vais mal de dinero, así que no os cobraré —le dijo Harmon a Earl—, pero cuando se haga profesional y se convierta en una superestrella, y estoy seguro de que ese día llegará, os enviaré la factura.

—Hecho —dijo Earl.

Tiger estaba de acuerdo con su padre en lo de contratar a Harmon. Pero del tema de la universidad no hablaba ni con Earl ni con su madre. La conversación en casa de los Woods era tan parca que ni siquiera sus propios padres sabían por qué opción se decantaría Tiger. Kultida llamó a Wally Goodman a la desesperada y le insinuó que quizá debería hacerles una visita como último recurso. Goodman le aseguró que no sería necesario:

—Creo que Tiger y yo ya hemos aclarado todas las dudas —le dijo.

—Bueno, pero será mejor que venga —respondió ella.

A Goodman no le gustó cómo sonaba aquello. Un par de noches después, se presentó en casa de Tiger. Cenó unas pizzas con la familia en una mesa de juego que habían colocado en el salón. Tiger no decía nada. La situación era, cuando menos, incómoda. Earl y Kultida se esforzaban por sacar temas de conversación, pero aquella cena parecía más bien un funeral. Por fin, Tiger miró a Goodman con una expresión seria.

—Entrenador, tengo que decirle una cosa —dijo, y entonces sacó de debajo de su silla una gorra de golf de la UNLV.

—Tiger, ¿qué estás haciendo? —dijo Goodman.

Tiger le miraba a los ojos sin decir nada.

—No me habrás hecho venir hasta aquí para enseñarme esa gorra, ¿no? —siguió Goodman.

Tiger sacó del mismo sitio una gorra de la University of Southern California. A Goodman aquello no le hacía ninguna gracia.

—Estupendo, Tiger —dijo mientras se limpiaba la boca y se ponía de pie.

—No, entrenador —dijo Tiger—. Espere.

Inquieto, Goodman se detuvo mientras Tiger sacaba una tercera gorra. Era roja y tenía grabada una *S*. Sin decir nada, se la puso.

Al cabo de unos días, el 10 de noviembre de 1993, Tiger firmó la carta de intenciones de Stanford y lo hizo oficial. Declaró a la prensa que se trataba de una decisión clara.

«He escogido Stanford para mejorar como persona —dijo—. La vida es algo más que jugar al golf e ir por ahí golpeando una pelotita blanca. Eso es lo que me han enseñado. En mi familia, los estudios siempre han sido lo primero.»

En privado, le justificó su decisión a Dina:

—De todos modos, no sé cuánto tiempo voy a estar en la universidad —dijo Tiger—. Supongo que puedo aguantar en cualquier sitio durante un tiempo.

Tiger llevó a Dina al baile de graduación, pero fue distinto de cuando fueron al de ella el año anterior. Las cosas habían cambiado en muchos aspectos. Tiger ya no pasaba desapercibido en los pasillos del Western High. Su círculo de amistades no se había ampliado, pero todos le respetaban y admiraban. Sus compañeros de clase le votaron como el alumno «con más posibilidades de triunfar». Las cosas parecían irle muy bien. Justo después de graduarse con una media de 9,5, pasaría el verano de aquí para allá participando en torneos amateur. En otoño iría a Stanford con una beca gracias a la cual no tendría que pagar absolutamente nada. Más adelante jugaría en el PGA Tour. Su vida estaba perfectamente planificada. No había señales de stop, semáforos en rojo ni límites de velocidad.

La situación de Dina era mucho más delicada: seguía viviendo con sus padres, tenía un trabajo con un sueldo mínimo y estudiaba en un centro formativo superior. Era como si se hubiera estancado en una posición neutral, especialmente si se comparaba con Tiger. Pero nunca hablaban del futuro. Él supuso que Dina se limitaría a seguirle allá donde fuera, pero ella nunca se sintió cómoda con que su novio fuera siempre el centro de atención. Casi nunca iba a los torneos porque no le gustaba el ambiente. Además, no podía ni acercársele. Siempre estaba al otro lado de las cuerdas, perdido entre la multitud. No podía evitar preguntarse si de verdad encajaba en la vida que le esperaba a Tiger. Poco después de que Woods se graduara, Dina le dijo que había decidido irse a Las Vegas. Una tía suya que vivía allí le había ofrecido una habitación en la que podía quedarse hasta que tuviera claro qué hacer con su futuro. Necesitaba alejarse de Cypress durante un tiempo.

Tiger no lo entendía. Quería que Dina se quedara en California. Pero, para ella, aquello había dejado de tener sentido. Tiger ni siquiera iba a estar allí. A finales de verano se iría a estudiar a Palo Alto. Hasta entonces estaría en el circuito amateur. De todos modos iban a estar separados.

«Si de verdad nos queremos —le dijo Dina—, volveremos el uno al otro.»

A John Merchant le encantaba aquello de ser el primer miembro negro del comité ejecutivo de la USGA. Era una plataforma desde la cual avanzar en la lucha por su causa favorita: la participación de las minorías en el golf. Durante la mayor parte de su vida adulta, Merchant había sido el único afroamericano en los campos en los que jugaba, y a menudo se preguntaba cómo podría cambiar la situación. Su puesto en la USGA finalmente le permitía acercar a los jóvenes de las zonas desfavorecidas aquel juego que tanto amaba. A decir verdad, que se empezara a hablar de su relación personal con Earl y Tiger Woods también ayudaba.

Había pasado un año desde que conoció a Earl Woods y se había convertido en una especie de padrino para Tiger. Habían jugado muchas rondas juntos, y al chico le gustaba hablar con Merchant de muchos otros temas aparte del golf. Incluso iban juntos a los torneos amateur en los que participaba. A Merchant le parecía que Earl y Tiger tenían la mejor relación paternofilial que jamás hubiera visto. Sabían en todo momento lo que estaba pensando el otro. Como veía que Merchant tenía tanto que ofrecer, Earl recurría a él para pedirle consejo cada vez más a menudo.

Todo aquello hizo que la actitud de Merchant en la Oficina del Consumidor estatal de Hartford y en el Country Club of Fairfield se volviera algo vanidosa. Le encantaba presumir de Tiger, que durante el verano de 1994 había tenido una buena racha y había ganado el Pacific Northwest Amateur, el Southern California Amateur y el Western Amateur. Mientras Merchant rebosaba de felicidad, un abogado de plantilla de su oficina en el capitolio presentaba una queja en la que ponía en duda su ética profesional, acusándole de aprovecharse de su cargo en la oficina estatal para gestionar asuntos relacionados con la USGA y, más concretamente, de asistir a torneos de golf en horario de servicio. Las oficinas de Ética Estatal y de Auditoría de Cuentas Públicas promovieron una investigación que acabó sacando a relucir la relación entre Merchant y Earl Woods.

Es probable que Tiger no supiera nada de la investigación en torno a Merchant o de que su nombre hubiera aparecido en ella. En el verano de 1994, le preocupaba un descubrimiento mucho más terrible: su padre había engañado a su madre. Earl llevaba años siéndole infiel a Kultida. Había mujeres jóvenes que llamaban a casa para hablar con Earl de clases particulares de golf. Kultida sabía lo que estaba pasando, pero, pese a que llevaba mucho tiempo sin intimar con su marido, seguía casada con él por el bien de Tiger.

La familia cercana de Earl sabía de sus escarceos amorosos. Su propia hermana, Mae, que le quería muchísimo, hizo en una ocasión un comentario que mucha gente recordará: «Madre de Dios, si llega a ser mi marido le pego un tiro». Pero lo cierto es que Earl estaba orgulloso de su comportamiento con las mujeres y se jactaba de ser un donjuán, y no un adúltero. «Estaba claro que no se avergonzaba de ello —dijo Tom Callahan—. De hecho, estaba tan orgullo de su herramienta (y con razón) que, si sabía quién estaba llamando a la puerta, no tenía reparo en salir de la ducha desnudo a recibirle.» Hasta entonces, Kultida había conseguido mantener a Tiger al margen de todo eso. Pero Earl tenía secretos que ni siquiera su mujer conocía, algunos de ellos agravados por sus vicios: el alcohol, el tabaco y la pornografía. Sus hábitos abrieron una brecha entre su familia y él.

El día que Tiger cumplió los diecisiete, la familia salió a cenar. Algunos parientes de Kultida se unieron a la fiesta, y la velada terminó convirtiéndose en una celebración de todos los triunfos y del futuro de Tiger. Earl había ido en su coche hasta el restaurante. Cuando llegó la hora de volver a casa, pasó por una tienda y salió con una bolsa de papel marrón que contenía una botella de Colt 45 y una revista porno, ambas para su disfrute personal.

Pero cuando Earl se jubiló y empezó a acompañar a Tiger a torneos de todo el país, empezó a resultar cada vez más difícil ocultar sus aficiones. Su hijo no tardó en darse cuenta de lo que estaba pasando.

Tiger no podía hablar del tema con nadie —el credo de los Woods le impedía airear los secretos familiares—, pero finalmente no pudo soportarlo más. Una noche cogió el teléfono y llamó a Gravell a Las Vegas. Entre sollozos, le confesó que su padre —su referente— había engañado a su madre. Le costaba explicarse, no hacía más que llorar. Tiger estuvo semanas llamando a Gravell y apoyándose en ella.

Empezó a cuestionarse la relación con su padre. Le quería y le consideraba su mejor amigo, pero detestaba algunas de sus acciones. Que no tuviera pelos en la lengua y se dedicara a hacer predicciones exageradas sobre su futuro ya le resultaba bastante embarazoso, pero lo que más odiaba era el modo en que había tratado a su madre. Tiger quería que fueran una familia, pero empezaba a darse cuenta de que nunca lo serían en el sentido tradicional de la palabra.

Gravell finalmente le dio un consejo:

—No puedes vivir con esos secretos y esa presión —le dijo—. Tienes que hablar con tu padre y averiguar qué es lo que realmente quieres.

Tiger por fin se había abierto con Gravell, pero hacer lo mismo con su padre era impensable. Podían hablar de golf, de deportes y de otros temas triviales, pero no de sentimientos. Así es como funcionaban las cosas.

Tiger se mostraba reacio a hablar con la prensa de temas personales, y eso incluía su extensa lista de objetivos. Su silencio al respecto acabó desembocando en lo que él describió como una gran equivocación por parte de los medios: la creencia de que su meta principal era ganar más *majors* que Jack Nicklaus. Los dieciocho grandes de Nicklaus no eran el objetivo principal de Woods. Lo que de verdad le importaba era la edad, no la cantidad.

«La primera vez que bajó de 40, la primera vez que bajó de 80, su primera victoria en un torneo de golf, la primera vez que ganó el *amateur* estatal, el US Amateur y el US Open —explicó Tiger el día antes de cumplir cuarenta años—. Ya está. Esa era la lista. Era todo cuestión de edad. Era lo que me importaba. Él es el mejor que existe y que jamás haya existido. Si puedo hacerlo todo a una edad más temprana, tendré alguna posibilidad de ser el mejor.»

A finales del verano de 1994, uno de los objetivos de la lista de Tiger —convertirse en el jugador más joven en ganar el US Amateur— estaba en el punto de mira. Nicklaus lo ganó en 1959, a los diecinueve, ya en su tercer año en la Ohio State University. Tiger estaba decidido a ganarlo con dieciocho y antes de entrar a la universidad. Llevaba un año trabajando con Butch Harmon para reducir la potencia de su *swing* y aprender a colocar la bola. «Butchie me machacó para que aprendiera a colocar la bola —explicó Woods—. Y eso no significaba mandarla a la bandera. Colocar la bola era mandarla donde tú quisieras, no necesariamente allí. Puede que la bandera estuviera a 150 metros, pero que a mí me interesara mandar la bola a 146 para asegurarme un *putt* cuesta arriba cerca del hoyo.»

Todas esas horas entrenando con Harmon hicieron de Tiger un golfista mucho más completo y difícil de batir. Sin embargo, el 24 de agosto de 1994, a medida que avanzaba la ronda final en el TPC de Sawgrass, en Ponte Vedra Beach, Florida, Tiger parecía destinado a quedarse corto en su misión de superar la edad del gran Jack. Después de jugar trece hoyos, iba seis por detrás de Ernest W. Kuehne III, de veintidós años, también conocido como Trip. Para ganar, Tiger tenía que lograr la mayor remontada de la historia del US Amateur.

Pero cuando Tiger miraba a Kuehne, veía algo más que un oponente: veía un enemigo. Kuehne, dos veces campeón estatal en el instituto, había compartido habitación con Phil Mickelson durante su primer año en la Arizona State University antes de cambiarse a la Oklahoma State, donde recibió el reconocimiento de All-America. Era un profesional en potencia que no sabía lo que era pasar hambre.

Un año antes, cuando Tiger participó en el Byron Nelson Classic de Dallas, Earl y él se habían alojado en casa de la familia de Kuehne, en Texas. La casa tipo rancho que los Woods tenían en Cypress era diminuta en comparación con aquella, y pasar allí unos días hizo patente lo que Earl siempre había predicado: el golf era un deporte de gente blanca y privilegiada. El padre de Trip, Ernest II, era un importante abogado, propietario de dos bancos y director ejecutivo de una petrolera. Insistió en enseñarles a Earl y Tiger las instalaciones donde un entrenador llamado Hank Haney daba clases particulares de golf a Trip y sus otros dos hijos. Tiger no tenía ningún interés en conocer a Haney ni en ver las instalaciones. Era consciente de que las diferencias entre Trip y él eran abismales, empezando por cómo había aprendido a jugar, y no le apetecía que se lo restregaran por la cara. A Earl tampoco. Hacia el final de su estancia allí, el padre de Trip le preguntó a Earl:

—¿Cómo puede permitirse todo esto un militar retirado?

Aquello cabreó muchísimo a Earl, que lo tomó como una insinuación de que un hombre negro no daba para tanto.

Trip Kuehne había aprendido a jugar al golf de la manera tradicional: tras años perteneciendo a un club de campo. Su padre deseaba a toda costa que se convirtiera en profesional y lo empujaba en esa dirección, pero Trip disponía de muchas otras opciones y ventajas: los mejores centros educativos, respaldo financiero, contactos... Si lo del golf no salía bien, podía dedicarse sin problemas a las finanzas o a los negocios.

Tiger, sin embargo, había aprendido a jugar en campos públicos, y su mayor influencia era su padre, cuyos métodos poco ortodoxos le habían inculcado un instinto asesino —una vena malvada— más bien digno de un boxeador. Su padre no era director ejecutivo de nada. Su madre era una inmigrante de un país lejano. Su familia tenía poco dinero y pocos contactos. Que su estatus pudiera mejorar dependía enteramente de Tiger y su golf.

En definitiva, que en el US Amateur de Ponte Vedra Beach, Tiger no solo quería ganar a Trip Kuehne; quería vencer todo lo que Trip significaba. Demostrar a toda esa gente de los clubes de campo que era mejor que ellos.

Bajo la atenta mirada de su padre, John Merchant y Butch Harmon, Tiger le minó el terreno a Kuehne en los nueve últimos hoyos, jugando de forma cada vez más agresiva a medida que la confianza de su contrincante iba mermando. A falta de dos hoyos, iban empatados y, lo que diez hoyos atrás se había antojado imposible, de repente parecía inevitable al llegar Tiger al *tee* del famoso hoyo 17. En el par 3 más intimidatorio del mundo —un icónico *green* en una especie de isla rodeada de agua y unida al campo por un istmo largo y estrecho cubierto de hierba—, Tiger se decidió por el golpe más arriesgado que uno pudiera imaginar. Se encontraba a 127 metros del hoyo. Apuntó directamente a la bandera y pegó un golpe de salida elevadísimo que aterrizó justo a la derecha y rebotó hasta el *rough*. Parecía que iba a acabar en el agua, pero los gritos de decepción del público se convirtieron en euforia cuando, inexplicablemente, la bola giró hacia atrás y se detuvo a sesenta centímetros de la orilla y a cuatro metros del hoyo. Cuando las ovaciones terminaron, Tiger se encontraba ya en el *green* isleño, junto a la bola y con el agua a su espalda. Solo una garza blanca se atrevió a romper el silencio que reinaba cuando su *putter* golpeó la bola, que se dirigió dibujando un arco hacia el hoyo. Tiger, que inicialmente había permanecido inmóvil, apretó el puño derecho y empezó a dar brincos hacia su izquierda incluso antes de que la bola entrara en el hoyo. Fue entonces cuando lanzó al aire un *uppercut* enérgico y triunfal. «¡Toma!», gritó mientras arrastraba los pies de izquierda a derecha.

Fue un momento decisivo. Tiger Woods —con el *putter* en la mano izquerda y el brazo derecho doblado por el codo, formando una *L* perfecta— cerró el puño con fuerza mientras sus zapatillas blancas se deslizaban por la hierba sedosa y verde. Era la primera vez en todo el día que se ponía por delante de Kuehne. Todavía quedaba un hoyo, pero Tiger sabía que ya se había acabado, y sabía que Kuehne también era consciente. Poco después, Tiger observaba expectante cómo el golfista All-America fallaba un *putt* a 120 centímetros del hoyo 18. Woods había ganado por dos golpes.

Tiger había superado el récord de Nicklaus, convirtiéndose en el campeón más joven del US Amateur tras la mayor remontada de la historia de los torneos. Además, se había convertido en el primer afroamericano en ganarlo.

La promesa de grandeza empezaba a cumplirse.

«Esto solo es el principio», alardeó Earl. A Tiger apenas le había dado tiempo de recoger el trofeo y su padre ya estaba hablando con un reportero de la revista *People*. «Le he visto lograr estas cosas toda su vida —prosiguió—. Desde que tenía ocho años ha sido el golfista número uno del mundo... Tiger sigue siendo el mismo y siempre lo será. Cuando se pone un poco chulito le digo: "Antes no eras un mierda, así que ni eres un mierda ahora ni serás un mierda nunca".»

Después de transcribir la entrevista, el reportero de *People* se la hizo llegar a su editor, que decidió no reproducir las palabras de Earl. En lugar de ello, sus controvertidas declaraciones acabaron en un sobre de papel con una etiqueta en la que ponía: «TIGER WOODS». Que esas declaraciones no vieran la luz ayudó a preservar la imagen que la gente empezaba a formarse de Earl: la de un padre volcado desinteresadamente en la felicidad y el éxito de su hijo.

Afortunadamente para Tiger, los medios no estaban muy por la labor de investigar qué había detrás de las excéntricas declaraciones de Earl y prefirieron centrarse en la impresionante victoria de Tiger en el US Amateur. Su triunfo le había colocado en las portadas del *New York Times* y el *USA Today*. *Sports Illustrated* le apodó «El chico de la remontada». Jay Leno y David Letterman le querían en sus programas. Incluso el mismísimo presidente Bill Clinton le envió una carta para felicitarle.

Al volver a casa, Cypress le entregó la llave de la ciudad. La ceremonia tuvo lugar en el Cypress Golf Club, donde Tiger dio un discurso ante un público compuesto por dignatarios locales:

—Lo de esta noche está siendo increíble —les dijo—. Aquí estoy, con solo dieciocho años y recibiendo la llave de la ciudad. Tengo mucha suerte de que Cypress me haya concedido este honor. Y tengo mucha suerte de tener unos padres maravillosos que me quieren más que a nada en el mundo.

Pero en la ciudad no todo el mundo se alegraba por Tiger. Su creciente fama no le estaba sentando demasiado bien a algunas personas, especialmente en el campo de la Marina, donde había entrenado durante toda su juventud y había gozado de privilegios especiales. Durante años, el profesional asistente John Grohman había consentido que Tiger y Earl jugaran sin pagar, y también se les habían ofrecido coches de golf y fichas para bolas de prácticas de forma gratuita. Eran las ventajas de ser personas respetadas. Pero eso empezaba a molestar a algunos miembros de la dirección.

Según Grohman, unas semanas antes del US Amateur, Tiger recibió una carta del director del campo en la que se hacía alusión a «varias quejas» por parte de los miembros y se le pedía que, a partir de ese momento, llevara siempre encima el comprobante de pago del *green fee* y lo enseñara si así se le requería. Sorprendido, Tiger le dijo a Grohman que no podía creerse que algunos miembros se hubieran quejado. Grohman tampoco se lo creía. Estaba convencido de que el club y el director del campo se habían inventado el contenido de la carta simplemente para que Tiger sintiera que no era bienvenido.

El tema acabó alcanzando un punto crítico aproximadamente una semana después de que Tiger ganara el US Amateur. Esa tarde se encontraba en su lugar de siempre, en el extremo derecho del campo de prácticas. Grohman se acercó en un coche de golf:

—Oye, Champ —le dijo—, ¿tú has visto a alguien lanzando bolas hacia la urbanización?

—Sí, he visto a un grupito —respondió Tiger—. Han bajado por donde el cobertizo de mantenimiento.

Tiger no le dio mucha importancia a pesar de ver que Grohman salía disparado en esa dirección. Ignoraba que poco antes una mujer había llamado a la tienda profesional para hablar con Grohman y quejarse de que estaban lanzando pelotas de golf desde el campo a su urbanización. Minutos después de que Joe se alejara, volvieron a interrumpir a Tiger, esta vez el encargado de los coches. Sin dar demasiadas explicaciones, echó a Tiger del campo. Furioso, Tiger recogió su equipo y volvió a casa.

Cuando Grohman volvió a la tienda después de intentar localizar a los culpables sin éxito, se encontró con que el otro encargado de la tienda estaba llorando. Le contó a Grohman que el responsable de los coches había echado a Tiger del campo.

Hecho un basilisco, Grohman se encaró con el tipo en cuestión, un marine:

—¿Qué has hecho? —preguntó.

—Una vecina de la urbanización ha llamado diciendo que un chaval negro estaba lanzando bolas a las casas. Por eso le he echado.

—¡Y una mierda! —gritó Grohman—. ¡Si soy yo quien ha atendido la llamada, joder!

Tiger estaba en la cocina con sus padres cuando Grohman se presentó en su casa. Earl le invitó a entrar y, tras escuchar los reniegos de Kultida, Grohman se ofreció a llamar a un general de tres estrellas, un miembro del club que estaba al mando de una base naval cercana.

—No —le dijo Earl—. No será necesario.

—¡La puta Marina! —dijo Kultida—. ¡Que se vaya a tomar por culo! No la necesitamos.

Nada unía a Earl y Kultida tanto como la sensación de que habían desairado a su hijo.

—Estaba dispuesto a reconocer el campo de la Marina como el lugar donde Tiger creció jugando —dijo Earl—. Han perdido ese derecho.

Tiger no abrió la boca. En dos semanas se iba a Stanford. Era hora de seguir adelante.

CAPÍTULO SIETE
EL AMATEUR

De los tres hijos del primer matrimonio de Earl, Royce era con la que Tiger se llevaba mejor. En agosto de 1994, ella tenía treinta y seis años y vivía en Cupertino, no muy lejos del campus de Stanford, en Palo Alto. Tiger la llamó unos días antes de llegar:

—¿Sigues queriendo la casa? —dijo.

Royce se echó a reír inmediatamente. Cuando Tiger tenía tres años, le había prometido que le compraría una casa cuando fuera rico. Cada pocos años, Royce le recordaba medio en broma su promesa. Sin embargo, había pasado bastante tiempo desde la última vez que se lo había comentado.

—Sí —dijo de guasa.

—Perfecto. ¿Me harás la colada durante cuatro años a cambio? —preguntó Tiger.

Ella volvió a reírse.

Pero él hablaba en serio. Consciente de que Stanford era una universidad de élite y de que tenía una imagen que cultivar, Tiger quería que alguien le lavara y planchara la ropa. Siempre se había encargado su madre. Si Royce estaba dispuesta a hacerlo, le compraría una casa nueva cuando se hiciera profesional.

Era una oferta que no podía rechazar.

Las clases de Tiger en Stanford comenzaron el 28 de septiembre de 1994. Decidió estudiar Economía y especializarse en la rama de Contabilidad. Pero apenas tuvo tiempo de conocer a sus profesores. Llegó a Palo Alto unos días antes; se instaló en su nuevo hogar —la habitación 8 del colegio mayor Stern Hall—; conoció a su compañero de habitación, Bjorn Johnson, un estudiante de Ingeniería greñudo; fue a recoger sus horarios de clase —Cálculo, Educación Cívica, Perspectiva Cultural Portuguesa e Historia desde la Antigüedad hasta el siglo XVI—, y subió a un avión con destino Francia. Como había ganado el US Amateur, le eligieron para representar a los Estados Unidos en el World Amateur Team Championship, un torneo por equipos que se celebró en Versalles. Fue el primer indicio de que Tiger no iba a vivir una experiencia universitaria al uso.

Cuando el equipo estadounidense llegó al torneo y Tiger se bajó de la furgoneta, la prensa internacional le rodeó. Una avalancha de seguidores también estaba allí para recibirle. Los obturadores y los flashes de las cámaras iban a todo trapo, los reporteros hacían preguntas y los seguidores gritaban su nombre, pero la turba se separó como las aguas del mar Rojo en *Los diez mandamientos* cuando Tiger puso rumbo a la casa club. Durante el torneo, una cantidad récord de asistentes atestaba las gradas y le seguía de hoyo a hoyo. Tiger atraía a más espectadores que todos los golfistas franceses juntos.

Durante sus nueve días en Francia, Tiger ayudó a sus compañeros a imponerse al resto de los equipos, formados por cuatro hombres procedentes de cuarenta y cuatro países. Los estadounidenses quedaron primeros en la general, once golpes por delante de los segundos: Reino Unido e Irlanda. Era la primera vez en doce años que Estados Unidos ganaba el torneo. Tiger consiguió la sexta mejor puntuación individual. Y quedó patente que su fama había cruzado el Atlántico y alcanzado Europa; el diario deportivo francés *L'Équipe* se refirió a él como «*Tiger la Terreur*» (Tiger el Terror), y *Le Fígaro* le comparó con otro niño prodigio: Mozart. Los medios galos no habían hablado tan bien de una celebridad estadounidense desde Jerry Lewis.

El 10 de octubre, dos semanas después de que arrancaran las clases, Tiger volvió a Stanford. El área de la Bahía estaba entusiasmadísima con los San Francisco 49ers, que andaban detrás de su quinta Super

Bowl. El principal responsable de la dinastía del equipo había sido el legendario Bill Walsh, cuya carrera como primer entrenador había empezado en 1977 en Stanford, antes de ponerse al mando de los 49ers en 1979. Más tarde, en 1992 y tras retirarse como entrenador de la NFL, había vuelto para capitanear de nuevo el programa de fútbol americano de Stanford.

Tiger era admirador de la reputación de Walsh como «genio» desde hacía mucho tiempo, así que decidió hacerle una visita. Se presentó sin cita previa, saludó a su secretaria y se metió en su despacho. El entrenador se alegró mucho de verle.

Tanto Walsh como Woods eran personas muy reservadas que veían sus respectivos deportes desde un punto de vista cerebral. Eran extremadamente introvertidos y se sentían más cómodos estando solos que en compañía de otra gente. De igual modo, a ambos les costaba hacer amigos. Pero aquel día, en el despacho de Walsh, conectaron al instante. Los dos eran perfeccionistas y tenían aptitudes organizativas similares. Walsh estaba tan interesado en aprender de Tiger como Tiger lo estaba en aprender de él.

Walsh le dijo a Tiger que fuera a visitarle cuando quisiera, que no hacía falta que pidiera cita. Tiger le tomó la palabra y empezaron a verse con regularidad y a mantener largas conversaciones. Al poco tiempo, Walsh hizo por Tiger algo que jamás había hecho por ninguno de sus jugadores: le dio su llave de la sala de pesas. Ningún otro deportista de Stanford tenía una llave como aquella. Pasado un mes, Woods prácticamente vivía en aquella sala. Otros miembros del equipo de golf evitaban hacer pesas, pero Tiger levantaba más peso que algunos de los jugadores de fútbol americano.

Tiger llevaba desde que llegó a Palo Alto intentando convencer a Dina Gravell de que se mudara al área de la bahía de San Francisco y estudiara en la San Jose State University. Ella seguía muy enamorada de él y quería tenerle cerca, pero prefería evitar todo ese ambiente de celebridad que le rodeaba cada vez más. La última vez que había asistido a un torneo se le había acercado un reportero que la había hecho sentir muy incómoda. Tiger había hecho todo lo posible por proteger a su novia, negándose siempre a revelar información sobre ella. Solo había dicho que era de su ciudad y que no le interesaba mucho el golf. Ni siquiera había mencionado su nombre. Pero Dina seguía sin querer marcharse de Las Vegas. A falta de algo mejor, Tiger le hizo prometer que hablarían por teléfono a diario. Algunos días la llamaba solo para contarle que había tenido un mal día; algunas noches le hablaba de la presión a la que estaba sometido en Stanford; pero de sus padres hablaba casi siempre. La situación en casa estaba haciendo que le resultara casi imposible disfrutar de la vida universitaria.

Como Tiger estaba en Stanford, cada vez que John Merchant viajaba al sur de California para visitar a Earl, se quedaba en la habitación de este. Un par de estancias en casa de los Woods bastaron para que Merchant se diera cuenta de que entre Earl y Kultida las cosas no iban bien. Había viajado mucho con Earl, así que había tenido oportunidad de ver y escuchar cosas que le hacían creer que el matrimonio se desmoronaba, pero consideraba que no era de su incumbencia y no le había dicho nada acerca de su comportamiento. Pero cuando se quedaba en casa de Earl, Merchant era testigo de cosas que ya no podía ignorar. No podía soportar las agresiones verbales de Earl a Kultida, que le dijera constantemente que se callara «la puta boca».

Una noche, estando Tiger en su primer año de universidad, Merchant se decidió a hablar con Earl:

—Me da igual lo que hagas de puertas para adentro cuando yo no estoy. No es asunto mío. Pero tengo que decirte lo que pienso. Mi madre se levantará de la tumba y me dará una somanta de palos como consienta que sigas faltándole al respeto a tu mujer en mi presencia. ¡Así que ya basta, te lo ruego!

Merchant sabía que, si Earl se comportaba de esa manera delante de él, delante de su hijo haría lo mismo o peor. Lo que más le preocupaba era el efecto que aquello tendría en Tiger. Sabía hasta qué punto el chico veneraba y quería a su padre, y verle maltratar a su madre acabaría perjudicándole a largo plazo.

«Los aficionados al golf y los seguidores de Tiger Woods solo se centran en la parte buena de la relación paternofilial y en todos los logros del hijo —explicó Merchant—, pero la mayor seguidora de Tiger, sin lugar a dudas, era su madre: asistía a todos los torneos, recorría todos los putos campos de golf en los que jugaba, iba con la gorra puesta... Aquello sí que era devoción. Era increíble lo mucho que quería al chico. Pero Earl la trataba como basura y me tocaba mucho las narices. Muchísimo.»

La insostenible situación de sus padres en casa afectaba mucho a Tiger en la universidad. El matrimonio necesitaba espacio desesperadamente. Necesitaban separarse. Pero su economía les impedía vivir por separado: apenas tenían ahorros y Earl se había prejubilado para invertir todo su tiempo en la carrera amateur de Tiger. Hasta que su hijo no se hiciera profesional, estaban condenados a vivir juntos en una espiral constante de acritud y amargura avivada por la afición de Earl al alcohol y las mujeres.

El mejor amigo de Tiger en el equipo de golf era Notah Begay III, un nativo americano puro y el mejor jugador de la alineación hasta su llegada. Begay tenía una sonrisa contagiosa y un gran sentido del humor. No tardó en ponerle a Tiger el sobrenombre de Urkel, burlándose de su parecido con Steve Urkel, el empollón con gafas grandes y redondas de la serie *Cosas de casa*.

Begay también tenía su lado serio. Cuando invitaron a Stanford a participar en el prestigioso torneo Jerry Pate National Intercollegiate, que se iba a celebrar en el Shoal Creek Golf and Country Club, Begay habló con Tiger de las repercusiones sociales de jugar en un campo cuya política de miembros había generado un debate a nivel nacional sobre el racismo. Habían pasado cuatro años desde las infames declaraciones del fundador del club, Hall W. Thompson, sobre el veto a los golfistas de raza negra. Begay le dijo a Tiger que ganar en el Shoal Creek supondría un bofetón en la cara de aquellos que creían inferiores a las minorías.

Tiger no lo veía así, pero tampoco estaba por la labor de aclararle su punto de vista a Begay ni de hablar del tema con la prensa. Cuando el *New York Times Magazine* le preguntó si la política racista de determinados clubes suponía un aliciente a la hora de querer ganar en el

Shoal Creek, Tiger respondió con una palabra: «No». Estaba contradiciendo de manera directa la visión de su padre cuando insistía en que la historia del Shoal Creek sí era un aliciente para Tiger: «Eso le impulsa —explicó a la revista—, le inspira, le motiva, le endurece».

Earl intentaba constantemente añadir una perspectiva racial a la historia golfística de Tiger. Justo después de que ganara su primer US Amateur, su padre le comparó con el boxeador Joe Louis: «Louis fue quien insufló orgullo a los negros —dijo—. Nos hizo avanzar a pesar de todo el racismo. Ahora la historia se repite con Tiger. Hay negros en todo el país que me cuentan lo orgullosos que se sintieron al verle en el US Amateur».

Pero, en lo que a activismo social se refería, Tiger no quería ser el chico del que siempre hablaba su padre. Tenía dieciocho años y estaba en su primer año de universidad, por lo que prefería evitar la polémica. Era agotador que siempre le estuvieran comparando con los héroes de su padre.

Además de ser un deportista de primera categoría, Tiger tenía muy poco en común con Joe Louis, que se alistó en el ejército como soldado raso en cuanto Estados Unidos declaró la guerra a Alemania. Por aquel entonces era el campeón mundial de los pesos pesados, y le querían blancos y negros por igual. Cuando le preguntaron por su pertenencia a un ejército segregado racialmente, Louis dijo: «En Estados Unidos hay muchas cosas que no van bien, pero Hitler no va a solucionarlas». Louis nunca desaprovechó la oportunidad de utilizar su fama como plataforma para hablar sobre el racismo, pero ese no era el estilo de Tiger. «Solo pienso en la raza cuando los medios me preguntan sobre ella», le dijo a un periodista en aquella época.

Kultida culpaba a Earl de poner siempre a Tiger en un pedestal, dejándole a merced de expectativas y exámenes innecesarios. Siempre que se venía arriba y le explicaba a la prensa que su hijo era esa especie de líder de los derechos civiles o ese deportista que rompía barreras de color, Kultida decía que eran «gilipolleces del viejo». Tiger era vulnerable y, según su madre, Earl estaba agravando esa vulnerabilidad. Para Kultida, todo lo que Earl decía acerca del Shoal Creek también eran gilipolleces del viejo.

Cuando el equipo de Stanford llegó al Shoal Creek se encontró con líderes de los derechos civiles y manifestantes a las puertas del campo. Pero Tiger se evadió de toda distracción y se impuso consiguiendo la victoria para Stanford. Después de embocar su último *putt* en el *green* del 18 y terminar dos golpes por debajo del par del campo, se topó con Hall Thompson.

—Eres un gran jugador —dijo Thompson—. Estoy orgulloso de ti. Eres increíble.

Tiger no tenía mucho que decirle a Thompson. Más tarde, cuando la prensa le preguntó qué significaba haber ganado en el Shoal Creek, Tiger ignoró las implicaciones de la pregunta y se limitó a hablar del campo:

—Es un campo genial —dijo—. Fue [construido] antes de que llegaran los diseños locos de Nicklaus. Es bastante plano y simple, y la zona de los *greens* no es tan diabólica, excepto en el 18. Así es como me gustan a mí.

Cuando un reportero le insistió para que hablara de la importancia a nivel social de ganar en el Shoal Creek, Tiger le ignoró:

—Para mí lo importante es que nuestro equipo haya ganado —dijo—. Y resulta que también soy el campeón individual.

Tiger disfrutaba del reconocimiento por su victoria, pero quería llevar una vida discreta y le resultaba imposible. Una noche, después de volver a Stanford, Tiger llamó al teléfono de emergencias a las 23.45 y denunció que hacía una media hora le habían robado a punta de navaja en el aparcamiento de enfrente de su residencia. Se encontraba solo en su habitación cuando Ken Bates, el ayudante del *sheriff* de la policía de Stanford, llegó para tomarle declaración. Tiger le explicó que aquella tarde había ido a San Francisco a una cena con personalidades como Jerry Rice y otros miembros de los San Francisco 49ers. Luego había vuelto conduciendo hasta el campus y, justo al salir del vehículo y activar la alarma con la llave, un individuo le había agarrado por detrás, le había puesto una navaja en el cuello y le había dicho: «Tiger, dame todo lo que llevas encima». Woods dijo que no llevaba cartera, pero que el asaltante le había robado una gargantilla de oro de cinco mil dólares que le había regalado su madre. También le había ordenado que le diera su reloj Casio y le había pegado un puñetazo en la mandíbula con la misma mano con la que sujetaba la navaja, derribándolo al suelo. El agresor había huido a pie. Lo único que Tiger podía decir de su asaltante era que se trataba de un varón de aproximadamente un metro ochenta y que llevaba ropa negra y zapatillas blancas.

Tres agentes más y un subinspector llamaron a la puerta de todas las habitaciones de la residencia que daban al aparcamiento donde Tiger aseguraba haber sido atracado. Nadie había visto nada. El ayudante Bates examinó la mandíbula y el cuello de Tiger y, según su informe, no se apreciaban rojeces ni arañazos. También comprobó el interior de la boca de Tiger y no detectó ningún signo de traumatismo o contusión. Tiger acompañó a los agentes al aparcamiento. La zona estaba bien iluminada y su vehículo estaba aparcado bajo una farola de doble brazo. El aparcamiento estaba junto a una calle principal con bastante tráfico de peatones, coches y bicicletas. Los agentes pidieron a Tiger que indicara el lugar donde había caído. Las hojas secas sobre el asfalto estaban intactas. Tras examinar por segunda vez su mandíbula y no encontrar muestras de que hubiera sido golpeada, el ayudante Bates le dio a Tiger una tarjeta y le pidió que lo llamara si recordaba algún dato más del incidente. En su informe, Bates ni siquiera hizo alusión al paradero de la cartera de Tiger ni al hecho de que no la llevara encima —y probablemente tampoco el permiso de conducir— cuando se bajó del coche después de conducir desde San Francisco.

Tiger le comentó a Bates que no quería que nadie se enterara del incidente. Cuando el ayudante le preguntó por qué, Woods dijo que prefería no dar más detalles. El entrenador Goodman apareció justo cuando la policía se había marchado. Le habían contado lo que había sucedido y quería saber cómo estaba. En cuanto el entrenador se fue, Tiger llamó a Gravell a Las Vegas. Cuando ella le cogió el teléfono, él ya estaba llorando.

—¿Qué ha pasado? —le preguntó ella.

—Me acaban de atracar —respondió.

—¡Dios mío! ¡Llama a la policía!

—Acabo de hablar con ellos.

Gravell intentó no ponerse histérica.

—Estoy bien —la tranquilizó Tiger—. Es solo que tengo mucho miedo. No sé si puedo seguir con esto.

Eran bastante más de las doce de la noche y Tiger tenía un examen por la mañana, pero tuvo a Gravell al teléfono durante un buen rato. No quería hablar del incidente. Quería hablar de la presión a la que estaba sometido. Stanford estaba siendo mucho más duro que el instituto. No dejaba de despertar interés mediático. Sus padres no se llevaban bien. Sentía que debía hacerse profesional para apoyarlos. Por lo menos en dos ocasiones repitió que no creía poder continuar con aquello.

—Ya no soy un crío —dijo.

A la mañana siguiente, mientras Tiger estaba en un examen final, Kultida descolgó el teléfono y llamó a John Strege, del diario *Orange County Register*. Era quien más tiempo llevaba cubriendo a Tiger y mantenía una buena relación con la familia. Kultida le llamaba a menudo simplemente para charlar. A Strege le daba la impresión de que se sentía sola, pero enseguida le resultó evidente que aquella llamada era distinta. Su voz al explicarle que habían atracado y golpeado a Tiger en Stanford denotaba urgencia.

A Strege le pareció sospechoso y no pudo evitar pensar: «El chaval está en su primer año de universidad. Probablemente había bebido y le da vergüenza admitirlo». Pero no iba a cuestionar a Kultida. Llamó al departamento de policía de Stanford y pidió al jefe que le confirmara que, en efecto, un estudiante había denunciado un robo a punta de navaja la noche anterior. También habló con Earl, que le dio más detalles. Al día siguiente, el periódico de Strege publicó su artículo bajo el titular «Woods agredido y atracado a punta de navaja». Earl Woods fue la única persona a la que se citó.

Como respuesta al artículo de Strege, Stanford tomó una medida extraordinaria que implicaba ir en contra de su política de no revelar el nombre de estudiantes que habían sido víctimas de delitos. El 2 de diciembre la universidad emitió un comunicado de prensa: «El golfista Woods habla sobre el atraco». Incluía las únicas declaraciones públicas de Tiger con respecto al incidente:

> No me dieron ninguna paliza ni resulté herido. Denuncié inmediatamente el robo a la policía y no necesité someterme a ningún tipo de tratamiento médico. Solo me dolía la mandíbula, así que me tomé una aspirina.
>
> Todos los días se producen atracos y el mío no fue más que un caso aislado. Lo único que quiero es pasar página y enterrarlo en el pasado. Solo me preocupa aprobar los exámenes finales, pasar unas Navidades estupendas y luego volver.

Tiger esperaba que la gente se olvidara de aquello una vez emitido el comunicado, pero Earl no había dicho la última palabra. Habló con el diario *Los Angeles Times* y explicó que lo de su hijo había sido un golpe muy duro, pero que el incidente no había influido en sus sentimientos hacia Stanford. «Simplemente estaba en el lugar equivocado en el momento equivocado», dijo Earl. Al día siguiente, el suceso había saltado a las páginas del *New York Times* con el titular: «Atracan al golfista Woods».

Tiger necesitaba desesperadamente escapar y estaba deseando que llegaran las vacaciones para hacerlo. Pero antes de marcharse de Stanford tuvieron que operarle para extirparle dos quistes de la vena safena de la rodilla izquierda. Fue la primera de las muchas operaciones a las que sería sometido a lo largo de su carrera como resultado del desgaste excesivo. En aquella primera intervención, el médico descubrió una cantidad considerable de tejido cicatricial. Tiger insistió en que tenía la rodilla mal desde que era niño. «Es por las cosas que hacía de crío —dijo—. Me caía del monopatín, me estampaba con la moto de cross, saltaba desde sitios... Le metía bastante caña.» Las entrevistas con sus familiares y amigos no parecen indicar que Tiger fuera en monopatín ni condujera una moto de cross, y mucho menos que se estampara con ellos. Sea como fuere, la operación le dejó una extensa cicatriz detrás de la rodilla. Semanas más tarde le quitaron los puntos y le colocaron una aparatosa rodillera. Cuando Tiger preguntó si podía jugar al golf con aquello, los médicos le aconsejaron que no lo hiciera. Su respuesta a aquella recomendación fue el preludio de lo que estaba por llegar.

«Decidí no hacerles ni puñetero caso —explicó Tiger— y me fui al campo de la Marina a jugar con mi padre.»

Durante las vacaciones volvió a casa y, lejos de tomárselo con calma, Tiger volvió al campo del que había sido expulsado unos meses atrás. A Earl no le pareció buena idea que intentara jugar recién operado de la rodilla, pero su hijo le convenció para que le dejara acompañarle con el coche de golf. Cuando su padre no miraba, Tiger colocaba una pelota en un *tee* y la mandaba a mitad de la calle. Cuando le preguntaban qué tal estaba de la rodilla, insistía en que bien. En realidad estaba agonizando. La hinchazón era tal que podía ver la piel asomando a través de la rodillera. Decidido a seguir jugando, iba apretándosela cada vez más.

«El dolor era insoportable —contó Tiger sobre aquella experiencia—. Por dentro me estaba muriendo.»

Aun así hizo 31 golpes en los primeros nueve, seis bajo par. Luego ya no pudo más.

—¿Sabes qué, papá? —dijo—. Ya está bien. Ahora voy a descansar.

A pesar de la agonía, acompañó a Earl en los nueve últimos hoyos, subido en el coche y con la rodilla en alto y recubierta de hielo. En ningún momento mencionó que le doliera. «La mente —se dijo a sí mismo— es algo muy poderoso.»

En abril de 1995, Tiger fue nombrado el segundo mejor golfista universitario del país y recibió el reconocimiento de All-America de primer equipo. Al haber ganado el US Amateur Championship el verano anterior, se clasificó automáticamente para el Masters a pesar de seguir en la universidad. En plena temporada de golf en Stanford, cogió un vuelo con destino a Augusta.

Las revistas *Golf World* y *Goflweek* contrataron a Tiger para que escribiera los «Master Diaries», unos diarios donde relataría sus experiencias. Tenía mucho sobre lo que escribir. Desde el momento en que llegó, la gradería estuvo repleta de espectadores afroamericanos. Allá donde iba, niños y adolescentes —blancos y negros, ricos y pobres— hacían cola para conseguir un autógrafo. A pesar del agotamiento físico y mental tras una dura semana de exámenes, fue el único golfista amateur que pasó el corte, y terminó empatado en el puesto cuarenta y uno, dejando asombrados a espectadores y profesionales experimentados con su aplomo y su fuerza.

El alcance medio de su golpe de salida —284,5 metros— era el mayor del campo. El de Davis Love III era el segundo, con una media de 280,3 metros. Pero el momento que hizo que profesionales y espectadores se pusieran de pie para no perder ripio llegó tras la tercera vuelta del torneo. Tiger estaba en el campo de prácticas junto a Davis Love III, que acabaría quedando segundo en la general. Love, el jugador con el golpe más largo de la temporada 1994, sacó su *driver* y el público empezó a animar y gritar. Querían ver si Love sería capaz de hacer pasar la bola por encima de una red colocada a quince metros de altura al final del campo, a unos 240 metros. La red estaba puesta ahí para evitar que las bolas llegaran a la carretera principal que pasaba junto al campo.

Love realizó dos intentos, pero ambas bolas fueron a parar a la red.

—¿Lo intento yo? —dijo Tiger.

Love asintió.

Tiger sacó su *driver*, lo cual revolucionó al público, y disparó un cañonazo que pasó por encima de la red y siguió más allá. Los seguidores estaban eufóricos y todos los profesionales que había en el campo se detuvieron para admirar el golpe, ese golpe que dejó claro a todo el mundo que el golf iba a cambiar a partir de entonces.

Al poco de que Tiger volviera a Palo Alto para el último trimestre de su primer año, el entrenador Goodman quiso hablar con él: se trataba de un asunto relacionado con la NCAA (la Asociación Nacional Deportiva Universitaria). El problema tenía que ver con los diarios que Tiger había escrito para *Golf World* y *Golfweek*. La NCAA consideraba que constituían una «promoción de una publicación comercial» y que, por lo tanto, estaba violando las normas. Además, Stanford le preguntó de dónde había sacado los hierros que había utilizado en la ronda final del Masters; Tiger respondió que eran de su nuevo entrenador de *swing*, Butch Harmon. Stanford quiso saber por qué había utilizado pelotas Maxfli en lugar de las Titleist que le proporcionaba la universidad; Tiger contestó que Greg Norman le había recomendado que las probara.

Los diarios sobre el torneo llevaron a Stanford a suspender a Tiger del equipo durante un día. No hubo represalias por el tema de los palos y las pelotas. Woods ardía de rabia. No creía haber hecho nada malo y no le hacía ninguna gracia que le interrogaran. Pero no dijo nada. Earl, sin embargo, profirió una amenaza algo menos sutil. Dejó caer en *Sports Illustrated* que «Tiger podría dejar la universidad antes de tiempo si el irritante escrutinio por parte de la NCAA» continuaba.

Tiger no estaba acostumbrado a que sus padres fueran a visitarle a Palo Alto, pero estos decidieron desplazarse hasta allí para asistir al torneo American Collegiate Invitational, que tuvo lugar unas semanas después del Masters. Tiger llamó a Dina a Las Vegas con una simple petición:

—¿Me harías el favor de venir a Palo Alto?

No dio más detalles, pero quedó claro que la necesitaba.

El mismo día que 168 personas fallecían y otras 680 resultaban heridas en el atentado de Oklahoma City, Dina hizo las maletas con ropa suficiente para un fin de semana largo. Al día siguiente, y tras un vuelo breve, llegó a la habitación de hotel que Tiger había reservado para los dos en Palo Alto. Todo el mundo estaba pendiente del televisor, siguiendo la operación de búsqueda de los terroristas que habían detonado un camión lleno de explosivos frente al edificio federal Alfred P. Murrah. A Tiger, sin embargo, le preocupaba más su situación personal. Era más de lo mismo que había estado hablando con Dina durante meses: la relación disfuncional de sus padres y la presión que sentía. Como de costumbre, ella le escuchó. Luego pasaron la noche juntos.

Al día siguiente, Dina se reunió con sus padres, que habían cogido un vuelo de última hora desde el sur de California para verla a ella y a Tiger. Durante la primera vuelta no sucedió nada destacable. Tiger jugó bien y Dina le vio desde la distancia junto a Royce. A Dina siempre le había caído bien la hermanastra de su novio; la trataba como a una hermana. Además, a ninguna de las dos les entusiasmaban las aglomeraciones y la fama.

Hacía meses que Dina no veía a los padres de Tiger. Cuando se acercó a ellos durante el torneo, dieron media vuelta y se alejaron ignorándola. Ni siquiera la saludaron. Por la tarde, le explicó a Tiger lo que había pasado. Él le quitó hierro al asunto e insistió en que probablemente no la habían visto.

El segundo día del torneo, Tiger se retiró repentinamente en el hoyo 11 tras quejarse de un dolor en el hombro. Después de hablar con los médicos, le dijo a Dina que tenía que ir al hospital a que le hicieran una resonancia.

—¿Quieres que vaya contigo? —le preguntó ella.

—No, no —respondió él—. Ve con tus padres, ya nos veremos luego. Yo te llamo.

—Te quiero —dijo Dina.

—Yo también te quiero —contestó Tiger, y se despidió con un beso.

Habían pasado cinco horas y Tiger seguía sin llamar.

Dina estaba en la habitación de hotel de su madre y su padre cuando este último recibió un aviso de recepción: tenía una entrega. Eran aproximadamente las nueve de la noche. Intrigado, el hombre bajó y vio que se trataba de la maleta de Dina y un sobre con su nombre. Los subió a la habitación y se los dio a su hija.

Dina miró a su padre desconcertada. La maleta era la que había traído de Las Vegas. ¿Cómo había llegado hasta ahí? La había dejado en el hotel en el que se alojaba con Tiger, en la otra punta de la ciudad. La abrió y vio que todas sus cosas estaban dentro: maquillaje, neceser, pantalones, zapatos, sujetadores, ropa interior. Hizo un gesto que denotó perplejidad absoluta. ¿Qué estaba pasando?

Procedió a abrir el sobre que habían dejado junto con la maleta. Dentro había una carta escrita a mano. Al ver aquella letra tan familiar, un escalofrío le recorrió el cuerpo:

Dina:

Mi hombro está bien. Solo tengo el manguito rotador abierto y desgastado. Te escribo esta carta para hacerte saber que estoy muy enfadado y decepcionado contigo. Mis padres me han dicho que hoy has estado pregonando por las gradas que eres la «novia de Tiger». Y luego en la casa club has tenido las agallas de decirme que, cuando un reportero te ha preguntado quién eras, le habías respondido que «solo una amiga». Mis padres, Royce, Louisa y yo no queremos volver a hablar contigo ni saber nada de ti. Analizando nuestra relación me doy cuenta de que tanto tú como tu familia me habéis utilizado y manipulado. Te deseo que te vaya bien en la vida. Sé que esto te sorprenderá y te parecerá repentino, pero, en mi opinión, está totalmente justificado.

Atentamente,
Tiger

P. D.: Cuando vuelvas a casa envíame el collar que te regalé. Y mañana no aparezcas por el torneo. No eres bien recibida.

Temblando, Dina le dio la carta a su madre. Aquello no tenía ningún sentido. En la gradería no había hablado con nadie. Había evitado a la gente. Royce podía corroborarlo. Además, ¿cómo iban a saber Earl y Kultida lo que había hecho en las gradas? La habían estado evitando los dos días. ¿Y a qué se refería con que no podía continuar con la relación? ¡Llevaban juntos casi cuatro años! Eran amigos íntimos. Lo compartían todo. Él había sido su primera vez. Ninguno de los dos había estado con nadie más.

Llamó a Royce mientras se secaba las lágrimas.

—Acabo de recibir la carta de Tiger —le dijo—. No entiendo nada.

—Se ha acabado, Dina —dijo Royce amablemente.

—Solo quiero hablar con él.

—Eso no va a ser posible.

—¡Es que no lo entiendo!

—Lo siento mucho. No puedo volver a hablar contigo.

¿Cómo que no podía? ¿Quién se lo impedía? ¿Qué estaba pasando? Dina colgó y se vino abajo. Su madre le dio la carta a su marido y la abrazó. Su hija no merecía que la trataran así. Le dolía que los padres de Tiger la hubieran acusado de ser algo más que su mejor amiga.

—No necesitas esto en tu vida —le dijo a Dina.

Su hija no paraba de llorar.

Al día siguiente, el médico del equipo le dijo a Tiger que la resonancia había revelado cicatrices en su manguito rotador derecho. Él lo atribuyó a una lesión que se hizo jugando al béisbol en el instituto. «Estaba jugando al béisbol y me lesioné el brazo —dijo—. Tenía un desgarro en el manguito rotador, así que tuve que dejarlo.»

El equipo médico de Tiger quedó conforme con la explicación. Pero había algo extraño en ese diagnóstico, porque en el instituto Tiger no jugaba al béisbol. De hecho, no existen pruebas que demuestren que Tiger realizara ninguna actividad deportiva antes de pertenecer al equipo de golf. «Al empezar la escuela media —escribió más tarde—, mis padres me dijeron que tenía que escoger un deporte.» Aun así, a lo largo de los años hizo referencia en varias ocasiones a la práctica de béisbol y atletismo en pista y a campo traviesa en el Western High. Sin embargo, un entrenador del instituto recordó que, si bien Woods había mostrado interés en unirse al equipo de atletismo en pista como corredor de 400, al ser informado de que debería entrenar tres días a la semana a las seis y media de la mañana se había olvidado del tema. Además, el entrenador de Tiger, Don Crosby, aseguró que, mientras estuvo en su centro, Tiger no practicó ningún otro deporte. El equipo médico de Stanford no mencionó si la nueva y agresiva rutina de pesas de Tiger podía haber tenido algo que ver en su lesión de hombro.

Mientras Tiger estaba reunido con el personal médico, Dina subía a un avión que la llevaría de vuelta a Las Vegas. Woods había apartado de su vida a su mejor amiga, a su primer amor y a su primera amante, una chica con la que había entablado amistad en clase de Contabilidad, que le había presentado a sus amigos y familia, que había permanecido en Cypress después de graduarse en el instituto solo para estar cerca de él y que había mantenido en secreto todo lo que le había contado. Y es que los padres de Tiger la habían repudiado —no querían lastres en la vida de su hijo—, y él no estaba dispuesto a librar aquella batalla, ni siquiera por el amor de su vida. No llamó a Dina la noche siguiente, ni ninguna otra. Después de romper la relación, nunca volvió a hablar con ella.

Habían pasado ocho meses y, un buen día, Dina recibió otra carta de Tiger:

Siento muchísimo lo que os hice a ti y a tu familia. Me arrepiento de las medidas que tomé. Sé que no debíamos haber acabado de esa manera, así que te pido perdón. Espero de todo corazón que hayas podido pasar página y hayas encontrado a alguien que te haga feliz en todos los aspectos, porque verdaderamente te lo mereces. Te deseo lo mejor en todo lo que hagas. Buena suerte.

Saludos cordiales,

Tiger

Tiger nunca recibió una respuesta. Había puesto fin a todo de una manera tan descabellada que para Dina fue como si su mejor amigo hubiera muerto. Estaba convencida de que todo había sido cosa de sus padres.

«Yo diría que sus padres creyeron que iba a interferir en su vida —dijo—. No lo hubiera hecho jamás. Le quería demasiado.»

CAPÍTULO OCHO
AMIGOS RICOS

El 17 de abril de 1995, la Oficina de Ética Estatal de Connecticut emitió un comunicado de prensa en el que afirmaba que habían encontrado causa probable que respaldaba la alegación de que John Merchant había infringido la ley estatal al no coger días de vacaciones completos o días de permiso cuando viajaba fuera del estado para asistir a torneos de golf como miembro del comité ejecutivo de la USGA. Durante la investigación en curso, Merchant también admitió haber utilizado para ese fin a su secretaria, el teléfono y el fax de la oficina y el coche cedido por el estado. Se había fijado una vista ante un juez para ese mismo año. Al mismo tiempo, en el Tribunal Federal se estaba tramitando una demanda en la que se alegaba que había tomado represalias contra el trabajador de su oficina que le había delatado. A Merchant no le preocupaba; estaba convencido de que no había hecho nada malo. Y él y Earl Woods tenían asuntos más importantes de los que ocuparse.

Pero Earl tenía un problema: al ingresar Tiger en Stanford, IMG había dejado de pagarle su sueldo de cazatalentos de 50.000 $ anuales. A la empresa le preocupaba estar incumpliendo las normas de la NCAA, que prohibían estrictamente los pagos a familiares por si acaso se trataba de incentivos para firmar con un agente. «Que yo recuerde, su relación con IMG se rompió cuando Tiger entró en la universidad de Stanford, ya que cualquier vinculación habría violado las normas de la NCAA», dijo en un correo Alastair Johnston, el exdirector de operaciones golfísticas a nivel mundial de IMG.

Desesperado por encontrar la manera de financiar el apretado calendario de torneos de Tiger del verano de 1995 en el circuito amateur, Earl pidió ayuda a Merchant. A ambos se les ocurrió una idea muy ingeniosa: aprovechando la fama de Tiger, ofrecerían a miembros adinerados de clubes de campo exclusivos la oportunidad de jugar al golf con él a cambio de una contribución a su causa. También invitarían a niños pertenecientes a las minorías de las ciudades cercanas a participar en clinics con Tiger. Dado que su condición de amateur le impedía recibir pagos, las contribuciones irían a parar a Earl, que ofrecería un discurso antes de cada ronda de golf con Tiger. A Merchant no se le ocurrió un mejor lugar para poner en marcha el plan que su ciudad, Fairfield, en Connecticut, con una de las mayores rentas per cápita de los Estados Unidos. Además, contaba con dos prestigiosos campos de golf: el Brooklawn Country Club y el Country Club de Fairfield. Merchant solía decir que era más fácil entrar en el Augusta que en el Country Club de Fairfield, pero siendo él su primer miembro negro, podría colar a Earl y Tiger por un día sin problema. «La gente no quiere meterse en líos con un tío de color», dijo sonriendo.

A mediados de junio, Tiger iba a jugar en el US Open, que se celebró en Southampton, Nueva York, en el Shinnecock Hills Golf Club. Fairfield queda cerca de allí, al otro lado del estrecho de Long Island. Merchant organizó un clinic para minorías jóvenes en Brooklawn y una exhibición en el Country Club de Fairfield con Tiger. La misma semana que las autoridades estatales le notificaron cuándo se celebraría la vista de su caso de ética profesional, Merchant llamó al director general de General Electric, Jack Welch, para pedir financiación.

Welch y Merchant eran más que simples conocidos; ambos se habían unido al Country Club de Fairfield el mismo año y tenían la suficiente confianza para que Merchant pudiera acudir a él en busca de apoyo para su audaz iniciativa. Le ofreció jugar una ronda con Tiger. Al día siguiente de que tuviera lugar esa conversación, Merchant recibió una llamada de una persona de la fundación GE:

—Le llamo de parte del Sr. Welch —dijo el interlocutor—. Le podemos ayudar siempre que el presupuesto no supere los 10.000 $.

Con el coste del evento cubierto, Merchant fue en busca de donantes particulares. El 24 de abril escribió cartas individuales a cuarenta y cuatro directores generales, banqueros y otros titanes corporativos del condado de Fairfield. Uno de los destinatarios fue John Akers, exdirector general de IBM, que pertenecía a la junta directiva de New York Times Company. Merchant envió la carta a su domicilio, en Westport, Connecticut:

24 de abril de 1995

Estimado John:

El 19 de junio de 1995 por la mañana, Tiger Woods realizará en el Brooklawn Country Club un clinic de golf dirigido entre otras personas a jóvenes de grupos minoritarios. La fundación General Electric ha tenido la gentileza de acceder a financiar la sesión, que será copatrocinada por el People's Bank y la Hall Neighborhood House, de Bridgeport.

Después del clinic, Earl Woods, por invitación de la Hall Neighborhood House, dará una charla ante un grupo de entre cincuenta y sesenta personas en el Country Club de Fairfield. A la hora del almuerzo, previsto para las 12 del mediodía en ese mismo campo, Earl Woods hablará de su experiencia como padre y educador de Tiger Woods.

Tras el almuerzo y la charla del Sr. Woods, once (11) *foursomes* invitados jugarán una ronda de golf en Fairfield y asistirán a la breve recepción que tendrá lugar a continuación.

Está usted cordialmente invitado a asistir al almuerzo, la ronda y la recepción. Además, aunque no es imprescindible, si desea contribuir con los honorarios que recibirá Earl Woods por su charla, puede enviar un donativo condicionado a la Hall Neighborhood House.

Espero de corazón que su agenda le permita acudir al Country Club de Fairfield para escuchar las palabras de Earl Woods y jugar la ronda. Earl Woods y Tiger estarán presentes durante esa ronda y durante la recepción. Por favor, utilice la postal adjunta para confirmar su asistencia antes del 15 de mayo de 1995.

Atentamente,
John F. Merchant

Pero ahí no quedó la cosa. Tiger iba a participar en el Northeast Amateur Invitational, que se celebraba a finales de julio en Rhode Island, así que Merchant y Earl decidieron repetir la operación allí. Al día siguiente de enviar las cartas a los posibles donantes de Connecticut, Merchant mandó un fax a un importante empresario de Rhode Island que tenía vinculaciones con el torneo:

DE: JOHN F. MERCHANT
ASUNTO: CHARLA DE EARL WOODS

La carta adjunta ha sido enviada a cuarenta y cuatro (44) golfistas que, junto con aproximadamente doce personas que no practican este deporte, han sido invitados a un almuerzo en el Country Club de Fairfield para oír hablar a Earl Woods. El orador recibirá una retribución por su charla, hecho que no influye en la condición de amateur de Tiger.

El 19 de junio de 1995 por la mañana, Tiger realizará en el Brooklawn Country Club un clinic dirigido entre otras personas a jóvenes de grupos minoritarios. Por la tarde he invitado a Tiger a jugar una ronda de golf conmigo y Jack Welch (director general de GE, cuya fundación financiará los costes de la sesión).

La intención del mensaje y la carta adjunta era sugerir un plan similar en Rhode Island. En la parte superior de los documentos podía leerse: «ENVIADO POR: ESTADO DE CONNECTICUT». Mientras tanto, los investigadores estatales preparaban el proceso contra Merchant sin saber que sus intentos por recaudar fondos para el Equipo Woods se habían vuelto más ambiciosos. La USGA, por su parte, solo deseaba que nada de aquello se filtrara a la prensa. Uno de los receptores de las cartas de Merchant envió una copia por fax a David Fay, director ejecutivo de la Asociación, junto con un escrito fechado el 5 de mayo de 1995:

PARA: DAVID FAY
ASUNTO: EARL WOODS

David, te envío esto no para delatar a John Merchant, sino para que me aconsejes qué puedo hacer desde un punto de vista ético y de acuerdo con las reglas —escritas o no— de la USGA.

John me ha enviado [...] el escrito adjunto, comentándome que le gustaría contar con mi colaboración para un tema.

Me cuesta mucho decirle que no a un jugador amateur. ¿Te parece que sería inapropiado por mi parte hacer una donación para el evento de Connecticut? Estoy indeciso porque sé que echarle una mano a Earl Woods es meter dinero en el bolsillo de Tiger, y la cosa no debería funcionar así.

Mientras espero tu respuesta, puede que llame a John y le diga que estoy dispuesto a hablar con algún banco para ver si le concedería un préstamo al chico. La gente lo hace para pagarse la universidad; esto es lo mismo, ¿no?

Fay estaba acostumbrado a las consultas sobre si Earl estaba actuando de acuerdo con las normas del golf amateur. Ya en 1991 había discutido con él varias reglas. Más tarde, cuando al agente Hughes Norton se le ocurrió lo del sueldo de cazatalentos de IMG, el director general de la agencia, Mark McCormack, recomendó a Earl que se reuniera con Fay. La USGA determinó que IMG podía pagar a Earl siempre y cuando no se le nombrara agente. La Asociación también consintió que Earl negociara con Nike y Titleist. Básicamente estaban dispuestos a hacer la vista gorda porque querían que Tiger siguiera participando en los torneos US Amateur.

«Si te soy sincero —dijo Fay—, yo creo que Earl siempre quiso lo mejor para su hijo, y recibió muy buenos consejos de varias fuentes, incluida la USGA.»

El mejor consejo se lo dio Merchant, cuya principal preocupación era que Earl tuviera la lengua tan larga y que pudiera despertar sospechas innecesarias si hablaba demasiado. «Yo le dije a Earl: "La gente está muy pendiente. Más vale que te estés calladito".»

Básicamente, Merchant se había aprendido de memoria el reglamento de la USGA y hacía todo lo posible para que Earl y Tiger lo cumplieran. Es posible que algunas veces rozaran el límite, pero nunca lo sobrepasaban. Cuando una empresa le ofreció a Tiger su avión privado para que volara desde Long Island a Connecticut después del US Open para asistir al clinic de golf para minorías en el Brooklawn Country Club, Merchant se negó, concluyendo que aquello podía poner en riesgo su condición de amateur. Sin embargo, sí aceptó que se ofrecieran a llevarle en coche —peajes incluidos— a modo de obsequio, porque no iba en contra de las normas.

No obstante, Fay no pudo evitar darse cuenta de que la controversia sobre la ética profesional de Merchant en el estado de Connecticut atraía cada vez más atención, y aquello no dejaba en muy buen lugar a la USGA.

Cuando Tiger llegó a su primer US Open, se dirigió a la carpa de prensa del Shinnecock y dejó sobre la mesa un único folio con una declaración: «El propósito de este escrito es aclarar mi herencia a los medios, que tal vez me vean jugar por primera vez. Este es el único y el último comentario que voy a hacer al respecto. Mis padres siempre me han inculcado que tengo que estar orgulloso de mi origen étnico. Tengan por seguro que así es y así será. En el pasado, en el presente y en el futuro. Los medios me han descrito como afroamericano, y a veces como asiático. Lo cierto es que soy ambos».

Una curiosa carta de presentación a los reporteros que cubrían el PGA Tour. Pero la cosa no quedó ahí: las veces que intentaron hablar con Tiger, él apenas dijo nada. En parte debido a su personalidad, pero principalmente porque le habían inculcado que debía desconfiar de la prensa. Earl se consideraba un experto en medios de comunicación y le había enseñado a su hijo a mantener las distancias con los reporteros y no mostrarse nunca tal como era en las entrevistas. A Merchant le sacaba de quicio que diera esa imagen, sobre todo porque en realidad era un chico con mucho carisma y encanto. Pero prefirió morderse la lengua antes que enfrentarse a Earl.

En la ronda inicial, Tiger hizo 74 golpes, cuatro sobre par. Los únicos dos amateurs en el torneo además de él —Chris Tidland y Jerry Courville— hicieron 70 y 72, respectivamente.

«No ha sido culpa mía —dijo Tiger después—. No he hecho *bogeys* porque haya golpeado mal la bola; simplemente no he pateado bien.»

Su segunda ronda no empezó mucho mejor. Al llegar al *tee* del 5 iba siete sobre par y no parecía que fuera a pasar el corte. Entonces vio a Earl, que estaba de pie al otro lado de las cuerdas. Bajo su atenta mirada, Tiger mandó la bola al *rough*. Al salir de la hierba alta les dijo a sus compañeros Ernie Els y Nick Price que se había torcido la muñeca y que tenía que retirarse porque no podía «agarrar el palo con la presión adecuada».

El *New York Times* publicó que Tiger Woods había abandonado el US Open con una muñeca vendada y que iba a requerir tratamiento médico. Las personas a las que John Merchant había citado en el Brooklawn y en el Country Club de Fairfield empezaron a hacer preguntas. Supusieron que el clinic y la exhibición quedarían cancelados. Merchant les dijo a todos que no se preocuparan.

El Brooklawn Country Club, fundado en 1895, fue uno de los primeros en entrar a formar parte de la Asociación de Golf de los Estados Unidos. Fue rediseñado por el famoso arquitecto de campos de golf A. W. Tillinghast, y era tirando a tradicional, con un recorrido de par 71 de calles esculpidas y arboladas y *greens* con muchos búnkeres. Los más de cien jóvenes pertenecientes a clases desfavorecidas que habían llegado en bus desde la cercana ciudad de Bridgeport estaban sentados con las piernas cruzadas cerca del *green* del 16 observando a Earl, que abrió la sesión técnica explicándoles la importancia de practicar con un objetivo en mente. Acto seguido, Tiger se acercó a un *tee* suplementario con un hierro en la mano y empezó el auténtico espectáculo.

—Tiger —le dijo Earl—, quiero que pegues un *fade* y que la bola vaya hacia esos árboles y vuelva al centro de la calle.

Tiger pegó un golpe alto y abierto que rodeó la hilera de árboles de la izquierda, viró hacia la derecha y fue a parar justo donde Earl había ordenado.

—Ahora, Tiger —siguió Earl—, quiero que la mandes hacia los árboles de la derecha y que vuelva al medio.

Tiger golpeó de nuevo y la bola hizo exactamente lo que Earl había indicado. Uno a uno, los jóvenes de Bridgeport se iban quedando boquiabiertos.

—Vale, Tiger —dijo esta vez Earl—. Ahora pega una bola baja hacia el mismo sitio.

Tiger disparó un cañonazo que voló a menos de diez metros del suelo y aterrizó junto a las otras bolas. La gente alucinaba. Incluso los adultos que habían acudido para la exhibición observaban maravillados. «Se podrían haber cubierto las tres bolas con una manta —dijo Athan Crist, un veterano miembro e historiador del club que estaba presente durante la demostración—. ¿Sabes esa sensación de cuando estás con tu hijo viendo trucos de magia? Pues tal cual.»

El clinic duró cerca de cuarenta y cinco minutos durante los cuales Earl gritó órdenes y Tiger las cumplió: ahora a los pies de un árbol con un *wedge* para arena, ahora al mismo lugar con un hierro 8… y así sucesivamente sin que Tiger fallara ni una. Para el truco final, Tiger sacó una madera 3 y de un golpe mandó la bola al *green* del hoyo 17, a más de doscientos cincuenta metros. A continuación, metió el palo en la bolsa y se colocó delate de los chicos.

Uno de ellos levantó la mano y preguntó:

—Tiger, ¿cuál ha sido tu mejor puntuación?

Earl respondió a la pregunta.

Otro niño levantó la mano:

—Tiger, ¿cuál es tu club favorito?

Earl volvió a responder.

Un tercer niño alzó su mano.

—¿Sí? —le dijo Earl.

El chico señaló a Tiger y preguntó:

—¿Sabe hablar?

A Tiger no le entusiasmaba demasiado aquello de realizar exhibiciones y clinics. Acababa de salir de una racha complicada: había perdido siete kilos a causa de una intoxicación alimenticia durante el torneo de la Pac-10 y más tarde obtuvo un frustrante segundo puesto —quedando por debajo de la Oklahoma State University— en los NCAA Championships, que se jugaron en Columbus, en el campo Scarlet de la universidad estatal de Ohio, de 6.500 metros. Decepcionado por cómo jugó durante la primera ronda, después de pegar un golpe no demasiado bueno en el hoyo 12, Woods estampó su palo contra el césped. Poco después, tras otro golpe desacertado, rompió un *wedge* por intentar meterlo en la bolsa a la fuerza. Su arrebato provocó que los oficiales de la NCAA tuvieran que darle un toque de atención, cosa que no pasaba muy a menudo. A pesar de todo, consiguió que Stanford superara las últimas rondas y casi se hizo con el campeonato él solo. Pero su *putt* para *birdie* de ocho metros en el 18 de la última vuelta se quedó al borde del hoyo y forzó la primera ronda a muerte súbita en los noventa y ocho años de historia del torneo. Dejando de lado todo eso, terminó su primer año de universidad con una media de 7,5, se unió a la fraternidad Sigma Chi (una de las mayores) y le fueron bastante bien los exámenes finales.

Necesitaba un descanso más que nada en el mundo, pero no había tiempo. Tenía todo el verano ocupado con eventos amateur, y las exhibiciones que Merchant había organizado cubrían todos sus gastos de desplazamiento y cuotas de inscripción. En el Country Club de Fairfield, él y Merchant formaron grupo con el profesional y el ocho veces campeón del club para jugar una vuelta de dieciocho hoyos. Como de costumbre, el dominio de Tiger asombró a los espectadores y dibujó una sonrisa en la cara de Merchant. Sin embargo, después de la ronda, Tiger se escabulló de la recepción privada celebrada en su honor, que tuvo lugar en el comedor con vistas al *green* del 18. Mientras su padre y Merchant bebían un cóctel tras otro y acaparaban la atención de los miembros del club, Tiger se fue al *green* de entrenamiento, donde estuvo pateando solo y en silencio durante dos horas.

El coche de alquiler en cuyo asiento trasero iba sentado Tiger atravesó una verja de seguridad negra de hierro y pasó junto a robles y arces de copas frondosas hasta detenerse ante una casa de madera situada en el hoyo 8 del Point Judith Country Club de Narragansett, Rhode Island. La casa pertenecía a Tommy Hudson, un miembro del club que había accedido a que Tiger y su equipo —Earl, Merchant y el Dr. Jay Brunza, psicólogo deportivo y *caddie*— hicieran uso de ella durante el US Amateur de 1995, que se celebraba a cuarenta kilómetros, en el Newport Country Club. Ed Mauro, antiguo presidente de la Asociación de Golf de Rhode Island, se había encargado de todo: la casa, la comida, los *green fees*, los desplazamientos. Mauro tenía muchos contactos y era muy generoso, y Merchant le había llamado meses atrás para pedirle alojamiento.

Tiger siguió a Mauro hasta el interior de la casa y escogió habitación. Podía salir por una puerta trasera y plantarse en el campo de golf. Había estado en muchas casas durante el circuito amateur, pero aquella tenía todo lo que Tiger deseaba para su futura residencia: seguridad, aislamiento y un campo de golf como patio trasero.

Mauro los invitó a todos a una barbacoa en su casa. También asistieron algunos de sus familiares, deseosos de conocer a Tiger. Pero él, harto de ser siempre el centro de atención, se escaqueó y se metió en la casa. Buscaba un lugar donde desaparecer y fue a parar a la sala de estar, donde se encontró con Corey Martin, el nieto de quince años de Mauro al que su madre había obligado a ir a la comida. Corey estaba aburrido y se había ido al salón de su abuelo a ver la tele. No le interesaba lo más mínimo el golf y no tenía ni idea de quién era Tiger Woods, por lo que no se dio cuenta de que tenía ante él al invitado de honor. Simplemente pensó que Woods era un chaval que, por hache o por be, había acudido a la barbacoa de su abuelo.

—Buenas, ¿qué hay? —dijo Corey.

—¿Qué estás viendo? —preguntó Tiger.

—*Los Simpson* —respondió Corey.

Tiger se sentó y Corey trajo dos boles con helado. Mientras se reían con las payasadas de Bart y Homer, Corey le preguntó a Woods de dónde era y qué hacía en Rhode Island. Tiger se dio cuenta enseguida de que Corey ni siquiera sabía que era golfista. Aquello le permitió relajarse, y le confesó a Corey cuánto le gustaría teñirse el pelo de morado solo para sacar de quicio a la gente.

Al cabo de una media hora entraron en el salón otros dos nietos de Mauro, más jóvenes que Corey. Tampoco sabían quién era Tiger. Simplemente les pareció que era un chico grande, guapete y divertido. Tirado en el suelo enfrente del televisor, dejó que los niños se le recostaran como si fuera una almohada gigante. Una niña se quedó dormida con la cabeza apoyada en él.

Al acercarse al Newport Country Club, uno siente como si estuviera en el set de rodaje de *Downton Abbey*: es majestuoso y posee esa grandeza de lo que ha sido construido con dinero de rancio abolengo. El club fue fundado en 1893 después de que Theodore Havemeyer, cuya familia era dueña de la empresa American Sugar Refining, convenciera a algunos de los estadounidenses más ricos de la época —John Jacob Astor, Perry Belmont y Cornelius Vanderbilt— para que compraran una casa de campo de cincuenta y siete hectáreas con vistas al océano. Dos años más tarde, en 1895, el Newport Country Club acogió el primer US Amateur y el primer US Open. El US Amateur celebraba su centenario en el lugar que le había visto nacer.

Para entonces, Tiger ya había estado en varios de los mejores campos de golf de los Estados Unidos, pero era su primera vez en el Newport. Desde el balcón que había en el vestuario de la segunda planta de la casa club, podía verlo absolutamente todo, desde la primera calle hasta el agua. Normalmente eran vistas reservadas a los miembros de aquel club tan exclusivo, pero Tiger, a pesar de no serlo, recibió un trato especial.

Esa misma semana, Bill Harmon, profesional del club y hermano de Butch, se ofreció a familiarizar a Tiger con el campo. Era una de las ventajas de trabajar con Butch. Bill insistió en que, antes de jugar ahí, debía saber un par de cosas. Para empezar, en las zonas cercanas al agua, el viento formaba remolinos y cambiaba de dirección muy aleatoriamente. Tenía que aprender a controlar la bola en esas circunstancias. Además, las calles del Newport no se regaban, sino que se dejaban crecer de manera natural. Como resultado, eran duras y secas, especialmente en verano. En un campo mojado, Tiger podía pegar un cañonazo con su *driver* sabiendo que la bola se quedaría en el punto de aterrizaje. Pero la pelota responde de manera muy diferente en un campo seco. Y aquel verano había llovido muy poco en Newport.

—Por ejemplo —le explicó Harmon—, si en el hoyo 3, de 310 metros, tienes el viento detrás, sal con un hierro 2 o 3 y límítate a acercar la bola. Confórmate con un par. Ni se te ocurra intentar lucirte en este.

Pero el consejo más importante que le dio Harmon a Tiger fue uno relacionado con los *greens*, que durante los últimos cien años se habían asentado y habían dado lugar a caídas un tanto engañosas:

—Las caídas no son lo que parecen —explicó—. Es imposible descifrarlas a la primera.

Tiger, ávido de aprender cualquier cosa que le diera algo de ventaja, observaba mientras Harmon le mostraba por lo menos dos o tres *putts* en todos los *greens* y desde diferentes posiciones clave. Para sorpresa del profesional, Tiger se adaptó rápidamente: estudió las particulares caídas de cada *green*, registró la información en su cerebro y ajustó su golpe de aproximación.

Butch Harmon, que había cogido un vuelo desde Texas para asistir al torneo, se unió a ellos. Tiger llevaba ya dos años entrenando con él, refinando su *swing* y aprendiendo nuevos golpes. Uno de los que le había enseñado era el medio golpe, un *punch* de vuelo bajo utilizado principalmente para combatir vientos fuertes. Tiger todavía no lo había puesto en práctica en un torneo, pero Harmon insistió en que, para ganar en Newport, era fundamental utilizarlo:

—En este campo de golf hay hoyos en los que vas a necesitar ese golpe —le aseguró.

Tiger llegó con una escolta policial al Newport Country Club para la última jornada del *match play*. Los espectadores se contaban ya por miles y John Merchant había manifestado su preocupación por la seguridad de Tiger. Mirando al frente y sin decir una palabra, Tiger avanzaba mientras su equipo de seguridad impedía que la turba que había acudido para verle se le acercara. Con Jay Brunza a su lado, Tiger llegó al *tee* del 1, ubicado junto a la cara este de la casa club.

El público atestaba el balcón de la segunda planta, desde el cual había buena visibilidad. Había cientos de personas alrededor del *green*. Tiger se relamía pensando en la oportunidad de hacer historia al convertirse en el noveno jugador en ganar dos títulos amateur consecutivos.

El único que se interponía en su camino era George «Buddy» Marucci, un comerciante de Mercedes-Benz de cuarenta y tres años de Pensilvania. Marucci jugaba como el que no tiene nada que perder. Tras completar los primeros dieciocho hoyos, Tiger iba un golpe por detrás de él.

Faltaban un par de horas para que diera comienzo la ronda final vespertina, y Tiger se retiró a la casa club. Mientras Marucci se daba una ducha y almorzaba con algunos miembros del club, Tiger optó por aislarse. Sentado en un sofá que había a la salida del vestuario femenino, echó la cabeza hacia atrás y cerró los ojos. Estuvo una hora sin hablar con nadie; decidió poner en práctica los ejercicios de relajación mental que Brunza le había enseñado. Cuando llegó la hora de jugar la última vuelta, salió con una camiseta de golf rojo sangre, una gorra de Stanford con la visera roja y una mirada decidida e implacable.

Marucci empezó la segunda mitad del juego por hoyos poniéndose dos arriba en el diecinueve, pero para cuando Tiger llegó al *tee* del 18 para jugar el último hoyo, el treinta y seis, ya iba uno por delante de su contrincante. Pegó el *drive* con un hierro 2 y mandó la bola a un búnker de la calle, a 130 metros del hoyo. Debía tomar una decisión importante. Marucci se había plantado en el *green* con dos golpes y tenía un *putt* para *birdie* de siete metros que podía llevarle a la muerte súbita. El golpe de Tiger era cuesta arriba, una posición que pedía un *pitching wedge* o un hierro 9. Sin embargo, Tiger le pidió a Brunza el hierro 8. Era el momento de atreverse con el medio golpe que había estado practicando con Butch Harmon durante todo el verano.

La bola pasó por encima de la bandera y cayó al otro lado del hoyo, a cuatro metros, pero el efecto de retroceso y el terreno hicieron que acabara deteniéndose a menos de medio metro del agujero. El público se volvió loco, pero quien más emocionado estaba era el propio Tiger. Al poco, embocó la bola y consiguió su segundo título consecutivo en el US Amateur. Tras un largo y emotivo abrazo con su padre, Tiger le gritó a Butch Harmon:

—¿Lo has visto, Butch? ¡Me ha salido!

—¡Te lo dije, Tiger! —dijo Harmon—. ¡Te lo dije!

—¡Me ha salido, Butch! ¡Me ha salido el golpe que me enseñaste!

Cuando le entregaron el trofeo Havemeyer, Tiger sonrió y lo levantó sobre su cabeza.

—Este tengo que dedicárselo a la familia Brunza —dijo, girándose hacia su *caddie*—. Va por ti, Jay.

Brunza rompió a llorar. Hacía un mes que su padre había fallecido y Tiger se había acordado de él en un momento triunfal. Fue una escena memorable en la que el golfista, pese a haber logrado todo un hito, mostró su humildad.

Más tarde, en la carpa de *merchandising* que había delante de la casa club, Tiger estaba rodeado de oficiales del torneo, miembros veteranos del club, Butch y Bill Harmon y el redactor de *Sports Illustrated* Tim Rosaforte, que estaba allí para hacer una crónica de aquel momento histórico. Earl también estaba allí, pero de camino a la carpa había pasado por el bar del club y se había tomado unas cuantas copas. Butch Harmon vertió champán en el trofeo Havemeyer y todos aplaudieron. Tiger no bebió, pero Earl sí. Luego le cogió el trofeo a su hijo.

—¿Qué te parece esto, Bobby Jones? —dijo Earl, alzando el trofeo sobre su cabeza como si fuera suyo—. El mejor golfista que haya existido jamás es negro.

Todo el mundo dejó de aplaudir y se produjo un silencio incómodo que hizo que la voz de Earl resonara aún más:

—Bobby Jones le puede besar a mi hijo su culo negro —prosiguió.

Durante los dos minutos que duró aquel discursito, Tiger aguantó el tipo estoicamente junto a su padre, aunque su sonrisa jovial se había esfumado. Los allí presentes miraban hacia el suelo sin creerse lo que estaba pasando. A los diecinueve años, Tiger acababa de ganar su segundo US Amateur consecutivo tras una victoria espectacular, pero, lo que debió haber sido un momento de pura felicidad para él y de indescriptible orgullo para su padre, se había visto empañado por un arrebato de ira, rencor y amargura. A medida que Earl fue bajando el tono y predijo que el impacto que su hijo tendría en el mundo del golf superaría al de Jack Nicklaus, Bill Harmon se metió la mano en el bolsillo y frotó una ficha redonda entre el dedo índice y el pulgar. Harmon, que se estaba recuperando de su adicción al alcohol, celebraba aquel día tres años de abstinencia. Unas horas antes de que diera comienzo la ronda final del torneo había asistido a una reunión en la que le habían dado la ficha de los tres años. En Earl vio algo que le resultó familiar. «Así es como me comportaba yo cuando bebía —se dijo—. Madre mía, esto me basta para saber que estoy en el buen camino.»

Tim Rosaforte tenía un dilema. Si redactaba literalmente lo que Earl había dicho, las consecuencias para Tiger podían ser devastadoras. No era solo que aquellos comentarios incendiarios sobre la raza fueran a resultar difíciles de explicar al gran público, sino que estigmatizarían injustamente a su hijo, haciendo que las empresas estadounidenses se lo pensaran dos veces antes de contratarlo como imagen cuando se hiciera profesional. Rosaforte optó por manejar la situación con clase y sin complicar el futuro de Tiger. Su artículo, titulado «¡Otra!, ¡otra!», apareció en *Sports Illustrated* al cabo de unos días. Empezaba narrando la escena en la tienda de *merchandising*:

«Voy a hacer una predicción —dijo Earl Woods el domingo por la noche, cuando el champán ya le había soltado la lengua—: antes de retirarse, mi hijo habrá ganado catorce *majors*.»

El padre más famoso del golf estadounidense sostenía el trofeo Havemeyer y bebía de él mirando hacia la tienda de *merchandising* vacía, montada cerca de la casa del Newport Country Club (Rhode Island). Los amigos y cazadores de autógrafos allí presentes rieron y aplaudieron. Su hijo, Tiger Woods, de diecinueve años, también sonrió, pero tímidamente. Qué vergüenza da cuando papá revela lo que uno está pensando.

Tras darle las gracias cordialmente a todo el mundo en el Newport Country Club, Tiger se metió en el asiento trasero de un vehículo que conducía Brunza. Earl se sentó en el del copiloto. Tiger, con el trofeo entre sus manos, apenas abrió la boca durante el trayecto de vuelta a la casa del Point Judith. Earl dijo que necesitaba ir al baño. Después de cruzar el puente de Jamestown, Brunza paró en el aparcamiento de una tienda. Cuando ya hacía unos minutos que Earl había entrado, Tiger le siguió y se encontró a su padre tirándole los tejos a la joven cajera. Estaba montando un numerito, pero Tiger sabía lo que tenía que hacer:

—Venga, papá —dijo en voz baja—, tú vales más que esto.

A continuación, llevó a su padre de vuelta al coche sin recriminarle nada.

No sería la última vez que Tiger adoptaría el papel de padre y Earl el de hijo.

CAPÍTULO NUEVE
EL SALTO

Había sido un verano muy largo plagado de viajes. Cuanto más mundo veía Tiger, más se daba cuenta de la utopía que era Stanford. No era el mundo real, y precisamente por eso quería pasar más tiempo allí. Su primer año de universidad había sido algo turbulento, pero a Tiger le alegraba estar de vuelta para el segundo. Su juego estaba listo para el PGA Tour, pero él no estaba mental ni emocionalmente preparado para la vida del golfista profesional. Todavía no.

La universidad era el único lugar —aparte de los campos de golf— donde Tiger sentía que podía tener la mente ocupada y desarrollar su intelecto. Su aula en Stanford era como el plató de un concurso de inteligencia en el que competía con sus compañeros. Bastaba con que mirara a su alrededor para que le entraran ganas de sobresalir. Además, su universidad estaba a la vanguardia de todo lo que le interesaba. Fue una de las primeras del país en poner a disposición de sus alumnos direcciones de correo electrónico, y algunos miembros del cuerpo docente hacían de consultores para las empresas de internet que estaban revolucionando Wall Street. Muchas de las empresas digitales y entidades de capital riesgo que las financiaban estaban a tiro de piedra del campus. Como estudiante de Economía que era, a Tiger le impartían clase profesores que estaban muy al día de la revolución *online*. Todo ello hacía que su interés por las finanzas y los negocios aumentara, y que cada vez pensara más en la economía del golf y en cómo sería montar una empresa.

Poco después del reinicio de las clases, Tiger recibió una llamada de Arnold Palmer. Iba a jugar en un torneo para veteranos en Napa, California, a una hora y media en coche desde Palo Alto, e invitó a Tiger a cenar con él en el Silverado Resort and Spa. Tiger metió los palos de golf en el maletero de su Toyota y salió disparado. No prestó atención a la velocidad. No había tiempo para preocuparse por las normas. Iba a cenar con uno de los mejores golfistas de todos los tiempos. «Menuda pasada», pensó.

Era la segunda vez que Tiger quedaba con Arnold (el primer encuentro había tenido lugar en 1991 en el Palmer's Bay Hill Club de Orlando), pero en esta ocasión fue diferente. Estuvieron casi dos horas hablando mientras daban cuenta de un filete. Gran parte de la conversación giró en torno a la vida fuera del campo —por ejemplo, Tiger quería que Palmer le diera algún consejo sobre cómo tratar con sus seguidores, aunque luego no le haría ni caso—, pero la mayor parte del tiempo discutieron los pros y contras de hacerse profesional. Aquella noche marcó el inicio de una amistad. Palmer era una de las pocas personas a las que Tiger admiraba de verdad, y, además, se preocupaba por él de corazón.

Dos semanas después, el entrenador Goodman quiso hablar con Tiger. Se había enterado de lo de la cena y tenía una sola pregunta que hacerle:

«¿Pagaste tu parte?»

«Qué estupidez de pregunta —pensó Tiger—. Soy un universitario de diecinueve años. Y Palmer es... bueno, es Palmer. Por supuesto que no pagué mi parte.»

Aquello condujo a una pregunta aún más estúpida: «¿Cuánto costó la cena?».

Aquel interrogatorio era ridículo. ¡Cómo iba Tiger a revisar la cuenta! Ni siquiera la había visto.

Goodman llamó a la NCAA, que decidió que se había infringido la norma que prohibía a los estudiantes deportistas aceptar beneficios o regalos por su condición o reputación. Hasta que no le pagara a Palmer su parte de la cena, no podría jugar. Tiger llamó a sus padres hecho una furia. A las pocas horas, Palmer recibió un cheque por valor de veinticinco dólares y tuvo que enviar una copia compulsada por fax a la NCAA.

Tiger estaba hasta la coronilla de la Asociación, pero dejó el asunto en manos de sus padres. Kultida volvió a recurrir a John Strege, del *Orange County Register*. «No hay derecho. Continuando con sus estudios, mi hijo intenta ser un ejemplo para otros chicos —dijo—. Y así van a conseguir que deje la universidad.»

Earl fue un paso más allá y atacó directamente a la NCAA y al centro: «Es como para que Tiger diga: "A tomar por saco", y deje la universidad —dijo—. Todo el mundo lo entendería. [La NCAA y Stanford] Han ido demasiado lejos. Lo irónico de todo esto es que a Tiger le gusta Stanford de verdad y quiere seguir con sus estudios».

«Podría sacar por lo menos veinticinco millones de dólares [en contratos de patrocinio] —continuó Earl—. Tiger no necesita a la NCAA ni necesita a Stanford. Le iría infinitamente mejor sin ellos. Para mí esto es acoso. El chaval quiere cumplir las reglas, pero a veces es incapaz de comprenderlas.»

Una vez más, un asunto que, de otra manera, hubiera permanecido en el ámbito privado se volvía público a causa de la intervención de sus padres y del interés mediático que despertaba. El 20 de octubre de 1995, un día después de que Kultida hablara con Strege sobre la cena con Arnold Palmer, apareció en el *Orange County Register* el siguiente titular: «La NCAA podría abrir una brecha en la carrera universitaria de Woods». Otros medios se hicieron eco de la noticia inmediatamente. Cuando se publicó el artículo, Tiger estaba en El Paso, a punto de desempatar y ganar en el Savane College All-America Golf Classic. Cuando un reportero le preguntó si la investigación de la NCAA podría hacerle dejar la universidad antes de tiempo, mandó un mensaje bastante sutil:

—No creo, pero nunca se sabe. Estoy un poco cansado de esto.

Estaba más que cansado; estaba hasta las narices de que le amenazaran con no jugar por algo tan inocente como cenar con Arnold Palmer. Una vez hubo manifestado su descontento, Stanford y la NCAA no tardaron en recular.

—Todo aclarado —le contó Goodman al *Register*—. No va a haber suspensión.

Una de las cosas que más le gustaban a Tiger de Stanford era que le permitía alejarse de la gente y practicar el golf en solitario. El centro le dejaba hacer uso de una moderna sala de pesas y nunca tenía que pelearse por el campo de prácticas. Pasaba más horas entrenando que el resto del equipo junto. Además, si necesitaba a Butch Harmon solo tenía que llamarle. Un día que estaba teniendo problemas para controlar un golpe nuevo que quería añadir a su repertorio, llamó a Harmon para contarle su frustración y pedirle consejo.

Harmon se rio. «Estás en Stanford —le dijo—. ¿Qué haces dándole a la puñetera bola en el campo de prácticas? Tendrías que estar por ahí calzándote a alguna chica, joder.»

A Tiger se le daban bien muchas cosas —los videojuegos, recitar frases de *Los Simpson*, las matemáticas—, pero relacionarse con las chicas no era una de ellas. Tras poner fin a la relación con la única chica con la que había estado, no había conocido a nadie más. Aquel joven, tan seguro de sí mismo en el campo de golf, bailaba fatal, era pésimo conversando y era un desastre con las mujeres.

Tiger no hablaba demasiado del tema con Butch Harmon, pero durante su segundo año se sinceró con Jaime Diaz. Se conocían desde hacía casi siete años y tenían la confianza suficiente para que Tiger pudiera abrirse:

—No hay manera de mojar el churro —le dijo a Diaz.

Su naturalidad al pronunciar aquellas palabras resultó chocante: «Siempre utilizaba ese lenguaje —recordó Diaz—. Trataba de compensar su nula relación con las mujeres, el hecho de no resultarles atractivo. Bromeaba con ello».

Diaz había tratado lo suficiente con Earl para darse cuenta de que Tiger empezaba a hablar como él. «Tenía exactamente la misma actitud machista que Earl —explicó Diaz—. Te tiras a todas las que puedes y luego las dejas.»

Tiger le comentó a Diaz en varias ocasiones que su creciente fama le estaba exponiendo a cada vez más mujeres. Allá donde iba —torneos, restaurantes, aeropuertos—, las había que, si no buscaban sexo, por lo menos querían acercársele. Universitarias, novias de rivales, mujeres casadas… de todo. Querían una foto con él. Querían su autógrafo. Querían aunque fuera rozarle para poder decir que habían tocado a Tiger Woods. Cuando entraba en un club de campo, la mujer más atractiva de la sala —la de las uñas pintadas de rojo, la cadena y la pulsera de oro y el anillo de diamantes— no le quitaba ojo. No había ningún otro golfista de su edad que despertara tanto interés en ellas.

—No tengo ni que esforzarme —le dijo Tiger a Diaz—. No necesito dármelas de nada.

—Tú ándate con cuidado —le advirtió Diaz con ironía.

—Tranquilo —respondió Tiger—, me pondré dos gomitas.

Diaz no era ningún mojigato, pero le llamaba la atención la manera que Tiger tenía de hablar de las mujeres y de su virilidad. «Solo hablaba de meterla y demostrar lo hombre que era —recordó—. Pero no hacía nada, solo hablaba de ello. Sabía que le acabaría llegando.»

Un día de enero de 1996, Earl Woods estaba sentado en su vieja silla, en el estrecho salón de su casa, cansado e intentando ingeniárselas para llegar a fin de mes. Con un lápiz dibujó dos columnas en un papel: una con un listado de los torneos en los que Tiger debía participar ese año y otra con un cálculo aproximado del coste del viaje y demás gastos:

Final del NCAA (Chattanooga, Tennessee)	1.710 $
US Open (Detroit, Míchigan)	2.480 $
Northeast Amateur (Rumford, Rhode Island)	1.230 $
Scottish Open (Escocia)	5.850 $
Western Amateur (Benton Harbor, Míchigan)	2.970 $

La lista seguía. Según los cálculos de Earl, había más de diez torneos importantes, y dependía de él apañárselas para conseguir el dinero. Otro año en Stanford suponía otro año de campaña, de intentar sacar dinero de los clubes de campo para poder seguir financiando la carrera amateur de su hijo. Todo sería mucho más fácil si Tiger se hiciera profesional. En cuanto eso sucediera, se forrarían: premios del PGA Tour, contratos de patrocinio, acuerdos de licencia... ¿Qué se sentiría al conducir un coche nuevo, volar en primera clase o no tener que preocuparse del pago de la hipoteca, las facturas y los *green fees*? Y eso no era todo: por fin tendrían dinero suficiente para comprarle una casa a Kultida. Las discusiones diarias en la casa de Teakwood Street terminarían. Él podría llevar la vida que quisiera y Kultida podría vivir cómodamente en otra parte. Los gastos básicos dejarían de ser un problema. Podría incluso tener un sueldo de seis cifras trabajando para su hijo. Las posibilidades eran infinitas.

Earl llevaba tiempo insistiendo en que el dinero no era un factor que influyera en la decisión de Tiger. «No hay expectativas y, por consiguiente, no hay ningún tipo de presión para que se haga profesional —le dijo al *Los Angeles Times* en 1992—. No se le apremia ni por el dinero ni para que mantenga a su padre. Yo tengo la vida solucionada.»

Sin embargo, a sus sesenta y tres años, Earl ansiaba conseguir lo único que siempre había estado fuera de su alcance: estabilidad económica. Necesitaba ayuda, así que descolgó el teléfono y llamó a John Merchant.

Merchant tenía sus propios problemas. El 24 de enero de 1996, el estado de Connecticut determinó que había violado las leyes estatales al utilizar su cargo para obtener beneficios económicos y que había actuado de manera inapropiada al asistir en horario de servicio a torneos de golf que tenían lugar en otro estado en calidad de miembro del comité de la USGA. Se enfrentaba al pago de una multa civil de 1.000 $ y se le había dado orden de cese y desista como advertencia para que dejara de infringir el código deontológico. El caso saltó a las portadas de la prensa de Connecticut. Insistiendo en que su único error había sido no rellenar un formulario especificando que todas las horas que estaba trabajando para la USGA pertenecían a sus vacaciones, pagó la multa y le dijo a la comisión: «¡A tomar por culo!».

Pero había asuntos aún más serios: en el transcurso de la investigación llevada a cabo por la Oficina de Ética Estatal, Merchant reconoció haber utilizado un ordenador del Gobierno para asuntos relacionados con el golf. Concretamente, declaró haber redactado cartas en su labor como «organizador de un clinic de golf con el campeón del US Amateur Tiger Woods». Aquella confesión hizo que los investigadores exigieran los archivos del ordenador de Merchant.

Con todo y con eso, Merchant decidió ayudar a Earl a conseguir dinero para el calendario de torneos de Tiger de aquel año. Bajo el lema «Por Tiger, lo que haga falta», Merchant se puso manos a la obra. Al cabo de unos días llamó a Earl para informarle de que tenía un donante: alguien a quien Merchant describió como «un buen amigo» al que conocía «de toda la vida» se había ofrecido a financiar el que sin duda consideraba que sería el último año como amateur de la carrera golfística de Tiger. La persona en cuestión estaba familiarizada con el reglamento de la NCAA, que prohibía realizar pagos a los estudiantes deportistas, pero también sabía que la familia de Tiger no contaba con los medios necesarios para hacer frente a los gastos derivados de los viajes durante una temporada de torneos. Ayudaría a Tiger con una condición: su nombre debía quedar fuera de la transacción. Nadie excepto Merchant debía saber que le había dado ese dinero. Ni siquiera el propio Tiger.

—Pues eso —le dijo Merchant a Earl—, que necesito que me mandes el presupuesto para este año.

A principios de febrero, Merchant recibió por correo postal la siguiente carta manuscrita:

28 de enero de 1996

John:

Te adjunto el calendario de Tiger de 1996 y un presupuesto aproximado y proyectado de los gastos. He estimado el alojamiento en hoteles en 90 $ por noche. Espero que recibas esta carta a tiempo y que te sirva.

Tengo que hablar contigo de muchas cosas, así que, si tienes tiempo, llámame.

Atentamente, tu amigo (o eso creo):

Earl

Además de la carta, en el sobre había un documento titulado «PRESUPUESTO DE GASTOS 1996». Era un listado con los once torneos en los que Tiger debía participar, junto con las fechas, el lugar de celebración y los gastos de inscripción, vuelos, hoteles y comidas asociados a cada uno. El total ascendía a 27.170 $.

Merchant le envió el presupuesto a su contacto. A las pocas semanas, la transacción había finalizado. «Me encargué de que mi amigo me diera el dinero —dijo Merchant— y se lo mandé a Earl. Y Tiger participó en esos torneos.»

La USGA prefería mantenerse al margen del asunto de Merchant y sus relaciones financieras con la familia Woods, pero no podía seguir ignorando la polémica que giraba en torno a él en Connecticut. La cosa estaba tan revuelta que incluso el gobernador John Rowland había tomado parte y escrito una carta —que acabó haciéndose pública— en la que acusaba a Merchant de violar flagrantemente la confianza pública y amenazaba con iniciar acciones penales. La causa de muchos de los problemas de Merchant era su relación con Earl y Tiger, pero esa relación significaba para él más que nada en el mundo. Se había convertido por decisión propia en el hombre de confianza de Earl para todos los temas legales y financieros. Tiger estaba en la cima del golf amateur y él estaba encantado de ser el principal consejero y quien solucionaba todos los problemas de la familia Woods. Era un acuerdo que alimentaba su ego y le hacía sentir intocable. Por eso mismo, cuando el gobernador se subió al carro de las peticiones para que renunciara a su cargo en la Oficina del Consumidor estatal, Merchant adoptó un tono más desafiante. «Ningún cabronazo me dice lo que tengo que hacer —espetó Merchant al recordar aquel momento en 2015—. Puedes discutir el tema conmigo, pero no me vengas dando órdenes.»

Al percatarse de la situación en Connecticut, la USGA decidió que no le interesaba ese tipo de batalla campal con Merchant. Con la esperanza de no tener que echar al primer y único miembro negro de su comité ejecutivo, la Asociación optó por alejarlo apoyando la creación de la fundación National Minority Golf. Merchant fue nombrado director ejecutivo.

A Earl le gustaba la idea de que Merchant fuera el encargado de impulsar el golf entre las minorías. Le pareció que juntos podrían conseguir grandes cosas. Sin embargo, en febrero de 1996, justo después de que Merchant consiguiera el dinero para Tiger, Earl tenía la cabeza en otro sitio. Una vez más, llamó a su amigo y consejero:

—Mira —le dijo—, no sé lo que va a hacer Tiger. Pero en caso de que decida hacerse profesional, lo quiero todo en su sitio.

Aquellas últimas seis palabras, «lo quiero todo en su sitio», eran la señal de que Merchant ya no tenía que preocuparse ni por el estado de Connecticut ni por la USGA ni por nada. Estaba a punto de convertirse en el abogado particular de Tiger Woods. Hasta que ese momento llegara, accedió a ser el abogado de Earl y prepararlo todo para cuando Tiger diera el salto. Se daba por hecho que Earl no disponía de dinero para darle un anticipo a Merchant. Quedaron en que le compensaría más adelante, cuando Tiger entrara en el PGA Tour. Hasta entonces, había mucho por hacer: Tiger tenía que firmar con un agente y él tenía que buscar un asesor financiero y un abogado que le ayudara con la planificación patrimonial. Habría que negociar acuerdos de patrocinio, firmar contratos y comprar una casa. Bueno, dos casas: una para Tiger y una para Kultida.

A Earl se le hacía un mundo pensar en todo eso, así que gestionarlo él mismo quedaba descartado. Además, no era un experto en temas financieros ni legales y habría sido incapaz de guiar a Tiger durante el proceso. Una de las cosas que más le preocupaban era que el agente deportivo Hughes Norton se aprovechara de su hijo. Norton estaba acostumbrado a negociar contratos multimillonarios y llevaba años intentando cortejar a Tiger enérgicamente a través de su padre. Earl nunca le había hablado a Merchant de las decenas de miles de dólares que Norton e IMG le habían estado pagando para que les hiciera de «cazatalentos», pero le hizo saber quién sería el agente de Tiger llegado el momento:

—Primero tendrás que hablar con Hughes —le dijo—. Empieza por él.

Merchant llamó a Norton para quedar con él en persona. El agente no le conocía, pero él le explicó que era el abogado de Earl y que estaba ayudando a Tiger con la transición. Fijaron una reunión. Antes de colgar, Merchant tenía una pregunta:

—Por curiosidad, Hughes, ¿qué porcentaje te llevas por alguien de la talla de Tiger?

Norton era lo suficientemente inteligente para adivinar que Merchant era nuevo en el negocio.

—Normalmente la comisión es de un veinticinco por ciento —dijo.

—Pues no hace falta ni que quedemos.

—¿Cómo? ¿Por qué?

—Te voy a decir una cosa —dijo Merchant—: tú no me conoces y yo no te conozco a ti. Pero seguro que sabes que Lincoln ya liberó a los esclavos. No pienso dejar que tú esclavices a Tiger con esa comisión tan surrealista.

—Bueno —preguntó Norton—, ¿y qué tenías tú en mente?

—La verdad es que ni me lo había planteado —dijo Merchant—, pero algo así como un cinco por ciento.

Cuando terminaron con el tira y afloja, IMG había aceptado cobrar algo menos del veinte por ciento, el porcentaje estándar que se lleva un agente en ese tipo de acuerdos de patrocinio. Así de turbulento fue el inicio de la relación entre los hombres a los que Earl había escogido como agente y abogado de Tiger. Todo iba según lo previsto.

Cuando en la primavera de 1996 Tiger llegó al campeonato de golf de la NCAA, que se celebró en el Club Honors Course, a las afueras de Chattanooga, ya sabía que había ganado el premio Jack Nicklaus al Jugador Nacional del Año por ser el mejor golfista universitario del país. Su presencia eclipsó por completo al favorito, el equipo de la Arizona State University, con su presuntuoso grupito de jugadores bronceados y aficionados a los puros. Se habían vendido nada menos que quince mil entradas, y la NCAA había entregado doscientas veinticinco acreditaciones de prensa, superando con creces la cifra récord del año anterior (ochenta), cuando Tiger estaba en primer curso. El público y la prensa estaban allí por un motivo, y no era por ver al equipo de Arizona.

Tiger no defraudó. Ganó sin dificultad el campeonato individual de la NCAA, convirtiéndose en el primer golfista de Stanford en conseguirlo en más de cincuenta años. Fue el colofón perfecto para una temporada extraordinaria en la cual:

• Ganó el Pac-10 Championship con una tarjeta récord de once bajo par (61) en la primera vuelta.
• Ganó el NCAA West Regional.
• Batió el récord del campo para una vuelta en los NCAA Championships con cinco bajo par (67) en la segunda, terminando el torneo con tres bajo par.
• Terminó la temporada con la puntuación media más baja del golf universitario y se colocó en primera posición en los rankings individuales Rolex/Nicklaus.

Por mucho que le gustara vivir en la burbuja que era Palo Alto, Tiger se dio cuenta de que, en lo que respectaba al golf, no le quedaba nada por demostrar permaneciendo en la universidad. Era de lejos el mejor jugador universitario del país. A pesar de que le quedaban dos años para terminar su grado en Economía, sabía que le estaba esperando una fortuna que despertaría la envidia de cualquier director ejecutivo de Silicon Valley. No quería que la prensa supiera lo que le rondaba la cabeza, pero de eso ya se encargaba su padre.

«Ya sé que esto vende muchos periódicos y revistas —contó Earl a *Sports Illustrated* más o menos cuando se celebraron los NCAA Championships—, pero la decisión no la voy a tomar yo. Eso es cosa de Tiger. Pero [si decide hacerse profesional] me lo va a tener que justificar. Le voy a dar mucha caña. Llevo seis meses ensayando mi discurso. Trataremos todos los motivos, justificaciones y dudas. Si después de eso sigue queriendo dar el salto, contará con todo mi apoyo.»

Obviamente, Earl estaba haciendo lo que mejor se le daba: soltar su habitual sarta de patrañas. La decisión hacía tiempo que se había tomado, y él estaba la mar de aliviado y encantado de que su hijo se hiciera profesional. Uno de los temas que más le preocupaban a Tiger era el de cómo ayudar a sus padres, y acudió a John Merchant en busca de respuestas.

«Le sugerí cuánto debía pagarle a su madre y cuánto a su padre —dijo el abogado—. Para ella, seis cifras y una tarjeta de crédito sin límite. Su padre creo que debía de llevarse el doble. Si Kultida cobraba 100.000 $, Earl cobraba 200.000 $.»

De niño, Jim Riswold era un gran aficionado a los deportes. Creció coleccionando tarjetas de béisbol. Para él, lo más interesante de esas tarjetas no era la fotografía de la parte delantera o las estadísticas de la trasera; era el dibujito que había en la parte de atrás. Era gracias a eso que uno podía conocer datos de la vida de los jugadores. Ted Williams, por ejemplo, fue piloto de caza y sirvió en dos guerras. Más adelante, Riswold aprendió que la condición de piloto de Williams era lo que en el ámbito publicitario se conoce como su «proposición única de venta», lo que le hacía diferente de otros jugadores de béisbol.

Al terminar la universidad, Riswold empezó a trabajar en Wieden+Kennedy, una agencia de publicidad de Portland, Oregón. Era una empresa pequeña —Riswold era su octavo empleado—, pero uno de sus clientes era Nike. No tardaron en poner a Riswold a trabajar con ellos. Concretamente, le encargaron que creara una campaña publicitaria para las zapatillas deportivas Bo Jackson. Riswold tenía la oportunidad de hacer gala de su don para mezclar la cultura pop con las reglas básicas de la publicidad. Cogió el elemento que hacía único a Bo Jackson —era jugador profesional de dos deportes: fútbol americano y béisbol— y creó el eslogan «Bo Knows» (Bo sabe). En el anuncio aparecía la estrella del béisbol Kirk Gibson diciendo: «Bo sabe de béisbol»; la estrella del fútbol americano Jim Everett diciendo: «Bo sabe de fútbol», y, por último, el legendario músico de blues Bo Diddley diciendo: «Bo, no sabes nada[2]». Aquel anuncio y todas las secuelas a las que dio lugar convirtieron a Bo Jackson en el «deportista más persuasivo de la publicidad televisiva», según un estudio de 1990 realizado por una empresa de investigación publicitaria de Nueva York.

2. Hay un juego de palabras con *diddly* (nada) y Diddley (el apellido del músico). [*N. del T.*]

Phil Knight, fundador y director ejecutivo de Nike, enseguida se dio cuenta de que Riswold era una estrella. En 1992 escribió para su empresa el anuncio «Instant Karma», en el que sonaba ese gran éxito de John Lennon. Luego le encargaron un anuncio con Michael Jordan. Riswold, un consumidor voraz de cine y música, había visto la mítica película *Nola Darling*, en la que actuaba Spike Lee, que también era el director. De ahí sacó la idea de unir a Lee —encarnando a su personaje, Mars Blackmon— y a Michael Jordan en un anuncio. Riswold utilizaría como argumento de fondo el hecho de que, en el filme, Blackmon está tan enamorado de sus Air Jordan que se niega a quitárselas incluso cuando tiene la oportunidad de acostarse con la mujer de sus sueños.

En 1996 Riswold ya era toda una eminencia en el sector publicitario, la persona a la que Nike recurría cuando necesitaba crear una campaña para un deportista estrella. En julio de ese año, recibió una llamada de Joe Moses, un alto ejecutivo de Nike. Moses no se molestó ni en saludarle:

—Ya está listo para hacerse profesional —le dijo a Riswold—. Va a revolucionar el mundo.

Riswold sabía exactamente de quién estaba hablando, y sabía también lo que tenía que hacer: empezar a trabajar en el anuncio de Nike que daría a conocer a Tiger Woods al resto del mundo. Durante las siguientes semanas, Riswold se reunió directamente con Phil Knight y otros representantes de Nike (no muchos, porque era un proyecto bastante confidencial). Desde el principio se decidió que para el anuncio se utilizaría únicamente material de archivo; no se grabaría nada. La responsabilidad de escribirlo recayó en Riswold. Siendo él mismo un jugador de hándicap bajo, no dejaba de darle vueltas al hecho de que el golf generaba poco interés. Era necesario que el anuncio mostrara que Tiger iba a abrir nuevos caminos y a transformar el deporte.

Cada mañana a las seis, Riswold daba un paseo por su urbanización, un área bordeada de árboles en el sureste de Portland. Una mañana de finales de julio se le vino una idea a la cabeza: «¡No soy un negro simbólico! No... eso no —pensó—. Muy poco sutil». Entonces se le ocurrió otro enfoque, y también otra frase. En cuanto Riswold llegó a su casa, lo anotó. Cuando empezó a montar las imágenes que acompañarían a aquellas palabras, supo que tenía algo revolucionario.

Antes de partir hacia Portland, Oregón, para el US Amateur de 1996, Tiger le dijo al entrenador Goodman que estaría de vuelta en Stanford en otoño, pero todo estaba previsto para que diera el salto al profesionalismo justo después del torneo. John Merchant y Hughes Norton habían resuelto sus diferencias y habían acordado una comisión para IMG que le ahorraría a Tiger unos cinco millones de dólares en los primeros acuerdos. IMG estaba negociando con patrocinadores muy importantes. Nike estaba lista para lanzar una campaña publicitaria impresa y televisiva a gran escala. El gigante de las zapatillas y la ropa incluso había dispuesto un avión privado que llevaría a Tiger a Milwaukee para su primer torneo como profesional. Unos pocos periodistas de confianza, entre los cuales se encontraban Jaime Diaz y John Strege, habían sido informados unas semanas antes de que la decisión estaba tomada y de que Tiger daría la noticia justo después del US Amateur. Pero también se los había amenazado con excomulgarlos permanentemente de la Iglesia Woods si largaban una sola palabra sin la autorización de Earl.

«Earl dijo: "No podéis escribir nada hasta que yo os lo permita" —contó Strege años después—. Es decir, que teníamos un bombazo para el mundo del golf en las manos y no podíamos hacer nada con él. La situación era complicadísima.»

Gracias en parte a Kevin Costner, cuando Tiger Woods llegó a mediados de agosto al Pumpkin Ridge Golf Club, al noroeste de Portland, había mucha gente pensando en el golf. *Tin Cup* era número uno en la taquilla estadounidense, y su argumento más bien pobre sobre un genio del golf cuyo brillante futuro se ve truncado por culpa de su naturaleza rebelde y su temperamento contrastaba a la perfección con Woods, cuya imagen impecable llevaba cultivándose minuciosamente desde su infancia. El séquito que acompañó a Tiger al US Amateur parecía evidenciar que no iba a terminar los dos años que le quedaban en Stanford. Además de sus padres, estaban su psicólogo deportivo, el Dr. Jay Brunza; su abogado particular, John Merchant;

su futuro agente, Hughes Norton, y su entrenador de *swing*, Butch Harmon. Los directores ejecutivos de las empresas que se acabarían asociando con Tiger también estaban presentes: Phil Knight, de Nike y Wally Uihlein, de Titleist. A pesar de la escena, un titular del *New York Times* seguía planteándose: «La pregunta para Woods: ¿Ha llegado el momento de hacerte profesional?».

Tiger tenía muy claro lo que le esperaba: a finales de semana sería golfista profesional y multimillonario. Pero faltaba un asunto por zanjar. Nadie hasta la fecha había ganado tres US Amateur consecutivos. Bobby Jones, considerado el mejor amateur de todos los tiempos, había conseguido ganar dos seguidos en dos ocasiones distintas, pero nunca tres. Tiger quería coronar su carrera amateur superando a Jones y llegando donde nadie había llegado. No le parecía que hubiera mejor manera de cerrar ese capítulo de su vida antes de pasar al siguiente.

Durante las primeras vueltas del torneo, Tiger lo tuvo más difícil para esquivar las preguntas sobre su futuro que para batir a sus contrincantes. En la tercera jornada del *match play* en el Pumpkin Ridge, Carol Lin, corresponsal de *ABC World News Tonight*, le acorraló, pero él no estaba de humor para hablar de su futuro.

—Me gusta ir a la universidad —le contó Tiger a Lin, esgrimiendo la misma explicación de siempre—, pero, por desgracia, eso no es lo que el público quiere oír. Y tampoco es lo que queréis oír la gente de los medios.

—¿Y qué crees tú que queremos oír? —dijo ella.

—Queréis que diga que me voy a hacer profesional mañana. Pero eso no es lo que importa. Lo que importa es mi felicidad.

Aquella tarde, Tiger se enfrentó a una cara conocida en la semifinal: Joel Kribel, un compañero de equipo en Stanford. Aquel año habían compartido habitación en algunos viajes y Kribel consideraba a Tiger un amigo. Pero Tiger no creía en la amistad durante la competición. Le derrotó sin apenas dirigirle la palabra y pasó a la final.

A Phil Knight, que llevaba unas gafas de sol negras y un sombrero blanco con un pañuelo azul en el que podía leerse «NIKE», le gustaba lo que estaba viendo. Mientras recorría la calle, Carol Lin le alcanzó e insistió en el tema de si Tiger se haría profesional.

—¿Qué pierde por quedarse en la universidad? —preguntó Lin.
Knight sonrió.
—Millones de dólares.

Todo estaba listo para la final. El contrincante de Tiger era Steve Scott, una estrella emergente de diecinueve años a punto de empezar su segundo año en la University of Florida. Tiger no sabía gran cosa sobre él. El año anterior, Scott había llegado a cuartos de final en el US Amateur de Newport, y había terminado entre los diez primeros en los NCAA Championships de junio.

Pero lo que más llamaba la atención de Scott era su *caddie* de diecinueve años, Kristi Hommel, una rubia atlética de pelo largo recogido en una coleta. Hommel era miembro del equipo de golf del Florida Southern College, y había empezado a salir con Scott el mismo día de conocerlo en un aparcamiento del instituto después de practicar. Mientras Scott iba superando las cinco primeras vueltas del *match play* en el Pumpkin Ridge, Hommel se había convertido en la favorita del torneo. Todo el mundo, desde el equipo de televisión de NBC hasta los aficionados, estaba embobado con su manera de llevar la bolsa, de animar a su novio y con su deportividad ejemplar hacia los oponentes de Scott.

No obstante, todo ese buen rollo se esfumó de repente al llegar Tiger al *tee* del 1 el domingo por la mañana. Doce filas de personas le observaban. Las calles estaban hasta los topes. El público en el campo Witch Hollow alcanzaba ya las quince mil personas.

—Toda esta gente —dijo Kultida— está aquí para ver a mi Tiger.

Aquello parecía más una coronación que un torneo de golf.

Sintiendo de repente que eran dos personas contra el resto del mundo, Hommel miró a su novio a los ojos y le dijo que confiaba en él. Scott consiguió embocar seis *birdies* en la vuelta matutina.

Cada vez que Tiger pegaba un buen golpe, Scott le decía: «Buen tiro».

Tiger, sin siquiera mirarle, se limitaba a decir: «Gracias». Cuando era Scott quien realizaba un buen tiro, Tiger no decía nada. Ni siquiera un gesto con la cabeza.

«No le dijo a Scott que había pegado un buen tiro ni una sola vez en toda la ronda —recordó Hommel—. Bueno, qué más da. Era... ¿cómo lo llamaba su padre? Un asesino cualificado.»

Al terminar la primera mitad de la final a treinta y seis hoyos, Tiger estaba que echaba humo. Iba cinco golpes por detrás de Scott. El público estaba sin habla. NBC no se lo podía creer. Los periodistas de golf no entendían nada. Tiger había ganado treinta *match plays* consecutivos antes del US Amateur, pero, de repente, parecía que podía perder ese.

Durante la pausa televisiva de noventa minutos previa al inicio de la vuelta final, Tiger se mortificó. Cuando por fin logró tranquilizarse, le pidió consejo a Harmon, que hizo un par de retoques en su postura, y a Brunza, que le ayudó a concentrarse.

Durante ese tiempo, Scott y Hommel fueron de compras a la carpa de *merchandising* como dos tortolitos y se llevaron un par de camisetas y gorras como recuerdo de aquella semana. A diferencia de Woods, Scott no sintió la necesidad de practicar durante esa pausa. Su fórmula estaba dando resultado y no tenía ninguna intención de cambiarla. A pesar de ello, sabía que Tiger se vendría arriba, solo que no tenía ni idea de cuándo.

Por la tarde, Tiger se había cambiado de ropa: llevaba zapatillas blancas, pantalones plisados marrones, un polo rojo sangre y una gorra negra. En los cinco primeros hoyos, logró ponerse a tres golpes de Scott. A mitad de la vuelta, su rival iba solo uno arriba.

Scott, que sentía que si no hacía algo acabarían aplastándolo, se lució de manera espectacular en el siguiente hoyo, un par 3 de 177 metros. La pelota estaba colocada en un *rough* de hierba muy alta del *green,* y le dio un suave golpecito pendiente abajo que acabó embocándola. El público se puso en pie mientras Scott daba saltos con el puño en alto. Volvía a ganar de dos.

Pero no por mucho tiempo. En el siguiente hoyo, Woods pegó un *putt* que nadie vio venir y consiguió un *eagle* con una caída de casi once metros que, tras el subsiguiente *birdie* de Scott, volvió a dejarle a un golpe de distancia e hizo enloquecer al público. Estaba a punto de hacer historia y todo el mundo quería ser testigo: la muchedumbre, NBC, Nike, IMG.

«Tiger Woods era una máquina del golf, no un golfista —dijo Hommel—. Éramos solo nosotros dos contra esa máquina.»

El hoyo 16 del campo Witch Hollow del Pumpkin Ridge es un par 4 de 395 metros. El tercer golpe de Scott, pegado desde un búnker del *green*, colocó la bola a tres metros del hoyo. En ese momento, Woods iba dos abajo a falta de tres hoyos. Tras comerle casi cincuenta metros a Scott, efectuó un *approach* con efecto y mandó la bola a menos de dos metros del agujero, justo en la trayectoria del *putt* de su rival. Tiger marcó su posición con la moneda y recogió la pelota. Scott le preguntó si podía mover la marca, y él lo hizo, permitiendo a su contrincante embocar un *putt* de par. Woods estaba obligado a meter su bola desde metro ochenta para ganar el hoyo.

Cuando Scott salía del *green*, vio por el rabillo del ojo dónde estaba recolocando Woods la bola. Al parecer, se había despistado, cosa poco habitual en él, y había olvidado que había movido su marca. Estaba a punto de patear desde la posición equivocada y, en esa modalidad, eso le haría perder automáticamente el hoyo.

Woods iba a cometer un error garrafal, pero Scott pronunció diez palabras que hubieran hecho que los antepasados escoceses del juego se sintieran orgullosos: «Oye, Tiger, ¿la has vuelto a poner en su sitio?».

Woods se detuvo inmediatamente, se enderezó y colocó la bola en el lugar correcto. Luego embocó el *putt* y se quedó a un golpe de Scott con dos hoyos por jugar. Fue un momento que cambió la historia. Si Scott no hubiera dicho nada y hubiese dejado que Tiger pateara desde el lugar equivocado, el 96.º US Amateur habría terminado en ese mismo momento y con un resultado distinto, porque Scott se habría colocado tres arriba con solo dos hoyos por jugar. Pero Steve no quería ganar por un fallo. Quería ganar con sus palos.

Tiger se alejó del hoyo sin hacerle ningún comentario. Ni siquiera le dio las gracias.

A Scott y Hommel les pareció frío e insensible por su parte, pero Woods no estaba ahí para jugar de buen rollo ni para hacer amigos.

Su enfoque mental era lo que le hacía estar completamente seguro de que ganaría a Scott, y esa manera de jugar había empezado a hacer mella en la seguridad de su contrincante. Después de que Tiger consiguiera un *putt* para *birdie* en el 17, terminaron la segunda vuelta de dieciocho hoyos empatados y fueron a muerte súbita, momento en el que Scott finalmente se vino abajo. En el segundo hoyo del desempate, Tiger observó cómo Scott pegaba un *putt* para par desde dos metros y medio que se quedó al borde del hoyo. Mientras Hommel luchaba por contener las lágrimas, Tiger le dio un golpecito a la bola y la embocó, llevándose a casa su tercer US Amateur consecutivo. Alzó el puño en gesto triunfal y enseguida sintió a su madre dándole abrazos y besos. El abrazo duró solo tres segundos. Luego le llegó el turno a Earl, que estaba llorando. Mientras las cámaras ampliaban la imagen, Tiger se fundió en un abrazo con su padre que duró treinta y dos segundos, lo que en televisión equivale a una eternidad. Kultida rodeó literalmente a su marido y a su hijo mientras el micrófono de la NBC captaba los sollozos y gimoteos de Earl.

Steve Scott esperó pacientemente su turno para felicitarle. Por fin, Tiger le dio la mano fugazmente justo antes de que Roger Maltbie, de la NBC, se interpusiera micrófono en mano entre ambos.

—Tiger, has hecho historia en el mundo del golf —dijo—. Ha sido un duelo muy complicado.

—Ya lo creo. Por la mañana he empezado fatal. No había manera. Y esta tarde sabía lo que tenía que hacer porque ya he pasado por esto antes. Es cuestión de salir ahí y lograrlo. No he conseguido meter ningún *putt* hasta casi el final, que es cuando supongo que los necesitaba de verdad. Ha estado reñidísimo todo el día.

Luego Maltbie se dirigió a Scott, que elogió a Tiger por su victoria. Durante el tiempo que estuvo hablando, Tiger apenas le miró y no hizo ni un amago de sonrisa.

Durante la entrega de premios, Tiger dio las gracias a la gente de Portland, pero ni una palabra de reconocimiento para Scott. Todo era yo, yo y nada más que yo. Puede que su cabeza estuviera en otro sitio. Después de todo, acababa de hacer historia al ganar su tercer US Amateur consecutivo.

Pero no tenía tiempo para saborear la victoria. Maltbie, al igual que todos los demás, estaba ya mirando hacia el futuro:

—Bueno, Tiger —dijo— la pregunta es obligada: ¿Qué papel juega esta victoria en tu decisión entre hacerte profesional o seguir en la universidad?

—La verdad es que ahora mismo no lo sé —respondió—. Solo sé una cosa: esta noche pienso celebrarlo por todo lo alto.

Tiger llamó a su entrenador, Wally Goodman, a su casa en Palo Alto. Apenas le había saludado cuando Goodman le interrumpió.

—Tiger, ya sé por qué llamas —dijo—. No hace falta que sigas.

Y Woods no lo hizo. Aunque no llegó a pronunciarse, el mensaje estaba claro: sus días en el Stanford habían terminado.

—Buena suerte —dijo Goodman.

—Gracias, entrenador —respondió Tiger—. Ya nos veremos.

Siguiendo en su línea de despedidas repentinas, Tiger no informó al capitán de su equipo, Eri Crum. «Es lo único que no me gusta de Tiger —dijo Crum—. Desapareció. No se dignó ni a decir "Eh, chicos, voy a hacer tal cosa. Un placer haber estado con vosotros. Buena suerte". Simplemente se fue y siguió con su vida.»

A Crum le caía bien Tiger, y dijo que era un buen compañero de equipo, pero que casi siempre estaba muy distante. «Todos queríamos ser amigos suyos porque admirábamos su habilidad con el golf —dijo Crum—, pero nunca existió una amistad profunda, así que sencillamente no vio la necesidad de despedirse. No se dejaba conocer. Si no llega a ser tan bueno, no se le consideraría un gran amigo.»

La falta de sentimentalismo y de conexión personal en Tiger le venía por parte de madre. «Soy una persona muy solitaria, y Tiger es igual —dijo Kultida—. No perdemos el tiempo con gente que no nos cae bien. No tengo demasiados amigos íntimos. Nunca los he tenido. Soy independiente y decidida. Es la manera de sobrevivir.» Kultida llevó esa actitud al campo de golf. Aconsejaba a su hijo que «matara» a sus oponentes y les «arrancara el corazón». Y las emocionantes remontadas de Tiger contra Ryan Armour, Trip Kuehne y Steve Scott parecieron acabar con las aspiraciones de los tres con respecto al

PGA. Por muy bien que jugaran —y los tres lo daban todo y tenían un talento digno de mención—, ninguno de ellos llegó a nada en el PGA Tour.

Steve Scott consiguió que le otorgaran el reconocimiento de golfista All-America en tres ocasiones en la University of Florida. En 1999 fue nombrado mejor golfista amateur del país. Ese mismo año se hizo profesional y se casó con Kristi Hommel. La boda se celebró en el *green* del 18 del TPC de Eagle Race, un club de golf privado de su ciudad, Coral Springs, en Florida. Ambos lloraron al intercambiar los votos. Scott declaró que casarse con Hommel había sido la decisión más acertada de su vida.

Cinco años después, tomó otra gran decisión: alejarse de la rutina de los circuitos estadounidense y canadiense y centrarse en sus dos hijos. Se pasó a la enseñanza y acabó convirtiéndose en el profesional del PGA del Paramount Country Club, situado a unos pocos kilómetros de Nueva York. En 2017, él y Kristi celebraron dieciocho años de casados.

La relación de Scott con Hommel se cimentó durante el duelo épico contra Tiger. En 2016, en el vigésimo aniversario del US Amateur de 1996, llevaron a sus hijos al Pumpkin Ridge para enseñarles ese lugar tan especial. Los cuatro se hicieron una foto en el hoyo 10, en el que Scott realizó su famoso chip alto.

Como parte de la visita, GOLF Films grabó un documental para conmemorar el duelo entre Woods y Scott. Fue entonces cuando, por fin, Woods reconoció que había olvidado devolver la marca a su posición original y elogió a Scott por su deportividad. «Que hiciera algo así es increíble», dijo Tiger en el vídeo. Después de veinte años, los Scott agradecieron el reconocimiento, pero ya hacía tiempo que habían superado el desaire.

«El equipo Scott nació en el US Amateur del Pumpkin Ridge —dijo Scott—. Tenemos una vida maravillosa. Creo que soy la prueba viviente de que, aunque uno no gane en el campo, puede ganar en la vida.»

Ryan Armour también tuvo que acostumbrarse a no ganar. Tras su dolorosa derrota frente a Tiger en el US Junior Amateur de 1993, pasó veinte años participando en varios torneos profesionales, pero no ganó una prueba del Tour hasta octubre de 2017, cuando se llevó la victoria en el Sanderson Farms Championship de Jackson, Misisipi.

Pero a nadie le cambió tanto la vida su derrota amateur como a Kuehne. Aunque desde bien pequeño le habían preparado para ser una estrella, tras hacer un poco de introspección llegó a la conclusión de que no había nacido para ganar a nivel profesional. Le encantaba el golf, pero decidió no dedicarle su vida. En lugar de ello, estudió un máster en Administración y Dirección de Empresas en la Oklahoma State University, se enamoró de una chica de un pueblecito de ese mismo estado, se casó, tuvo un hijo y abrió su propio fondo de inversión en Dallas. Tras perder contra Tiger Woods, Kuehne se convirtió en el primer jugador All-America en veinticinco años en no iniciar una carrera golfística profesional al terminar la universidad. Nunca vio los vídeos de su histórico duelo.

Ya se había puesto el sol el día de la histórica tercera victoria consecutiva de Tiger en el US Amateur. La muchedumbre había desaparecido. El Pumpkin Ridge Golf Club parecía una ciudad fantasma. Solo quedaban el personal y los vehículos de televisión cuando Tiger Woods entró en una sala privada de la casa club. Sus padres, Hughes Norton y Butch Harmon marchaban en fila detrás de él. El director ejecutivo de Nike, Phil Knight, los recibió con una sonrisa. Tiger no reconoció a la persona que estaba sentada junto a Knight, un hombre de cuarenta años vestido con un polo y unos tejanos. Tenía una cinta de vídeo en la mano.

—Este es Jim Riswold —dijo Knight—. Ha escrito algunos anuncios para mí.

Tiger se le quedó mirando, ignorando que estaba ante el genio creativo detrás de los anuncios más emblemáticos de Nike. Él mismo había crecido viéndolos y le parecían los mejores de la parrilla televisiva.

—Puede que este sea el mejor de todos —prosiguió Knight.

Sin mediar palabra, Riswold introdujo la cinta en un reproductor de vídeo y le dio al botón de *play*. De repente, Tiger se vio en la televisión, caminando a cámara lenta por el Pumpkin Ridge con el *driver* en la mano y rodeado de gente. Las palabras «*Hello world*» aparecieron mientras de fondo se oía un coro y un suave tamborileo. Era una experiencia sensorial muy potente que ponía los pelos de punta y provocaba un subidón de adrenalina. A continuación, aparecieron una serie de fotografías en blanco y negro y vídeos con efecto granulado de la carrera infantil y amateur de Tiger. No se pronunciaba ni una palabra en todo el anuncio, solo podía leerse el texto que Riswold había escrito y superpuesto hábilmente en las imágenes:

> Bajé de 80 golpes con 2 años.
> Bajé de 70 golpes con 12 años.
> Gané el US Junior Amateur con 15 años.
> Hola, mundo.
> Jugué en el Nissan Open con 16 años.
> Hola, mundo.
> Gané el US Amateur con 18 años.
> Jugué en el Masters con 19 años.
> Soy el único hombre que ha ganado tres US Amateur consecutivos.
> Hola, mundo.
> Todavía hay campos de los EE. UU. en los que no se me permite jugar por el color de mi piel.
> Hola, mundo.
> Dicen que no estoy preparado para ti.
> ¿Estás preparado para mí?

Justo antes del fundido en negro aparecían el eslogan «*Just do it*» y el logo de Nike en rojo. El anuncio duraba cincuenta y siete segundos.

Tiger se quedó mirando fijamente y en silencio la pantalla negra mientras sus padres y todos los demás le miraban a él. Había mucho que digerir. En el instituto, los compañeros lo veían como un empollón. Los jugadores de fútbol americano no le consideraban un deportista. Las chicas ni siquiera creían que el golf fuera un deporte. A ojos de los demás, no era un deportista; era un gallina por jugar al golf. ¿Qué pensarían ahora? Con veinte años estaba a punto de entrar a formar parte de un exclusivísimo club de jugadores con sus propios anuncios de Nike: Michael Jordan, Charles Barkley, Bo Jackson y Andre Agassi. En emoción y dramatismo, el de Tiger los superaba a todos.

—Joder, ¿puedo verlo otra vez? —dijo Tiger.

Riswold respiró aliviado, rebobinó la cinta y volvió a darle al *play* con orgullo.

Después de que Tiger lo viera por segunda vez, Riswold le explicó que solo faltaba editar la música.

—Hostia puta, es el mejor anuncio de golf que he visto en mi vida —comentó Harmon.

Tiger estaba muy motivado y listo para su futuro, y el avión privado de Phil Knight estaba listo para llevarle hasta él.

CAPÍTULO DIEZ
HOLA, MUNDO

Nike tenía pensado emitir el anuncio «Hola, mundo» en la CBS y la ESPN durante el que iba a ser el primer torneo de golf como profesional de Tiger, el Greater Milwaukee Open. Tiger estaba sentado en una habitación de hotel de Milwaukee, rodeado de bolsas con ropa Nike —camisas, gorras, zapatillas, pantalones de chándal— y de documentos que esperaban su firma. El primero de ellos era el borrador de un contrato de prestación de servicios redactado por John Merchant. Designaba a Merchant como abogado de Tiger y le autorizaba a actuar en su nombre. El siguiente, fechado el 26 de agosto de 1996, era una escritura de cambio de domicilio. La residencia oficial de Tiger cambiaba de California (estado cuyo impuesto sobre la renta en 1996 era del 9,3 %) a Florida (un estado en el que no se grava ese impuesto). La nueva dirección era el 9724 de Green Island Cove, en Windermere, una casa de campo de dos dormitorios junto a un campo de golf propiedad de IMG, que pasaba a representarle oficialmente. El director general de la agencia, Mark McCormack, llamó personalmente al PGA de Estados Unidos y dictó unas breves declaraciones anunciando que Tiger Woods daba oficialmente el salto al profesionalismo.

Todo había cambiado en un momento. Tiger ya no tenía que depender de que su padre se encargara de los viajes, los hoteles y los temas económicos. De repente se encontraba rodeado de abogados, agentes y empresas importantísimas que velaban porque lo tuviera todo bajo control. Eran grandes aficionados al golf que se morían de ganas de verle jugar. «El mundo no ha visto nada como lo que él va a aportar al deporte —dijo Phil Knight—. Es prácticamente arte. Yo no estaba vivo para ver pintar a Claude Monet, pero lo estoy para ver jugar a Tiger, y es algo increíble.»

Mientras Tiger se preparaba para su debut como profesional, las cifras definitivas de sus nuevos acuerdos de patrocinio con Nike y Titleist seguían en proceso de negociación. Una mañana, Tiger estaba en su habitación con su padre y Norton entró para darles la noticia. Se había pasado la noche negociando y tenía la oferta final de Nike: cuarenta millones de dólares por cinco años. El mejor acuerdo de patrocinio en el mundo del golf hasta entonces era el de Greg Norman con Reebok, supuestamente de dos millones y medio al año. Norton no podía creerse lo que Nike le estaba ofreciendo a Tiger.

—¡Es más del triple de lo que se lleva Norman! —dijo el agente, orgulloso.

Tiger y Earl se limitaron a mirarle.

—¿Sois conscientes de que eso es más de lo que Nike le paga a cualquiera de los demás deportistas a los que representa, incluido Jordan?

—Uhum —masculló Tiger.

—¿Y ya está? ¿Uhum?

Más silencio.

—A ver, os voy a volver a dar los detalles —dijo Norton.

Tiger escuchó atentamente mientras Norton le detallaba las cifras otra vez: Nike había acordado pagarle seis millones y medio por año durante cinco años, y otros siete millones y medio en el momento de la firma. A cambio, tendría que grabar anuncios, hacerse fotografías, hacer apariciones públicas y vestir ropa y zapatillas con el logotipo de la marca. Además, Nike diseñaría una nueva línea de ropa inspirada en él.

—Bueno, supongo que está bastante bien —dijo Tiger.

Earl no dijo nada, pero no estaba de acuerdo. Le daba igual cuánto dinero recibiera Tiger; nunca le parecería suficiente.

Al día siguiente, Norton volvió con la oferta final de Titleist: veinte millones por cinco años. Tiger utilizaría palos y bolas de esa marca, llevaría sus guantes y llevaría el nombre de la marca estampado en la bolsa. Titleist se ofrecía también a diseñar una línea exclusiva de equipo deportivo Tiger Woods. Tendría que hacer anuncios, sesiones de fotos y apariciones para la empresa.

Tiger hizo que Merchant estudiara a fondo todos aquellos contratos. De repente, sobre el papel, tenía un valor de sesenta millones de dólares.

—Me acabo de hacer rico —le dijo Tiger a Merchant—, pero no tengo ni cinco céntimos en el bolsillo.

Merchant llamó a su banquero de Connecticut y le encargó que le enviara a Tiger por correo urgente una tarjeta de crédito con un límite de veinticinco mil dólares.

Tiger veía a Merchant como la persona que solucionaba todos sus problemas, y Merchant disfrutaba de ese rol, aunque prefería pensar que era alguien que podía ayudar a Tiger a evitar esos problemas antes de que surgieran. Consideraba que la labor de un buen abogado era anticipar posibles contratiempos y aconsejar sobre cómo esquivarlos. En el caso de Tiger, le preocupaba que pudieran aprovecharse de él y, con eso en mente, le advirtió que evitara a dos deportistas en concreto: Greg Norman y Michael Jordan.

—Greg Norman no me merece demasiado respeto como persona. Se aprovechará de ti para seguir en el candelero —le explicó Merchant a Tiger—. Él está en horas bajas y tú estás en lo más alto.

El concepto que Merchant tenía de Jordan era todavía peor:

—Michael sabe jugar al baloncesto tan bien como cualquiera que haya practicado alguna vez ese deporte —le dijo a Tiger—. No vale para nada más. ¡Para nada! Y lleva demasiados años en el ojo público. Así que intentará utilizarte.

Tiger le escuchaba, pero no decía gran cosa. Tuviera o no razón Merchant, mantener las distancias con Norman no le resultaría difícil, pero con Jordan era otra cosa. Había sido su ídolo de adolescencia y ahora el jugador de los Chicago Bulls y él eran los dos mejores deportistas de Nike. Y no era solo que formara parte de la misma élite que Jordan, sino que Phil Knight consideraba que estaban al mismo nivel. Cuando se le preguntó al director de Nike si Tiger podía compararse con Jordan, respondió rotundamente: «Joder, sin la menor duda». Además, poco después de la advertencia de Merchant sobre Jordan, el deportista más famoso del mundo dijo públicamente que Tiger Woods era su «único héroe en el mundo». Era un cumplido bastante difícil de asimilar para alguien de veinte años.

Tiger no estaba seguro de poder evitar a Jordan. Y tampoco de querer hacerlo.

Por ley, Tiger era demasiado joven para beber o alquilar un coche, pero con dos simples garabatos había conseguido sesenta millones antes siquiera de jugar su primera ronda como profesional del golf. Nadie en la historia del deporte estadounidense había acumulado tanto dinero en tan poco tiempo. Estaba dispuesto a cumplir la promesa que le había hecho a Royce, su hermanastra, por hacerle la colada durante los cuatro años en Stanford, así que la llamó desde Milwaukee con dos años de antelación y, cuando descolgó, la hizo entrar en estado de histeria:

—Ve buscándote una casa.

Luego, vestido con un polo verde a rayas, se acercó al podio que había montado en la carpa de prensa del Milwaukee Open. Tras una pausa, dirigió la mirada a los medios comunicación que atestaban el lugar y sonrió. Earl estaba sentado detrás de él en una silla acolchada de respaldo alto.

—Supongo que debería decir: «Hola, mundo» —dijo Tiger sin dejar de sonreír.

La gente de los medios no captó la referencia, y Tiger no se molestó en ponerlos al día. Se enterarían dentro de poco, cuando Nike empezara con el bombardeo publicitario. Tiger leyó unas palabras redactadas previamente en las que rendía homenaje a sus padres, diciéndoles que los quería y alabando todos los sacrificios que habían tenido que hacer para que llegara hasta allí. En un momento así, llamó la atención la ausencia de Kultida. Tiger alcanzó la mano de su padre y se la estrechó, y luego empezó a sortear preguntas.

—¿Qué tiene que pasar en este torneo para que te sientas satisfecho?

—Tengo que ganar.

—¿No te conformas con menos?

—Durante toda mi vida nunca he ido a un torneo sin creer que podía ganarlo. Ya os lo he explicado otras veces. Esa es mi mentalidad.

Durante veinte minutos les explicó a los reporteros que no le daba miedo hacerse profesional, que no iba a revelarle sus objetivos a nadie y que de verdad disfrutaba de la gente y de toda la atención que despertaba.

—Tiger, no todo el mundo debuta con una rueda de prensa como esta —dijo un reportero—. ¿Cómo harás para mantener los pies en el suelo?

—¿Que cómo haré? —dijo sonriendo—. Jugaré golpe a golpe. Y me lo voy a pasar de miedo.

Un poco después de la rueda de prensa, el dos veces campeón del US Open Curtis Strange, que trabajaba para la ABC, le preguntó por sus expectativas acerca de su primer torneo como profesional. Tiger repitió lo que ya había dicho: participaba en todos los torneos con la intención de ganar.

—Ya escarmentarás —le dijo Strange.

Tiger no hizo caso del escepticismo de Strange. Sabía de lo que era capaz.

A la 13.36 del 29 de agosto de 1996, Tiger dio su primer golpe como profesional y mandó la bola a 307 metros, directa al centro de una calle del Brown Deer Golf Course. Con aquel *swing* arrancaba el debut más mediático de la historia del deporte estadounidense. El legendario cronista deportivo Leigh Montville lo comparó con el primer concierto de los Beatles en ese país, en el Shea Stadium. El campo estaba hasta los topes de personas que habían asistido para ver a Tiger hacer algo mágico, algo electrizante.

Y no defraudó. En la última jornada del torneo, al llegar al *tee* del 14 (par 3), Tiger efectuó un golpe que voló 172 metros, rebotó un par de veces y se metió en el agujero. El hoyo en uno puso en pie al público e hizo que sus ovaciones a lado y lado de la calle se oyeran por todo el campo. Mientras tanto, Tiger, radiante y quitándose la gorra a modo de saludo, se encaminó al *green*. Allí recuperó su bola y la lanzó a la turba, provocando una nueva explosión de entusiasmo ensordecedora y prolongada por parte de sus seguidores. Ser tan bueno era lo más.

A pesar de terminar empatado en sexta posición y de llevarse solo 2.544 $, Tiger acaparó todos los titulares, gracias en gran parte a su recién estrenado anuncio con Nike. Tal como Riswold esperaba, aquel mensaje racial puso el dedo en la llaga. Profesionales y cronistas de golf consideraron que era un anuncio hipócrita y poco acertado. ¿De verdad había campos de golf en Estados Unidos en los que Tiger Woods no podía jugar por el color de su piel? Un columnista del *Washington Post* le planteó esa pregunta a Nike. La empresa reconoció que no los había, y añadió que no hacía falta tomarse el anuncio al pie de la letra. Aquella respuesta no hizo más que avivar la controversia.

Pero eso a Nike le dio igual. Un estudio de mercado reveló que su sector demográfico objetivo —consumidores de entre dieciocho y veintinueve años— consideraba el anuncio «muy efectivo», y la frase «Hola, mundo» enseguida se hizo un hueco en el lenguaje vernáculo. El anuncio acabó siendo nominado a un Emmy.

Pero Tiger no estaba preparado para una reacción negativa. Algunos profesionales del Tour criticaron discretamente el anuncio por su sensacionalismo. Aunque esos ataques estaban sin duda movidos por la envidia, Tiger era la cara más nueva y joven del Tour, y le dolieron. En una entrevista que le hizo durante el torneo el programa *Nightline*, de ABC News, intentó defender su anuncio:

—Creo que es un mensaje que se ha hecho esperar demasiado —dijo—. Son cosas que, a mí, que soy *persona non grata*, por decirlo de alguna manera, me han pasado. La campaña de Nike no hace más que contar la verdad.

—¿Para qué crees que este país no está preparado? —le preguntaron a continuación.

—Por eso es tan bueno el anuncio —dijo Tiger—. Te hace pensar. Los anuncios de Nike no piensan por ti, sino que te hacen pensar de una manera determinada. Tienes que descifrarlo tú mismo.

El problema era que el propio Tiger no había tenido mucho tiempo de analizar el anuncio antes de que empezara a emitirse. Se dejó arrastrar por la emoción de aparecer en algo tan increíble firmado por Nike sin pensar en el recibimiento que podía llegar a tener. No había tenido tiempo de plantearse nada. Todos los recuerdos de aquella semana eran bastante vagos.

Además, había otro problema. Todos los periodistas del mundo del golf recordaban que, un tiempo atrás, Tiger había declarado públicamente: «Solo pienso en la raza cuando los medios me preguntan sobre ella».

Y, de repente, en la televisión nacional, le estaban pidiendo su opinión sobre ese anuncio de connotaciones raciales.

—¿Qué mensaje intentas transmitir? —le preguntaron en *Nightline*.

—No te lo voy a contar —dijo—. Eso es algo muy privado.

Tiger tampoco estaba preparado para las críticas que generaron las declaraciones de su padre. Earl, que le había enseñado a no hablar demasiado con la prensa, no solía predicar con el ejemplo. Después de que el hijo salvara con bastante destreza la rueda de prensa de presentación previa al inicio del Greater Milwaukee Open, el padre se quedó pululando por la carpa de prensa y empezó a soltar el evangelio según Earl.

«No hay nadie capaz de entender el impacto que este chaval va a tener, no solo en el golf, sino en el mundo», dijo. A continuación, Earl comparó el instinto asesino de Tiger con el de un «pistolero negro». «Te arranca el corazón en un suspiro sin ni siquiera inmutarse», prosiguió. Aquellas declaraciones no hicieron más que avivar el resentimiento hacia Tiger, que, por otra parte, ya tenía bastante con lo que tenía: solo le quedaban siete torneos de la temporada 1996 para intentar hacerse con la tarjeta del PGA Tour de 1997. «Tiger lo tiene muy complicado para conseguir 150.000 $ [en ese plazo de tiempo] —dijo el también profesional Justin Leonard—. Es demasiada presión para alguien de veinte años.»

Leonard fue amable en sus palabras. Algunos miembros de la prensa nacional fueron algo más directos. Tras el debut de Tiger en Milwaukee, el periodista deportivo John Feinstein escribió un reportaje sobre Woods en el que tildaba a Earl de «padre sumamente ambicioso» que solo buscaba «conseguir publicidad para sí mismo y amasar todo el dinero posible». Feinstein también habló para *Nightline*, donde comparó a Earl con Stefano Capriati, el autoritario padre de la estrella adolescente del tenis Jennifer Capriati. «Al igual que Stefano —dijo Feinstein—, Earl lleva sin trabajar a tiempo completo desde 1988, "sacrificándose" para estar al lado de su hijo. Earl Woods dice que no viajará a tiempo completo con Tiger. Eso cuenta como gratificación.»

Las palabras de Feinstein cabrearon sobremanera a Tiger, que sintió que le estaban lloviendo palos por todos lados. Para él, criticar a sus padres era un pecado imperdonable, algo que se tomaba de manera personal y que no olvidaría fácilmente. A pesar de todo, el 16 de septiembre de 1996, tras pasar sus primeras tres semanas en el PGA Tour junto a su padre, Tiger se despidió de Earl, que cogió un vuelo de vuelta a Los Ángeles. Luego él cogió un vuelo chárter con Hughes Norton y su socio de IMG, Clarke Jones. Al poco, aterrizaron en Binghamton, Nueva York, y Tiger se instaló en una habitación del Regency a tres días del inicio del B. C. Open de Endicott. Aquella fue la primera vez que Tiger se separaba de su padre durante un viaje.

Se sentía solo y desorientado, así que no dejó pasar la oportunidad de quedar un rato con Jaime Diaz, que estaba cubriendo a Tiger para *Sports Illustrated*. Diaz era periodista, pero para él era como de la familia. Estaban los dos de cháchara en la habitación de hotel de Tiger cuando apareció Norton. Acababa de mantener una conversación con Mark McCormack y tenía una propuesta para Woods:

—Mark cree que deberías sacar un libro —dijo Norton—, como hicieron Jack y Arnie.

Tiger se quedó perplejo. ¿Un libro?

Hacía escasas tres semanas que se había hecho profesional. Todavía no había ganado nada y seguía intentando clasificarse para el Tour de 1997. ¿En qué estaba pensando Hughes?

—Podría ser un libro instructivo —prosiguió Norton—. O podría ser una biografía.

Diaz no dijo nada, pero se olía que no era algo que a Norton se le acabara de ocurrir. Aquello llevaba tiempo cociéndose.

—Bueno, ¿qué te parece? —insistió el agente.

Tiger no sabía qué le parecía. Era golfista, no escritor. Y lo de la biografía iba en contra de sus principios. No le gustaba ni contarle a la prensa lo que había desayunado, como para publicar cientos de páginas sobre su vida.

—¿Arnie sacó uno? —preguntó Tiger.

Norton asintió.

—¿Y Jack también?

Volvió a asentir.

—¿Y quién lo escribiría?

—No lo sé —dijo Norton, dirigiendo su mirada hacia Diaz—. ¿Jaime?

Diaz miró a Norton y luego a Tiger. Nunca había escrito un libro, pero enseguida le entró el gusanillo ante la perspectiva de formar equipo con Tiger en un proyecto de semejante calibre. Tras intercambiar algunas opiniones más, Tiger aceptó a regañadientes que el proyecto saliera adelante. Por lo menos le gustaba la idea de colaborar con Jaime Diaz. Norton le pidió al periodista que pensara en una cifra.

Desde un punto de vista económico, la idea de Norton era buena. Tiger estaba en la cresta de la ola, así que era el mejor momento para acercarse a la inconstante industria editorial, que estaba muy interesada. La propuesta del libro dio lugar a una guerra de ofertas entre varias editoriales de Nueva York. Finalmente, la ganadora de la subasta fue Warner Books, que aceptó pagar 2,2 millones de dólares por dos libros: un manual instructivo que Tiger empezaría a escribir inmediatamente y una autobiografía que escribiría en unos años. Desde el punto de vista de IMG, aquello estaba muy bien. Los beneficios habían aumentado en unos cuantos millones de dólares.

Pero Earl no estaba demasiado contento. Había cerrado un acuerdo con HarperCollins para escribir su propio libro y, cuando se enteró de que IMG había convencido a Tiger de que escribiera otro, montó en cólera. Ni que decir tiene que cabía la posibilidad de que el libro de Tiger eclipsara las ventas del de su padre. Además, Earl consideraba que toda oportunidad de negocio para Tiger debía pasar previamente por sus manos. Hughes se había saltado a la torera una regla fundamental al acudir directamente a su hijo.

El 25 de septiembre de 1996, el día antes de que empezara el Buick Challenge de Pine Mountain, Georgia, Tiger anunció que estaba agotado y que no participaría en el torneo. Durante el torneo iba a tener lugar la cena anual de los Premios Fred Haskins, y estaba previsto que recibiera el galardón al golfista universitario del año por su temporada 1995-96. Sin embargo, en lugar de asistir, Tiger se fue a casa. Más de doscientos invitados estaban en la ciudad para acudir a una cena que finalmente tuvo que cancelarse. John Feinstein volvió a la carga: «Cuando eres la nueva esperanza del deporte y sabes que tu participación en un torneo se ha anunciado a bombo y platillo, tienes que asistir —escribió—. Y cuando los patrocinadores de un premio de golf de una universidad tan importante han organizado su cena de entrega conforme a tus horarios y tú te has comprometido a ir, no puedes escaquearte e irte a casa.»

Tiger no soportaba a Feinstein, aunque no le costaba nada ignorarle. Pero también recibió críticas que no se esperaba por parte de otros golfistas profesionales y a las cuales no pudo hacer caso omiso. Tom Kite comentó que él no recordaba estar tan cansado a los veinte años. Peter Jacobsen dijo que ya no se podía comparar a Tiger con Nicklaus y Palmer, porque ellos nunca dejaban tirada a la gente. Las palabras que más le dolieron las pronunció el propio Palmer: «Tiger debió haber jugado —le dijo a un periodista—. Y debió haber ido a la cena. La moraleja de todo esto es que uno no debe comprometerse a hacer cosas que no puede cumplir a menos que esté en su lecho de muerte».

«Creía que eran mis amigos», pensó Tiger tras leer la avalancha de críticas. Estaba solo y se sentía un blanco fácil, lo que le hizo añorar sus días en Stanford y su burbuja. Todo el mundo le echaba en cara que se hubiera retirado del torneo y saltado la cena, pero nadie sabía por lo que estaba pasando en casa.

Durante veinte años —toda su vida—, él y sus padres habían vivido juntos en la misma casa de Cypress. Pero ahora Tiger se había mudado y ellos se estaban separando. Se le había encargado a John Merchant que buscara una nueva casa para Kultida, una lo suficientemente grande para alojar a sus familiares cuando vinieran de Tailandia a visitarla. Había encontrado una de unos cuatrocientos metros cuadrados con cinco dormitorios y seis cuartos de baño en una urbanización privada de Tustin, California, por 700.000 $. Tiger había accedido a comprársela y la entrega de llaves se había fijado para principios de noviembre. La situación de sus padres le afectaba mucho más que cualquier dificultad que le planteara el Tour, pero no iba a admitir algo así. Era mucho mejor asumir las consecuencias de escabullirse en el último momento.

El 6 de octubre, una semana después de su ausencia en la cena de los Haskins, Tiger ganó su primera prueba del PGA Tour al imponerse a Davis Love III en el Las Vegas Invitational. El éxito que estaba teniendo era alucinante. Era solo su quinto torneo del PGA y ya contaba con una victoria.

—¿Alguna vez imaginaste que lo conseguirías tan pronto? —preguntó un periodista.

—Sí —dijo Tiger con total naturalidad—, la verdad es que sí.

Hughes Norton consideró ese triunfo la prueba de que Tiger había hecho lo correcto al retirarse del Buick Challenge, pero eso no quitaba que hubiera dejado en la estacada a patrocinadores y cientos de personas ni aplacaba el resentimiento generado. Una de las cosas que más le costaban a Tiger era admitir sus errores y disculparse. Pero había que hacer algo. El periodista de golf Pete McDaniel, que estaba trabajando con Earl en su libro sobre la educación de su hijo, fue el «negro» encargado de escribir la disculpa en nombre de Woods.

Ningún redactor sabía más de la historia de los afroamericanos en el golf que McDaniel. Y, aunque Tiger no era el primer golfista negro, sí era el primero en poner patas arriba el juego, el que estaba rompiendo moldes. Teniendo eso en cuenta, McDaniel estaba deseando ayudarle a capear el temporal. Escribió una disculpa que apareció en *Golf Digest* con la firma de Tiger unos días antes de su victoria en Las Vegas. «Ni siquiera me acordé de la cena —decía—. Ahora me doy cuenta de que obré mal. Sé que hice lo correcto al retirarme, pero por lo menos debía haber asistido a la cena antes. A toro pasado me resulta obvio.»

El escrito surtió efecto. Los organizadores del banquete de los Premios Fred Haskins lo reprogramaron para principios de noviembre, y Tiger y Earl volvieron a Georgia para asistir. Tiger dio un discurso de aceptación muy educado y modesto, pero fue la intervención inicial de Earl la que causó mayor sensación. Tragándose las lágrimas, dijo:

> Les ruego que me disculpen, pero a veces me emociono al hablar de mi hijo. Me llena de… muchísima… alegría pensar que este jovencito va a poder ayudar a tanta gente. Sobrepasará los límites del juego y le regalará al mundo una humanidad que nunca ha conocido. El mundo será un lugar mejor en el que vivir gracias a su existencia y su presencia. Yo soy responsable solo en parte, ya que… ya que sé que Dios me escogió personalmente para que educara a este hombrecito y lo elevara hasta un lugar desde el cual pudiera aportar su contribución a la humanidad. Este es mi tesoro. Por favor, acéptenlo y úsenlo con cabeza. Gracias.

Todo el público se puso en pie y aplaudió mientras Tiger abrazaba a su padre.

Tiger seguía sufriendo las consecuencias de no asistir a la cena de los Haskins cuando se hizo con su segunda victoria del PGA Tour tras ganar por un golpe a Payne Stewart en un cara a cara en el Walt Disney World/Oldsmobile Classic. Los 216.000 $ del premio hicieron que las ganancias de Tiger en su cortísima temporada ascendieran a 734.794 $, con lo que pudo clasificarse para el PGA Tour de 1997. Sorprendentemente, había ganado dos de sus primeros siete torneos profesionales.

A pesar de ello, después de su rueda de prensa obligatoria no estaba de humor para charlar con los periodistas en un ambiente más informal. Cuando algunos de ellos le acompañaron hasta los vestuarios con la esperanza de conseguir algunas declaraciones más, Tiger pidió a los guardias de seguridad que no permitieran la entrada a los medios, que inmediatamente fueron despachados. Pero según las reglas del PGA Tour la prensa tenía permitido el acceso, así que Wes Seeley, encargado de relaciones públicas, ordenó a los guardias que volvieran a abrir los vestuarios. «El Tour es el que pone las normas, no ese chaval —dijo Seeley—. Por mucho que él y su gente se lo crean, no es el quinto Beatle.»

Pero se había convertido en toda una estrella del golf. Su fama estaba transformando el deporte y poniendo patas arriba las normas de etiqueta de los torneos. A sus primeras siete pruebas del Tour acudieron el doble y, en ocasiones, el triple de asistentes de lo habitual. Sus fans saltaban las cuerdas para llegar hasta él. Las mujeres se le acercaban en mitad del campo y le pedían matrimonio. Más de una vez tuvo que huir a la casa club después de jugar para evitar a espectadores demasiado entusiastas. David Letterman y Jay Leno pedían a gritos que fuera a sus programas. Bill Cosby estaba dispuestísimo a escribir un episodio sobre Tiger para *La hora de Bill Cosby* únicamente para conseguir que apareciera en la comedia televisiva de mayor éxito. *GQ* le ofrecía aparecer en portada. Pepsi estaba dispuesta a pagarle un dineral por un anuncio. Al parecer, todo el mundo quería un pedazo de Tiger. La cosa llegó hasta el punto de que cada vez que veía acercarse a Norton sabía que fulanito o menganito querían saber cuándo podrían entrevistarle.

—¡Diles que se vayan al cuerno! —le decía a su agente.

—Vale —respondía Norton—. Y, después de eso, ¿qué les digo?

—¡Les dices que se vuelvan a ir al cuerno!

Para cuando llegó a Tulsa, Oklahoma, para el The Players Championship a finales de octubre, Tiger ya estaba harto de las insistencias e indiscreciones de la prensa. El que más claramente lo percibía era su padre, que viajaba con él. La noche después de la primera ronda, mientras Earl estaba en su suite fumándose un cigarro, el veterano redactor de *Newsweek* John McCormick llamó a la puerta, se presentó y sostuvo la conversación hasta que consiguió pasar. Pero al mencionar que su revista quería publicar un artículo sobre Earl y Tiger y que los dos aparecieran en portada, McCormick chocó contra un muro.

Earl dijo que no estaba interesado y, por lo tanto, Tiger tampoco. Decidido a hacerle cambiar de opinión, McCormick sacó su cartera.

—Mire —le dijo a Earl—, le voy a enseñar el verdadero motivo por el cual quiero escribir este artículo.

—¿Por dinero? —dijo Earl.

—No, por esto —dijo McCormick mientras sacaba una fotografía de sus dos hijos pequeños y se la mostraba a Earl—. Este es el motivo.

Los niños se habían convertido en el punto débil de Earl. Pese a su desconfianza, acabó charlando con McCormick durante tres horas, llenando el bloc de notas del reportero con numerosas citas y anécdotas sobre Tiger. Hacia la medianoche, McCormick se marchó por fin de la habitación. Unas dos horas más tarde, una llamada de su madre despertó a Tiger. Le dijo que una ambulancia acababa de llevarse a su padre al hospital por un dolor en el pecho. Hacía aproximadamente diez años, Earl había tenido que someterse a una cirugía de baipás cuádruple a causa de una arteriosclerosis derivada de una acumulación de colesterol. Consciente del historial de su padre, Tiger fue directo al hospital. A Earl le habían hecho un electro y le habían medicado para estabilizarlo.

—Todo irá bien —le dijo a Tiger—. Estate tranquilo. Vete y juega.

Tiger no dijo nada, pero estaba demasiado preocupado por la salud de su padre (que tenía sesenta y cuatro años) para pensar en el golf. Al día siguiente, tras haber pasado el resto de la noche en el hospital, firmó una tarjeta de 78 golpes, su peor resultado en una vuelta desde que se había hecho profesional. «Hoy no quería estar aquí —dijo después—, porque en la vida hay cosas más importantes que el golf. Quiero a mi padre con toda mi alma y no quiero que le pase nada.»

Terminó el torneo empatado en el puesto veintiuno con ocho bajo par. Al cabo de unas semanas, fue a ver a su padre a Cypress. Mientras Tiger estaba en la ciudad, Earl accedió a que McCormick le hiciera otra entrevista. En esa ocasión, el periodista fue a su casa, y tenía la esperanza de poder hablar también con Tiger. Le dijo a Earl que le bastaba con diez minutos. Sin prometerle nada, él llamó a su hijo y le pasó el teléfono al periodista, que intentó convencerle.

—No —respondió Tiger.

—A ver, solo para que quede claro —dijo McCormick—: es un reportaje sobre tu padre y sobre cómo te ha educado. No tengo intención de hacer un artículo de portada sobre ti.

—No —repitió Tiger.

McCormick estaba desconcertado. «No fue desagradable —recordó—. Era que no, y punto.»

A Tiger no le apetecía nada ver su cara en otra revista de tirada nacional, pero a sus patrocinadores les gustó la idea, por lo que no le quedó más remedio que acceder a posar junto a Earl para un fotógrafo de *Newsweek*. Semanas más tarde, ambos aparecieron en portada —Tiger vestido de Nike y sosteniendo un palo Titleist y Earl con una gorra Titleist— bajo el titular «Educar a un tigre: la historia familiar detrás del prodigio del golf de los 60 millones». El reportaje tenía una extensión de nueve páginas y decía de Tiger que era «tan generoso que, en los torneos, una vez terminada la vuelta, se queda media hora firmando autógrafos» y que «realiza clinics para jóvenes de grupos desfavorecidos». También aseguraba sin aportar ninguna prueba que Tiger había sufrido un «trato racista en los campos de golf durante años». El artículo, sin embargo, giraba en torno a una cuestión central: «¿Cómo le sacaron adelante sus padres?».

Dicho de otra manera, cómo habían criado Earl y Kultida a «un joven tan estupendo».

«Cada paso en el camino tenía como objetivo que llegara a ser una buena persona —explicó Earl a *Newsweek*—. Cada uno tiene sus prioridades, y la mía era el bienestar de mi hijo. Quién es y qué va a hacer de él una buena persona es más importante que convertirlo en un buen deportista.»

Earl habló por interés propio, pero, desde un punto de vista comercial, Nike y Titleist no podían estar más contentos. Los fotógrafos contratados por *Newsweek* llegaron a recibir instrucciones concretas sobre cómo debían dar protagonismo a las prendas Nike y el equipo Titleist y mostrar al mismo tiempo una imagen idílica de Tiger y su familia. Hubo una fotografía en concreto en la que aparecían Earl y Kultida, el uno al lado del otro, sonriendo y rodeándose con los brazos como si fueran el matrimonio más feliz del mundo. Fue tomada fuera de la casa familiar de Cypress, de la cual Kultida acababa de marcharse para vivir sola.

Tiger no llegó a hablar con *Newsweek*, pero siempre estaba dispuesto a hacer todo lo que sus poderosos patrocinadores le pedían. «Pero no va a haber mucho más que eso —dijo entonces—. No tengo ninguna intención de convertirme en el rey del dinero publicitario.»

IMG, sin embargo, estaba decidida a hacerle cambiar de opinión.

Tiger sabía que necesitaba ayuda para gestionar su dinero. Sabía también que las finanzas y las estrategias de inversión no eran el punto fuerte de su padre. Fue por eso por lo que decidió acudir a Merchant, a quien pedía consejo cada vez más a menudo. Lo primero que hizo el abogado fue llamar a su viejo amigo Giles Payne, un compañero de profesión magnífico especializado en planificación patrimonial y fideicomisos. Payne era quien le había metido en el comité ejecutivo de la USGA, y a Merchant no se le ocurría nadie más cualificado que él y sus colegas de Brody Wilkinson, su bufete de abogados en Southport, para ayudar a Tiger a hacer frente a los complicadísimos obstáculos y oportunidades que implicaba una fortuna tan repentina. Payne y sus socios Seth O. L. Brody y Fritz Ober —ambos igual de excepcionales que él— empezaron a trabajar con Tiger justo después de que se hiciera profesional. El 19 de noviembre de 1996, la firma creó Tiger Woods, Inc., una organización sin ánimo de lucro con sede en Connecticut. Tiger fue nombrado presidente del comité ejecutivo y Earl director general.

Semanas más tarde, el nuevo equipo de abogados de Connecticut de Tiger fue convocado a Florida para reunirse con él y sus socios corporativos, Nike y Titleist. Todos llegaron al Bay Hill Club & Lodge de Orlando exultantes. La suma de las estrategias de marketing de ambas empresas estaba dando suculentos resultados. Además del artículo de portada de *Newsweek*, Nike acababa de estrenar otro magistral anuncio escrito por Riswold —«I Am Tiger Woods»—, en el que aparecían uno detrás de otro niños (la mayoría de ellos pertenecientes a grupos minoritarios) que repetían la frase «Yo soy Tiger Woods» mirando a cámara. Todo iba como la seda, y Tiger y su equipo iban a pasar dos días planificando cómo financiar su recién creada organización e intentando encontrar maneras de utilizarla como vehículo para ampliar las oportunidades golfísticas entre las minorías jóvenes. Antes de entrar en materia, el grupo jugó una ronda. Tiger formó pareja con John Merchant, y estuvieron bromeando y tomándose el pelo durante los dieciocho hoyos. Tiger no podía estar más contento con cómo se había portado el abogado durante su transición de amateur a profesional. Le había protegido en todo momento y había reunido a un equipo de consejeros financieros y legales en el que Tiger confiaba plenamente. Como muestra de lo mucho que respetaba a Merchant, Tiger le pidió que condujera la reunión estratégica que tendría lugar aquella misma tarde, y él aceptó encantado esa responsabilidad. Al fin y al cabo, había sido él quien había escogido a la mitad de los hombres que estarían sentados alrededor de la mesa.

Pero al salir del campo, Merchant se reunió primero con Earl para tomar algo. Ambos estaban contentísimos. Después de la primera copa llegó la segunda, y luego la tercera. Al cabo de poco habían vaciado cada uno cinco martinis. Cuando Merchant y Earl entraron en la sala donde iba a tener lugar la reunión estratégica programada para las seis, ya iban como una cuba.

Merchant tomó asiento entre Wally Uihlein, director ejecutivo de Acushnet Company (empresa matriz de Titleist), y Craig Bowen, el primer representante de ventas afroamericano de Titleist. Merchant le había presentado a este último a Tiger y Earl cuando Tiger todavía estaba en el instituto, y aquella primera toma de contacto había sido clave en su posterior decisión de firmar con su empresa. También había propiciado que Titleist ayudara a redactar los estatutos de Tiger Woods, Inc. En la sala se encontraban también Phil Knight; Fritz Ober; Giles Payne, a quien Merchant llamaba afectuosamente «el tipo del dinero» de Tiger, y Earl.

Cuando todos estuvieron presentes, Merchant empezó la reunión hablando de Nike, que iba a ayudar a financiar la fundación aportando uno de los cuarenta millones de dólares de su contrato. Pero el abogado, a quien el alcohol había soltado la lengua, protestó cuando supo que Earl sería el encargado de supervisar la inversión de ese dinero en la «promoción del golf júnior». Merchant opinaba que dejar en manos de Earl un millón de dólares sería como darle una licencia para robar.

—Las cosas no van así —soltó—. Me importa una mierda lo importante que sea Earl. No puede encargarse del golf júnior él solo, por el amor de Dios. Que Nike le suelte dinero no soluciona el tema. Earl podría coger ese dinero y pulírselo.

Se hizo un silencio atronador. En lugar de exponer su visión acerca de cómo ayudar en la causa del golf entre las minorías de los Estados Unidos, Merchant había provocado una situación tremendamente incómoda. La reunión se pospuso repentinamente. Sin decir una palabra, Tiger se levantó dispuesto a irse.

Craig Bowen le siguió.

—Tiger —dijo—, ¿estás bien?

—No, no estoy bien. Conozco a mi padre y conozco a John. Y esto no va a acabar bien.

Era evidente que Merchant y Earl habían bebido demasiado. El resto creyó que lo mejor sería que durmieran la mona para poder empezar de cero al día siguiente, pero olvidaban dos detalles acerca del teniente coronel Earl Woods: nunca recordaba dar las gracias y nunca perdonaba una ofensa. Tenía un lado tremendamente frío e implacable. En una ocasión, Tiger mencionó que su padre podría «sentarse a cenar después de haberte rajado el cuello».

Cuando volvieron a reunirse en la sala a la mañana siguiente, había una mesita con comida para desayunar. Merchant, que estaba lleno de energía, dejó su maletín en su asiento entre Bowen y Uihlein y se dirigió hacia ella para servirse un café. Earl lo interceptó y le pidió que salieran de la sala. Y entonces le despidió.

Mudo de asombro, Merchant no pudo sino quedarse mirando a su amigo. ¿Después de todo lo que habían pasado? ¿Después de todo el dinero que había conseguido para financiar la carrera amateur de Tiger? ¿Después de todo el trabajo desinteresado y todos los problemas que había tenido con el estado de Connecticut? ¿Después de todo lo que había hecho para poner a disposición de Tiger a los abogados de Brody Wilkinson? ¿Qué cojones?

—Es una de las decisiones más duras que he tenido que tomar —dijo Earl, fingiendo estar afligido.

—¿Por qué? —susurró Merchant.

Earl no contestó.

—¿Cuál es el problema? —insistió el abogado.

Ninguna respuesta.

Merchant sintió que todo le daba vueltas. Estaba desorientado. Con efecto inmediato, dejaba de ser el abogado de Tiger.

Sin pronunciar una palabra más, ambos volvieron a entrar en la sala de reuniones. Earl se sentó a comerse su desayuno mientras Merchant cogía su maletín y se marchaba. En menos de una hora, había dejado su habitación e iba camino del aeropuerto.

Fue una situación incómoda para los amigos de confianza de Merchant, Giles Payne y Fritz Ober, pero pasaron a hacerse cargo de todos los temas legales y empresariales de Tiger. Como sus nuevos abogados particulares, se pusieron inmediatamente manos a la obra y le ayudaron en la firma de una escritura de traspaso de una propiedad en Isleworth, de IMG a Tiger. En el documento aparecía como nueva dirección postal del golfista el 135 de Rennel Drive, en Southport, Connecticut (la dirección de su nuevo bufete). También establecieron el fondo fiduciario de gestión revocable Tiger Woods, del cual padre e hijo eran los administradores únicos.

Contratar a Brody Wilkinson fue el mejor de todos los consejos que Merchant le dio a Tiger. La firma estuvo gestionando sus recursos durante décadas, permitiendo que amasara una enorme fortuna y evitando que cayera en errores cometidos por tantos otros deportistas famosos, que a los veinte años ganan millones y después de retirarse acaban arruinados.

Dos semanas después, Merchant recibió por correo un sobre enviado por Earl. Contenía un cheque con el finiquito que le correspondía por sus dos semanas de trabajo. Lo devolvió con una nota: «¡Métetelo por el culo!».

Merchant supuso que jamás llegaría a conocer los motivos que habían llevado a Earl a despedirle. Pero unos meses más tarde coincidió con Kultida en un torneo de golf. Ambos siempre se habían llevado bien, y a ella parecía entristecerle el hecho de que él ya no formara parte de la vida de su hijo. En una conversación privada, Kultida le dio su opinión: Tiger siempre había hecho caso de los consejos de Earl; se había pasado toda la vida escuchando a papá. Y, de repente, había empezado a acudir a otra persona para todo lo relacionado con las finanzas y las inversiones. A Earl no le gustaba nada tener competencia. «El padre siempre gana», le dijo Kultida a Merchant.

Tiger nunca volvió a ponerse en contacto con Merchant. La última vez que le dirigió la palabra fue mientras se alejaban del hoyo 18 del Bay Hill. Tiger le miró, sonrió y dijo: «Te quiero, tío».

CAPÍTULO ONCE
MAGISTRAL

Una soleada mañana de domingo, Tiger se encontraba en la nueva y lujosa casa de su madre, en Tustin, California. Era 13 de enero de 1997, y en la entrada había aparcado un flamante Mercedes nuevo. Tiger lo había ganado (junto con 216.000 $) al lograr el primer puesto el día anterior en el Mercedes Championships, celebrado en el La Costa Resort and Spa, en Carlsbad. Le pareció que a su madre no le vendría mal tener un coche de lujo nuevo a juego con su recién estrenada casa, así que le dijo que el Mercedes era para ella. ¿Por qué no? Kultida había dedicado su vida a su hijo, y aquella dedicación había jugado un papel fundamental en su insólito ascenso. Dos semanas antes, el día de su vigesimoprimer cumpleaños, Tiger había recibido el mejor regalo posible: *Sports Illustrated* le había dedicado la portada del último número del año y le había nombrado Deportista del Año, convirtiéndole en el jugador más joven en recibir ese reconocimiento.

Tiger no fue el único deportista de talla mundial que debutó profesionalmente en 1996. Kobe Bryant, de dieciocho años, fichó por Los Angeles Lakers; Derek Jeter, de veintidós, empezó a jugar con los New York Yankees, y Serena Williams había disputado su primer torneo profesional de tenis con catorce años a finales de 1995. Todos acabarían convirtiéndose en superestrellas en sus respectivos deportes. Pero en 1996, Tiger, como si de un cometa se tratara, les tomó la delantera a ellos y a todos los demás, afirmándose como el golfista que cambiaría las reglas del juego en el PGA Tour y como el deportista que más pasiones levantaba en los Estados Unidos. En sus primeros siete torneos terminó sexto, undécimo, quinto, tercero, primero, tercero y primero. Quedar entre los cinco primeros puestos en los últimos cinco torneos era algo que no había logrado ningún profesional veterano, y mucho menos un novato. Consiguió los mejores resultados del Tour en alcance medio del *drive* (276,9 metros), *birdies* por vuelta y frecuencia de *eagles* (una media de uno cada cincuenta y siete hoyos). Tras solo siete pruebas, se había catapultado al vigesimocuarto puesto de la lista de ingresos del Tour.

Tiger también había empezado a cambiar las normas culturales del juego. De la noche a la mañana, el número de asistentes a los torneos se había duplicado e incluso triplicado, gracias en parte a las minorías de todas las edades y a las multitudes de jóvenes de todas las razas que de repente se sentían atraídos por el golf. Las audiencias televisivas del PGA Tour se habían disparado, y Tiger había desterrado él solo a la NFL y la NBA de las primeras páginas de la sección de deportes, haciendo que muchos periodistas se preguntaran (sobre el papel): «¿De verdad está pasando esto?». Pero Tiger se había vuelto también un tema recurrente en medios como *Time, Newsweek, Washington Post* o *New York Times*. Era como si estuviera haciendo historia a diario. Incluso los profesionales más veteranos del Tour admitían públicamente que parecía el mejor jugador del circuito. Era innegable que en la historia de ese deporte nadie había empezado con tan buen pie como Tiger. Y con ese mismo buen pie había comenzado el nuevo año, imponiéndose en la primera prueba del PGA Tour de la temporada 1997. Puede que Nike tuviera razón después de todo y el mundo del golf no estuviera preparado para Tiger.

Pero sentado en casa de su madre aquella mañana de domingo del mes de enero, Tiger tenía que afrontar expectativas que iban más allá del deporte. Había empezado la temporada 1997 con su tercera victoria en el PGA Tour, pero a fin de cuentas era lo que se esperaba de él. Haber sido nombrado Deportista del Año, al igual que tantos otros aspectos de su vida, tenía una contrapartida: expectativas aún mayores. Cuando *Sports Illustrated* decidió concederle el codiciado galardón, la revista pidió al veterano redactor Gary Smith que se encargara de escribir el artículo. Smith no sabía demasiado sobre golf y no le despertaba ningún interés. Era experto en componer perfiles profundos y de interés humano. Hacia finales de 1996, Smith pasó algo más de una semana siguiendo a Tiger en el Tour y charlando con él sobre su vida. Pero cuando realmente se formó una opinión sobre él fue cuando habló con su padre.

«Tiger hará más que ningún otro hombre en la historia por cambiar el curso de la humanidad», le contó Earl a Smith.

Intrigado, Smith lanzó la pregunta obligada: ¿Se estaba refiriendo a la historia del deporte? ¿Quería decir que haría más que Joe Louis, Jackie Robinson, Muhammad Ali y Arthur Ashe?

«Más que ninguno de ellos, porque tiene más carisma, más educación y está más preparado que nadie», contestó Earl.

¿Más que nadie?, preguntó Smith. ¿Más que Nelson Mandela, Gandhi y Buda?

«Sí, porque tiene más seguidores que ninguno de ellos —dijo Earl—. Porque juega a un deporte que es internacional. Porque su etnicidad lo capacita para obrar milagros. Es el puente que une a oriente con occidente. No hay límites, porque él es quien nos guía. No te sé decir qué forma tomará todo esto, pero él es el Elegido. Tendrá el poder de influir en las naciones. No en la gente; en las naciones. Lo que está viendo el mundo es solo un atisbo de su poder.»

El artículo de Smith —«El Elegido»— pasaría a la historia del periodismo deportivo por contener algunas de las advertencias más serias hechas sobre un deportista contemporáneo. Definía a Tiger Woods como «el excepcional golfista que se ha convertido *inmediatamente* en una figura hegemónica del deporte». Pero también planteaba una pregunta inquietante: «¿Quién ganará? ¿La máquina... o el joven que acaba de caer en sus fauces?».

Al hablar de fauces, obviamente se refería a las de un animal insaciable, y nadie alimentaba tanto a la bestia como Earl Dennison Woods. En el artículo de *Sports Illustrated*, publicación líder de la industria deportiva, se suponía que Earl debía celebrar el debut histórico de su hijo y, sin embargo, lo que hizo fue cargar a Tiger con más expectativas imposibles. Ningún otro padre en la historia del deporte había llegado a esos niveles. A diferencia del resto de los progenitores ambiciosos de deportistas con talento, Earl no se conformaba con que Tiger llegara a lo más alto en su campo; pretendía que eclipsara a los líderes espirituales más importantes de la historia de la humanidad.

Desde que Tiger tuvo edad de empezar a andar, sus padres le habían estado diciendo que era diferente, especial, el elegido, un genio, y lo habían tratado como tal. Durante su adolescencia, a excepción de la práctica del golf, no había trabajado ni un solo día; ni cortar el césped ni repartir periódicos ni atender en una gasolinera. Tampoco ayudó nunca en las tareas del hogar. Nadie le pedía que sacara la basura, fregara los platos o cocinara. Lo protegían tanto que ni siquiera había tenido niñeras. Ni una sola vez. Y todo porque sus padres estaban convencidos de que lograría cosas increíbles en el campo de golf. Cuando ese momento llegara, y solo entonces, podría cumplir el que, según repetía su padre, era su cometido en la vida: cambiar el mundo. Durante años, Tiger había interiorizado la presión derivada de unas expectativas tan desmesuradas. Pero con sus declaraciones a *Sports Illustrated*, Earl había subido la apuesta.

Los comentarios de su padre a menudo habían puesto a Tiger en aprietos. En aquella ocasión, los periodistas deportivos conocedores de la dinámica de la familia comentaron que el viejo había sobrepasado los límites, que estaba desatado. Algunos se mofaron. Otros compadecieron a Tiger. Su entrenador de *swing*, Butch Harmon, estaba harto de él e insistía: «A Earl se le ha ido de las manos». Pero Tiger apoyó a su padre y respondió como siempre lo había hecho: interiorizándolo y aceptándolo. «No tengo miedo —se decía—. Puedo soportar esta carga.» Le habían programado para pensar así, para no admitir nunca su debilidad. Cuando su padre utilizó tácticas de entrenamiento de prisioneros de guerra para endurecerlo, le insultó y se metió con su raza, haciéndole pasar por un verdadero infierno, Tiger no pronunció ni una sola vez la palabra clave *basta*; y no pensaba hacerlo ahora. Optó por apoyarse en lo que sabía: «Mentalmente, soy el golfista más duro», le dijo a Smith.

Aquella mañana de enero, Tiger salió con esa mentalidad de casa de su madre y se subió en la parte de atrás de una limusina en la que le esperaba Charles P. Pierce, de cuarenta y tres años. A Pierce le sorprendió que llegara solo. No había ningún relaciones públicas de IMG que supervisara la entrevista. Pierce iba a escribir otro artículo sobre Tiger, en esta ocasión para *GQ*, donde Tiger aparecería en portada. Charlie Pierce, un peso pesado del periodismo (al igual que Gary Smith), era un redactor prolífico famoso por su visión iconoclasta y su prosa irreverente. Ya le había quedado claro que Tiger tenía el *swing* más perfecto jamás visto, que era el mejor golfista menor de treinta años que jamás hubiera existido y que iba a ganar más *majors* que Jack Nicklaus. Pero ni por un momento se creyó una sola palabra de lo que Earl Woods contó en el artículo de *Sports Illustrated*, en particular todo aquello del «Espíritu de Dios». En palabras de Pierce: «No creo que Earl pudiera encontrar el Espíritu de Dios ni con una jauría de sabuesos guiados por Tomás de Aquino».

Tiger conocía mucho menos a Pierce de lo que Pierce le conocía a él, pero cuando el periodista hizo referencia al artículo de *Sports Illustrated* durante el trayecto en limusina hasta un estudio de Long Beach, Tiger le restó importancia. «Yo creo que al artículo de *SI* se le ha dado más importancia de la que tiene —dijo—. A vosotros, los periodistas, siempre os gusta profundizar en cosas que en realidad no son para tanto.»

Durante la sesión de fotos, cuatro mujeres guapísimas fueron las encargadas de ataviar a Tiger con ropa elegante. Mientras un fotógrafo de moda iba apretando el disparador, Tiger se divertía con ellas y sus coqueterías y les iba contando chistes. Tres niños están en clase, les explicó, y la profesora les dice: «Nombrad cosas que sean redondas y peludas. Un niño responde: "Los cocos"; otro niño contesta: "Las pelotas de tenis"; un tercero levanta la mano: "Las bolas de billar". Y entonces la profesora dice: "Las bolas de billar son redondas, pero me temo que no tienen pelos", a lo que el niño replica: "¿Cómo que no? ¡Billar, enséñale las bolas!"».

Al parecer, Billar era el niño negro de la clase. Las mujeres se rieron. El tonteo fue en aumento. Tiger siguió contando chistes; Pierce lo apuntaba todo. Cuando la sesión estaba a punto de terminar, Tiger les preguntó a las chicas que por qué las lesbianas siempre llegan a los sitios antes que los gais. Luego contestó su propia pregunta: «Porque las lesbianas van siempre a sesenta y nueve». Más risas. Más anotaciones en el bloc de Pierce.

—Oye —dijo Tiger, mirándole—, esto no lo escribas.

—Demasiado tarde —respondió Pierce.

Incluso aquello les hizo reír. Pero Pierce no bromeaba.

Durante el trayecto de vuelta a casa de su madre en limusina, Tiger, bostezando, miró a Pierce y le preguntó:

—Bueno, ¿qué te ha parecido la sesión?

Pierce no dijo lo que pensaba realmente: que Tiger era el deportista más carismático que existía y que, gracias a su foto en la portada de GQ, durante el año siguiente echaría doscientos noventa y seis polvos. Prefería saber qué le había parecido a Tiger.

—La clave está en darles un tiempo y ceñirte a él —dijo Tiger—. Si digo: «Me quedo una hora», pues llego puntual y estoy allí una hora. Si me piden más, les digo: «Ni de puta coña», y me largo.

Pierce también anotó aquello. Anotó todo lo que Tiger dijo mientras estuvieron juntos. Al golfista no parecía molestarle: tenía sitios a los que ir, gente a la que conocer, apariciones que hacer.

Tiger movía a las masas incluso en mitad de la noche. Cuando él y su madre aterrizaron en Bangkok, Tailandia, a principios de febrero, el aeropuerto estaba hasta arriba de seguidores. Cuatro de las cinco cadenas de televisión del país retransmitieron su llegada en directo. El viaje corrió a cargo de Nike, que consideró que la presencia de Tiger en el mercado golfístico asiático podía suponer una mina de oro. Tiger recibió 448.000 $ simplemente por hacer acto de presencia en el Asian Honda Classic. Se llevó otros 48.000 $ por ganar por diez golpes. Durante su estancia en el país de su madre, mantuvo una audiencia privada con el primer ministro, se reunió con destacados líderes empresariales y fue homenajeado en fiestas privadas y recepciones. Luego partió hacia Melbourne, donde se embolsó 300.000 $ más por su aparición en el Australian Masters. De acuerdo con los estándares de 1997 del PGA Tour, esas sumas de dinero por apariciones en eventos de fuera del Tour resultaban impactantes. También resultaba impactante un viaje de esas características. Pero fue así como decidieron construir la marca internacional de Tiger.

Earl no los acompañó a Tailandia. Después de su incidente en Tulsa, los médicos le hicieron un angiograma y descubrieron que tenía varias arterias dañadas u obstruidas. No solo le dijeron que debía cambiar su estilo de vida, lo cual implicaba hacer dieta y dejar el tabaco y el alcohol, sino que además tendría que ser sometido a una intervención quirúrgica de baipás triple. La operación tuvo lugar en el centro médico UCLA a finales de febrero, y Tiger hizo un hueco en su agenda para poder estar allí. Debido a algunas complicaciones, Earl tuvo que estar en la unidad de cuidados intensivos, donde le tuvieron muy medicado. Un día, el monitor cardíaco dejó de señalar actividad. Tiger estaba observándolo. «Más tarde me dijo que en ese momento sintió una calidez muy repentina, y también que caminaba hacia la luz —recordó Tiger—. Pero decidió que no quería ir hacia la luz.»

Por primera vez, Tiger entrevió cómo sería la vida sin su padre. Aunque no le dijo nada a Earl después de su recuperación, él sabía lo que sentía su hijo. «Tiger no es muy de dramatizar —dijo poco después de que le dieran el alta—. Yo tampoco. No nos hace falta. Solo con tocarnos, nos lo decimos todo.»

Poco después de su regreso al Tour en marzo, Tiger se encontraba en el Bay Hill Invitational a punto de jugar la segunda vuelta cuando se vio por primera vez en la portada de *GQ*. La foto era buena: salía sonriendo y ataviado con traje y corbata y un aspecto impecable; pero el titular no sonaba bien: «La venida de Tiger Woods, el nuevo mesías del deporte». «Esto no tiene buena pinta», pensó. Abrió la revista y leyó el título del artículo: «El hombre. Amén». Debajo, en letras grandes y en negrita podía leerse: «Pasemos al siguiente capítulo del libro de San Earl de los Woods, versículo 1997, en el que se revela que el supuesto mesías —con aureola, símbolo de Nike y todo— es, ¡madre mía!, un chaval de 21 años».

Incapaz de recordar todo lo que le había contado a Pierce —habían pasado dos meses desde la entrevista, prácticamente una eternidad en la intensa vida de Tiger—, empezó a leer. El artículo arrancaba con un chiste de mal gusto, seguido de una escena que tuvo lugar de vuelta a casa de la madre de Tiger. Durante el trayecto, Tiger se había puesto a charlar con el chófer de la limusina. «Lo que no me explico —le había dicho— es por qué hay tantas mujeres guapas interesadas en el béisbol y el baloncesto. ¿Será por eso que dicen de que, bueno, de que los negros tienen pollón?» *Definitivamente, esto no pinta nada bien.*

Tiger no podía creer que Pierce hubiera incluido eso en el artículo. Era una conversación que había mantenido con el conductor, no con el periodista. También figuraban todas sus bromas subidas de tono, y Pierce admitía que esos chistes sobre gais, lesbianas y sobre el niño negro con las bolas peludas no diferían mucho de los que contaban muchos chavales de veintiún años, sentados alrededor de un barril de cerveza en una residencia universitaria un sábado por la noche. Tiger continuó leyendo la siguiente línea: «Sus chistes tomarán un significado completamente distinto cuando aparezcan en esta revista, porque él no es un chaval más de 21 años».

Tiger se sentía traicionado y se culpó a sí mismo. «¿Cómo he podido ser tan imbécil?», pensó.

IMG no tardó ni veinticuatro horas en emitir un comunicado de prensa. «No es ningún secreto que tengo veintiún años y que me fio demasiado de las intenciones de algunos periodistas con ínfulas —decía Woods—. El artículo es la prueba, y no veo por qué nadie querría pagar tres dólares por algo así. Es algo infantil y sin importancia, y podría reírme de ello de no ser por los ataques a mi padre. No entiendo a qué vienen esos golpes tan bajos contra él.»

El artículo de Pierce había sacado a relucir los disparates del discurso que Earl había construido en torno a su hijo. También había hecho daño a Tiger. Ya sospechaba de los medios, pero el reportaje de GQ fue la prueba definitiva de que no se podía fiar de los periodistas. En lugar de reflexionar sobre su comportamiento o sobre las reglas marcadas por IMG, que habían permitido que se quedara a solas con Pierce, Tiger decidió que debía aislarse todavía más. Esa experiencia afianzó todo aquello de lo que Earl le había estado advirtiendo en relación con el trato con los periodistas: había que limitarse a contestar; ni una palabra de más. A partir de ese momento, Tiger no volvería a salirse del guion. Se habían acabado las bromas y se había acabado el permitir que nadie con un bolígrafo o un micrófono se acercara lo más mínimo a sus pensamientos o sentimientos reales.

Al parecer, Tiger llevaba una lista mental de los periodistas que consideraba que estaban en su contra. Una especie de lista negra. Evidentemente, Charlie Pierce se unió a John Feinstein en lo más alto. A Pierce le debió dar lo mismo, porque ni siquiera escribía sobre golf, pero el artículo de *GQ* cambió la dinámica para todos los periodistas que cubrían el PGA Tour. Sirvió para ratificar el desprecio que Earl y Kultida sentían hacia cualquiera que se atreviera a escribir algo malo sobre su hijo. Nadie lo entendió tan bien como Jaime Diaz.

«Sus padres odiaban que criticaran a Tiger —dijo Diaz—. En su cabeza, eso significaba que la prensa estaba en contra de ellos. Earl alimentó ese modo de pensar, y Tida también lo adoptó. Para ella, o estabas de su parte o estabas en su contra. Siempre me decía: "Si alguien me la juega, se acabó". Era la guillotina de la familia Woods.»

La nueva casa de Tiger, custodiada por las verjas de Isleworth, en Windermere, Florida, era el refugio ideal. Además de la privacidad, una de las cosas que más le gustaban a Tiger de vivir allí era tener cerca a Mark O'Meara. Él, su mujer, Alicia, y sus dos hijos —Michelle, de diez años, y Shaun, de nueve— vivían a escasos metros de Tiger. De la noche a la mañana, Tiger se convirtió en el quinto miembro de la familia O'Meara. Pasaba más tiempo con ellos que en su propia casa.

Mark O'Meara, padre de familia y profesional consumado, tuvo un gran impacto en la vida de Tiger. Lo tomó bajo su protección del mismo modo que Payne Stewart había hecho con él cuando era un recién llegado al Tour. Eran, en muchos aspectos, una extraña pareja. O'Meara, a sus cuarenta años, estaba medio calvo y tenía edad para ser el padre de Tiger. Su idea de pasarlo bien era encontrar un buen lugar donde pescar. Aun así, Tiger lo hacía todo con él: veían deporte en la televisión, iban al cine e incluso iban de pesca. No obstante, lo que hacían principalmente era jugar mucho al golf en el Isleworth Golf & Country Club, donde se enfrentaban en una ronda de práctica tras otra y Tiger le daba a O'Meara una dosis diaria de competitividad. No había mucho que O'Meara pudiera enseñarle sobre golf, pero, gracias al tiempo que Tiger pasó con él, pudo ser testigo de lo importante que era la familia en su carrera. Alicia y los niños jugaban un papel fundamental en el éxito del veterano.

Para Woods, estaba claro que O'Meara era un jugador excepcional —había ganado torneos en todo el mundo—, pero nunca había conseguido ganar un *major*. Un día Tiger le preguntó por qué. Quería saber qué había impedido a O'Meara ganar a los mejores en los momentos más decisivos. O'Meara dijo que no estaba seguro. Pero jugar con Tiger había encendido el fuego de la competitividad en su interior. Quería lo que él tenía: un instinto asesino y la seguridad que le hacía ganar.

Tiger, por su parte, quería lo que tenía O'Meara: una preciosa mujer rubia, dos hijos, un Porsche y una casa enorme y lujosa que hacía que su actual villa de dos dormitorios se quedara pequeña. Desde el punto de vista privilegiado de Tiger, fuera del campo O'Meara lo tenía todo. Desde luego, había hecho una buena elección al casarse con Alicia. Aparte de ser una de las esposas más atractivas del PGA Tour, en su casa conseguía crear una atmósfera ideal, y había invitado a Tiger a disfrutar de ella. Aunque Mark no estuviera, Tiger tenía por costumbre abrir la puerta y gritar «¿Qué hay de cena?». Siempre tenía un hueco en la mesa. La casa de los O'Meara era muy diferente —el ambiente era mucho más relajado— de la casa en la que había crecido Tiger. A menudo, cuando iban a la piscina o volvían de ella, Alicia y los niños se paseaban en bañador por las habitaciones. Pedían pizzas en Domino's. Iban todos juntos al cine. En contraposición a la tensión que había respirado Tiger durante su infancia, la casa de los O'Meara era tranquila y divertida, y nadie esperaba nada de él. Podía ser él mismo.

El viernes anterior a que diera comienzo la 61.ª primera edición del Masters, Tiger y O'Meara jugaron una ronda de práctica en Isleworth.

Hicieron una apuesta amistosa sobre quién ganaría. Después de nueve hoyos, Tiger estaba diez bajo par, e iba soltando chorradas y bromeando, cada vez más cerca de vaciarle los bolsillos a O'Meara. Cuando faltaban seis hoyos por jugar, Tiger mandó su golpe de salida a la calle, y en la distancia apareció una enorme columna de humo blanco. O'Meara sabía lo que era: acababan de lanzar el transbordador espacial Columbia. Pero Tiger nunca había presenciado un lanzamiento. Se sentó en el coche de golf y observó cómo se desprendían los cohetes aceleradores mientras un escalofrío recorría su cuerpo. Desde que era un niño había mostrado interés por el programa espacial y leído sobre la NASA y sus misiones. Se quedó boquiabierto mirando hacia el espacio y pensando en todos los científicos que habría detrás del lanzamiento de ese transbordador. «¡Eso sí que es un logro! —pensó—. Yo aquí, jugando al golf, mientras siete astronautas despegan en un transbordador espacial.» En comparación, se sintió insignificante.

O'Meara no pudo evitar observar fascinado a Tiger, un chaval de veintiún años a punto de jugar su primer *major* como profesional y al que todos los periodistas de golf daban como favorito. Le gustara o no, jugar en el Masters comportaba una carga social adicional: había sido el cofundador del torneo el que había afirmado: «Mientras viva, los golfistas serán blancos y los *caddies*, negros». El primer golfista negro del Masters, Lee Elder, no jugó hasta 1975, y tuvo que aguantar insultos y gritos de «No debería estar aquí» por parte del público. No fue hasta 1990 que el Augusta National admitió en su club al primer miembro de color. Desde entonces solo habían pasado siete años, y nunca nadie había generado tantas expectativas como Tiger. Sin embargo, él estaba observando el cielo, maravillado con los viajes espaciales, pensando en un transbordador que pondría un satélite en órbita alrededor de la Tierra.

Tiger bajó entusiasmado del coche de golf y jugó los seis hoyos restantes de manera brillante. Terminó con un resultado de 59 golpes. Era la primera vez que hacía una ronda tan buena, y O'Meara sintió que había sido testigo del preludio de algo histórico.

Unos días después viajaron juntos a Augusta. Durante el poco tiempo que duró el vuelo, Tiger le preguntó a O'Meara:

—¿Crees que es posible ganar el Grand Slam?

O'Meara dudó antes de responder. Sabía por dónde iba Tiger. El Grand Slam era el Santo Grial del golf, y nadie —ni siquiera Nicklaus o Hogan— había estado cerca de ganar el Masters, el US Open, el British Open y el PGA Championship en una misma temporada.

—Poco probable —dijo finalmente O'Meara.

Tiger no habló mucho más del tema. Le daba igual si era probable o no. A él le atraía lo imposible. Quería el Santo Grial y creía poder conseguirlo.

Solo habían pasado seis semanas desde su operación de baipás triple y Earl seguía bajo órdenes estrictas de no viajar. Pero no estaba dispuesto a perderse el que creía que sería el mejor torneo de Tiger hasta la fecha, así que decidió viajar a Augusta. Cuando llegó, estaba agotado y débil, pero por lo menos estaba allí. Se alojó en una casa con Kultida, Tiger y algunos amigos suyos, y pasó la mayor parte del tiempo en la cama. Ahí se encontraba la noche antes de la primera vuelta.

Más preocupado por su padre que por él mismo, Tiger cogió tres bolas y un *putter* y fue a ver a Earl. Se colocó en su posición de patear y le preguntó si notaba algo raro.

—Tienes las manos muy abajo —dijo Earl—. Súbelas. Y arquéalas como haces siempre.

Tiger ya no era un crío y no necesitaba que su padre le aconsejara. Con veintiún años, era el golfista con más talento del mundo. Lo que sí necesitaba era sentir ese vínculo, el que se había forjado durante las incontables horas que habían pasado jugando juntos al golf en el campo de la Marina. Pudo visualizar aquellos árboles, y recordó las tardes tranquilas en las que jugaba con su padre.

A la mañana siguiente, la del 10 de abril de 1997, mientras Tiger se dirigía al *tee* del 1, ya era evidente que la 61.ª edición del Masters supondría un punto de inflexión. Tenía a su lado a su nuevo *caddie*, Mike «Fluff» Cowan, que lucía una melena canosa y un bigote frondoso y blanco que le conferían un aire al actor Wilford Brimley.

En todos los aspectos, Tiger y Fluff eran una pareja poco habitual:

Tiger escuchaba R&B y rap, vestía ropa perfectamente planchada y vivía en una urbanización privada; Fluff era más de los Grateful Dead, solía llevar una indumentaria desaliñada y ancha, y era una especie de vagabundo que hacía unos años había llegado incluso a vivir en un coche. Sus caminos se habían unido después de que Tiger ganara su tercer US Amateur en agosto del año anterior.

A Tiger le estaba costando horrores encontrar un *caddie* antes de su debut en el Greater Milwaukee Open y decidió llamar a Cowan. A pesar de no ser muy conocido en el Tour, había demostrado que era perfectamente válido para el puesto. Perteneció al equipo de golf del William Penn College de Iowa, tras lo cual volvió brevemente a su ciudad en el estado de Maine, Auburn, y trabajó como profesional asistente de un club de campo. En 1976 llegó al Tour como *caddie*. Allí conoció a Peter Jacobsen, toda una estrella televisiva que llegó a ganar seis pruebas del PGA durante los casi veinte años que trabajó con Fluff. Tenían una relación muy estrecha, pero Jacobsen se había lesionado la espalda en el verano de 1996 y, como consecuencia, estuvo un tiempo sin poder jugar. Tiger le contó a Cowan que iba a hacerse profesional y le preguntó si quería hacerle de *caddie* en sus últimos siete torneos del año.

Fluff dijo que sí, pero que solo sería hasta que Jacobsen se recuperara y pudiera volver a jugar. Tiger admiró la lealtad de Cowan y aceptó el trato. Pero mientras Fluff cargaba con la bolsa de Tiger en Milwaukee, no dejó de repetir «hostia puta» después de cada golpe de salida. Dijo que era como estar al lado de una rampa de lanzamiento de la NASA. Cuando consiguió sus primeras dos victorias en el Tour, Cowan se dio cuenta de que Woods estaba haciendo historia y de que él tenía un asiento privilegiado. Llamó a Jacobsen, le agradeció efusivamente que le hubiera tratado como un rey durante dos décadas y le dijo a Tiger que pasaba a ser su *caddie*. La decisión situó a Cowan en el candelero, lo convirtió en el *caddie* más famoso del PGA Tour e hizo que pasara a formar parte de la historia. Ver a un joven golfista negro y a un *caddie* blanco y mayor que él junto al *tee* del 1 de Augusta suponía un cambio radical de roles, un ejemplo claro de que todo estaba cambiando.

Tiger estaba tan entusiasmado que su primer *drive* se le desvió hacia la izquierda y acabó en los árboles. Empezó el 61.º Masters con un *bogey*, y luego la cosa fue a peor. En los hoyos 4 y 5 volvió a hacer *bogey*. Enfadado, se preguntaba: «¿Qué me está pasando?». Un *bogey* más en el hoyo 9. Terminó los nueve primeros con 40, cuatro bajo par. Tiger, que sentía todas las miradas clavadas en él, se alejó del *green* del 9 cabreado y desconcertado. Sabía que los escépticos habrían empezado a predecir su fracaso en el torneo. La mejor puntuación obtenida por un ganador del Masters tras finalizar los nueve primeros hoyos era 38. Tiger lo tenía difícil.

«Solo llevamos nueve hoyos», le dijo Cowan. Había tiempo de sobra para revertir la situación.

Una de las cosas que a Tiger más le gustaban de Fluff era su capacidad de adaptarse a las circunstancias. Siempre parecía saber qué decir y qué no decir. En aquellos momentos, lo último que Tiger necesitaba era más tensión.

Se mantuvo en silencio, ignorando a la turba que le animaba de camino al hoyo 10. En un intento por averiguar qué estaba haciendo mal, rebuscó en su cabeza y echó mano de las técnicas de prisioneros de guerra a las que su padre le había sometido a los once y doce años. En aquel momento le habían parecido crueles, pero Earl le había repetido hasta la saciedad que, si iba a convertirse en la gran esperanza negra del golf, tenía que aprender a bloquear cualquier sentimiento de inseguridad. Ante la perspectiva de desmoronarse a mitad de la vuelta inicial, Tiger decidió centrarse en lo que estaba haciendo.

En el hoyo 10, sacó el hierro 2 de la bolsa. A Fluff le pareció una buena elección. Tiger pegó un golpe meteórico hasta la calle. «¡Ahí!» Ahí estaba: la misma sensación que había tenido la semana anterior en Isleworth cuando hizo 59 golpes. Acelerando el ritmo de manera repentina, Tiger fue hacia la calle en busca de su bola, la golpeó con un hierro 8 y la plantó a menos de cinco metros del hoyo para terminar con un *putt* para *birdie*. «Vale, así sí —se dijo—. Vamos bien.»

Su enfoque mental había dado un giro de ciento ochenta grados. En los segundos nueve hoyos hizo 30, seis bajo par, y terminó la jornada en cuarta posición, a solo tres golpes del líder.

«En el breve trayecto entre el *green* del hoyo 9 y el *tee* del 10, quedó demostrado que el entrenamiento mental para el golf al que me había sometido mi padre había servido de mucho —dijo más tarde—. Y se hizo evidente en la manera como jugué los segundos nueve.»

En cuanto terminó la primera vuelta, Tiger se fue al campo de prácticas. Quería grabarse a fuego el *swing* de los últimos nueve hoyos para la siguiente vuelta. Fluff Cowan y Butch Harmon le observaron mientras pegaba un golpe perfecto tras otro. Ninguno dijo una palabra. No hacía falta. Quedaban tres vueltas por jugar, pero el jueves, en el solitario trayecto entre el *green* del 9 y el *tee* del 10, se había hecho con la victoria del 61.º Masters. A partir de ese momento, Tiger cogió carrerilla.

En la segunda jornada, escaló hasta el primer puesto con un *eagle* en el hoyo 13 que desató la emoción a lo largo y ancho del Augusta. Acabó el día con 66 golpes. En el tercero hizo 65. Solo falló una vez la calle y otra el *green*, lo que le permitió conseguir la mayor ventaja tras cincuenta y cuatro hoyos de la historia del Masters. Ganaba por nueve golpes. Era como si estuviera jugando contra ancianos. Mientras recorría el campo, mareas de jóvenes seguidores que nunca habían oído hablar de Bobby Jones, Byron Nelson o Ben Hogan le iban gritando «¡Tiger! ¡Tiger!». Intentando no mirar a nadie directamente a los ojos, se quitó la gorra y saludó a lo que parecía una masa borrosa formada por miles de caras. No se hubiera imaginado nunca algo tan mágico.

La noche previa a la última ronda, Tiger estaba en la casa donde se alojaban analizando lo que tenía por delante. «Llevo nueve golpes de ventaja y queda una vuelta —pensó—. Sería horrible perder con semejante ventaja.» Hacía solo un año, Greg Norman se había venido abajo durante la ronda final y había perdido el Masters tras cargarse una delantera de seis golpes. Tiger sabía que perder con una ventaja de nueve sería un fallo que le acompañaría durante el resto de su carrera. No podía permitirlo.

Cuando todo el mundo se había ido a dormir, Tiger fue a la habitación de su padre para ver cómo se encontraba. Earl estaba agotado, pero su hijo sabía que le encontraría despierto. Siempre, desde que Tiger era un niño, habían discutido detenidamente la ronda final de los torneos antes de acostare y, en aquella ocasión más que nunca, quería conocer la opinión de su padre. Los últimos dieciocho hoyos, le dijo Earl, serían los más complicados a los que jamás se había enfrentado. Su mensaje fue claro: no te confíes.

Al día siguiente, Earl estaba demasiado débil para moverse de la casa. Tiger sabía que su padre le estaría viendo a través del televisor y deseaba con todas sus fuerzas que él y su madre se sintieran orgullosos. Pero para ello necesitaba distanciarse emocionalmente. «Tengo que ser ese asesino a sangre fría», se dijo.

Cuando llegó al Augusta, fue consciente de la magnitud del momento. Estaba a punto de convertirse en el golfista más joven en ganar el Masters. «¿De verdad es posible?», se preguntó. Era una pregunta alentadora que parecía estar haciéndose todo el país. Cuarenta y cuatro millones de estadounidenses encendieron su televisor para ver la ronda final del torneo en la CBS, lo que suponía un sesenta y cinco por ciento más de telespectadores que el año anterior.

Vestido con una camiseta roja con el símbolo de Nike en blanco, Tiger se acercó al *tee* del 1 poco después de las tres de la tarde y entró en su burbuja de concentración. Permaneció en ella hasta que recuperó su bola en el hoyo 9 y puso rumbo al 10. Aquello era muy distinto de lo que había sentido tres días antes. Con sesenta y tres hoyos a sus espaldas y solo nueve por delante, llevaba una ventaja irremontable. A medida que se acercaba al hoyo 10, permitió que su mente viajara hasta su padre, a quien imaginaba en la casa, viéndole por televisión. Pensó en su madre, que seguro que estaría recorriendo el campo como había hecho en prácticamente todos los torneos que había jugado desde niño. Los tres juntos se habían sentado en el salón cuando él tenía diez años y habían visto a Jack Nicklaus ganar el Masters de 1986; los tres juntos habían soñado con ese momento. Y, once años más tarde, ahí estaba, y también estaba Jack Nicklaus, que se abría paso entre la turba de espectadores para poder ver, aunque fuera de lejos, a Tiger. El sueño se había cumplido. Solo faltaba saber si podría batir el récord de menor número de golpes de la historia del torneo.

Por muy débil que se encontrara, Earl no pensaba perderse ese momento. Se repuso, salió de la cama, se vistió e hizo que un amigo de Tiger le llevara al campo a tiempo de presenciar el final. Esperó en el *green* del 18, desde donde vio a Tiger aproximarse a la decimoctava calle a través de un pequeño monitor de televisión.

Tiger, hasta hacía muy poco un simple adolescente, se dirigía al *green* entre dos enormes columnas de seguidores que intentaban acercársele. La sensación de estar a punto de hacer historia era embriagadora. Tras su último golpe —un tiro desde metro y medio para par—, Tiger lanzó un *uppercut* al aire con el puño derecho y el público se volvió loco. Abrazó a Cowan y luego fue directo hacia su padre enfermo. Kultida, radiante de orgullo, vio cómo su hijo y su marido se abrazaban.

—Lo hemos conseguido —dijo Earl, llorando—. Lo hemos conseguido. Lo hemos conseguido.

Tiger no quería separarse.

—Te quiero, hijo —susurró Earl—; y estoy muy orgulloso de ti.

Aquellas palabras tan poco habituales significaron mucho para Tiger, que empezó a llorar en brazos de su padre. Finalmente, Kultida se unió al abrazo. Los tres estaban unidos, expresando su afecto. Puede que fuera el momento más feliz de la vida de Tiger Woods.

CAPÍTULO DOCE
MANÍA

Las marcas que estableció Tiger en el Augusta hicieron del acontecimiento uno de los más extraordinarios de la historia del deporte, a
la altura de la insólita victoria de Cassius Clay frente a Sonny Liston
por el título de campeón de los pesos pesados de boxeo; el aplastante
récord mundial de Bob Beamon, cuyo salto de longitud alcanzó los
8,90 metros, superó la anterior marca por casi sesenta centímetros
y le valió la medalla de oro en los Juegos Olímpicos de México, y el
triunfo del purasangre Secretariat, que consiguió la Triple Corona al
quedar primero en la Belmont Stakes por nada menos que 31 largos.
La abultada lista de récords que Tiger había alcanzado o rebasado resultó increíble:

- Ganador más joven, con veintiún años, tres meses y catorce días
  (antiguo récord: Seve Ballesteros en 1980, veintitrés años y cuatro
  días).
- Menor número de golpes en los setenta y dos hoyos: 270 (antiguo
  récord: Jack Nicklaus en 1965 y Raymond Floyd en 1976, 271).
- Mayor margen de victoria: doce golpes (antiguo récord: Jack Nicklaus en 1965, nueve golpes).
- Menor número de golpes en los últimos cincuenta y cuatro hoyos: 200 (antiguo récord: Johnny Miller en 1975, 202).
- Menor número de golpes en los primeros cincuenta y cuatro hoyos: 201 (igualando el récord de Raymond Floyd en 1976).

- Menor número de golpes en los treinta y seis hoyos centrales: 131 (antiguo récord: Nick Price en 1986, 132).
- Mayor número de golpes bajo par en los nueve últimos hoyos: dieciséis (antiguo récord: Arnold Palmer en 1962, doce).
- Mayor ventaja después de cincuenta y cuatro hoyos: nueve golpes (antiguo récord: Raymond Floyd en 1976, ocho golpes).

Pero había conseguido algo más importante que todas esas marcas oficiales: era el primer golfista de herencia afroamericana que ganaba un *major*. Ese logro sería el principal responsable de que su vida cambiara de tal manera que fuera imposible estar preparado para ello. Esos cambios empezaron en cuanto salió del campo de Augusta. Poco después de firmar la tarjeta, Tiger vio a Lee Elder. A los cuarenta años, Elder, que ahora tenía sesenta y dos, se había convertido en el primer hombre negro en jugar el Masters. Fue en el año en que nació Tiger. Woods le abrazó y le dijo al oído: «Gracias por hacerlo posible». Elder empezó a llorar a lágrima viva mientras observaba cómo Tiger se dirigía hacia la Butler Cabin para la clásica entrega televisada de la chaqueta verde. Sonriendo, Tiger extendió los brazos para que Nick Faldo, el campeón del año anterior, le enfundara la codiciada prenda. Poco después se repitió el procedimiento en la ceremonia oficial celebrada en el *green* de prácticas, junto al *tee* del 1. Tiger observó que muchos trabajadores negros del Augusta habían abandonado sus puestos y acudido al césped o a la terraza de la segunda planta. De repente cayó en la cuenta de que había roto la barrera. Emocionado, cogió el micrófono y dirigió la mirada hacia la nutrida audiencia.

—Siempre soñé que ganaría el Masters y terminaría con una ventaja así —dijo—, pero nunca se me ocurrió pensar en la ceremonia de después.

El público se echó a reír, y a Tiger se le dibujó una sonrisa en el rostro.

—Anoche estuve hablando con mi padre —continuó—. Me dijo: «Hijo, probablemente esta será una de las rondas más difíciles que hayas jugado en tu vida. Si sales ahí y eres tú mismo, será una de las más gratificantes». Y tenía razón.

Los guardias de seguridad escoltaron a Woods hasta el centro de prensa, atestado de periodistas que le estaban esperando. Mientras se dirigía hacia allí, le dijeron que el presidente Bill Clinton había llamado al Augusta y quería hablar con él. Esa era su vida ahora: una llamada del presidente. Tiger se metió en una pequeña sala cerca del área de prensa y escuchó mientras el presidente le felicitaba por su victoria. También le pidió que fuera su invitado de honor en el Shea Stadium; se cumplían cincuenta años desde que Jackie Robinson rompió la barrera de color de las Grandes Ligas de Béisbol y se le iba a rendir homenaje el martes por la noche durante el partido de los Dodgers contra los Mets. La viuda de Robinson, Rachel Robinson, estaría allí. Sería estupendo, pensó el presidente, que el joven golfista que había roto la barrera de color en el Augusta estuviera presente para homenajear al que muchos consideraban el deportista afroamericano más importante de la historia. Clinton se ofreció incluso a mandar un avión de las Fuerzas Aéreas para que recogiera a Tiger.

Todo estaba yendo muy deprisa. Como si nada hubiera pasado, Tiger entró en la sala de entrevistas con la chaqueta verde, y luego se cambió de chaqueta y se puso una corbata para la cena del ganador en la casa club del Augusta National. Earl se volvió a la casa a descansar; Tiger acudió a la cena con su madre y Hughes Norton. Jack Nicklaus y Arnold Palmer, así como todos los antiguos ganadores y sus parejas, se pusieron de pie para recibir al nuevo campeón. Al fondo de la sala, todos los trabajadores negros —los cocineros, los camareros y sus ayudantes— dejaron los platos y las bandejas para aplaudir más fuerte y durante más tiempo que el resto de los invitados. Tiger se detuvo y, como tendiendo un puente entre dos mundos, saludó a los trabajadores. A continuación, se sentó en la mesa de honor, debajo de un retrato del presidente Eisenhower.

Al terminar la cena, el Augusta parecía una ciudad fantasma. Las decenas de miles de espectadores se habían marchado y apenas había indicios de que, hacía apenas unas horas, el campo hubiera acogido uno de los mayores acontecimientos deportivos de la historia de los Estados Unidos. Tiger se subió a un Cadillac de cortesía con su madre y amigos, introdujo en el lector un CD del grupo de hip-hop Quad

City DJ's, puso «C'mon N' Ride It (The Train)» a toda pastilla y atravesó Magnolia Lane con las ventanas bajadas.

Ningún ganador del Masters se había marchado nunca del Augusta de esa guisa.

A la mañana siguiente, Tiger se levantó con dolor de cabeza y voló hasta Carolina del Sur para la gran inauguración de un Official All-Star Café en Myrtle Beach. Era una obligación que había contraído al firmar el reciente acuerdo de patrocinio con Planet Hollywood, la empresa propietaria de esos restaurantes. Después de atender a sus admiradores, se reunió con Hughes Norton, que no dejaba de recibir mensajes. Algunos eran de compañías que querían patrocinar a Tiger: cadenas de comida rápida, empresas de bebidas, fabricantes de productos de consumo, fabricantes de cereales para el desayuno, proveedores de tarjetas de crédito, empresas de automóviles... Con tantas marcas importantes persiguiendo a Tiger, IMG le instó a que ampliara su cartera, y él, aunque a regañadientes, autorizó a Norton a negociar con American Express y le dijo que cerraría un acuerdo con un fabricante de relojes, una empresa de automóviles y otra de videojuegos. Nada más. Ni empresas de comida rápida ni refrescos azucarados.

Había otros mensajes que Norton tenía que comentar con Tiger, la mayoría enviados por los medios. David Letterman y Jay Leno le querían de invitado en sus programas. Tiger dijo que no. Varios periódicos y varias revistas querían hablar con él. Otra negativa. La gran pregunta era qué debía hacer ante la invitación del presidente Clinton de reunirse con él en Nueva York el día siguiente por la tarde. No sucede todos los días que el líder del mundo libre se ofrezca a enviarte un avión de las Fuerzas Aéreas. Sin embargo, Tiger necesitaba unas vacaciones y había planeado un viaje a Cancún. No le hubiera costado demasiado retrasar el vuelo un día para asistir al evento en honor a Robinson, pero a Tiger no le había hecho mucha gracia que el presidente no le hubiera incluido en la anterior ronda de invitaciones, algunas de las cuales se habían enviado a otros deportistas negros importantes. Así pues, y según una fuente cercana, su postura respecto a Clinton fue simplemente: que le den. Tiger no iba a cambiar sus planes, ni siquiera por el presidente. Norton le dijo que se encargaría del tema, y Tiger subió a un avión y pasó cuatro días en las playas mexicanas, comiendo, bebiendo y celebrando su triunfo con algunos amigos del instituto y la universidad.

Allí estaba completamente desconectado, pero su fama se iba extendiendo por todo el mundo. En Europa, Asia y Australia aplaudían su victoria en el Masters. Al mismo tiempo, su decisión de no acudir a la ceremonia de Jackie Robinson estaba causando revuelo en los Estados Unidos. Norton tuvo que lidiar con llamadas de periodistas indignados, como esta de John Feinstein:

—¿Estás de coña? —preguntó Feinstein.

—Está cansado —dijo Norton.

—Siempre está cansado. Estamos hablando del presidente de los Estados Unidos y la viuda de Jackie Robinson. No puede no ir.

—Él no lo ve así. Lo ve como una invitación de última hora, y ya había hecho planes.

—¿De última hora? El Masters lo ganó el domingo. ¿Cómo iban a saber de antemano que iba a ganar?

Ningún periodista de golf le había tocado las narices a Tiger tanto como Feinstein. Las críticas a su padre en sus columnas y en *Nightline* habían conseguido alterar a Woods más que cualquier artículo sobre él o su juego, y Earl estaba tan cabreado que tenía que contenerse para no coger el toro por los cuernos y llegar a las manos.

Norton se decantó por otro tipo de intimidación. Antes del Masters, llamó a Feinstein y concertó una cita con él; su editor en *Golf Magazine*, Mike Purley, y el jefe de redacción de la revista, George Peper. Quedaron para desayunar en Augusta, y Norton se presentó con su colega de IMG Clarke Jones. Cuando este último exigió saber la identidad de las fuentes anónimas de Feinstein, ya se vio que la cosa no acabaría bien.

—Clarke, si quisiera que lo supieras, habría mencionado sus nombres en la revista —dijo Feinstein.

—¡Bueno, pues ya me lo estás diciendo! —respondió Clarke.

—No se puede tener todo en esta vida, Clarke —replicó Feinstein.

Entonces le llegó el turno a Norton, que sugirió que, si Feinstein no colaboraba, era probable que Tiger decidiera firmar el contrato como «redactor de juego» con *Golf Digest* en vez de con *Golf Magazine*. En aquel momento, el golfista estaba negociando con ambas publicaciones.

La poco sutil amenaza de Norton provocó que el desayuno terminara de golpe y de malas maneras. Dirigiéndose a sus editores, Feinstein dijo:

—Si queréis quedaros y seguir comiendo con estos dos imbéciles, allá vosotros. Yo tengo cosas mejores que hacer que escuchar esta mierda.

Una semana después, Feinstein machacó a Tiger por eludir el homenaje a Jackie Robinson en el Shea Stadium. Estaba claro que, si quería pararle los pies, tendría que encargarse él mismo. Mediante un agente de relaciones públicas del PGA Tour, Tiger organizó una reunión con el periodista. Sin embargo, con todo lo que estaba pasando en su vida, tuvo que posponer el cara a cara.

De Cancún, Tiger voló directamente a las oficinas de Nike en Beaverton, Oregón. Cuando aterrizó, su desaire al presidente ya había traspasado las páginas de deportes y había saltado a los titulares de Washington. Maureen Dowd, la cronista política del *New York Times*, famosa por poner de vuelta y media a presidentes y senadores, escribió una columna titulada «El doble *bogey* de Tiger». En ella sugería que al golfista le importaba más el dinero que un homenaje a Robinson: «Resulta sorprendente que un joven con una "vida útil" tan larga, como dice su agente, no fuera capaz de poner en pausa un par de días su manía publicitaria».

Al final, Tiger llegaría a la conclusión de que se había equivocado. Pero pasaron años hasta que se decidió a escribirle una carta de disculpa a Rachel Robinson. Tenía veintiuno y todavía tenía que madurar.

Un día después de que se publicara la columna de Dowd, Tiger se enteró de que, durante la ronda final del Masters, el también golfista Fuzzy Zoeller había hecho algunos comentarios sobre él, refiriéndose a su raza de manera bastante desagradable. Un reportero de *Pro*

Golf Weekly, de la CNN, entrevistó a Zoeller mientras Tiger jugaba los segundos nueve hoyos de la última jornada. Para entonces ya estaba claro que ganaría, y el periodista le preguntó a Zoeller su opinión acerca de Tiger. «Lo está haciendo bastante bien —dijo Zoeller—. Es sorprendente. El chaval pega buenos *drives* y también buenos *putts*. Está haciendo todo lo necesario para ganar. Ya sabéis lo que tenéis que hacer cuando llegue. Palmadita en la espalda, le decís "enhorabuena" y "que lo disfrutes", y que el año que viene no sirva pollo frito [en la cena de campeones del Masters del año siguiente, en la que el ganador de ese año sería el anfitrión]. ¿Lo pillas? —Zoeller hizo una pausa, chasqueó los dedos y se fue, pero mientras se alejaba se giró y añadió—: O berzas, o lo que sea que sirven.»

Aquellos comentarios se emitieron en la CNN a la semana de que Tiger ganara el Masters, y enseguida fueron comparados con la deplorable entrevista de 1987 de Ted Koppel a Al Campanis, directivo de Los Angeles Dodgers, en la que el segundo expuso su idea de que los negros «no tienen todo lo necesario para ser, digamos, entrenadores principales o, yo que sé, directores generales». Campanis, que había sido compañero de equipo de Jackie Robinson, era director general de Los Angeles Dodgers cuando hizo aquellas declaraciones que acabaron costándole el puesto. Las palabras de Zoeller provocaron que muchos de los viejos estereotipos regresaran a las primeras planas, poniendo a Tiger una vez más en una tesitura complicada: ¿Cómo debía responder?

Tiger sabía que Zoeller tenía fama de bromista y de tomárselo todo a risa. «Seguro que no lo dijo con mala intención», creyó. Pero al mismo tiempo se preguntaba por qué habría pronunciado Zoeller aquellas palabras estando Tiger tan cerca de su histórica victoria. «Sus comentarios fueron bastante racistas —pensó—. ¿Acaso cambiaba algo que lo dijera en broma? Si así fue, desde luego que no tuvo ninguna gracia.»

En un primer momento, Tiger, que estaba confundido y enfadado, optó por no pronunciarse. Cuando Zoeller intentó contactar con él por teléfono, no le devolvió la llamada. Zoeller se disculpó públicamente, declarando que sus comentarios no pretendían ser racistas ni despectivos: «Me sabe fatal que una broma se haya interpretado como algo que no es. No lo dije con mala intención y lo siento si he ofendido a alguien. Si Tiger se siente ofendido, también le pido disculpas».

Mientras los medios recogían las declaraciones de Zoeller, Tiger voló hacia Chicago para una entrevista con Oprah Winfrey que se emitiría esa misma semana. Su padre también estuvo en el plató. Tiger imaginaba que tendría que responder a cuestiones de índole racial, pero Oprah le sorprendió al leer una carta que Earl le había escrito:

Querido Tiger, mi hombrecito. Eres mi tesoro. Dios te puso en mis manos para que te criara, te educara y te hiciera cada día mejor. Para mí tus intereses siempre han sido lo primero y lo más importante, y así va a ser siempre. Te quiero más que a mi vida. Todavía recuerdo el día que te conté que llorar no era malo, que no pasa nada porque los hombres lloren. Que no era una señal de debilidad, sino de fortaleza…

Te lego mi capacidad para compartir y para preocuparme por los demás. Soy consciente de que tú tienes muchas más cualidades y aptitudes para perpetuar esa filosofía en el mundo de hoy. Confío en haberte dado los consejos y el amor que te permitan llevar a cabo esa misión. Lo que Dios tiene en mente para ti, no lo sé. No es decisión mía. Mi trabajo consiste en prepararte, y creo que eso lo he hecho lo mejor que he podido. Sé que harás todo lo que esté en tu mano y que serás mi hombrecito siempre. Te quiere, papá.

Tiger se secó las lágrimas que caían por sus mejillas. Eran pocas las veces que se permitía el lujo de mostrar sus emociones, pero por segunda vez en ocho días, estaba llorando en la televisión nacional. Lo insólito de la situación hizo que no pudiera contenerse. Earl no solía expresar amor o afecto en casa y, sin embargo, estaba haciéndolo delante de Oprah y de los millones de espectadores que estarían siguiendo el programa desde sus salones.

Oprah también quiso hablar de las raíces de Tiger y le preguntó si le molestaba que se refirieran a él como afroamericano. «La verdad es que sí —contestó Tiger—. Hace años me inventé una palabra: yo soy innecasiático[3].» Era un término que Tiger y algunos amigos habían acuñado cuando estudiaba en Stanford. «Yo soy lo que soy —le explicó a Oprah—. Lo que sea que estés viendo delante de ti.»

Tiger no consideraba que estuviera faltando al respeto a los negros, y no era su intención ofender a nadie. Pero sus comentarios fueron la prueba de que todavía tenía que aprender a capear el tema de la raza, tan controvertido en los Estados Unidos. Su opinión respecto de diversas cuestiones sociales importantes no era ni de lejos tan refinada como sus habilidades golfísticas. Había estado tanto tiempo expuesto al punto de vista de su padre que no había tenido tiempo de desarrollar uno propio, y las cámaras no consentían la más mínima equivocación. Incluso antes de que se emitiera su entrevista con Oprah, dos días después de que se grabara, la Associated Press de Chicago la anticipó bajo el titular «Tiger Woods no quiere que le llamen afroamericano». El artículo se publicó el mismo día que K-Mart anunció que dejaba de patrocinar a Fuzzy Zoeller por sus comentarios racistas.

Justo cuando parecía que había dejado atrás todo el asunto de Jackie Robinson, Tiger fue arrastrado a un debate todavía más peliagudo sobre la cuestión racial. La NPR se fue hasta Harlem para hacer un programa sobre el eslogan «Yo soy Tiger Woods». El Congreso anunció que estaba llevando a cabo audiencias para investigar cómo definía y calibraba el gobierno federal la raza y la etnicidad de cara al siguiente censo, y algunos legisladores eran partidarios de añadir una nueva categoría de «raza mixta». La revista *Time* publicó un reportaje de cinco páginas titulado «Yo soy lo que soy», citando a Tiger, que incluía una fotografía de él y sus padres. Hacer frente a todo aquello era más agotador que perfeccionar su juego.

Tiger emitió a regañadientes un comunicado refiriéndose al tema de Fuzzy Zoeller en el que decía que su intento de hacer gracia había salido «fuera de límites». Pero él no había llegado a pedir disculpas a los afroamericanos por los chistes fuera de límites que él mismo había contado y que se habían publicado en *GQ*, una incongruencia a

---

3. *Cablinasian* en el original. Acrónimo formado por las palabras *indio, negro, caucásico* y *asiático*. [*N. del T.*]

la que el redactor del *New York Times* Dave Anderson se refirió inmediatamente en una columna titulada «Tiger Woods también debería disculparse por sus chistes desagradables». Tiger empezaba a sentirse como una piñata: dijera lo que dijera le llovían palos por todos lados. Cuando un reportero de *USA Today* volvió a hacer referencia una vez más a su decisión de rechazar la invitación del presidente Clinton y le preguntó por el motivo, Tiger se desahogó:

«Pues primero porque ya había planeado mis vacaciones —dijo—, y segundo: ¿Por qué no me invitó el Sr. Clinton antes del Masters? Si tanto deseaba que fuera, creo que lo mejor hubiera sido que me lo pidiera entonces.»

A pesar del aluvión de críticas, la popularidad de Tiger se disparó. Una encuesta publicada por el *Wall Street Journal*/NBC News unas semanas después del Masters reveló que Tiger había superado a Michael Jordan en el ranking de los deportistas más queridos de los Estados Unidos. Solo un dos por ciento de los encuestados le valoraron negativamente y, según los resultados, su popularidad superaba a la de Norman Schwarzkopf y Colin Powell la semana después de que terminara la guerra del Golfo. Tiger recibió valoraciones positivas incluso de un 74 % de los blancos sureños. «El único que consiguió un porcentaje mayor por parte del Sur blanco fue el general del ejército confederado Robert E. Lee», dijo el encuestador principal.

Aquellos resultados pusieron de manifiesto una verdad rotunda: para los aficionados, los triunfos y la grandeza en el deporte eclipsan las flaquezas del carácter humano. Todas esas voces que hablaban de sus chistes desagradables en *GQ*, de su desaire al líder del mundo libre y de su ausencia en el homenaje a Jackie Robinson y consecuente distanciamiento de sus raíces africanas no eran más que ruido. En realidad, a la gente no le importaba qué opinara Tiger de las cuestiones sociales, o si se consideraba negro, asiático o innecasiático. Su superioridad deportiva proporcionaba un entretenimiento que nada tenía que envidiar al ofrecido por el jugador de béisbol Babe Ruth en los años veinte. Cada vez que Tiger cogía un palo de golf, la audiencia estaba pendiente. Esperaban que sucediera algo mágico, y la mayoría de las veces así era. Eso era lo que verdaderamente importaba.

CAPÍTULO TRECE

CAMBIOS

La vida de Tiger estaba cambiando tan rápidamente que la sensación de vértigo constante era inevitable. Introvertido por naturaleza, no soportaba estar sometido a la presión de ser observado a través de un microscopio cada vez más potente e intrusivo. Allá donde iba —al centro comercial, a restaurantes de comida rápida, al cine— levantaba un pequeño revuelo. Los autógrafos, las fotografías y las interrupciones constantes hacían que le resultara agotador estar en público. Las puertas laterales y traseras pasaron a ser sus entradas y salidas favoritas. Después de su victoria en el Augusta se tomó un mes de descanso para despejarse, pero el campo de golf era el único lugar donde se sentía cómodo y controlaba completamente la situación, así que a mediados de mayo regresó al Tour para jugar el Byron Nelson Golf Classic de Dallas. Tiger suscitaba tanto interés que el torneo se vio obligado a dejar de vender entradas una vez alcanzados los cien mil abonos diarios y los cincuenta mil semanales.

Tiger, decidido y seguro, empezó fuerte, pero en las primeras vueltas sintió que en su *swing* fallaba algo. Seguía jugando mejor que el resto, pero estaba ganando gracias a sus *putts* y a su juego corto. Había algo raro en su forma de golpear la bola, especialmente desde el *tee*. Al terminar la tercera vuelta, preocupado, llamó a Butch Harmon, que inmediatamente partió desde Houston para echarle una mano con su *swing* antes de la ronda final.

El domingo, pese a competir con el baloncesto —se emitía también el decisivo partido de desempate entre los New York Knicks y los Miami Heat—, la audiencia del Byron Nelson subió un 158% con respecto al año anterior. Más de ochenta y cinco mil aficionados inundaron el Four Seasons Resort para ver a Tiger, que no defraudó y terminó la jornada de la misma manera que la había empezado: dos golpes por delante del resto.

Mientras abandonaba el *green* del 18 con otra victoria en su haber, recibió un abrazo de la duquesa de York, Sarah «Fergie» Ferguson, que había volado desde Inglaterra para recorrer el campo con la madre de Tiger. El triunfo le hizo ascender al primer puesto de la lista de ingresos del PGA Tour de aquel año, con casi 1,3 millones de dólares en solo ocho torneos. Fue el jugador más joven de la historia en ganar un millón en una temporada y el primero cuya carrera le llevó a superar los dos millones en ingresos generales. Lo había conseguido en menos torneos que ningún otro golfista en la historia del Tour. No hacía ni un año que Tiger se había hecho profesional y ya parecía como si todos los demás jugaran por el segundo puesto. Al igual que Jack Nicklaus, él *anticipaba* la victoria. Ahora, con el gran Jack en el ocaso de su célebre carrera, Woods jugaba en su propia liga.

Pero a Tiger seguía preocupándole su *swing*. Fue a los estudios de Golf Channel, en Orlando, y visionó las cintas del torneo de Augusta. Había muchas cosas que quería cambiar: la posición del palo en la cima del *backswing* (estéticamente era mejorable); sus hierros cortos (no podía calcular del todo bien las distancias); la subida del palo en sí (era refinada, pero la varilla no quedaba en línea recta hacia la trayectoria, sino que apuntaba a la derecha del objetivo). Además, la cara del palo quedaba de fuera adentro. No dejaba de encontrarse defectos. «Madre de Dios», pensó.

A Harmon, por el contrario, no le pareció preocupante lo que vio en las cintas. Era cierto que el palo de Tiger estaba ligeramente cerrado en la cima y que sus manos se abrían un poco en la continuación, pero había ganado el Masters, el Byron Nelson y un puñado de torneos más. Tenía el *swing* más elegante del Tour. ¿Por qué jugársela con algo que estaba dando resultado?

—Quiero cambiarlo —dijo Tiger—. Quiero cambiarlo ya.

Harmon notó la determinación en su voz. No había nada que discutir, así que sugirió un enfoque metódico:

—Podemos ir cambiándolo poco a poco.

—No —insistió Tiger—. Hay que cambiarlo todo ahora.

Harmon alucinaba. El mismísimo Jack Nicklaus había descrito la actuación de Tiger en el Masters como quizá la mejor jamás presenciada en un torneo en toda la historia del PGA Tour y, sin embargo, él quería reinventar completamente su *swing*. No hablaba de pequeños retoques, sino de cargárselo por completo y crear una nueva versión desde cero. Aquello podía acarrear consecuencias terribles. Y también planteaba una duda: ¿Qué es lo que mueve a Tiger Woods?

La respuesta puede intuirse en parte gracias a un comentario que Kultida hizo en una ocasión sobre su marido. «Era incapaz de relajarse —dijo refiriéndose a Earl—. Era como si siempre estuviera en busca de algo. Nunca tenía suficiente.» En el caso de Earl, el nunca tener suficiente —con una mujer, con una copa, con una cantidad cualquiera de dinero— derivó en comportamientos compulsivos que tuvieron consecuencias para su mujer e hijo. Tiger en cierto modo había heredado la intranquilidad de su padre, pero, a los veintiún años, su insatisfacción crónica tenía que ver principalmente con sus resultados. Superar a otros golfistas y ganar torneos nunca sería suficiente para Tiger Woods. No se contentaba siquiera con ser el número uno del mundo. Para él, el golf siempre fue más que un juego.

«Quería encontrar la respuesta a una pregunta: ¿Cómo de bueno puedo llegar a ser? —explicó años más tarde—. Supongo que buscaba la perfección, aunque eso no es algo que pueda conseguirse en el golf, excepto de manera parcial. Quería tener un control total sobre mi *swing* y, por consiguiente, sobre la bola.»

La persecución de ese control total le llevó a adquirir sus propios hábitos compulsivos. En la primavera de 1997, Tiger estaba obsesionado con practicar y entrenar. Para él un día normal incluía golpear seiscientas bolas, practicar su juego corto y sus *putts*, jugar una vuelta (a veces solo) y entrenar en el gimnasio entre dos y tres horas. «Aquella era la vida que quería», dijo.

En su libro *Just Can't Stop: An Investigation of Compulsion*, la veterana periodista especializada en ciencia Sharon Begley cita algunas de las cada vez mayores evidencias científicas que demuestran que los comportamientos compulsivos aparecen como respuesta a la ansiedad. «Las compulsiones derivan de una necesidad acuciante, apremiante y dolorosa que nos hace sentir como un navío lleno de vapor; nos satura de una urgencia que nos quema y nos exige que la liberemos —escribe Begley—. Son una válvula de salida, una consecuencia de la ansiedad tan inevitable como que una cañería se rompa porque el agua que conduce se haya congelado.» Concretamente, Begley menciona a genios creativos como Ernest Hemingway, que se sentía tan obligado a escribir a diario que en una ocasión dijo: «Cuando no escribo me siento como una mierda». Puede que el impulso de Hemingway tuviera su origen en un lugar oscuro y doloroso, pero, tal como apunta Begley, le condujo a la «inmortalidad literaria».

Tiger Woods había desarrollado una serie de hábitos que le encaminaban hacia la inmortalidad golfística. No sería desacertado decir que cuando no practicaba se sentía como una mierda. La alegría que sentía al ganar torneos siempre era efímera. Ni siquiera le bastaba con batir récords en el Augusta.

«Me daba igual haber ganado por doce golpes —admitió más tarde—. Sabía lo que tenía que hacer, y Butchie también, pero, por encima de todo, quería hacerlo. Me encantaba trabajar mi *swing*. Era adicto a pasarme horas en el campo.»

Desde un punto de vista práctico, cambiar un *swing* que prácticamente todo el mundo envidiaba y consideraba el mejor era extraño y arriesgado. Harmon advirtió a Tiger de que, hasta que lograra perfeccionar el nuevo, era probable que sus resultados se resintieran. Puede que tardara bastante en volver a ganar un torneo. Que Tiger estuviera dispuesto a seguir el plan de Harmon para crear un *swing* nuevo dejó pasmado a su entrenador. Es habitual que los deportistas de élite busquen constantemente maneras de mantener su ventaja y refinar sus habilidades, pero, hasta la fecha, ninguno que estuviera en lo más alto había tomado la decisión de descender durante un periodo de tiempo prolongado con la esperanza de mejorar. En muchos aspectos, Tiger era mucho más maduro de lo que le correspondía por su edad en lo referente al golf. Y también era osado. Abandonar el *swing* que le había valido la victoria en Augusta a los veintiún años acarrearía duras críticas y le obligaría a hacer frente a algo a lo que no estaba acostumbrado: perder una y otra vez.

Pero puede que también le catapultara a la inmortalidad. Era capaz de ganar el Masters, eso había quedado demostrado, pero es que el Augusta parecía estar hecho a la medida de sus puntos fuertes. Para ganar el US Open, el British Open y el PGA Championship sabía que necesitaba controlar mejor su golpe de salida. Las calles en esos torneos no eran tan indulgentes como las del campo del Masters. «Necesitaba reforzar mi *swing* si quería tener alguna posibilidad de ganarlos —dijo—. Necesitaba poder confiar en él al cien por cien.»

Tiger quería hacerse con el Santo Grial.

El día antes del Western Open, que se celebró el 2 de julio de 1997, Tiger invitó a Mark O'Meara a cenar y a ver una película: *Men in Black (Hombres de negro)*. O'Meara se olía algo, porque Tiger no solía invitar a nada. Siempre que salían era él quien pagaba la cuenta. Pero el joven tenía algo que celebrar. Era el golfista número uno del mundo y estaba a punto de hacer algo radical que podía cambiar esa situación, pero antes quería jugar una vez más con el *swing* que le había llevado a lo más alto.

Ya en la primera jornada en el Cog Hill Golf & Country Club, a las afueras de Chicago, los organizadores del torneo tuvieron que impedir que entrara más gente tras alcanzar una asistencia de sesenta mil aficionados. Era la ciudad de Michael Jordan, pero durante esos cuatro días Tiger fue su dueño y señor. Por primera vez en varias semanas se sentía descansado, y no dudó ni por un momento de que iba a ganar. Al terminar la tercera vuelta, cuando vieron que iba empatado en cabeza, los demás golfistas llegaron a la misma conclusión. Tiger se había ganado a pulso la fama de no renunciar nunca a la posición de líder, y lo demostró una vez más. Al llegar al hoyo 15 de la ronda final, ya se había asegurado la victoria.

Se calcula que unas cincuenta y cinco mil personas abarrotaron la calle del 18 para presenciar su último hoyo. En cuanto su segundo golpe despegó y Tiger empezó a caminar hacia la bola, miles de seguidores —la mayoría adolescentes— atravesaron las cuerdas en un arrebato de júbilo. «¡No pueden retenernos!», gritó uno. Sereno y sonriente, Tiger recorrió la calle despreocupadamente, liderando a las masas en una escena que parecía sacada de una película de Frank Capra. Entonces, tras embocar un *putt* corto, lanzó la pelota al público.

La del Western Open suponía la cuarta victoria de Tiger en el PGA Tour de 1997. Más tarde admitió que no había jugado bien del todo, pero que había ganado gracias a la que, según él, era su mejor arma: «mi mente creativa». Era una manera sutil de decir que cuando ponía su mente en ello, era capaz de ganar. Earl fue directo: «Si Tiger juega con ese estilo impecable suyo, da igual cómo jueguen los demás. Tiger va a ganar. Es así de simple».

Earl tenía razón. Pero Tiger sabía algo que ni siquiera su padre alcanzaba a comprender todavía. Al marcharse de Chicago, dejaría atrás el *swing* que le había llevado a la cima. No volvería a ganar hasta mayo de 1998. Y le llevaría veintidós meses llegar a dominar su nuevo *swing*. Tiger, cuya palabra favorita era *competir*, estaba a punto de alcanzar un nivel de agotamiento mental que pondría a prueba su capacidad de seguir confiando en que, aunque a largo plazo, estaba haciendo lo correcto.

CAPÍTULO CATORCE
EXPLOTACIÓN

Justo después de hacerse profesional, Tiger dejó claro que, si bien haría todo lo que le pidieran Nike y Titleist, no quería saber nada de otros patrocinadores. Pero decirle que no al dinero fácil resultaba muy duro, especialmente para IMG. Tiger era el bien más preciado de la agencia deportiva, y Norton trataba de conseguir cuantas más fuentes de ingresos y comisiones, mejor. Earl aprobaba la visión de Norton, y Tiger acataba. Primero llegó el contrato con Planet Hollywood, que vinculaba a Tiger a los restaurantes All-Star de la compañía; luego vino la avalancha de oportunidades posterior al Masters. El 19 de mayo de 1997, un día después de ganar el Byron Nelson, Tiger voló a Nueva York para anunciar su nuevo acuerdo con American Express.

El gigante de los servicios financieros había apostado fuerte por Woods: le iba a pagar trece millones de dólares por cinco años —incluyendo un adelanto de cinco millones—, y donó un millón más a la fundación de Tiger, que apoyaba el golf para minorías. Un asesor financiero de American Express pasó a formar parte en exclusiva del equipo de abogados y contables de Tiger. Además, Woods recibió de la compañía una tarjeta Centurion Black Titanium, que solían ofrecer únicamente a clientes que gastaban un mínimo de 450.000 $ al año. A sus veintiún años, puede que fuera la persona más joven del mundo con una tarjeta Black por la que, además, no tenía que pagar la comisión anual de 5.000 $. American Express sintió que había conseguido a la celebridad internacional perfecta para promocionar sus productos en Asia y América del Sur, donde tanto el golf como las tarjetas de crédito estaban en expansión. «Tiger Woods ha conseguido despertar interés en diversos tipos de personas —dijo el presidente de la compañía, Kenneth I. Chenault—. Es difícil pensar en alguien a quien no le atraiga.»

Al cabo de poco más de una semana, Rolex anunció también que había firmado un acuerdo de patrocinio con Tiger, y supuestamente le iban a pagar siete millones por cinco años. La empresa pretendía reinventar su marca de relojes Tudor para comercializarlos entre un público más joven. Los nuevos relojes llevarían el nombre de Tiger, que aparecería en campañas publicitarias de televisión y prensa.

Al mismo tiempo, Earl estaba sacando provecho del éxito de Tiger. Su libro *Entrenar a un tigre: una guía para forjar un campeón tanto en el golf como en la vida* fue publicado por HarperCollins a principios de abril de 1997. La primera tirada fue de setenta mil copias; el día después de que Tiger ganara el Masters, el editor encargó una segunda edición de veinte mil. Luego Earl fue a *The Oprah Winfrey Show*, y su participación en ese programa de entrevistas dio pie a muchas otras, en las que siguió haciendo hincapié en su papel en el éxito de Tiger.

—Tiene que tener a alguien con quien poder hablar y en quien poder apoyarse —le contó Earl a Charlie Rose—. Ya lo visteis en el *green* del 18 del Augusta durante la última jornada, cómo lloraba entre mis brazos. Esa es su casa. Esa es su zona de confort.

—¿Y su madre? —preguntó Rose.

—Su madre también, hasta cierto punto —respondió Earl—. Una madre es una madre. Pero en nuestra familia predomina el padre.

El libro de Earl terminó vendiendo más de 233.000 ejemplares en tapa dura y casi 60.000 en rústica. El éxito fue tal que firmó un contrato para escribir una continuación titulada *Playing Through: Straight Talk on Hard Work, Big Dreams and Adventures with Tiger*. Se publicaría en la primavera de 1998.

IMG estaba contenta. Earl estaba contento. Tiger estaba estresado. Desde luego que no tenía ningún inconveniente respecto del dinero que entraba a raudales; después de ingresar 13,1 millones en su breve temporada 1996, en 1997 se embolsó 21,8, gran parte de los cuales —19,5— provinieron de los patrocinios. Pero todo el mundo andaba detrás de él. Además de todo el tiempo que tenía que invertir en los compromisos con sus socios corporativos, le estaban presionando para que se pusiera las pilas con el manual instructivo para Warner Books. La editorial le había pagado ya un adelanto importante y estaba deseando sacar tajada de la fama de Tiger al colocar su libro en las estanterías.

—¡No tengo tiempo para esas mierdas! —le soltó Tiger a Jaime Diaz, que había estado hablando con Norton sobre el tema de escribir el libro con él.

Con todo lo que estaba sucediendo en su vida, a Tiger se le había atragantado la idea de escribir un manual instructivo, y no quería ni pensar en la autobiografía. Además, Earl se había cabreado al enterarse de que Norton había puesto en marcha la idea de ese libro sin consultárselo antes.

Todo el sector editorial estaba sacando de quicio a Tiger. Sentía que cada vez más gente intentaba exprimirle. Ya antes de que ganara el Masters, Tim Rosaforte, de *Sports Illustrated*, publicó *Tiger Woods: The Making of a Champion*. Luego, después de ese mismo torneo, salió a la venta el libro de John Strege, *Tiger: A Biography of Tiger Woods*, cosa que enfadó muchísimo al protagonista. Tenía la impresión de que todo el mundo que se le acercaba lo hacía para explotar su fama en beneficio propio.

«La gente se acerca a mí más por interés que por amistad», dijo por ese entonces.

Strege no lo veía así. Había empezado a cubrir la trayectoria de Tiger para el *Orange County Register* cuando no era más que un chaval. Dada su cercana relación con la familia, en septiembre de 1996, justo después de que Tiger se hiciera profesional, le había comentado a Earl que quería escribir ese libro. Earl le había dado su consentimiento, y Kultida le había incluso dejado consultar los álbumes de recortes que había recopilado a lo largo de los primeros veinte años de vida de su hijo. En menos de tres meses, Strege tenía listo un libro de 238 páginas, pero cuando se publicó le volvieron la espalda. Envió un ejemplar a Earl y Kultida, pero nunca obtuvo respuesta. Hughes Norton dejó de cogerle el teléfono. Finalmente, la secretaria de Norton informó a Strege de que la familia le había vetado. El periodista llegó a redactar para *Golf Digest* una columna favorable a Tiger, pero cuando uno de los fotógrafos de la revista habló con el golfista en pos de un acercamiento con Strege, el resultado no fue nada positivo.

—John Strege ha escrito una columna en la que habla bastante bien de ti —dijo el fotógrafo—. ¿La has leído?

—¡John Strege se puede ir a la mierda! —le espetó Tiger.

Tras años de relación cercana, Strege, alguien a quien la familia recurría habitualmente para que les ayudara o para que publicara estratégicamente algún artículo en el diario, nunca volvió a recibir noticias de los Woods. Tiger, en particular, le desterró de su vida. «Resulta que la única manera de ser su amigo era cumpliendo sus condiciones», concluyó Strege.

Durante el Masters de 1997, entre ronda y ronda Tiger jugaba al *Mortal Kombat*, un videojuego de lucha famoso por ser violento y muy sangriento. Sus movimientos finales —conocidos como *fatalities*—, particularmente explícitos, tuvieron un peso importante en la decisión de crear un sistema de clasificación para los videojuegos. *Mortal Kombat* era solo uno de los muchos juegos con los que Tiger se entretenía durante el Tour y fuera de él. En una ocasión, pasó una semana entera encerrado en su casa de Isleworth, tirado en el sofá y jugando con la videoconsola. En lo que a patrocinios se refería, el único acuerdo que Tiger realmente deseaba era uno con una empresa de videojuegos. Pero eso acabó siendo otro motivo de frustración.

En el verano de 1997, un pequeño equipo de EA Sports se reunió con Tiger y Norton en Isleworth. Por ese entonces, EA —con su pretencioso eslogan «Somos el deporte»— era el gigante de los videojuegos. La empresa, que había crecido como la espuma gracias al éxito de *Madden NFL* (fútbol americano) y el pelotazo internacional que supuso *FIFA* (fútbol), contaba con un modelo de negocio enfocado a chicos jóvenes y a lo que les gustaba llamar el «sofá de la fraternidad», ese lugar donde todos los universitarios eran iguales independientemente de su altura o su éxito con las mujeres. Hacía tiempo que la empresa tenía la exclusiva de los derechos del PGA Tour, pero la franquicia hacía aguas y tenía que conformarse con un cuarto puesto en la jerarquía de EA, por detrás de *Madden, FIFA* y *NHL (hockey)*. El espíritu conservador del PGA Tour y sus aficionados —en su mayoría personas de mediana edad— no encajaba con el público objetivo de EA.

Pero entonces llegó Tiger Woods, un caballero blanco en potencia cuya imagen podía aportar al juego el toque que consiguiera atraer a la juventud. Sin embargo, cuando Norton contactó con EA, sus directivos no tenían demasiado claro que Tiger fuera un verdadero aficionado a los videojuegos y, por consiguiente, creían que no conseguiría engañar a su público objetivo: chavales para los cuales los videojuegos eran su vida, su oxígeno y su afición principal y diaria. Por ese motivo, antes de firmar un contrato millonario con el golfista, el equipo de EA quiso ponerlo a prueba en la casa del club de campo que había cerca de su domicilio.

Tiger no defraudó. Cuando le preguntaron qué tipo de juegos le gustaban, fue muy específico. «A los de deporte no juego demasiado —les dijo—. Me van más los de conducir. También me gustan los de disparar. El *Need for Speed*, el *Halo*, el *Mortal Kombat*...»

Tiger también entendía de diseño de videojuegos y dejó claro que, si firmaba un acuerdo para promocionar un juego de golf de EA, iba a querer involucrarse en el tema de los detalles. Quería que el juego fuera realista.

Las respuestas de Tiger fueron exactamente las que EA quería escuchar, y cuando Norton les propuso firmar un contrato estuvieron más que dispuestos. No obstante, las negociaciones se estancaron a causa de una disputa contractual entre IMG y Nike por una única subcláusula sobre los «derechos interactivos» de Tiger: Nike poseía esos derechos y pretendía vendérselos a EA para compensar los millones que le estaban pagando a Woods.

Mike Shapiro, jefe de la marca Tiger Woods de Nike, dijo que Norton no se había dado cuenta de ese detalle hasta que él se lo había hecho ver. En muy poco tiempo, Norton y su equipo de IMG habían conseguido un buen número de acuerdos para Tiger. Muchos de ellos resultaron complicados, y el de Nike el que más. Al parecer, al negociar los cientos de páginas de condiciones del contrato con Tiger, IMG no previó aquella situación crítica.

Norton quiso mantener una reunión cara a cara con Shapiro, que accedió a viajar hasta Cleveland. El agente arrancó sin dejarle apenas tiempo para que tomara asiento en la sala de reuniones de IMG:

—Esos derechos son nuestros.

—Léete el contrato —dijo Shapiro.

—Ya me lo he leído —respondió Norton—. Los derechos nos pertenecen.

—Pues lo has interpretado mal —espetó Shapiro de forma rotunda—. Pone que poseemos... los derechos de los videojuegos.

La reunión fue tensa y no terminó precisamente bien.

Norton, un hombre pequeño con un ego enorme, disfrutaba de una buena disputa, ya fuera una riña con su exmujer por un aspecto insignificante de su divorcio o un berrinche por una subcláusula en el contrato de un cliente. En muchos aspectos, la personalidad del agente jugaba un papel muy importante en su estrategia a la hora de maximizar las oportunidades de patrocinio de sus celebérrimos clientes. Pero de golpe se encontró en un callejón sin salida con el mayor de los socios corporativos de Tiger. Los abogados de Nike se mantuvieron en sus trece y Mike Saphiro no se dejó intimidar ni un ápice por las tácticas de Norton. Antes de pertenecer a Nike, Shapiro había sido el vicepresidente comercial de Turner Sports y había negociado derechos de emisión con la NFL, la NBA, el PGA Tour y las Grandes Ligas de Béisbol. Antes de eso había sido asesor jurídico de los San Francisco Giants. Entendía de contratos y entendía de derechos. No iba a haber ningún acuerdo de patrocinio entre Tiger y EA sin el consentimiento de Nike.

La acritud entre Norton y Shapiro sacaba de quicio a Tiger.

—¿Qué pasa? —le preguntó a Shapiro—. ¿No puedes solucionarlo de una puta vez?

—Bueno, es que Hughes y yo tenemos puntos de vista distintos —le explicó Shapiro.

—Me importa una mierda —respondió Tiger—. Soluciónalo ya. Norton y tú no hacéis más que hablar pestes el uno del otro.

Finalmente, Norton tuvo que ceder, pero se tomó la revancha volviéndose inflexible con los horarios de Tiger. El contrato final con EA estipulaba que la empresa de videojuegos podría disponer del golfista dos o tres días al año para temas relacionados con la mercadotecnia y el desarrollo de diseños. Esto último requería fotografías de captura de movimiento frente a un croma y otras tantas instantáneas en el campo de golf. Según Shapiro, Norton hacía todo lo posible porque EA y el calendario de Tiger no se coordinaran. Cuando finalmente se fijaba una fecha, las sesiones tenían lugar al lado mismo de casa de Tiger y se llevaban a cabo con una eficiencia militar, desde que amanecía hasta el anochecer. Si EA tenía bloqueadas tres horas para que Woods grabara un anuncio de televisión en el cual decía ocho frases, cuando Tiger estaba contento con el resultado terminaba el rodaje. El golfista también se negó cuando el equipo de marketing de EA propuso que los jugadores pudieran pegar *drives* de 460 metros. «Con viento llego hasta 310 —dijo Tiger—. Nada de 460.»

En 1998, EA lanzó el videojuego *Tiger Woods 99 PGA Tour Golf*. Fue todo un éxito.

Nike tenía grandes planes para Tiger. Con la esperanza de expandirse por el lucrativo mercado asiático y aprovechando el tirón de su deportista estrella organizaron en Tokio el torneo Tiger Woods Invitational, que tuvo lugar a principios de noviembre de 1997. En él participaron Nick Price, Mark O'Meara y Shigeki Maruyama, y supuso la primera visita de Tiger a Japón. Fueron muchísimas las personas que acudieron para verle jugar, pero, desde el momento en que llegó, se mostró agotado y distante.

Una semana antes había cerrado su año en el PGA Tour con una duodécima posición en el Tour Championship. La semana anterior a esa, había pegado un patinazo en el Las Vegas Invitational por culpa de una tercera vuelta terrible. En verano había acabado en el puesto diecinueve en el US Open, veinticuatro en el British Open y veintinueve en el PGA Championship. Los periodistas de golf empezaban a sugerir que estaba atravesando un bache, y más de un profesional de los circuitos dejó caer que, al fin y al cabo, la nueva gran esperanza del golf era de carne y hueso. Algunos parecían alegrarse de su mal momento. «Tiger está demostrando no ser tan distinto de cualquier otro jugador del PGA Tour —dijo Greg Norman a modo de broma cuando terminó la temporada 1997—. Tuvo un arranque fenomenal y muy rápido. Pero ha vuelto a la realidad y es solo un golfista más.»

Circulaba el rumor de que Tiger estaba trabajando en su *swing*, pero, como de costumbre, él mantenía el secretismo al respecto. Nadie se daba cuenta de que había abandonado su golpe característico de los campeonatos y estaba aprendiendo uno completamente nuevo. Y los tipos como Norman no comprendían las exigencias que implicaba una fama que iba mucho más allá del golf.

Tiger, que habría preferido desaparecer, aceptó de mala gana sentarse frente a las cámaras de Fox Sports —el canal que había adquirido los derechos estadounidenses del evento de Tokio— y conceder una entrevista de media hora. Eran tan pocas las ganas que tenía que a la cadena le había costado un mes de negociaciones acordar una fecha y un lugar, pero finalmente la entrevista se fijó para un viernes por la noche en un hotel de la capital japonesa. Esa tarde, mientras Tiger esperaba sentado en un helicóptero sobre el campo del torneo a que le llevaran a Tokio para acudir a la cita, subió una mujer. Tiger, que estaba mirando por la ventana, no le hizo ni caso.

—Hola, Tiger —dijo—. Soy Deb Gelman. Trabajo para Nike.

Tiger se giró y la miró.

—Hola —respondió—. Yo soy José Cuervo.

Entonces volvió a girarse y siguió mirando a través de la ventana. No abrió la boca en todo el vuelo.

Gelman trabajaba como productora para Nike Sports and Entertainment, la más reciente división de la compañía. Una de sus responsabilidades era asegurarse de que Woods acudía a la entrevista. Una vez en el hotel, Tiger la acompañó hasta una suite en el ático donde se encontraba Roy Hamilton, un antiguo jugador de primera línea de los Detroit Pistons convertido ahora en uno de los afroamericanos más destacados de la televisión deportiva.

Tiger no estaba para intercambiar cumplidos. El reloj empezó a contar en cuanto entró en la habitación y exactamente treinta minutos más tarde se levantó y se quitó el micrófono que le habían enganchado a la camiseta. Fox había preparado una mesa con banderines, pósteres y otros objetos de recuerdo. Hamilton preguntó a Tiger si le importaba firmar algunos. Sin decir una palabra, el golfista pasó de largo la mesa y salió de la suite.

A los allí presentes les pareció que tenía un comportamiento frío. Pero siempre le estaban pidiendo que autografiara objetos de coleccionista. En los torneos, los aficionados se habían vuelto tan agresivos que, en un par de ocasiones, le habían hecho cortes debajo del ojo al acercarle los bolígrafos a la cara. Daba igual dónde fuera: cada vez que estaba en público, le paraban desconocidos para pedirle autógrafos y fotos. El efecto acumulativo de esa avalancha le había obligado a poner algunos límites. En los torneos intentaba contentar a los niños, pero ni siquiera en esas ocasiones podía fiarse de que no hubiera algún fanático que los utilizara para llevarse objetos autografiados que luego vendería en tiendas y ferias. En los eventos organizados por sus patrocinadores, Tiger firmaba absolutamente de todo, fuera lo que fuera, y pasaba más tiempo que ningún otro deportista interactuando con los asistentes. Pero la mesa llena de objetos de recuerdo del hotel de Tokio no encajaba dentro de esa categoría. Su acuerdo con Fox no decía nada de firmar banderas, pelotas ni programas y, por lo tanto, no lo hizo.

A la mañana siguiente se suponía que Tiger debía participar en un clinic previo a la ronda final, pero no acudió y dejó a cientos de niños desilusionados. Llegó al campo con el tiempo justo para jugar. Al parecer había bebido bastante la noche anterior y seguía de resaca. Le preguntó a un amigo si tenía caramelos o chicles.

—Yo tengo —dijo Gelman.

—Pues nos vemos en los *tees* y *greens* de todos los hoyos —le dijo Tiger.

Era la primera vez que hablaba con ella desde su primer encuentro en el helicóptero, pero, durante los dieciocho hoyos que siguieron, Gelman era de repente su mejor amiga. Al terminar la vuelta, no le dio las gracias ni se despidió. Desapareció sin más.

«Me dio la impresión de que no era feliz —dijo Gelman en 2015—. Todo el mundo le iba detrás, y él andaba con pies de plomo. Era obvio que no se fiaba de nadie, ni siquiera de su círculo cercano.»

El lunes 5 de enero de 1998, Tiger se encontraba en San Diego preparándose para el Mercedes Championships. Era una oportunidad de oro para ocuparse de un asunto pendiente: John Feinstein también estaba en San Diego. Estaba entrevistando a profesionales del PGA Tour para su siguiente libro, *The Majors: In Pursuit of Golf's Holy Grail*. Tiger le hizo llegar que quería reunirse con él esa noche en un restaurante de la playa. Woods llegó antes que Feinstein, pidió una mesa en una esquina y esperó sentado.

—Qué ganas tenías de verme, ¿eh? —dijo Feinstein, bromeando para romper el hielo.

—Es porque tengo hambre —respondió Tiger en un tono monótono, decantándose por no verle la gracia.

No se puede decir que su relación fuera buena, pero durante el largo rato que duró la cena discutieron sus diferencias, especialmente el tema de la comparación que hizo Feinstein de Earl Woods con Stefano Capriati.

—No creo que tu padre sea diferente de cualquier otro padre ambicioso y codicioso —le explicó Feinstein—. Excepto por una cosa: tú eres hijo suyo. Así que supongo que es gracias a sus genes que has salido lo suficientemente inteligente y duro como para lidiar con todas sus presiones y seguir siendo un gran jugador. La mayoría de los chavales no son así. A mi parecer, tú has triunfado a pesar de tu padre y no gracias a él.

Tiger defendió a Earl sin mostrar ninguna emoción. También le paró los pies a Feinstein cuando señaló que su padre había escrito un libro para alardear de cómo había forjado a Tiger.

—Lo hizo simplemente porque muchísima gente le preguntaba: «¿Cómo lo has hecho?» —dijo Tiger—. Supuso que sería más fácil escribir un libro que responder a la misma pregunta millones de veces.

—Ah, ¿sí? —respondió Feinstein—. ¿Y entonces por qué escribió el segundo?

Tiger se le quedó mirando. Entonces se echó a reír y dijo:

—Esa ha sido buena.

El tira y afloja fue como una partida de ajedrez: Tiger intentaba encontrar un punto débil y no había manera. Mencionó el desayuno en Augusta del cual Feinstein se había marchado dejando tirados a Norton y Jones.

—Tengo que admitir que se llevaron una sorpresa —dijo Tiger—. Creo que pensaban que, estando tu jefe presente, atenderías a razones.

Feinstein le contó que en realidad no tenía jefe. La mayor parte de sus ingresos provenían de escribir libros, no de cubrir el golf para *Golf Magazine*.

Tiger se puso cómodo en la silla.

—¿Así que es eso? —dijo—. ¿No te vale cualquier trabajo?

—Correcto —respondió Feinstein.

—Vaya, pues así es más difícil intimidarte.

Al despedirse, Feinstein le dio las gracias a Tiger por haber programado la cena.

—No tienes ninguna necesidad de caerme bien o de que escriba o diga cosas buenas sobre ti —dijo Feinstein—. Eres el puto Tiger Woods. Creo que lo que has hecho hoy dice mucho de ti. Y esta noche he aprendido muchas cosas, no solo sobre nuestros desacuerdos, sino sobre quién eres.

Tiger inclinó la cabeza y dijo:

—¿Qué es lo que has aprendido sobre mí?

—Que eres más listo de lo que pensaba.

Antes de irse, Feinstein le contó a Tiger que en unas semanas se iba a publicar un librito suyo sobre él.

—En cuanto pueda te enviaré una copia —dijo—. Básicamente hablo de tu padre en los términos que hemos discutido esta noche.

—Pues igual es mejor que no lo lea —respondió Tiger.

—Probablemente, pero no quiero que te lleves ninguna sorpresa. En cuanto me llegue lo meteré en tu taquilla.

Parecía que habían logrado apaciguar y resolver todas sus rencillas; por lo menos eso creyó Feinstein. Ambos pasaron a saludarse amistosamente cuando se cruzaban durante algún torneo, y Tiger terminó por concederle una entrevista para *The Majors*. Siguiendo la sugerencia del golfista, la entrevista tendría lugar a finales de año en Atlanta, durante el Tour Championship.

Pero en materia de rencores, Tiger era clavado a sus padres. *Perdonar* y *olvidar* no formaban parte de su vocabulario. Earl nunca perdonaba un desaire, y tampoco Tida. Y, asimismo, a Tiger también le costaba mucho dejarlos pasar. Dos meses después de la cena en San Diego, durante un torneo, Feinstein dejó un ejemplar de su nuevo librito en la taquilla de Tiger. Tal como le había advertido, en él defendía aquellos artículos previos en los que había comparado a Earl Woods con Stefano Capriati. «Son comparaciones justificadas —escribió Feinstein—. Ambos padres convirtieron a conciencia a sus hijos en vales de comida mucho antes de que se hicieran profesionales... El único trabajo de Earl desde 1988 fue el que le encargaron Hughes Norton e IMG.»

En ese fragmento volvía a atacar la dignidad de Earl, y nada cabreaba más a Tiger que las críticas públicas a su padre. La otra cosa que no podía soportar era que la gente se aprovechara de él, especialmente los periodistas. Desde su punto de vista, Feinstein se la había jugado por partida doble.

CAPÍTULO QUINCE
INSTINTOS

La semana del Masters de 1998, Tiger apareció en la portada de *Sports Illustrated* junto a un tigre de Bengala blanco de trescientos kilos llamado Samson. El exótico animal había sido transportado por aire hasta Isleworth junto con otro tigre del mismo tamaño llamado Dimitri para una sesión de fotos que tuvo lugar en la lujosa sala de baile del club de campo. La idea de fotografiar a Tiger junto con dos tigres macho adultos se le había ocurrido a la revista, que había logrado convencer a Hughes Norton. En un primer momento, el agente se había mostrado reticente: si algo salía mal las consecuencias podían ser terribles. La casualidad quiso que, efectivamente, algo saliera mal justo antes de que llegara Tiger: Samson se cayó tras tropezarse con la lona que habían colgado como telón de fondo para la foto y se asustó. El animal empezó a correr por la sala y el director creativo de *SI* se lanzó hacia la puerta. A Norton no le hizo ni pizca de gracia que el tigre siguiera rugiendo cuando Woods llegó, pero Tiger fue directo hacia Samson y el animal se tranquilizó inmediatamente. David McMillan, el adiestrador del tigre, se quedó perplejo.

«En mi vida he visto a nadie proyectar tanta seguridad como ese joven —explicó a la revista—. Es algo que no se puede fingir cuando uno se encuentra ante un felino de ese tamaño. Samson no detectó debilidad ni miedo en Tiger, solo poder y paz interior.»

El encuentro dijo muchísimo de la habilidad de Tiger a la hora de enmascarar sus verdaderos sentimientos. Durante toda su vida había ocultado sus emociones a sus amigos, sus rivales y los medios. Ni siquiera un animal cuya supervivencia depende de su instinto fue capaz de leerle la mente. La verdad era que en abril de 1998 las circunstancias en la vida de Tiger no le permitían tener esa paz interior. Mientras posaba con los tigres para la foto de portada, Woods estaba amenazado de muerte. Era una de las espantosas consecuencias de su tremenda popularidad. Nunca habló públicamente de esas amenazas ni dio parte de ellas, pero el día antes del Masters del 98 habló del tema con Mark y Alicia O'Meara.

El matrimonio enseguida le dijo a Tiger que se alojara con ellos en Augusta; podría pasar desapercibido y nadie sabría dónde estaba. O'Meara llevaba veinte años alquilándole una casa a Peggy Lewis, una profesora de la ciudad que, como muchos otros habitantes, se sacaba un dinerillo extra dejando su hogar libre durante la semana del Masters. Había una habitación libre.

Tiger aceptó la oferta.

Cuando Tiger llegó al Masters de 1998, medía un metro ochenta y seis y pesaba setenta y siete kilos, nueve más que en el Masters del 97. Los kilos de más eran puro músculo. Se había pasado una cantidad desmesurada de tiempo levantando pesas en el gimnasio. Tiger pegaba los golpes más fuertes y de mayor alcance del Tour, pero aun así ansiaba un impacto más explosivo desde el *tee*. Según sus propias palabras, quería «sacudir la bola desde la cima del *backswing*». Estudió el tema por su cuenta y llegó a la conclusión de que para desarrollar sus músculos de contracción rápida debía levantar mucho peso a ritmo ligero y complementar el entrenamiento con carreras a toda velocidad. También desarrolló las fibras de sus músculos de contracción lenta mediante largas carreras de resistencia y alternando sus levantamientos a ritmo ligero con otros a ritmo suave. A menudo aquello se traducía en dos sesiones de entrenamiento diarias. Levantando cien kilos en *press* de banca y más de ciento veinticinco con las sentadillas, su físico tenía poco que ver con el del resto de los golfistas del Tour. Empezaba a parecerse más al de un defensa de la NFL.

Pero Tiger estaba agotado. Se había tirado toda la semana anterior al Masters descansando en Isleworth y, hasta cierto punto, eso le ayudó: jugó de manera consistente, haciendo 71, 72, 72 y 70 golpes. Ese resultado tenía poco que ver con el del año anterior, pero no estaba nada mal para alguien que estaba aprendiendo un *swing* completamente nuevo. Durante todo el fin de semana se movió por los primeros puestos de la clasificación, y terminó empatado en octava posición.

O'Meara, por su parte, jugó como nunca y consiguió su primer *major*. El momento en el que Tiger, el campeón vigente, le enfundó la chaqueta verde a su mejor amigo en el Tour fue casi poético. Durante los dieciocho meses anteriores habían jugado juntos al golf durante incontables horas, y la influencia de Tiger había inspirado a O'Meara para elevar su juego. Llegó incluso a decir que, cuando en los cuatro últimos hoyos hizo los tres *birdies* que le valieron su primera victoria en un grande, estaba jugando un poco al estilo Woods.

Cuando volvieron a la casa de alquiler, todos estaban eufóricos. Alicia, que nunca se habría imaginado que su marido pudiera ganar, no había llevado ropa formal. Peggy Lewis cogió unos zapatos y un vestido y corrió hacia su casa para ayudarla a acicalarse para la cena de campeones. Mientras Mark y Tiger se arreglaban, Alicia y Peggy fueron a la casa de al lado a planchar el vestido y tomarse una copa de vino con los vecinos. Al cabo de unos minutos, Tiger entró en busca de Alicia. «¡Ay, Dios mío!», pensó Lewis. Sabía que Tiger se alojaba en su casa, pero todavía no habían coincidido. Emocionada, se levantó y le extendió la mano.

—Hola, Tiger, soy Peggy Lewis. La dueña de la casa de al lado, donde te alojas.

Sin dirigirle la palabra, Tiger ignoró la mano de Lewis y le preguntó a Alicia que cuándo se iban.

Todos dejaron de hablar y miraron a Lewis, que retiró su mano avergonzada.

Alicia miró a Tiger.

—Termino en un par de minutos —dijo.

Lewis, humillada, se sentó en silencio mientras Woods abandonaba la casa sin haberse dignado siquiera a saludarla.

Tiger se alegró mucho por O'Meara, que un par de meses más tarde ganaría también el British Open. Mientras tanto, su propio juego iba tomando forma. En febrero había conseguido remontar ocho golpes en la ronda final del Johnnie Walker Classic de Tailandia y había acabado ganando. A pesar de que su participación en el Masters de 1998 no había sido nada del otro mundo, como jugador era más completo que el año anterior. Aparte de tener el segundo golpe más largo del Tour, había conseguido disparar mucho más recto. Además, se había abierto paso discretamente hasta alcanzar el segundo puesto en puntuación media. Sin embargo, habían pasado nueve meses desde su última victoria en un torneo del PGA Tour y estaba harto de escuchar: «¿Qué le pasa a Tiger?».

Harmon no dejaba de insistirle en que la única pregunta que importaba era: «¿Vas por buen camino?». Y, desde el punto de vista del entrenador de *swing*, la respuesta era un sí rotundo. No era cierto que Tiger estuviera atravesando un bache; simplemente era la impresión que daba tras un inicio de carrera tan deslumbrante. En todo caso, era una víctima de su propio éxito. Él mismo se había puesto el listón tan alto que cualquier cosa inferior a una victoria se consideraba un fracaso. De puertas adentro, había reemplazado un golpe que solía ser bastante tosco por un *swing* más controlado con la intención de bajar su trayectoria. En un esfuerzo adicional por hacer descender el vuelo de su bola, también había cambiado su *driver* por uno con varilla de grafito. Su postura también era distinta. Todos esos cambios pasaron bastante desapercibidos, pero Harmon veía lo que se avecinaba. La revisión del *swing* de Tiger iba según lo previsto, y los resultados eran impresionantes. Tenía que recordarse continuamente: «¡Este chaval solo tiene veintidós años!».

En mayo de 1998, Tiger consiguió la victoria en el BellSouth Classic, la primera del Tour en diez meses, afianzando así la idea de que iba por buen camino.

De cuerdas para afuera no tenía esa seguridad. Después de tantos años al lado de unos padres que lo controlaban absolutamente todo, ahora Tiger estaba aprendiendo lecciones de vida por su cuenta. Además de Harmon, O'Meara era el único a quien acudía en busca de consejo. Este le instó a que intentara ser más cercano. La mayoría de la gente, le explicó, solo buscaba la emoción de poder decir: eh, que Tiger Woods me ha dicho hola, o me ha mirado a los ojos.

Pero a Tiger le resultaba difícil comunicarse con desconocidos. Bastante tenía con hacerlo con los demás jugadores del Tour. Como resultado, pasaba mucho tiempo solo. En una rueda de prensa posterior a un torneo de 1998, le soltaron una pregunta directa:

—¿Te sientes solo?

—No —respondió tajantemente—. Tengo un montón de buenos amigos, créeme.

Era cierto que tenía vida social. En aquella época jugaba al golf con Kevin Costner, Glenn Frey y Ken Griffey Jr. Había una interminable lista de celebridades y personajes televisivos que querían pasar tiempo con él. Pero su relación con actores, estrellas del rock y otros deportistas de élite era más bien la consecuencia directa de ser el macho alfa en la fraternidad de la fama. Cuando necesitaba consejos razonables y directos sobre la vida y los retos a los que se enfrentaba, Tiger tenía fundamentalmente a los O'Meara. Eran los únicos que probablemente le dirían lo que necesitaba escuchar, y no lo que quería escuchar. Pero ni siquiera con Mark terminaba de soltarse del todo. Le pedía consejo sobre el golf como negocio y hablaba con él de deporte, de pesca y del Tour. Pero Tiger nunca se sentía cómodo hablando de asuntos del corazón con otros hombres, tampoco con Mark.

Sin embargo, con Alicia sí bajaba la guardia en alguna ocasión. En parte porque nunca le había dicho cómo debía vivir su vida, casi nunca hablaba con él de golf y no le impresionaba lo más mínimo su estatus de celebridad. También porque percibió que Tiger necesitaba estar rodeado de gente, que en realidad no tenía a nadie más. En particular, su fama hacía que le resultara muy complicado encontrar a una chica de la que pudiera fiarse. Una tarde, Tiger acompañó a Mark y Alicia a una fiesta en casa del tenista profesional Todd Woodbridge, en Isleworth. En un momento dado, Tiger y Alicia se encontraron solos en la mesa del ponche.

—¿Cómo puedo saber de quién fiarme? —dijo Tiger en voz baja.

—No puedes —dijo Alicia.

La respuesta le dejó intrigado.

—Tienes que fiarte de tu instinto —prosiguió—. Te va a resultar difícil, porque estás dentro de una burbuja. Pero tienes que salir. Necesitas relacionarte con otras personas.

Esas palabras le marcaron. Ese mismo verano, Tiger fue a una fiesta en la University of California en Santa Bárbara. Había quedado con una estudiante de veinte años llamada Joanna Jagoda. Nacida en Polonia y criada en el valle de San Fernando, Jagoda estudiaba Ciencias Políticas y tenía la vista puesta en la Facultad de Derecho. Era rubia y en el instituto había sido animadora, y enseguida empezó a frecuentar los torneos del PGA Tour. Pese a la atención que podría haber despertado al entrar en la vida de Tiger tan de repente, supo esquivar con discreción a la prensa y consiguió pasar desapercibida. A finales de la temporada 1998 ya acompañaba a Tiger en sus viajes, y finalmente se mudó a su casa de Isleworth.

Mark y Alicia adoraban a Joanna, que rápidamente aportó estabilidad a la vida de Tiger. Poco después de que ella llegara, él tomó la determinación de coger las riendas del proceso de toma de decisiones de sus negocios. La relación de a tres con su padre y Hughes Norton le había agobiado desde el principio. En el verano de 1998, los tres aparecieron en la portada de *Golf Digest* bajo el titular «El Padre, el Hijo y el Espíritu Santo». El ego de Norton, ya de por sí inmenso, se había exacerbado con la llegada de Tiger. En el poco tiempo que llevaban juntos, el agente había sacado una tajada de unos ciento veinte millones de dólares de los acuerdos de patrocinio del golfista. Era una cifra sin precedentes. Entre sus socios corporativos figuraban Nike, Titleist, Planet Hollywood, American Express, Rolex, EA Sports, Asahi, Cobra, *Golf Digest*, Unilever y Wheaties. La lista no dejaba de aumentar, y eso era parte del problema. El lunes era el único día que Tiger tenía algo de tiempo libre, e IMG estaba empezando a llenarlo de compromisos con patrocinadores que generaban cuantiosas comisiones para la agencia.

En octubre de 1998, menos de dos meses después de que *Golf Digest* se refiriera a Norton en términos divinos, Tiger decidió que quería prescindir de sus servicios como agente. Ese mismo mes, cuando apenas habían pasado dos años desde su salto al profesionalismo, le despidió. *Los Angeles Times* se encargó de publicar la noticia con la siguiente frase: «Esta semana Norton ha sido degradado de Espíritu Santo a espíritu sin más».

Fue un golpe muy duro para el ego de Norton, que tuvo que reconocer que no se lo esperaba. «Me cuesta entender la decisión de Tiger —dijo Norton, y añadió—: Por cada patrocinio gana más que cualquier otro deportista del mundo, incluido Michael Jordan.»

Norton estaba orgulloso de su trabajo con Tiger, pero analizó su despido desde el prisma del dinero y los contratos, y el golfista veía las cosas de otra manera. Principalmente, lo que había pasado era que Mark O'Meara había cambiado su opinión respecto a Norton. «Hughes era un tipo agresivo —explicó O'Meara— Iba directo a la yugular. Yo quería un agente que fuera un poco menos peleón y un poco más profesional.» Nadie en el Tour tenía mayor influencia en Tiger que O'Meara, así que, en cuanto este le dijo adiós a Norton, era cuestión de tiempo que él hiciera lo mismo. Lo cierto era que Tiger nunca había llegado a conectar con Norton, que había sido escogido a dedo por su padre. Cada vez más tenía la impresión de que su agente estaba trabajando para Earl en lugar de para él. La decisión de partir peras fue parte del esfuerzo que estaba haciendo Tiger por convertirse en una persona independiente.

Al principio, Earl protestó.

—Se ha portado bien con nosotros —le dijo a Kultida—. Vamos a darle otra oportunidad.

—No —respondió Kultida—. A Tiger no le gusta Hughes y no quiere estar con él. Y a mí tampoco me gusta. Tiene que irse.

Cuando el despido de Norton se hizo público, Earl intentó que pareciera que la decisión la había tomado él y le contó a la prensa que el agente había «sobrecargado» a Tiger. Pero la realidad era que, dejando de lado el tema del libro para Warner Books, Earl había estado involucrado en todos los acuerdos de patrocinio que Norton había negociado para su hijo.

Sin embargo, serían pocas las veces que Tiger reconocería públicamente que su padre había obrado mal. Aunque ya no permitía que nadie —tampoco Earl— le dijera lo que tenía que hacer, seguía protegiendo a ultranza la reputación de su padre. Cuando en una ocasión, poco antes del British Open, este hizo un comentario despectivo sobre los escoceses, Tiger aseguró que su padre jamás había pronunciado aquellas palabras, pese a que un reportero las tenía grabadas. Tiger añadió: «En caso de que lo dijera, mi padre no pretendía ofender a nadie. Pero la verdad es que no me creo que lo dijera». Del mismo modo, cuanto más pensaba en ello, más incapaz se veía de concederle a John Feinstein la entrevista que le había prometido. Unos días antes del PGA Championship de 1998, que se celebró en Washington, Tiger se encontraba en el *green* de entrenamiento del Sahalee Country Club y mandó a un trabajador de IMG a buscar al periodista. Al cabo de unos minutos, Feinstein estaba ahí.

—¿Me buscabas?

Tiger le miró y asintió con la cabeza.

—Mira, siento decirte esto, porque sé que me comprometí, pero no voy a poder ir a eso de tu libro en Atlanta.

—Vale. ¿Puedo preguntar por qué?

—Es que no puedo ignorar lo que dijiste y escribiste sobre mi padre.

Feinstein no lo entendía. Su libro se había publicado hacía cinco meses. Además, creía que todo eso era agua pasada.

—Creía que en San Diego lo habíamos aclarado todo —dijo Feinstein.

—Yo también lo creía. Pero soy incapaz de ignorarlo —respondió Tiger.

Tras cortar la relación con Norton, Tiger tenía intención de prescindir también de los servicios de IMG. Pero el director general, Mark McCormack, intercedió y le sugirió que se reuniera con un par de agentes jóvenes y prometedores, uno de los cuales, a diferencia del resto de los empleados de la agencia con los que había tratado, era de origen humilde.

Mark Steinberg creció en Peoria, Illinois, y jugó en el equipo de baloncesto de la University of Illinois, que en 1989 llegó a la final a cuatro del torneo nacional. Tras salir de la Facultad de Derecho, hizo prácticas en IMG, y al final le contrataron. Su función principal era buscar golfistas femeninas para la agencia, y su primera gran oportunidad le llegó en 1993, cuando fichó a Michelle McGann y Karrie Webb. Al año siguiente consiguió el equivalente a un hoyo en uno al añadir a la lista de IMG a Annika Sörenstam. Un año más tarde, Sörenstam ganó el US Women's Open, y tanto ella como Steinberg se dieron a conocer en el universo del patrocinio deportivo.

Tiger aceptó reunirse con Steinberg. Después de su encuentro, el agente expuso su filosofía respecto a la gestión del tiempo: «Un jugador puede hacer lo que puede hacer, y el día tiene las horas que tiene —dijo—. Uno de mis retos es fijar para Tiger unos horarios lo más eficientes posible».

Tiger había encontrado la horma de su zapato: un tipo de treinta y pocos que había competido en la universidad y que estaba igual de interesado en ser su amigo que en ser su agente.

La repentina aparición de Steinberg y Joanna Jagoda fue una señal evidente de que Tiger estaba rompiendo con su pasado y creando un nuevo círculo, inaugurado con dos personas de su generación. Jagoda aportaba tranquilidad a su frenético estilo de vida. Por las noches solían quedarse en casa, y Tiger hizo todo lo posible por proteger su privacidad. «Ella es su arma secreta y no piensa arrojarla a los lobos del circuito de golf», dijo una fuente del Tour.

Pero la experiencia de Steinberg con el golf femenino no le había preparado para la locura que rodeaba a su nuevo cliente. Poco después de empezar a trabajar como agente de Tiger, viajó con él a Inglaterra. Al salir los dos de un restaurante de Londres, los *paparazzi* los asaltaron y empezaron a gritar preguntas y a disparar a destajo con sus cámaras. Angustiado, Steinberg se colocó delante de Tiger y empezó a agitar los brazos en un intento por cubrirle la cara. Mientras el agente se meneaba como si tuviera el baile de San Vito, Tiger avanzó tranquilamente entre la avalancha de medios y se metió en el asiento de atrás de su coche. Steinberg rodeó el vehículo como alma que lleva el diablo y también subió.

Tiger extendió el brazo y se lo puso por encima del hombro.

—Tienes que tener clara una cosa —le dijo—: mi vida es una locura. Bienvenido a mi mundo. Vas a tener que relajarte un poco.

CAPÍTULO DIECISÉIS
YA LO TENGO

A Tiger Woods nunca le había hecho falta ningún tipo de motivación externa, pero David Duval le estaba dando una buena dosis. En 1998, mientras él seguía reformando su *swing*, Duval, de veintiséis años, ganó cuatro torneos de la PGA y terminó el año liderando las listas de puntuación media y ganancias. Tiger ocupaba el segundo y cuarto lugar, respectivamente, y, aunque seguía aferrándose al primer puesto del ranking de mejor golfista del mundo, Duval había logrado ascender hasta la tercera posición. Algunos redactores y analistas de golf consideraban que iba camino de arrebatarle también ese título.

Aunque Tiger jamás lo admitiría públicamente, Duval le preocupaba. En las ruedas de prensa analizaba su juego y era capaz de describir minuciosamente sus golpes. Los periodistas de golf llevaban tiempo pidiendo a gritos un rival para Tiger, y Duval emergió como el mejor candidato a desafiar su hegemonía, especialmente tras empezar la temporada 1999 ganando el Mercedes Championships y, dos semanas después, el Bob Hope Chrysler, con un resultado récord de 59 golpes en la última ronda. Con esos dos triunfos superó a Tiger en victorias totales en el Tour —nueve frente a siete— y le derribó del número uno del ranking general.

La creciente discusión sobre quién era mejor golfista llegó en un momento en el que Tiger estaba planteándose seriamente hacer otro cambio importante en su equipo. A principios de febrero, de camino al Buick Invitational del Torrey Pines, Tiger le pidió a su mejor amigo del instituto, Bryon Bell, que le hiciera de *caddie*. Durante la universidad y sus primeros años en el Tour, Woods había mantenido el contacto con Bell, cuya contribución había sido decisiva para que el golfista y Joanna Jagoda se conocieran.

En el Torrey Pines, tras unas primeras dos rondas algo complicadas por culpa de las cuales Tiger estuvo a punto de no pasar el corte, Bell supo exactamente qué decir: «Eres tan bueno que si juegas bien nadie puede ganarte. Ahora sal ahí y revienta el marcador».

El sábado hizo 62 golpes, todo un récord en el exigente campo Sur y su puntuación más baja como profesional en una vuelta. Ese resultado hizo que adelantara a cuarenta y un jugadores y pasara a liderar el torneo por un golpe. Durante la última jornada mantuvo el ritmo, conservando el liderazgo y rematando con un *putt* para *eagle* en el último hoyo. Habían pasado nueve largos meses desde su última victoria en el PGA. En vez de celebrarlo con su ya clásico *uppercut*, levantó los brazos como hacen los corredores de maratones tras una carrera agotadora. Después de abrazar a Bell y pedirle que sujetara su *putter*, Tiger recogió el trofeo y lo alzó mientras el público aplaudía entusiasmado.

A continuación, Rick Schloss se le acercó, le puso el brazo por encima del hombro y le dijo que era el director de medios del torneo.

—¿Te parece bien que te llevemos al Century Club Pavilion, hagamos algunas fotos con los vips y luego vayamos al centro de prensa? —preguntó Schloss.

—Claro —respondió Tiger—. Ningún problema.

—Ya llevo yo el trofeo —dijo Schloss, haciendo amago de cogerlo.

—No —espetó Tiger—. Acabo de ganar a 155 tíos. Lo llevo yo.

Nunca se había visto a un ganador cargar con el trofeo de camino a su siguiente parada una vez finalizado el torneo. Pero Tiger no tenía intención de soltarlo. Su terquedad reveló mucho sobre sus motivaciones. No se movía ni por el dinero ni por la fama; jugaba por el trofeo, o lo que es lo mismo, por la victoria. Había sido así desde el principio. Cuando participó a los tres años en su primera competición de golf —un concurso local de *pitch*, *putt* y *drive* para menores de diez años—, terminó segundo y tuvo que escoger un premio: un juguete, una pieza de equipo de golf o un trofeo. Tiger ignoró los juguetes y eligió el más grande de los trofeos, uno que le llegaba hasta los hombros. Cuando Woods empezó el instituto, la casa en la que pasó su infancia ya estaba llena de trofeos y placas, y sus padres alardeaban de ellos delante de cualquiera que fuera de visita. En la actual casa de Tiger, los trofeos del PGA Tour también estaban bien a la vista, y a su dueño le gustaba presumir de ellos ante los invitados. Siempre le preocupó más coleccionar esos preciados objetos que hacer amigos. Por encima de todas las cosas, a Woods le motivaba ganar, y los trofeos simbolizaban victorias. Y las victorias eran sinónimo de superioridad.

Cuando Tiger salió del resort The Lodge del campo Torrey Pines, se subió en el asiento de atrás del coche de cortesía aún con el trofeo en las manos.

Tom Wilson, director ejecutivo del torneo, le preguntó a Schloss:

—¿Dónde está el trofeo?

—Lo tiene Tiger —le explicó Schloss.

Wilson puso cara de asombro. Se suponía que el trofeo debía quedárselo el torneo, no Tiger.

—Está en ese coche —prosiguió Schloss, señalándolo.

Wilson se acercó al vehículo y abrió la puerta trasera del lado del copiloto.

—Eh, Tiger —dijo con una sonrisilla amistosa—. Necesitamos que nos devuelvas el trofeo.

Tiger se le quedó mirando con cara de estar pensando: «¿Qué coño dices?».

Wilson le explicó que lo que estaba sujetando era un trofeo simbólico, el que siempre permanece con el torneo.

—Te enviaremos una réplica junto con los recortes de diario y un libro entero en un par de semanas —añadió Wilson.

Tiger no decía nada, y Wilson estaba esperando una respuesta. Finalmente, el ganador del torneo cedió y le devolvió el trofeo, uno que simbolizaba una sensación que no había experimentado en mucho tiempo: la sensación de ganar. Era algo a lo que quería aferrarse todo el tiempo que le fuera posible.

Una semana después, cuando Tiger se presentó en el Nissan Open de Los Ángeles, Fluff Cowan volvía a hacerle de *caddie*. Sin embargo, Tiger seguía su propio libro de distancias y calculaba él mismo las líneas de *putt*. De cara a la galería, insistía en que entre él y su *caddie* no había ningún problema. «La gente está haciendo una montaña de un grano de arena», dijo en su web.

Pero la realidad era que no estaba contento con Cowan. Era más famoso que el noventa por ciento de los jugadores del Tour y se había convertido en un elemento de distracción. Y eso suponía un problema. También la decisión del *caddie* de salir con una chica a la que doblaba la edad y su aparición en los divertidísimos anuncios «This Is *SportsCenter*» de ESPN. Tiger había empezado a referirse a Cowan como «un tonto con un libro de distancias».

Sin embargo, el gran error de Cowan no fue la mujer que escogió por pareja, y tampoco sus quince minutos de fama. Durante la temporada 1998, Pete McDaniel, de *Golf Digest*, juntó en dos ocasiones a cuatro de los mejores *caddies* del Tour para celebrar una mesa redonda. Durante los debates, en un momento dado, Cowan rompió una regla fundamental de los *caddies* al revelar cuánto le estaba pagando Tiger: mil dólares a la semana más el diez por ciento de las victorias. Horrorizados ante semejante quebrantamiento de su código deontológico, los demás *caddies* aconsejaron a Cowan que le aclarara a McDaniel que no hablaba en serio. «Nah —dijo él despreocupadamente—, no pasa nada.» Pero sí que pasaba.

Durante el Nissan Open, *Golf Digest* publicó las declaraciones del *caddie* con respecto a su sueldo y Tiger se cabreó muchísimo. Estuvo a punto de ganar el torneo —quedó empatado en segunda posición—, pero en cuanto terminó le pidió a Butch Harmon que le recomendara posibles sustitutos para Cowan. Harmon le dio solo dos nombres: Tony Navarro y Steve Williams.

Navarro no estaba disponible: era el *caddie* de Greg Norman y, cuando Harmon habló con él, dejó claro que Norman se había portado demasiado bien con él como para plantearse abandonarlo. La única opción era Williams: un neozelandés de treinta y cuatro años de físico imponente y sin pelos en la lengua que había empezado a hacer de *caddie* a los seis. A los quince ya trabajaba a tiempo completo para el cinco veces campeón del British Open Peter Thompson. Más tarde siguió con Greg Norman y, finalmente, con Raymond Floyd. No había prácticamente nadie en los circuitos que escogiera los palos, calculara las distancias y, lo más importante, fuera capaz de disuadir a su golfista de utilizar un palo o pegar un golpe como lo hacía él.

A Tiger le gustó lo que estaba escuchando, así que apremió a Harmon para que averiguara si Williams estaba interesado. El día antes del Doral-Ryder Open de Florida, Harmon se acercó a Raymond Floyd en el *green* de entrenamiento y le planteó la posibilidad de que su *caddie* empezara a trabajar para Tiger. Por ese entonces, el veterano golfista había ganado veintiséis torneos con Williams a su lado, pero tenía cincuenta y seis años y jugaba principalmente en el circuito sénior.

—Bueno, deja que me lo piense —le dijo Floyd a Harmon.

Pero Tiger no estaba de humor para esperar. A la mañana siguiente llamó a la habitación de hotel de Williams.

—Soy Tiger Woods —dijo.

Williams pensó que se trataba de una broma y colgó sin decir una palabra.

Tiger volvió a llamar y Williams volvió a colgar.

A la tercera llamada, Tiger empezó diciendo:

—Que va en serio, soy Tiger.

Esa vez Williams no colgó.

—He dejado a mi *caddie* —continuó— y quiero saber si estarías interesado en el puesto.

Era otro momento clave para Woods, otra encrucijada: tenía una novia nueva que empezaba a aportar estabilidad a su vida fuera del campo; tenía un agente nuevo encargado de su calendario que se estaba ganando a pulso el sobrenombre de Dr. No por su protección férrea del tiempo de Tiger, y estaba dando los últimos retoques a su nuevo *swing* con Butch Harmon. Lo único que le hacía falta era un *caddie* con presencia, alguien lo suficientemente previsor para reconocer lo que iba a suceder en el campo y lo suficientemente valiente para expresar su opinión acerca de la elección de un palo, especialmente bajo presión.

Cuando terminó el torneo del Doral, Williams, intrigado, puso rumbo directo a Isleworth. Recordaba perfectamente la primera vez que se había fijado en Woods: fue en el Masters de 1996, durante una ronda de práctica. Tiger había ganado el US Amateur de aquel año y lo agruparon con Greg Norman, Fred Couples y Raymond Floyd. Williams era quien le llevaba la bolsa a Floyd aquella fría mañana en la que Tiger pegó un *drive* que pasó de largo el búnker de la calle del hoyo 2, un par 5 de 525 metros. Norman, Couples y Floyd observaron mudos de asombro cómo la bola de Tiger seguía volando como si nunca fuera a aterrizar. Williams quedó tan impresionado que, por primera y única vez en su vida, pidió un autógrafo. Tiger accedió y firmó su tarjeta al final de la vuelta. Casi exactamente tres años después, Williams llamó al timbre de la casa de Tiger.

—Pasa —dijo Tiger—. Pero ¿puedes esperar un minuto? Tengo que terminar una cosa.

Tiger le condujo hasta enfrente de una gran pantalla de televisión, se dejó caer en su asiento y entró en trance hasta que terminó con el videojuego.

Luego ambos empezaron a conocerse. Cuando Tiger le preguntó a Williams por su enfoque a la hora de trabajar, este se explayó: había sido *caddie* en todos los continentes y en casi cien países, y no creía que su trabajo consistiera solo en cargar con la bolsa e ir soltando las distancias. Él se consideraba parte estratega, parte psicólogo y parte matemático, y también una enciclopedia andante de todos los campos y sus particularidades.

Williams no podía ser más distinto de Cowan. En su Nueva Zelanda natal había sido una estrella del rugby, y era el único *caddie* del PGA Tour que superaba a Tiger en músculos. Los dos estaban obsesionados con entrenar, y Williams bien podría haberle seguido el ritmo a Tiger en el gimnasio. Tenía también un aire de arrogancia que dejaba claro que no se achantaría si tenía que enfrentarse a alguien que le estuviera haciendo la puñeta a su golfista. Pero en lo relativo a los medios de comunicación, Williams sabía cuál era su lugar: fuera del centro de atención.

Tiger le contrató allí mismo. Al día siguiente, Mark Steinberg emitió un comunicado de parte de Tiger a los medios: «Le agradezco a Fluff su ayuda y reconozco que ha contribuido a mi éxito como profesional, pero ha llegado el momento de pasar página. Confío en que podamos seguir siendo amigos».

El 13 de mayo de 1999, Tiger hizo 61 golpes en la primera vuelta del Byron Nelson Classic. Luego llamó a Butch Harmon y, en cuanto le cogió el teléfono, le comunicó la noticia:

—¡Ya lo tengo!

Harmon sabía exactamente a qué se refería. Pudo notar el entusiasmo en la voz de Tiger desde su nueva escuela de golf en Henderson, Nevada, en cuyo despacho tenía colgada una foto de su alumno vistiendo la chaqueta verde del Masters. Se la había dedicado: «Para Butch: Gracias por tu esfuerzo y tu paciencia, pero, sobre todo, gracias por hacer realidad mis sueños». Desde aquel momento habían transcurrido veinticinco largos meses durante los cuales el golfista número uno del mundo se había convertido en un jugador completamente renovado. Había adoptado una serie de técnicas nuevas que le eran totalmente ajenas cuando empezó. Pero ahora su *swing* tenía una belleza geométrica, y era tan elegante como violento.

—Empiezo a sentirlo natural —le dijo Tiger a Harmon.

Harmon estaba tan contento que apenas podía expresarlo con palabras. Un mes antes, Tiger había descendido hasta el segundo puesto del ranking mundial; después de cuarenta y una semanas en lo más alto, había sido desbancado por David Duval. Con cuatro torneos ganados en los cuatro primeros meses de la temporada 1999, Duval estaba en racha. Pero Tiger había seguido pensando a largo plazo, convencido de que pronto conseguiría cosas mucho más impresionantes que ganar el Masters.

Tiger acabó séptimo en el Byron Nelson. Poco después alquiló el avión del equipo de baloncesto Orlando Magic y viajó con un séquito de trece personas a Alemania para el Deutsche Bank-SAP Open de Heidelberg. No era un torneo del PGA Tour, pero era una oportunidad de competir contra cinco de los diez mejores jugadores del mundo. Además, por lo que se calcula, el multimillonario alemán

Dietmar Hopp, cofundador de la empresa mundial de productos informáticos SAP, le ofreció a Tiger un millón de dólares por asistir.

Al aterrizar su avión, Tiger ya había caído al tercer puesto del ranking mundial, por detrás de Davis Love III y Duval. Sin embargo, eso estaba a punto de cambiar. En el torneo de Heidelberg , se impuso a todos los demás de principio a fin y terminó con un resultado aplastante de 273 golpes.

Dos semanas después, acudió a la ciudad de Jack Nicklaus y arrasó en el campo del Muirfield Village Golf Club, haciendo 69 en la última ronda y terminando el torneo con quince bajo par. La abrumadora victoria en el Memorial la obtuvo gracias al alcance de sus golpes, pero lo que más llamó la atención fueron su juego con los hierros y sus *putts*. Fue toda una lección para escépticos y detractores.

Llevaba dos años explicándole a los cronistas de golf que estaba realizando algunos cambios en su juego y que iba a llevarle un tiempo. Era consciente de lo que decía la gente: Tiger está poniendo excusas. Los constantes artículos sobre su supuesto bache acabaron siendo sustituidos por otros sobre cómo Duval le había superado. Pero ahora estaban empatados a victorias, con lo que se confirmaba lo que le había dicho a Harmon. Se sentía imbatible, pero no quería que nadie más lo supiera.

Poco después de recoger el trofeo, se unió a Jack Nicklaus en la rueda de prensa posterior al torneo.

—Lo mejor de todo es que estoy recuperando mi juego —dijo Tiger—. Empiezo a entender cómo se juega al golf un poco mejor que antes.

¿Que empezaba a entender cómo se jugaba al golf? Era toda una advertencia para el resto del PGA Tour.

—Nunca he visto a nadie jugar así —comentó Nicklaus. Luego se giró hacia Tiger—. ¿Tienes veintitrés años?

—Sí —respondió Tiger.

—La mayoría de los jugadores de veintitrés años no tienen esa imaginación y nunca la han necesitado —contó Nicklaus a la prensa—. Con esos golpes tan largos no haría falta ni que entrenara su juego corto. Pero lo ha hecho. Y es por eso por lo que está ganando.

—Jack —preguntó un periodista—, si a día de hoy tuvieras su cuerpo y su capacidad física, ¿jugarías como juega él?

—No sé si existe alguien que pueda jugar como juega él —dijo Nicklaus—. Es capaz de hacer cosas que nadie más puede hacer.

Había algo que preocupaba a Mark Steinberg: la imagen de Tiger. Cuando estaban a solas, su cliente era divertido, agradable y alguien de cuya compañía disfrutaba. Pero en público se mostraba inaccesible, era como si estuviera completamente aislado. «Sí, eres un golfista sobrehumano —le dijo a Tiger—, pero queremos que la gente conozca al chaval de veintitrés años que hay en ti.»

En la primavera de 1999, Nike se sumó al esfuerzo por cambiar la imagen de Tiger y produjo un simpático anuncio en el que un montón de golfistas en un campo de prácticas conseguían mandar la bola hasta el indicador de trescientas yardas simplemente por el hecho de estar Tiger presente. Cuando abandonaba el campo, todos volvían a jugar mal y todo eran *hooks* y *slices* sin ton ni son y golpes contra los árboles. Fue el más divertido de los anuncios que Nike había ideado para él.

Durante un descanso de la grabación, Tiger se puso a matar el tiempo dando toquecitos a una pelota de golf con la cabeza de su *wedge* para arena. Nike había contratado al director de Hollywood Doug Liman, responsable de películas como *El caso Bourne* o *Al filo del mañana*, para que se encargara del anuncio. Impresionado con lo bien que se le daba a Tiger dar toques a la bola con el palo, Liman cogió una cámara y le pidió que siguiera haciendo malabares durante veintiocho segundos, el tiempo de duración de un anuncio. La cámara empezó a filmar y Tiger falló los tres primeros intentos. Cuando Liman bromeó e insinuó que se había puesto nervioso, Tiger le lanzó una mirada asesina… y entonces empezó el espectáculo: mientras hacía rebotar la bola sobre la cara del palo, se lo cambió de la mano izquierda a la derecha para luego seguir haciendo filigranas con él por detrás de la espalda y entre las piernas. Finalmente, con un solo movimiento, elevó la bola, se preparó para lanzar y la golpeó como si fuera un jugador de béisbol. Fue una demostración magistral de habilidad que solo Tiger podía ofrecer. Liman reprodujo el vídeo y, al final de la exhibición improvisada, se fijó en el contador de tiempo del margen inferior: veintiocho segundos.

La escena era tan auténtica que Nike decidió convertirla en un anuncio sin ningún tipo de edición. Se emitió por primera vez durante los partidos finales de la NBA, convirtiéndose al momento en uno de los anuncios de Nike más icónicos de todos los tiempos.

Mientras tanto, IMG quería convertir a Tiger en una estrella de la franja horaria de máxima audiencia de la televisión. La tarea le fue encargada al alto ejecutivo Barry Frank, que había batido récords negociando acuerdos de derechos de emisión y representaba a algunos de las personalidades más potentes de la televisión deportiva. Por ese motivo, IMG le había dado carta blanca para crear y vender un género nuevo de programas deportivos pensados para la televisión que transformó por completo los hábitos de la audiencia de los fines de semana. *Superstars*, *World's Strongest Man*, *Survival of the Fittest* y *The Skins Game* eran solo algunos de los programas en cuya creación había estado involucrado. En 1999, Frank, siempre a la zaga de lo que gustaba de llamar «el próximo pelotazo», estaba viendo a Tiger Woods por televisión cuando se le ocurrió el más ingenioso de sus proyectos hasta la fecha: *Monday Night Golf.*

El concepto era simple: plantar en televisión una noche entre semana a la estrella más brillante y carismática del juego en una competición uno contra uno. IMG también representaba a David Duval, a quien Tiger acababa de superar en el ranking mundial para recuperar su primer puesto. A Frank no se le ocurría una producción mejor para ese horario que la de los dos mejores golfistas enfrentándose en un *match play* de tres horas.

Para asegurarse de que en la Costa Este el torneo terminara a las once de la noche, Frank buscó un campo ubicado en la Costa Oeste. El Sherwood Country Club, en Thousand Oaks, California, ofreció un millón de dólares para el premio, y Motorola se convirtió en el patrocinador principal por 2,4 millones más. El canal de televisión ABC, de Disney, consiguió más de dos millones en publicidad adicional, proporcionándole a Frank el dinero suficiente para iluminar los tres últimos hoyos del campo, garantizándole un millón a Tiger por participar y fijando el premio en 1,5 millones de dólares. Lo llamaron «Enfrentamiento decisivo en el Sherwood».

En televisión dieron mucho bombo a la rivalidad entre Tiger y Duval, pero los dos golfistas habían practicado juntos en Las Vegas aquel verano y se habían hecho amigos; incluso habían volado en el mismo avión privado con sus respectivas novias a Maui para un torneo. Antes del British Open, también viajaron a Irlanda, donde su amistad se afianzó. A Tiger, Duval le caía bien de verdad, y no le veía como una amenaza. Woods era el mejor golfista del mundo y Duval era el número dos. Y todos, incluido el despreocupado de Duval, eran conscientes de que la diferencia entre el talento del número uno y el del número dos era sustancial.

Para Tiger, aparecer en televisión en esa franja horaria era importante. Los torneos del PGA Tour siempre se emitían los fines de semana durante el día, por lo que esa era la ocasión ideal para ver qué tal funcionaba el deporte una noche entre semana, compitiendo con series de comedia, drama y programas nuevos. También haría las delicias de los amantes del golf, que pedían a gritos un enfrentamiento entre Tiger y Duval. Pero para Tiger era más que un espectáculo; en su cabeza no existían los juegos de exhibición. Ni en los videojuegos ni en los partidos amistosos de baloncesto ni, desde luego, en el golf.

El 2 de agosto de 1999, venció a Duval en horario de máxima audiencia, asegurándose de que a todo el mundo le quedara claro que el mejor golfista del mundo era él. La retransmisión consiguió un 6,9% de audiencia, convirtiéndose en la segunda prueba de golf más vista del año, por detrás del Masters, pero superando al US Open y al British Open. También superó al resto de la programación nocturna de ese lunes, a excepción de *Raymond* y *48 Hours*, de la CBS. El éxito fue tal que IMG y ABC decidieron convertirlo en un evento anual.

Al poco de su victoria frente a Duval, Tiger llegó al PGA Championship del Medinah Country Club de Illinois, en ese entonces el campo más largo de la historia de los *majors*. Noventa y cuatro de los cien mejores jugadores del mundo participaron en el torneo, el último *major* del milenio.

Sergio García, un chico de diecinueve años en su primer año como profesional, lideró la primera vuelta con 66 golpes. Tiger le ganó en la segunda, pero en la tercera ambos hicieron 68, asegurando una emocionante última jornada. Por ese entonces todo el mundo veía a García como un joven macarra y con mala leche, con mucho talento, pero con la mecha muy corta. Tida le llamaba «Llorica». Después de cada vuelta, solía preguntar: «¿Cuántos golpes ha hecho Llorica hoy?». Pero al ver que Tiger le superaba por cinco golpes a falta de siete hoyos, García embistió sin miedo. Tras embocar un largo *putt* para *birdie* en el hoyo 13, un par 3, y colocarse a tres golpes de Tiger, le lanzó una mirada que parecía decir: Voy a por ti.

—¿Has visto eso? —dijo Steve Williams.

—Sí —respondió Tiger—. Lo he visto.

Tres hoyos más tarde, García pegó un brinco en mitad de la calle tras un golpe de recuperación —nada menos que cerrando los ojos en el momento del impacto— desde el pie de un árbol que alcanzó el *green* del 16. Corrió por la calle en busca de su bola, se detuvo de repente, cerró los ojos y se colocó la mano en el corazón. Al público le encantó. Tiger estaba a solo un golpe.

Al llegar al hoyo 17, Tiger, agotado, se dijo que debía redoblar sus esfuerzos y jugar los dos mejores hoyos de su vida si quería repeler a García. Y eso hizo: en el 17 embocó un *putt* dificilísimo, y en el 18 pegó un golpe perfecto desde el *tee*, gracias al cual se aseguró el *putt* para *birdie* que le dio la victoria. Cuando su bola cayó dentro del hoyo, la multitud enloqueció, y Tiger inspiró profundamente, espiró e inclinó los hombros hacia delante con cara de sufrimiento y la mirada perdida en el *green*. Habían pasado 854 días desde su primera victoria en un *major*. Por fin tenía dos. Por fin volvía a estar en la cumbre.

Al salir del *green* se encontró con García.

—Sergio, bien jugado, tío —le dijo Tiger mientras se abrazaban—. ¡Bien jugado! Bien jugado. Muy bien.

Era un nuevo Tiger Woods. En 1997, cuando ganó el Masters, su tiro desde el *tee* alcanzaba por regla general los 290 metros. Con el nuevo *swing*, la media era de 275 metros. Había reducido la distancia, pero había ganado en precisión. Su antiguo *swing* era potente y elegante, pero a veces impredecible bajo presión. Había vencido al joven García con un *swing* simplemente perfecto, sin ningún tipo de idiosincrasia.

El resto de la temporada, Tiger fue prácticamente intocable y ganó sucesivamente el NEC Invitational, el National Car Rental Golf Classic, el Tour Championship y el WGC-American Express Championship. A la tierna edad de veintitrés años tenía en su repertorio más golpes que ningún otro golfista del Tour y, sin embargo, si necesitaba intimidar a un oponente, siempre podía recordarle que su potencia seguía siendo mayor que la de ningún otro jugador. Eso se hizo particularmente evidente en el último torneo de la temporada 1999, que se celebró en España. Tiger, que se jugaba la victoria en el American Express Championship, se acercó al primer *tee* del desempate a muerte súbita y disparó un cañonazo que alcanzó los 315 metros. Su contrincante, Miguel Ángel Jiménez, observó atónito cómo la bola cruzaba la calle como si estuviera turboalimentada.

Tiger terminó la temporada con ocho victorias en el PGA Tour. Solo otros diez jugadores habían ganado ocho torneos en una temporada, y Woods era el primero que lo conseguía desde Johnny Miller, en 1974. Su cierre con cuatro trofeos consecutivos igualó el récord establecido por Ben Hogan en 1953. Además de otro *major*, se había hecho con un torneo del European Tour, y había acabado entre los diez primeros en dieciséis de sus veintiuna pruebas del PGA Tour. Y desde aquella llamada a Butch Harmon a principios de verano, Tiger había ganado ocho de los once torneos en los que había participado.

La temporada 1999 de Tiger está a la altura de las que muchos consideran las tres mejores de la historia del golf, la llamada «Santísima Trinidad»: las dieciocho victorias de Byron Nelson en 1945, el Grand Slam del *amateur* Bobby Jones en 1930 y los tres *majors* de Ben Hogan en 1953. Pero esas tres temporadas tuvieron lugar en otra época, una en la que había mucha menos competencia. Para situar en contexto la de Tiger, Jack Nicklaus dijo que era superior a todas las de su carrera. Sin lugar a dudas, había sido la mejor en cuarenta años.

Los cambios drásticos en el juego de Tiger coincidieron con otros igual de radicales en su vida: había abandonado su afición por la comida rápida y cada vez comía más yogures y fruta; había cambiado sus vaqueros Levi's por unos pantalones Armani; había cambiado su antigua palabra favorita, *competir*, por *equilibrio*; sonreía más, fruncía menos el ceño y se llevaba mejor con los medios; incluso sacó tiempo para escribirle una carta de disculpa a la viuda de Jackie Robinson, Rachel. «Sea lo que sea lo que piense de mí —le dijo—, admiro lo que hizo su marido, y sé que fue todavía mejor persona que deportista. Siempre será uno de mis héroes.»

En parte, su nueva actitud se debía a todo el tiempo que había pasado con Mark y Alicia O'Meara. Su renovado círculo también había jugado un papel importante. Steve Williams le apoyaba en todo momento. Joanna Jagoda se había graduado en la universidad a mediados de año y estaba a su lado dentro y fuera del Tour. Se había mudado a Isleworth y se había convertido en una figura elegante que, siempre con alegría, ayudaba a Tiger a mantener los pies en el suelo. Y Mark Steinberg, a quien Tiger llamaba «Steiny», había sido clave para que Tiger recuperara el control de su vida fuera del campo.

A diferencia de su predecesor, Steinberg defendía férreamente el tiempo de su cliente. A finales de año, multitud de empresas querían contratar a Tiger como imagen, pero Steinberg firmó únicamente con el fabricante de automóviles General Motors, que le iba a pagar al golfista veinticinco millones de dólares por cinco años para que promocionara la línea Buick. Fue su primer contrato con un producto nuevo en dos años. El único acuerdo además de ese que Steinberg firmó fue una renovación con la empresa japonesa Asahi, que había contratado a Tiger para que impulsara las ventas de sus bebidas de café. Steinberg dijo que no a todas las demás propuestas. Por primera vez, Tiger sintió que tenía un agente que trabajaba exclusivamente para él.

«Es tan querido, tan brillante y uno disfruta tanto de su compañía que probablemente podríamos conseguir entre cinco y diez acuerdos ahora mismo —dijo entonces Steinberg—. Pero eso no es lo que Tiger quiere.»

Al mismo tiempo, la influencia de Earl había empezado a disiparse. La relación entre él y Tiger seguía siendo cercana, pero eso de tener que pasar por el padre para llegar al hijo se había acabado. Steinberg era el nuevo guardián de la puerta y Harmon había reemplazado por completo a Earl como experto en golf. En 1999, fueron muy pocos los torneos a los que Earl asistió, y, cuando lo hizo, permaneció en un segundo plano. El ejemplo más visible de la nueva situación se dio cuando Tiger salió del *green* del 18 tras ganar el PGA Championship de Chicago. En primer lugar, abrazó a Steve Williams; luego recibió el abrazo de su madre; el más largo y emotivo se lo reservó a Butch Harmon, justo en el borde del *green*; luego le abrazó y le dio un cariñoso beso Joanna Jagoda, que acto seguido abrazó también a Mark Steinberg mientras Tiger iba a firmar su tarjeta.

Ni rastro de Earl.

Tiger celebró su vigésimo cuarto cumpleaños cenando con su familia y unos cuantos amigos en un hotel de Scottsdale, Arizona, el 30 de diciembre de 1999. Cuando terminó, se fue a dormir. La tranquila velada le dio la oportunidad perfecta para reflexionar sobre ese año tan trascendental, un año que le había cambiado por completo. Tiger siempre se había sentido fuera de lugar: como miembro de la única familia de color de su urbanización de Cypress; como golfista de clase media que competía contra chavales de clubes de campo; como estudiante empollón que no jugaba a un deporte «de verdad», y como el jugador más joven del PGA Tour y el que tenía los mayores acuerdos de patrocinio y el *swing* más potente. La raza era un factor importante de por qué no encajaba, pero también lo eran su peculiar personalidad y un *swing* de golf que parecía, ya a los dos años, sobrenatural. Al terminar 1999, sin embargo, Tiger ya no era un mero espectador; era el protagonista. Había recogido la antorcha de Jack Nicklaus como talento supremo del golf y la de Michael Jordan como deportista más famoso del mundo.

Había empezado a asimilar todo eso en diciembre, cuando asistió a la ceremonia de entrega de los Premios del Deporte del Siglo xx de *Sports Illustrated*, una gala de etiqueta en el Madison Square Garden a la que se comentaba que acudiría «el más augusto elenco de deportistas que jamás se haya reunido». Desde Al Pacino y Billy Crystal hasta Whitney Houston y Donald Trump acudieron a un evento en el que la industria iba a premiar a los mejores deportistas del siglo. En un momento dado, Tiger se encontró sobre el escenario con, entre otros, Muhammad Ali, Michael Jordan, Bill Russell, Jim Brown, Pelé, Joe Montana, Wayne Gretzky, Billy Jean King, Jack Nicklaus y Kareem Abdul-Jabbar.

Para Tiger, ese fue un punto culminante, uno de los momentos más importantes de la historia del deporte. Al mismo tiempo, no se sentía cómodo entre un grupo tan distinguido. Él era el más joven y no podía evitar pensar que no había hecho lo suficiente para pertenecer a él. Pero siempre había sido muy maduro para su edad, y empezaba a creerse que de verdad era una más de las leyendas a las que había idolatrado toda su vida.

A las puertas de un nuevo año, no pudo evitar mirar hacia delante y fijarse objetivos todavía mayores. Su meta era la inmortalidad y, en el golf, eso era sinónimo de ganar los cuatro *majors* en un mismo año —el Grand Slam—, un hito que nadie había logrado en la época moderna. La determinación de Tiger de conseguir el Grand Slam se había consolidado dos meses atrás, el 25 de octubre de 1999, cuando Payne Stewart murió en un trágico accidente a los cuarenta y dos años. Stewart se dirigía a Houston para el Tour Championship cuando la cabina de su avión Learjet perdió presión y se estrelló en un campo de Dakota del Sur.

Tiger no pudo dormir tras entrarse de la triste noticia. Él y Stewart eran vecinos en Isleworth, y recientemente habían viajado a Europa junto con Mark O'Meara para ir de pesca. El repentino fallecimiento de Stewart abatió a todo el PGA Tour, pero Tiger lo sintió especialmente. «Si le vi hace nada… —pensó—. No me puedo creer que ya no esté.»

Muchos jugadores derramaron lágrimas por él, pero Tiger llevó el luto de otra manera. En lugar de obsesionarse con la pérdida de su amigo, decidió quedarse con los buenos recuerdos del hombre famoso por llevar bombachos de golf. Se convenció de que Stewart estaba en un lugar mejor, uno sin dificultades, uno en el que era feliz y estaba en paz. «Puede que Payne se convierta en nuestro ángel de la guarda», pensó.

Cuando ganó el Tour Championship, Tiger levantó el trofeo y luchó por contener las lágrimas mientras miraba al cielo y se despedía definitivamente de su amigo. Luego hizo lo único que sabía hacer: centrarse en el golf e intentar mejorar su juego. Se preguntó cuán lejos podía llegar y se respondió: «Todo es posible».

CAPÍTULO DIECISIETE
¿ALGUNA PREGUNTA?

Un día de por aquel entonces, Tiger Woods y Butch Harmon estaban a solas en el campo de prácticas del La Costa Resort and Spa de Carlsbad, California, a punto de terminar una larga sesión de entrenamiento. El sol se estaba poniendo, y la técnica de Tiger —sus brazos durante la fase inicial, el plano de su *swing*, el ángulo de la cara del palo, la bajada, la continuación, la secuencia— era perfecta en todos los sentidos. Harmon era incapaz de encontrarle ninguna pega, pero sintió que Woods se estaba relajando un poco, así que recurrió a un truco habitual.

—Tengo un reto imposible para ti —dijo.

Esas seis palabras siempre despertaban la atención de Tiger. Odiaba perder. Contra cualquiera. En cualquier cosa.

En la esquina derecha al otro lado del campo, a unos 230 metros, se habían dejado abierta una puerta. La abertura era la justa para que cupiera un coche de golf.

—Me apuesto cien dólares a que no eres capaz de colarla por la puerta —dijo Harmon—. Te doy tres intentos.

Sin decir nada, Tiger cogió un palo. En su primer intento, la bola recorrió la distancia equivalente a dos campos de fútbol y fue directa al centro del hueco de dos metros en la altísima verja. Tiger miró a Harmon sonriendo, extendió la mano y dijo:

—¿Te referías a esa puerta, Butchie?

Harmon le dio los cien dólares.

Nadie en la historia del golf —ni siquiera el gran Ben Hogan o Jack Nicklaus— poseía la capacidad de Tiger para concentrarse y ejecutar golpes difíciles. Pocos entendían esa habilidad suya mejor que Harmon. Llevaban trabajando juntos desde que Woods tenía diecisiete años. En ese tiempo habían reformado el *swing* de Tiger en dos ocasiones. La primera vez redujo su potencia desde el *tee* e incorporó un surtido de golpes nuevos a su juego. Esos cambios le valieron tres victorias consecutivas en el US Amateur y una participación de récord en el Masters del 97. La segunda revisión fue incluso más radical: básicamente creó un *swing* completamente nuevo que se adaptaba perfectamente a su cuerpo.

Woods era uno de los pocos deportistas a los que, además de jugar, le encantaba practicar, y su obsesión con la perfección y su capacidad de jugar sin miedo le otorgaban una ventaja psicológica intimidante. Harmon se olía que en el año 2000 el mundo del golf iba a ser testigo de algo nunca visto.

El Mercedes-Benz Championship de Maui fue el primer torneo del PGA Tour del 2000. Tiger lo ganó tras embocar un *putt* para *birdie* de doce metros en el segundo hoyo de la muerte súbita contra Ernie Els. Con esa sumaba cinco victorias seguidas en el Tour, la racha más larga conseguida por un golfista en cuarenta y dos años. Luego le llegó el turno al AT&T Pebble Beach Pro-Am, en el que, estando siete golpes por detrás a falta de nueve hoyos, consiguió una remontada imposible y acabó imponiéndose a Matt Gogel y Vijay Singh por dos golpes. Torneo tras torneo, Tiger estaba consiguiendo lo impensable.

La racha de seis trofeos consecutivos de Tiger solo había sido superada por las once victorias seguidas de Byron Nelson en 1945. Sin embargo, en muchos aspectos, resultaba absurdo comparar ambas trayectorias. En 1945, Estados Unidos estaba en guerra, y el golf todavía estaba dando sus primeros pasos como deporte profesional. Los premios eran simbólicos —Nelson ganó un total de 30.250 $ por sus once victorias— y el público reducido. Por el contrario, Tiger competía con un montón de profesionales de altísimo nivel, y la recompensa era mucho, muchísimo más sustanciosa. Aun así, Woods se enfadó muchísimo consigo mismo cuando finalmente perdió, quedando segundo por detrás de Phil Mickelson en el Buick Invitational de mediados de febrero. Sabía que era mejor que Mickelson, y no podía perdonarse que fuera precisamente él quien hubiera roto su racha y arruinado su oportunidad de superar al fantasma de Byron Nelson. Pero nada hundió más a Tiger que su participación en el Masters del 2000. Estaba decidido a ganar cuatro *majors* seguidos, pero terminó la primera vuelta en el Augusta con un resultado sorprendentemente pobre de 75 golpes, y acabó quedando quinto, seis golpes por detrás del vencedor, Vijay Singh. «Por alguna razón, los dioses del golf no han velado por mí esta semana», dijo después.

Para prácticamente cualquier otro profesional, semejante decepción habría socavado toda la temporada. Pero no para Woods. Se nutrió de la adrenalina generada por el fracaso, respaldada por la sed insaciable de llegar donde nunca nadie había llegado en el deporte. Para él, el campo de golf era un lienzo, y su equipo —principalmente sus palos y su pelota— era su instrumental artístico. Más que ningún otro golfista, Tiger buscaba obsesivamente formas de mejorar sus herramientas.

Un claro ejemplo de esa obsesión suya se dio el domingo 14 de mayo del 2000 en el Four Seasons Resort de Irving, Texas. Tiger acababa de terminar la ronda final del Byron Nelson Classic con un resultado impresionante de 63 golpes, diez bajo par y solo uno por detrás del vencedor. Pese a haber jugado de maravilla, Woods estaba solo en su habitación lamentándose por no haber ganado cuando recibió un mensaje justo antes de dar las siete de la tarde: «Oye, bien jugado hoy». Era de Kel Devlin, el director internacional de marketing deportivo de Nike.

Tiger y Devlin, hijo del gran golfista australiano Bruce Devlin y jugador *scratch*, llevaban nueve meses colaborando estrechamente. Durante ese periodo, Tiger había estado probando en secreto una pelota de golf sintética llamada Tour Accuracy que Nike estaba desarrollando con Bridgestone, un fabricante de equipamiento de golf con sede en Japón. En el año 2000, la inmensa mayoría de los golfistas de los circuitos, incluido Tiger, utilizaban pelotas con cubierta de balata, una sustancia natural obtenida de los árboles del caucho de América Central y del Sur. La pelota de balata tenía un núcleo líquido cubierto con unas bandas de goma. La revolucionaria pelota de Nike tenía un núcleo sólido y moldeado en el que se inyectaban componentes sintéticos como el poliuretano. Su diseño le permitía mantener la velocidad cuando se encontraba en el punto más alto, minimizando los efectos adversos de la lluvia y el viento.

Tiger llevaba utilizando la bola de Titleist desde que se hizo profesional en agosto de 1996, pero, cuanto más probaba la de Nike, más convencido estaba de querer cambiar. Después de la última sesión de prueba, en marzo, Tiger había dicho que se sentiría más cómodo si pudiera testarla una última vez. Pero eso tendría que esperar hasta después del PGA Championship de finales de verano. Devlin sabía que, hasta entonces, las pruebas se pondrían en pausa.

Pero al perder por un golpe en el Byron Nelson, Tiger decidió acelerar las cosas. El siguiente torneo, el Deutsche Bank-SAP Open de Alemania, arrancaría en solo cuatro días. ¿Por qué no llevar a cabo la prueba definitiva de la pelota allí?

Veinte minutos después de leer el mensaje de Devlin, Tiger le llamó. En el oeste eran poco más de las cinco de la tarde, y Devlin se acababa de sentar para cenar con su familia en su casa a las afueras de Portland. Dejó su vaso de vino sobre la mesa y cogió la llamada de Tiger.

—¿Puedes estar en Alemania el martes por la mañana? —preguntó Tiger.

—Supongo. ¿Por qué?

—Quiero jugar el torneo con la bola.

Devlin pensó que Tiger le estaba tomando el pelo.

—Corta el rollo —le dijo.

—Te lo digo en serio —respondió Tiger—. Si llego a tener mi bola, este fin de semana hubiera ganado por seis golpes.

Las palabras *mi bola* fueron música para los oídos de Devlin.

—Joder, ¿de verdad que no estás de coña?

Antes de colgar, Tiger le pidió que le llevara cinco docenas de pelotas a Alemania.

Al poco, el teléfono de Devlin volvió a sonar. Esta vez era Mark Steinberg, que fue directo al grano:

—¿En serio puedes conseguirlo?

Devlin se preguntaba lo mismo. La petición de Tiger había creado una pesadilla logística. Devlin estaba en Oregón. Para llegar a Alemania a tiempo, tendría que hacer las maletas e ir al aeropuerto inmediatamente con la esperanza de coger un vuelo nocturno y algunos de conexión. El de conseguir las bolas era un reto aún mayor: estaban en una planta de fabricación de Bridgestone, en Japón, y allí estaban en las primeras horas de la mañana del lunes. Habría que ir a recogerlas, pero, así y todo, a Devlin no le llegarían a tiempo. Alguien iba a tener que plantarse en Hamburgo para entregarlas en mano en menos de veinticuatro horas. Pero Devlin no se molestó en explicarle todo eso a Steinberg. Tiger quería resultados, no excusas.

Devlin llamó urgentemente a Bob Wood, presidente de Nike Golf, y le explicó que Tiger quería reanudar las pruebas de la Tour Accuracy inmediatamente. Wood, un famoso líder inspirador que tocaba a las mil maravillas una guitarra Fender y a menudo predicaba que *joder* era la más infravalorada de las palabras, estaba eufórico.

—¡Joder! —dijo—. ¡No me jodas!

—Va en serio. Tiger quiere que vayamos a Hamburgo. ¡Ya!

Wood también quería a Devlin en Hamburgo. Pero solo conocía una manera de que las pelotas llegaran a tiempo.

—Llama a Rock —dijo Wood.

Rock Ishii era un científico e ingeniero de Bridgestone. Le llamaban cariñosamente «*maharishi* Rock Ishii», y era el genio responsable del diseño de la Tour Accuracy. Estaba roncando en su casa de Japón cuando Devlin le despertó.

—¿Puedes llevar unas Tour Accuracy a Hamburgo? —dijo Devlin.

—¿Qué dices? —respondió Ishii.

—Tiger quiere jugar con ellas. Quiere que le lleves cinco docenas.

Quince minutos después, Ishii estaba en su coche, dirigiéndose como una flecha hacia la planta para recoger las pelotas. Llamó a Devlin desde la carretera:

—Hay un vuelo que sale de Narita esta misma mañana. Allí estaré.

Tiger se encontraba en la pista de aterrizaje de Dallas a punto de partir para Orlando cuando le sonó el teléfono. Era Devlin.

—Tendrás tus bolas —dijo—. ¿Dónde quieres que nos veamos?

—Nos vemos en el *tee* del 1 —respondió Tiger—. El martes por la mañana a las nueve en punto. Steiny se encargará de todo.

El detonante para que Tiger se decidiera a empezar a probar una pelota de Nike fueron los dos anuncios de la compañía que se emitieron el verano anterior (el de los aficionados que de golpe eran capaces de mandar la bola a trescientas yardas igual que Tiger y el anuncio improvisado en el que el golfista daba toques a la pelota con el palo). Ninguno de los dos le hizo ninguna gracia a Titleist y, en 1999, su empresa matriz, Acushnet Company, presentó una demanda contra Nike ante el Tribunal del Distrito de Boston, acusando a la empresa de zapatillas y ropa de publicidad engañosa. Acushnet alegó que Nike había inducido indebidamente a Tiger a aparecer en un anuncio de televisión que publicitaba bolas y equipo Nike, y que promocionar esos productos suponía una violación del contrato de exclusividad que el golfista tenía con ellos, según el cual solo podía utilizar pelotas y equipo Titleist. En los dos anuncios, Tiger había utilizado un palo y una bola de esa marca, pero ambos terminaban con el logo de Nike Golf, motivo por el cual Titleist exigió su retirada; los anuncios podían llevar a «decenas de millones» de personas a pensar que Tiger había empezado a utilizar equipo Nike.

Finalmente llegaron a un acuerdo, y Steinberg renegoció el contrato de Tiger con Titleist para que pudiera utilizar una pelota de Nike. Sin embargo, el pleito supuso el principio del fin de la relación de Tiger con Titleist. Antes de que despegara el vuelo hacia Alemania, llamó al director ejecutivo de la compañía, Wally Uihlein, y le dijo que iba a utilizar la pelota Tour Accuracy de Nike por primera vez en el Deutsche Bank-SAP Open.

Cuando Steve Williams llegó al *tee* del 1 del Gut Kaden Golf Club de Alveslohe, a las afueras de Hamburgo, poco antes de las nueve de la mañana, llovía y hacía viento. Suponía que la prueba de la pelota quedaría anulada a causa del mal tiempo, pero sabía que Woods querría practicar de todos modos. No había temporal que cambiara eso. El *caddie* estaba resguardando la bolsa de Tiger de los elementos cuando vio acercarse a Devlin e Ishii. Devlin llevaba un paraguas; Ishii sostenía unas cajas con docenas de pelotas.

A Williams le sorprendió verlos.

—Venimos por la prueba de la pelota —le explicó Devlin.

—No es el día más indicado —dijo Williams, que seguía sin estar convencido de que la pelota de Nike fuera mejor que la de Titleist.

Treinta segundos después se acercó Tiger, que lucía una gorra TW y una sonrisa. El mal tiempo era justo lo que quería: las condiciones eran las ideales para poner a prueba la velocidad, el vuelo y la rotación de la bola.

La lluvia caía con fuerza cuando Tiger colocó su pelota de Titleist en el *tee*, apuntó al borde izquierdo de la calle y pegó con el *drive*. El viento la empujó hasta el *rough* derecho. Entonces golpeó la pelota Tour Accuracy de Nike exactamente en la misma dirección. Era como si el viento y la lluvia se hubieran detenido. La bola se desvió solo tres metros y se detuvo a la izquierda del centro de la calle. Williams estaba impresionado. Ese patrón se repitió durante los nueve primeros hoyos.

Cuando llegó Steinberg, a mitad de esos primeros nueve, Tiger ya estaba convencido de que su decisión de utilizar la pelota de Nike en el pro-am del día siguiente era la correcta. El rendimiento de la bola con ese viento había convencido incluso a su escéptico *caddie*.

—Bueno, supongo que toca cambiar de pelota —dijo Williams.

Cuando Tiger volvió de Alemania una semana después, utilizó la bola de Nike en el Muirfield Village, un campo de Dublin, Ohio, diseñado por Nicklaus, y ganó el Memorial Tournament por seis golpes. Era su decimonovena victoria en el PGA Tour y se hizo con ella de manera tan rotunda —con un resultado final de diecinueve bajo par— que Nicklaus dijo en tono de broma: «Está haciendo picadillo los campos de golf».

Después Tiger se reunió con Steinberg. El US Open era en dos semanas y Woods había decidido pasarse definitivamente a la pelota

Tour Accuracy. Pero quería darle la noticia al presidente y responsable de ventas de Nike Golf en persona. Nike se estaba preparando para ir a por todas con Tiger y sus nuevos productos de golf, y quería darles un empujoncito. Steinberg dijo que él se encargaba de todo.

El 1 de junio del 2000, Nike Golf celebró su reunión semestral de ventas de calzado y equipo en el Sunriver Resort de Oregón. Esa noche, unos doscientos empleados de EE. UU., Canadá y Europa se congregaron en el centro de conferencias del hotel. El presidente de Nike Golf, Bob Wood, estaba sobre el estrado explicando la estrategia de la compañía y los objetivos de ventas para los próximos ciento ochenta días. Detrás de él, en unas pantallas gigantes, iban apareciendo imágenes de distintos productos. Ni Wood ni nadie entre el público sabían que Tiger se encontraba en una sala privada del edificio con Steinberg, Devlin y el director ejecutivo de Nike, Phil Knight.

De repente, Tiger salió de detrás de una cortina lateral del estrado y empezó a caminar hacia Wood con una enorme foto suya enmarcada en la que sostenía el trofeo del Memorial, un guante firmado y la pelota de Nike con la que había ganado el torneo. Los asistentes le vieron y empezaron a señalar y a hacer comentarios. Wood, famoso por sus fascinantes discursos y ajeno a la presencia de Tiger, no tenía ni idea de por qué estaban tan distraídos. Entonces Tiger llegó a su lado.

—¡Joder! ¿Qué haces tú aquí? —dijo Wood.

Los asistentes se volvieron locos.

Sonriendo, Tiger le entregó la foto a Wood.

—Antes de que comencemos —dijo—, solo quería decirte a ti y a todos los presentes que he decidido empezar a utilizar de forma permanente la pelota Tour Accuracy de Nike.

Con una sola frase, Tiger consiguió que el responsable de ventas se pusiera histérico. Todo el mundo se puso de pie y empezó a dar saltos, a reír y a gritar. La fiesta se alargó hasta el amanecer.

Para el 100.º US Open, que se celebró en Pebble Beach, NBC utilizó cuarenta y siete cámaras —cerca del doble de lo habitual— para seguir a Tiger desde el aire y el agua, además de desde el campo. El 14 de junio, el día antes de la ronda inicial, Woods había quedado en el *tee* del 1 a las siete de la mañana para jugar una vuelta de práctica, pero a esa misma hora se celebraba en el *green* del 18 un acto en honor al vigente campeón, Payne Stewart. En una escena que recordó a una salva de veintiún cañonazos, más de cuarenta golfistas se colocaron en línea y golpearon bolas hacia la soleada bahía de Carmel a la orden de: «Listos, apunten, disparen». La mujer de Stewart, Tracey, contuvo las lágrimas ante la atenta mirada de miles de aficionados. Tiger decidió no asistir. No lo consideraba necesario y no fue una decisión difícil de tomar. Le había dado el pésame a Tracey Stewart en privado. Le pareció que la ceremonia pública no sería más que un espectáculo en el que algunos golfistas dispararían pelotas al agua, y no tenía interés en formar parte de eso. Acudir le hubiera impedido prepararse para el Open.

Mientras sus compañeros golfistas lloraban juntos la pérdida de un amigo, Tiger jugaba una ronda de práctica con Mark O'Meara. A continuación, pasó dos horas y media más en el *green* de entrenamiento, aplicando pequeños cambios a su postura y a la fase final de su golpe. Luego le llegó el turno a su *swing*. Durante el día, algunas celebridades —un conocido deportista, una estrella televisiva, un miembro de los medios de comunicación nacionales— quisieron saludarle. Pero él no tenía ganas de cháchara.

Cuando Tiger se preparaba para un torneo no dejaba que nada le distrajera, ni siquiera las preguntas de los periodistas indignados por su ausencia durante el homenaje a Stewart. Al fin y al cabo, Tiger no había sido el único que había decidido no asistir. Jack Nicklaus tampoco había ido y nadie le acosaba para pedirle explicaciones. O'Meara, que era la persona más cercana a Stewart, también había optado por saltarse el acto para jugar con Woods. Tiger no veía la necesidad de justificarse ante nadie.

Después de once horas practicando, Tiger decidió que ya estaba bien. Butch Harmon estaba acostumbrado a sus exagerados hábitos de entrenamiento. Mientras le veía alejarse del *green* de prácticas el día antes del torneo, pensó: «Nadie tiene la más mínima oportunidad mañana».

Tiger pensaba igual. Esa noche, solo en una habitación tenuemente iluminada, cogió su libro de distancias y se sentó. Con los ojos cerrados, visualizó el *tee* del hoyo 1. Luego jugó uno por uno todos los hoyos en su cabeza hasta llegar al 18. Después se fue a dormir. Al día siguiente, terminó la primera ronda con 65 golpes. Con tres vueltas más por delante, los demás jugadores tuvieron claro que jugaban por el segundo puesto. El viernes, con un viento inusualmente fuerte que desató el caos en el campo, Tiger amplió su ventaja, jugando como si a su pelota no le afectara el temporal, pegando golpes muy precisos desde el *tee* y haciendo un *birdie* detrás de otro. Sin embargo, por la tarde empezaron a jugar con algo de demora y el viento ocasionó varios retrasos, por lo que los oficiales del torneo se vieron obligados a suspender el juego después de que Tiger terminara el hoyo 12.

El sábado bien temprano, volvió al campo para terminar la segunda vuelta. Eran aproximadamente las ocho de la mañana en la Costa Oeste cuando se plantó en el *tee* del 18 con una abrumadora ventaja de ocho golpes. Desde ahí pegó un *hook* y mandó la bola a la bahía de Carmel.

—¡Mierda! ¡Me cago en Dios! —gritó Tiger.

Los micrófonos de NBC captaron su arrebato de ira.

—¡Vaya! —dijo Johnny Miller, comentarista de la cadena.

—No hace falta comentar nada —añadió el analista Mark Rolfing.

En los círculos de golf, todo el mundo sabía que Tiger tenía mala lengua y mucho genio. Pero fue muy chocante escucharle perder las formas en la televisión nacional. En algunos puntos del país, NBC había cancelado la emisión de los dibujos animados del sábado por la mañana para cubrir en directo el Open. Algunos telespectadores empezaron a llamar indignados a la cadena y a la USGA.

El torneo de ese fin de semana era el primero que el periodista deportivo Jimmy Roberts cubría para NBC Sports, y le habían encargado entrevistar a Tiger al finalizar la vuelta. El día antes del US Amateur de 1996, Roberts le había entrevistado por primera vez para el noticiario *SportsCenter* de ESPN, y habían congeniado bastante. Después de aquella primera entrevista, Robert le contó a Tiger que no podía quedarse a ver el torneo. Tenía que volver a Nueva York porque a su mujer, que estaba embarazada de su primer hijo, tenían que hacerle unas pruebas médicas.

—¿Lo normal no es quedarse para el torneo propiamente dicho? —bromeó Tiger con una sonrisa.

Roberts soltó una carcajada.

Cuando una semana más tarde Tiger hizo su debut como profesional en el Greater Milwaukee Open, Roberts cubrió el torneo para ESPN. Pese al acoso por parte de periodistas y aficionados, Woods vio a Roberts y quiso hablar con él en privado.

—¿Qué tal está tu mujer? —le preguntó.

Roberts se emocionó. Desde entonces, ambos sentían un afecto recíproco.

Cuando Tiger terminara el hoyo 18 del Pebble Beach, Roberts tenía planeado preguntarle acerca de las palabras que había pronunciado después de su golpe de salida desviado. Pero no quería pillarle por sorpresa en directo, así que, en vez de esperar a que subiera al lugar de la entrevista, Roberts bajó para saludarle y prevenirle.

Tiger, feliz por llevar una ventaja de ocho golpes después de dos vueltas, salió del campo acompañado de Joanna Jagoda y saludó a Roberts.

—Oye —dijo el periodista—, voy a tener que preguntarte sobre lo que ha pasado en el 18.

A Tiger se le borró la sonrisa de la cara. ¿Acababa de terminar una ronda excelente e iba camino de ganar el US Open con una ventaja sin precedentes y Roberts quería hablar de palabrotas? ¿En serio? Prácticamente todo el mundo en los circuitos profesionales, incluidos algunos periodistas que cubrían los torneos, utilizaban un vocabulario similar. Pero, como decía Harmon, ellos no tenían micrófonos «metidos por el culo todo el tiempo».

Tiger estaba molesto, pero decidió no decirle nada de eso a Roberts. Se decantó por lanzarle una mirada asesina.

Roberts no entendió el rebote. Desde su punto de vista, la pregunta daría a Tiger la oportunidad de disculparse por su desliz y de reconocer que era tan competitivo que a veces perdía las formas.

—Tiene toda la razón —le dijo Jagoda a Tiger—. Sube ahí y responde esas preguntas.

Cabreado, Woods siguió a Roberts.

—No has terminado los treinta y seis hoyos de la manera que te habría gustado —dijo Roberts cuando estuvieron en el aire—. De hecho, parecías bastante enfadado en ese *tee*.

—Sí, me he enfadado un poco —dijo Tiger—. A veces me pueden las emociones. He golpeado mal. Intentaba que la bola fuera recta y he terminado pegando un *hook*, y, bueno, me he alterado. Siento que haya sido así, pero creo que cualquiera en mi situación se habría cabreado un poco consigo mismo. Por desgracia, yo he cometido el error de verbalizarlo. Pero he conseguido tranquilizarme, me he crecido y he clavado el siguiente golpe. Ojalá la primera bola la hubiera golpeado como la segunda.

A Woods no le había gustado nada la pregunta, pero no iba a mostrarle su desagrado a Roberts. A diferencia de su padre, que no tenía pelos en la lengua, Tiger evitaba las confrontaciones. «Lo mejor era dejar que hablaran los palos, tal como siempre me había recomendado mi madre —dijo—. Me enseñó a ser fuerte; sabía que cuanto más dijera, más se complicarían las cosas. Según ella, si dejaba hablar a los palos, también podía vencer a los otros chicos en todo. Había una diferencia entre ganar y vencer. Por supuesto, quería ganar, pero también vencer por muchos golpes. A mi madre le gustaba que "aplastara" a los rivales. Esa era la palabra que utilizaba.» Tiger parecía sentir eso mismo hacia Roberts.

El domingo, Tiger empezó la última vuelta con ocho bajo par, diez golpes por delante del segundo. Era el mayor margen de ventaja de la historia del torneo, pero no le bastaba. Estaba decidido a hacer añicos el récord del campo y su objetivo era jugar una ronda sin *bogeys*. Dicho y hecho. Al llegar al último hoyo, estaba tranquilo y plenamente satisfecho. Cuando todos los que se encontraban en la calle le hicieron una reverencia como si fuera un miembro de la realeza, se sonrojó. Hizo 67 golpes y ganó con una ventaja récord de quince golpes.

Mientras se dirigía a la entrega de trofeos al borde del *green* del 18, la NBC hizo un corte para publicidad. Jimmy Roberts estaba listo. Era el encargado de retransmitir la entrega. Sería el momento televisivo más visto de su carrera hasta la fecha. Millones de telespectadores iban a estar pendientes.

Unos segundos antes de que Roberts saliera a antena, Harmon le agarró del brazo. «¿Qué intentas demostrar? —le preguntó—. ¿Por qué coño haces esas preguntas?» Harmon seguía furioso por la entrevista de unos días atrás sobre la salida de tono de Tiger en directo. «¡Menuda mierda! —siguió Harmon—. Te considerábamos un amigo.»

Robert se asustó. «Madre mía —se dijo—. ¿A qué ha venido eso?»

Al parecer, Jimmy Roberts se había convertido en uno de los periodistas enemigos de Tiger.

Pero cuando el golfista entró en la rueda de prensa posterior a la victoria en el Pebble Beach con su nuevo trofeo en las manos, se comportó como si nada hubiera pasado. Después de que Woods se autoelogiara por sus «*putts* largos para par» y le quitara hierro a una «semana bastante buena», le preguntaron si ese triunfo récord le había consolidado como el rey del golf.

«Batir récords está muy bien, pero no es algo a lo que uno le preste demasiada atención —dijo Tiger—. No eres consciente de lo que has logrado hasta que pasa un tiempo. En el futuro, esta victoria me parecerá mucho más importante de lo que me parece ahora. Es demasiado reciente… Lo único que sé es que el trofeo está aquí a mi lado.»

CAPÍTULO DIECIOCHO
SUPERIORIDAD

Periodistas de golf, profesionales veteranos e historiadores de todo el mundo coincidieron en que la victoria por quince golpes de Tiger en el US Open del 2000 fue el resultado más hegemónico de la historia del golf. Nadie en los trescientos setenta *majors* anteriores había logrado semejante ventaja. Fue una hazaña que eclipsó todo lo que ocurrió al mismo tiempo en el mundo del deporte. Esa misma semana, Kobe Bryant y Shaquille O'Neal consiguieron la victoria del campeonato de la NBA para Los Angeles Lakers, pero fue Tiger quien protagonizó los mayores titulares y apareció en la portada de *Sports Illustrated*.

Unos días después, Tiger estaba en Las Vegas trabajando su *swing* con Butch Harmon. Esa noche decidieron celebrar su triunfo cenando tranquilamente en el The Palm, en el hotel Caesars Palace. Reservaron una sala privada al fondo del restaurante, lejos de las miradas de los comensales que lo abarrotaban. Cuando Woods se levantó para irse, algunos de los clientes le vieron e inmediatamente se pusieron de pie y empezaron a aplaudir. El alboroto despertó la atención de unos cuantos más, y pronto todo el restaurante estaba de pie aplaudiendo y silbando. Conmovido y algo cohibido por la ovación, Tiger se detuvo. Estaba acostumbrado a que le aclamaran en el campo, donde podía dejar que fuera su equipo deportivo el que hablara. Después de embocar un *putt*, saludar con la gorra o mostrar la pelota bastaba para contentar a la muchedumbre. Pero en mitad de ese restaurante atestado no tenía nada a lo que agarrarse. Se limitó a hacer un gesto con la cabeza y sonreír, lo que provocó un *crescendo* de ovaciones. Allá donde iba, era el hombre del momento.

Con tres de los cuatro grandes trofeos sobre la repisa de su chimenea, la idea de que Tiger pudiera conseguir el Grand Slam en Escocia estaba en boca de todos. En julio, nada menos que 230.000 asistentes acudieron en tropel al Old Course de St. Andrews —lugar de nacimiento del golf— con la esperanza de verle hacer historia.

El juego de Tiger era tan impecable que casi parecía injusto para sus competidores. «Ha elevado el listón a una altura a la que solo él puede llegar —dijo Tom Watson durante el British Open—. Es de otro planeta.» Woods mantuvo el nivel durante todo el fin de semana. Fue el único golfista en St. Andrews que jugó las cuatro vueltas sin mandar ni una sola pelota a ninguno de los ciento doce búnkeres del campo. Para la última jornada emparejaron a Tiger con su amigo David Duval. Remató el torneo con la derrota del segundo mejor golfista del mundo por doce golpes y con un resultado de diecinueve bajo par: un nuevo récord.

Mucho antes de que terminara la ronda final, ya estaba claro que Tiger iba a convertirse en el quinto jugador de la historia en ganar los cuatro *majors* modernos, pasando a pertenecer al club más selecto del golf junto con Gene Sarazen, Ben Hogan, Gary Player y Jack Nicklaus. Con veinticuatro años, Tiger era el jugador más joven en lograr el Grand Slam.

En un arrebato de júbilo, los aficionados traspasaron el cordón de seguridad de la calle del 18 y causaron algunos problemas a los guardias de Su Majestad, que tuvieron que controlar una estampida que parecía estar llevando a Tiger hasta el último *green*. Británicos y escoceses rindieron tributo a su brillantez absoluta, cultivada a lo largo de una vida de soledad durante la cual se había dedicado a perfeccionar el uso de los hierros y las maderas para acabar controlando la pelota con una precisión mecánica.

Mientras la inmensa fila de gente inundaba la calle del 18 y alababa la grandeza de Tiger, Tida lloraba de felicidad. Durante su matrimonio, su papel en la vida de su hijo había sido eclipsado por el de Earl. Él era el que escribía libros, se pavoneaba ante los medios y posaba para las cámaras. Si bien era cierto que Earl, por utilizar un lenguaje informático, había cableado a Tiger, era Tida quien se había encargado de su codificación vital. Ella era la principal responsable de su programación mental, de su instinto asesino. Entendía mejor que nadie el precio que había tenido que pagar su hijo. Tida había acompañado a Tiger desde que era un crío y había recorrido cientos de kilómetros en los campos de golf y, después de recorrer también los setenta y dos hoyos de St. Andrews, estaba completamente embelesada viendo a esos miles de seguidores aclamar a su hijo. En ese momento le pareció que todo lo que había soportado había valido la pena.

Tiger no estaba preparado para ver llorar a su madre. Nunca la había visto derramar una lágrima en un torneo de golf. Después de recoger el trofeo, hacer la ronda en St. Andrews y hablar con la prensa, se reunió con ella a la salida del hotel. Tida volvía a casa por su cuenta. «Adiós, mamá —le dijo Tiger—. Te quiero.»

Ella le abrazó.

«Nos vemos cuando vuelva», añadió, y se subió en el asiento trasero de un vehículo que se dirigió a la base de la Real Fuerza Aérea, donde un avión privado le esperaba para llevarle a su nueva y lujosa vivienda de Isleworth, una casa de cerca de ocho mil metros cuadrados situada en Deacon Circle que había comprado hacía dos semanas por 2.475 millones de dólares.

Unos años después de que Tiger se hiciera profesional, Alicia O'Meara le presentó a su profesor de submarinismo, Herb Sugden, de Orlando. En cuanto supo de su fama de instructor severo y exigente, Tiger le contrató y empezó a recibir clases en la piscina de detrás de su casa de Isleworth. «Era un alumno excepcional —recordó Sugden—. Se esforzaba mucho y nunca intentó ir por la vía rápida. Cuando le corregía, siempre decía "Vale", volvía a intentarlo y entonces lo hacía bien. Llegó a convertirse en un submarinista excelente.»

En poco más de un año, Sugden vio que Tiger estaba listo para dejarse de piscinas y recibir la certificación de *divemaster* —término con el que se denomina a los buzos que están justo por debajo del nivel de instructores—, que le permitiría guiar a otros submarinistas en sus inmersiones. Pronto el océano se convirtió en su gran pasión. El fondo marino era el único lugar de la Tierra en el que nadie le reconocía y nadie quería nada de él. En una ocasión le confesó a un amigo que solo y rodeado de peces era como se sentía más en paz.

Después de volver del British Open a casa, Tiger se fue a las Bahamas y se perdió debajo del mar. Aparte de explorar arrecifes de coral, aprovechó para entrenar sus nervios. Aprendió a evitar que su pulso se acelerara al toparse con peces gigantes, y eso le sirvió para controlarlo a la hora de pegar *putts* decisivos.

Mientras Woods se refugiaba en el océano, la «Tigermanía» alcanzó unos niveles que superaron la locura posterior a la victoria en el Masters de 1997. A mediados de agosto, simultáneamente, apareció en la portada de *Time* y protagonizó un reportaje de doce páginas en el *New Yorker* que llevó por título «El Elegido». American Express emitió un anuncio en el que se veía a Tiger recorriendo Manhattan, disparando pelotas de golf por Central Park, por encima del puente de Brooklyn y en mitad de Wall Street. Y toda la gente del Tour —jugadores, *caddies*, entrenadores de *swing*— reconocieron que se había consagrado como el mejor —o que estaba jodidamente cerca de serlo— en todas las facetas del juego. *Drives*, golpes, juego corto, *putts*, resultados: no había nada que se le resistiera. Cuando a finales de agosto llegó al PGA Championship del Valhalla Golf Club, en Louisville, algunos de los mejores *caddies* ya consideraban que su nivel hacía que su participación fuera injusta. Se había llegado a un extremo en que todo el mundo se sentía intimidado por él. Incluso a los profesionales más veteranos les entraba el tembleque cuando les tocaba jugar con él, especialmente los domingos.

Pero después de liderar el torneo durante tres rondas y llegar a la última en cabeza con trece bajo par, le emparejaron con un hombre que no le tenía ningún miedo. A la mayoría de los aficionados al golf, el nombre de Bob May no les decía nada. Pero Tiger le conocía bien. A mediados de los ochenta, May había sido el mejor golfista júnior del sur de California. En aquella época, Woods tenía diez años y ya había ganado dos títulos de los Junior World, y estudiaba los rankings de golf júnior como otros niños memorizaban las estadísticas del reverso de las tarjetas de béisbol. A sus treinta y un años, May no había ganado nunca un *major* en el PGA Tour, pero era el 48.º mejor golfista del mundo y un jugador brillante con los hierros. Iba empatado en segunda posición, a solo un golpe de Tiger.

Al inicio de la ronda, Tiger se volvió hacia Steve Williams y le susurró: «Este va a ir a por todas».

May había pasado la noche del sábado en vela en su habitación de hotel repitiéndose: «Juega contra el campo, no contra él. No puedes controlar lo que hace Woods. Tiene el golpe más largo del mundo. Él juega en un campo distinto al tuyo. Tienes que jugar contra el campo. Es lo único que puedes hacer».

May sintió que todo iba bien hasta que Woods llegó al *tee* del 1, un *dogleg* pronunciado a la izquierda conocido como «La esquina», y disparó un misil que sobrevoló la hilera de árboles de dieciocho metros de altura como si fueran arbustos. Cuando la pelota dejó de rodar, quedó por lo menos cuarenta y cinco metros por delante del *drive* de May. A los asistentes, que habían arrasado con las entradas, les pareció que eso iba a ser otro paseo para Tiger. Era evidente que el tal May cedería ante la presión.

Sin embargo, acabó siendo uno de los duelos más legendarios de la historia de los *majors*.

Al terminar la ronda reglamentaria, Woods y May estaban empatados con dieciocho bajo par, un resultado récord en el PGA Championship. Ambos habían hecho 31 en los nueve últimos, tras un memorable encadenamiento de golpes extraordinarios y *putts* críticos. En el hoyo final, a Woods no le había quedado más remedio que meter un *putt* de dos metros y medio para alargar el partido (y, posiblemente, para llevarse a casa su tercer *major* consecutivo). Después de embocarlo, se giró hacia Williams y dijo: «Stevie, hasta mi madre habría podido embocar esa bola. Soy Tiger Woods: era obvio que iba a meter ese *putt*. No hay de qué preocuparse».

May pensaba igual. No había de qué preocuparse. Dadas las circunstancias, estaba haciendo la mejor vuelta de su vida —65 golpes en la ronda final— y tenía posibilidades de ganar, sobre todo después de que el segundo *drive* de Tiger en el desempate a tres hoyos acabara en medio de un grupo de árboles.

Cualquier otro golfista del PGA Tour habría optado por la opción más segura: ejecutar un chip para devolver la pelota a la calle y dejarse preparado un *bogey* casi asegurado. Pero la mente creativa de Tiger pensó en algo totalmente diferente: desde debajo de los árboles, pegó un *punch* con un hierro 8 y mandó la pelota hacia un caminito para coches de golf, desde donde rebotó por encima del *rough* y rodó hasta una pequeña depresión del terreno junto al *green*.

«¿Ha cruzado el caminito para coches?» May estaba tan asombrado que se preguntaba si Tiger lo habría hecho adrede.

En efecto. Y, al rato, después de hacer par en los dos últimos hoyos del desempate y ganar a May por un solo golpe, Woods pasó a formar parte de un club del que, hasta entonces, Ben Hogan era el único miembro: el de los ganadores de tres *majors* profesionales en una misma temporada. En un vertiginoso lapso de nueve semanas, Woods había ganado el US Open, el British Open y el PGA Championship, rematando el que periodistas de golf de todo el mundo consideran el mejor verano en la historia del golf.

Lo único igual de destacable que el triplete de Tiger fue el hecho de que Earl no estuviera ahí para verlo. El padre que nunca faltaba a un *major* de su hijo estaba desaparecido, y aun así se las apañaba para llamar la atención criticando a Venus y Serena Williams en *Sports Illustrated*. Dos semanas antes de la victoria de Tiger en el British Open, Venus, de veinte años, también había hecho historia al convertirse en la segunda mujer afroamericana —la primera había sido Althea Gibson, en 1957 y 1958— en ganar Wimbledon. En un arrebato de euforia juvenil, Williams se había puesto a dar saltos por la pista y, a continuación, había ido hacia las gradas, saltado por encima de los asistentes y abrazado a su hermana, Serena, de dieciocho años (entonces la vigente campeona del US Open), y a su padre, Richard Williams, que era quien había enseñado a sus hijas a jugar.

El ascenso de las hermanas Williams en el mundo del tenis guardaba bastante paralelismo con la trayectoria de Tiger. Aparte de los evidentes aspectos raciales, en sus vidas también existía la figura de un padre polémico cuyos inusuales métodos habían llegado a provocar escenas incómodas y embarazosas. Con Tiger y Venus acaparando titulares simultáneamente y a ambos lados del Atlántico, le preguntaron a Earl Woods si conocía a Richard Williams.

«Ni le conozco ni tengo ningún interés en conocerle —dijo—. No me parece bien lo que está haciendo con sus hijas. No las está dejando alcanzar su máximo potencial. No ha dejado que trabajaran con un profesional. Juegan como lo haría Tiger si no le hubiera entrenado Butch Harmon. [Después de ganar el Wimbledon] escuché decir a Venus: "Ahora podré comprarme un reloj". Pensé: "Qué triste". Veinte años tiene, ¿no? ¿Y hasta ahora no ha podido comprarse un reloj? No hay más que escucharlas. Su actitud y su conducta es la de un par de crías. Así no van a madurar. Están estancadas. Me sabe mal por ellas.»

Earl hizo esos comentarios en un momento en el que básicamente había desaparecido del lado de Tiger. A raíz de su ausencia en los tres *majors*, empezaron las especulaciones acerca de si él y su hijo estarían peleados.

«He criado a Tiger para que vuele solo —dijo Earl en el 2000, y añadió—: No necesitamos hablar para darle validez a nuestra relación.»

Earl tenía respuesta para todo, pero esa no cuadraba. Ese mismo verano, a otro periodista le había dado una versión distinta: «Ya no voy a los torneos porque la gente me atosiga y no puedo disfrutar del golf».

El motivo real de la repentina ausencia de Earl durante los triunfos de la carrera de su hijo era mucho más complicado. Tiger se había pasado la vida buscando la aprobación de su padre, y siempre había compartido escenario con él. En el 2000, era un hombre independiente y cansado de algunas de las excentricidades de Earl, y ya no le interesaba que él ni nadie pisaran su mismo escenario.

Al mismo tiempo, Earl ya no hacía ningún esfuerzo por ocultar sus vicios. Pese a lo delicado que estaba del corazón y las advertencias de su médico, no tenía ninguna intención de rebajar el consumo de alcohol, y tampoco de tabaco. A Tiger llevaba tiempo sacándole de quicio que su padre no fuera capaz de fumar menos a pesar de sus problemas cardíacos. Algunos años atrás, durante una cena privada, Earl sacó un cigarro. Tiger se lo quitó, lo estrujó y lo tiró en el cenicero. Luego se inclinó y le susurró al oído: «Déjalo, papá. Te necesito».

Pero es que había problemas mucho mayores. Hacía cuatro años que Tida se había ido de casa, y Earl había llenado el vacío contratando los servicios de un montón de mujeres —principalmente rubias y morenas, la mayoría con edad de ser hermanas de Tiger— para que cubrieran sus necesidades. Como director de ETW Corp., tenía a una secretaria propia. Tenía también asistenta personal, asistenta de viajes, asistenta para la fundación, cocinera, entrenadora personal, educadora canina, masajista, chica de la limpieza e incluso una que le hacía la pedicura. Según una de ellas, algunas eran empleadas de la empresa de Tiger, pero otras no. A esas otras se les pagaba en metálico, y su trabajo —aunque eso no figuraba en ningún sitio— consistía en complacer a Earl en todo lo que se le antojara.

Para entonces, Tiger ya era plenamente consciente de que, a lo largo de los años, su padre le había sido infiel a su madre en numerosas ocasiones. Muchas personas relacionadas con el PGA Tour habían empezado a sacar sus propias conclusiones. Ya en 1998, Earl había dejado de mantener la discreción en cuanto a su interés por otras mujeres. Ese año llevó a una bastante más joven que él a la Presidents Cup de Australia.

Pero en el 2000, Earl ya llevaba tiempo sin dejarse ver por los torneos, y el panorama en la casa donde se crio Tiger se había salido de madre: las mujeres entraban y salían; el televisor reproducía de forma ininterrumpida películas porno; los cajones estaban llenos de juguetes eróticos, y se realizaban favores sexuales a petición de Earl. «Era la casa de los horrores —recordó una exempleada—. En todos los cajones. En todos los armarios.»

Tiger solía llamar antes de ir a visitar a Earl, y las mujeres siempre se encargaban de limpiarlo todo antes de que llegara. Por entonces, la imagen que tenía de su padre era complicada, pero nunca dejaba que nadie supiera cómo se sentía por dentro. Era como si en su interior tuviera cicatrices profundas que prefería no mostrar, ni siquiera a su padre, al que a menudo se refería como su «mejor amigo».

En el 2000, Tiger ya no tenía miedo de decir que estaba demasiado ocupado para cogerle el teléfono a Earl y, cuando cambiaba de número, cosa que sucedía bastante a menudo, ya no era él el primero en enterarse. El silencio de Tiger le hacía daño a Earl. «Mi padre y yo no hablamos demasiado —dijo Woods en mitad de su racha histórica—. Él hace su vida y yo hago la mía.»

Aunque Tiger pasaba mucho más tiempo con su madre y su novia, poco después de ganar el US Open de Pebble Beach fue a visitar a Earl. Cuando llegó, se encontró con que su habitación estaba prácticamente igual. El póster de Obi-Wan Kenobi seguía en la puerta del armario y el palmarés de Jack Nicklaus continuaba pegado en la pared. Sin embargo, el ambiente en la casa había cambiado. Lo único que quedaba de Tida, por ejemplo, eran las fiambreras de comida y fruta cortada que enviaba a Earl un par de veces a la semana.

A sus sesenta y ocho años, Earl tenía mucho sobrepeso y pasaba la mayor parte del tiempo en su silla. Su hijo le sacó a la calle para llevarlo al Big Canyon Country Club, en Newport Beach, que quedaba cerca de su casa y había hecho miembro honorífico a Tiger. Aquel día podían haber hablado de muchos temas personales, por ejemplo, de cómo debe tratar un hombre a su esposa. ¿Pero qué hijo está dispuesto a discutir esos temas con su padre?

En un momento de tranquilidad en el campo, fue Earl quien hizo una pregunta:

—¿Te gustaría que fuera a verte más a menudo?

—Estoy bien así, papá —respondió Tiger.

Earl captó el mensaje.

CAPÍTULO DIECINUEVE
FRÍO

Una semana después de ganar el PGA Championship del 2000, Tiger se encontraba en la calle del 18 del famoso Firestone Country Club, en Akron, Ohio. Era la ronda final del WGC-NEC Invitational y estaba dominando el torneo. Quedaba solo un hoyo, pero hacía rato que el resultado estaba claro. La única pregunta era si Tiger sería capaz de llegar al *green* del 18 de un golpe. La tormenta había obligado a suspender el juego durante tres horas y había retrasado el final del torneo. Cuando volvieron a arrancar, ya había anochecido y había un poco de niebla, con lo que apenas podía verse la bandera, a unos 153 metros. Había tan mala visibilidad y la niebla estaba tan baja que Woods tuvo que ponerse en cuclillas para calcular la configuración del terreno. Para conseguir su objetivo de terminar con veintiuno bajo par, tenía que golpear a ciegas.

Había crecido jugando con su padre al anochecer, y muchas veces terminaban los dos o tres últimos hoyos en la penumbra. Pero estaba en el Firestone, no en el campo de la Marina. La situación era una metáfora perfecta del punto en el que se encontraba la carrera de Tiger: los simples mortales habían dejado de suponerle un reto; ahora competía contra los dioses, contra la mismísima Madre Naturaleza. Él disfrutaba con esos momentos. Le brindaban la oportunidad perfecta para desplegar todas sus habilidades. Con el canto de los grillos y las parpadeantes linternas de los asistentes como telón de fondo, Tiger golpeó con un hierro 8 y la bola avanzó por la calle. La ráfaga de flashes de las cámaras que rodeaban el hoyo 18 creó un efecto estroboscópico al caer la pelota desde la oscuridad del cielo y aterrizar a sesenta centímetros del objetivo, provocando un clamor atronador que retumbó por toda la calle. «¿Qué te ha parecido eso?», dijo Tiger mientras sonreía y le chocaba la mano a Steve Williams. Luego se dirigió hacia el *green* con el *putter* en alto, como si fuera un cetro y él un rey.

La escena fue tan surrealista que algunos telespectadores se plantearon si no se trataría de un montaje. Ni siquiera los locutores de CBS Sports podían creerse lo que estaban viendo.

—¡¡Cómo ha podido hacer eso!? —gritó el analista Lanny Wadkins—. ¡Es imposible!

—No me lo puedo creer —añadió Jim Nantz.

Poco después, Tiger embocaba el cortísimo *putt* para *birdie* y terminaba con veintiuno bajo par (la puntuación más baja en la historia del torneo) y con una ventaja de once golpes respecto de los segundos. Era su octava victoria del año en el PGA Tour.

Catorce días después, volvía a estar bajo la penumbra en el 72.º hoyo, pero esa vez se trataba de la ronda final del Canadian Open (en el Glen Abbey, a las afueras de Toronto) e iba ganando por solo un golpe. Un tiro desviado desde el *tee* había hecho que cayera en medio de un búnker bastante profundo, a 195 metros de la bandera y con poco más que una enorme masa de agua entre él y el *green*. En términos shakespearianos, si el golpe a ciegas en el Firestone había sido *Hamlet*, lo que sucedió a continuación —un golpe limpio con un hierro 6 que hizo que la pelota cruzara 180 metros de agua y aterrizara sesenta centímetros más allá de la bandera— fue *Macbeth*: otro logro sobresaliente.

Esos golpes eran tan impresionantes que conseguían eclipsar el aspecto de la personalidad de Tiger que jugaba un papel más importante en su altísimo nivel: su mente. Durante su épica racha de victorias en *majors* y tiros espectaculares de entre finales de 1999 y finales del 2000, el estado de concentración en el que se sumió Tiger día tras día a la hora de pegar golpes fue tal que resulta complicado describirlo con palabras. Lo mejor es ilustrarlo mediante una secuencia que tuvo lugar durante el Canadian Open, momentos antes de que Tiger cruzara el agua con ayuda de su hierro 6. Cuando en el *tee* del 18 empezó a subir el palo para ejecutar el impacto de salida, el silencio era absoluto. Pero entonces, justo a mitad de la bajada, un aficionado gritó: «¡Tiger!». En ese momento, Tiger hizo que la cabeza de su palo, que descendía a doscientos kilómetros por hora, se congelara por completo, quedando el *driver* a escasos centímetros de la bola. Nadie en el mundo era capaz de detenerlo estando ya a esa distancia. El control que ejercía su mente sobre su destreza física no tenía parangón.

A esas alturas, poco importaba ya que consiguiera otro triunfo y ostentara simultáneamente los títulos del US, el British y el Canadian Open. Cada semana su genialidad parecía mostrar una nueva faceta. Con su pronta victoria en el Grand Slam —a los veinticuatro años, antes que ningún otro golfista—, ya había superado con mucho sus logros de 1999. En el PGA Tour, todos sabían que, si Tiger jugaba dando lo mejor de sí y ellos hacían lo mismo, ganaría Tiger. Y lo más importante: Tiger sabía que ellos lo sabían. «No tiene límites —dijo Mark Steinberg en esa época—. Es un deportista sobresaliente al que por fin se reconoce como el mejor del mundo. Y todavía tiene por delante de veinte a cuarenta años.»

En un intento febril por rentabilizar el éxito de Tiger, Steinberg estaba revaluando todos los contratos con sus socios corporativos. En el 2000, Woods obtuvo de sus patrocinadores aproximadamente 54 millones de dólares. Para poner la cifra en contexto, lo máximo que llegó a ganar en un año Michael Jordan fuera de la cancha fueron 45 millones. Pero Steinberg consideraba que Tiger valía todavía más —mucho, muchísimo más—, especialmente para Nike.

Woods era el deportista —y probablemente el artista— más fotografiado del mundo. Y Nike era la única marca visible en todas esas fotografías. Incluso cuando aparecía en anuncios de otras empresas, siempre llevaba ropa de esa marca; desde la gorra hasta las zapatillas, pasando por la camiseta: Tiger era para Nike una especie de valla publicitaria andante. A Steinberg le pareció que, teniendo en cuenta toda la publicidad que les hacía, el primer contrato con la empresa se había quedado pequeño. El agente era consciente también de que Nike estaba sacando provecho de lo que sus trabajadores llamaban el efecto halo: el impacto considerable de Tiger en productos de la marca que nada tenían que ver con el golf.

Ambas partes llevaban ocho meses renegociando y, a mediados de septiembre del 2000, finalmente acordaron un contrato de patrocinio de 100 millones de dólares. Era el acuerdo más sustancioso de su clase en toda la historia del deporte.

«Hay mucha gente que ha comparado a Tiger con Michael Jordan —dijo Bob Wood, presidente de Nike Golf—, pero hay una cosa que los diferencia, y es que la carrera profesional de un golfista es mucho más larga que la de un jugador de baloncesto. El dinero que ingresa un golfista profesional durante su vida es mucho mayor. Queremos que nuestra relación con Tiger dure el tiempo que dure su carrera: por lo menos veinte o veinticinco años, si no más.»

Estaba claro que Steinberg había convencido a Nike y que la empresa iba a apostarlo todo. Esperaban también que Tiger ayudara a que su equipamiento deportivo pusiera un pie en el golf de alta competición. Bob Woods era consciente de que los primeros en llegar al campo de golf los sábados por la mañana, los jugadores de menor hándicap y mayor influencia, no hablaban de su camiseta o sus zapatillas en el *tee* del 1; hablaban de su *driver* y su bola. Cuando Tiger decidió empezar a utilizar la pelota Tour Accuracy en Pebble Beach, la credibilidad de Nike entre los cinco millones de jugadores empedernidos de los EE. UU. y los varios millones más de todo el mundo creció al instante; y decenas de miles de tiendas profesionales que hasta entonces se habían mostrado reacias a hacerle un hueco a una «empresa de zapatillas» con una presencia tan limitada en el mundo de ese deporte estaban ahora interesadas en las bolas y el equipamiento de Nike.

Hacía apenas unos años, en agosto de 1998, Nike acababa de entrar en el negocio del golf y tenía unas pérdidas de aproximadamente 30 millones de dólares al año con un volumen de ventas de unos 130 millones. Antes de la victoria récord de Woods en el US Open del 2000, menos de quince jugadores de entre la media de 156 que participaban en los torneos jugaban con pelotas de fabricación sólida. Pero después de lo de Pebble Beach, casi todo el Tour quería probar la de

Nike. Tiger había puesto fin al largo reinado de Titleist él solito. De la noche a la mañana, a Nike se le abrió la puerta a una cuota de mercado del diez, el doce o incluso el quince por ciento.

De igual modo, los demás socios de Tiger —General Motors, American Express, General Mills— estaban dispuestos a todo para tenerle contento. Incluso Walt Disney Company, que casi nunca contrataba a famosos ni deportistas para promocionar sus productos, estaba preparando una oferta de contrato de cinco años y 22,5 millones de dólares para persuadir a Tiger de aparecer en anuncios de los parques temáticos de la compañía y de anunciar artículos y aparecer en los canales de Disney ABC y ESPN.

El efecto halo de Tiger tuvo una repercusión igual de evidente en las negociaciones del PGA Tour con las cadenas y los patrocinadores de los torneos. Cuando Woods se hizo profesional en 1996, los premios en metálico totales sumaban 68 millones de dólares al año. En 2001, la cifra había alcanzado los 175 millones; en 2003 llegaría a 225.

Pero quizá el mayor indicador de la capacidad de Tiger para atraer a la audiencia lo encontremos en los duelos de *Monday Night Golf*, el espacio televisivo creado por IMG junto con ABC Sports. La segunda entrega, anunciada como la «Batalla en el Bighorn», enfrentó a Tiger con Sergio García en el lujoso Bighorn Golf Club de Palm Desert, California, a finales de la temporada 2000. El uno contra uno tuvo una audiencia Nielsen del 7,6%, la más alta del programa. Nada menos que cerca de ocho millones de personas encendieron sus televisores una noche de lunes de finales de agosto para ver competir a García y Woods. Sin embargo, cuando el español ganó a Tiger por un solo golpe y se hizo con el premio de un millón de dólares, Woods se disgustó tanto que hizo peligrar el futuro del proyecto.

Una cosa era no ganar el millón de dólares —ganaba un millón solo por participar, así que el chasco no era tan duro—, pero a Tiger no le hacía ninguna gracia que se pusiera en entredicho su nivel. Lo último que deseaba era que García pudiera llegar a pensar que podía derrotarle cuando más importaba: un domingo en un *major*. Así pues, le dijo a Barry Frank, el creador de *Monday Night Golf* de IMG, que se había acabado. Dejaba el programa. Fin.

Frank había entablado negociaciones de ese tipo en todo el mundo, y tenía experiencia mostrándose implacable. Sabía reconocer las tonterías cuando las escuchaba, y eso no era ninguna tontería. Woods era el señuelo. Sin él, *Monday Night Golf* no podría continuar.

Pero si Frank había batido récords negociando derechos era porque sabía manejarse en situaciones dramáticas y porque siempre se guardaba algún que otro as en la manga; y había llegado el momento de utilizar esos ases con Woods y el Equipo Tiger. ¿Y si cambiaban el formato?, sugirió Frank. ¿Equipos mixtos? ¿Un cuatro bolas en vez de un juego por hoyos? «De esa manera —le dijo a Woods—, si no ganas, no es culpa tuya.»

Tiger acabó diciendo que sí a un formato nuevo en el que se eliminaba la posibilidad de que ninguno de sus rivales le ganara en un uno contra uno en horario de máxima audiencia. Al año siguiente, él y Annika Sörenstam se impusieron a David Duval y Karrie Webb tras jugar diecinueve hoyos; en 2002, Tiger y Jack Nicklaus derrotaron a García y Lee Trevino al conseguir ponerse tres arriba a falta de dos hoyos; y así sucesivamente. IMG y ABC se llevaron su parte del pastel, y Tiger también. Frank estimó los beneficios que los siete años de *Monday Night Golf* le generaron al golfista en por lo menos diez millones, sumando premios e importes garantizados.

Frank nunca albergó la esperanza de que Tiger le cogiera cariño, pero quería caerle bien y, sobre todo, que le respetara. En una entrevista que tuvo lugar en su casa de Connecticut en el verano de 2015, el ejecutivo dejó claro que Woods nunca le había hablado ni tratado mal y que no le debía nada. Pero también explicó que nunca habían compartido un momento de intimidad, nunca habían salido a comer o tomar algo para celebrar nada, y que el golfista nunca le había dedicado una sola palabra de agradecimiento por todo lo que hizo por él. A Frank, que estaba sentado en el porche trasero de su vasta casa tipo rancho, le preguntaron también si Woods le había mostrado respeto. Ese día cumplía ochenta y tres años y, tras una larga pausa, respondió.

«No —dijo finalmente—. Yo creo que me veía como otro judío que hacía lo que se le pagaba por hacer. Y que consideraba que yo le debía más a él de lo que él me debía a mí.»

No supuso ninguna sorpresa que en la temporada 2000 Tiger cosechara todos los honores y premios imaginables, incluido —por segunda vez en cinco años— el codiciado título de Deportista del Año de *Sports Illustrated*. En esa ocasión, el reportaje de la revista corrió a cargo de Frank Deford, considerado una leyenda del periodismo deportivo y el primero de su profesión en ser galardonado con la Medalla Nacional de Humanidades. En una ocasión, un compañero dijo de él: «Frank Deford con un bolígrafo en la mano es como Michael Jordan con una pelota o Tiger Woods con un *driver*».

Bolígrafo en mano, Deford hizo la siguiente observación sobre Woods al cierre de su año brillante: «Tiger es un campeón tan extraordinario y admirado que le hemos concedido una especie de amnistía espiritual. Sus logros siguen protegiendo su imagen y su juventud disculpa sus equivocaciones. En un futuro no muy lejano, sin embargo, nos aburriremos de su éxito constante y empezaremos a ahondar en esa sonrisa angelical y esa mirada fría, ¿no les parece?».

Por ese entonces, la única persona que ahondaba en la mirada fría de Tiger era Joanna Jagoda. Ese mismo año se había extendido el rumor de que se iban a comprometer, posibilidad que Woods se encargó de echar por tierra en cuanto un periodista de golf la sacó a colación. «No es verdad —dijo—. Eso te lo digo desde ya. Vamos a olvidarnos del tema de una puñetera vez.»

Cuando ese verano Tiger ganó sus tres *majors*, Jagoda estuvo a su lado. Pero en agosto del 2000, tomó su propio camino: se matriculó en la Facultad de Derecho de la Pepperdine University y desapareció de la vida del golfista sin hacer ruido. Unos meses después, salió a la luz la noticia de que habían roto. Cuando terminó los estudios, Jagoda estuvo trabajando en Bear Stearns & Co. hasta que la contrataron en JPMorgan Chase, empresa de la que llegó a ser vicepresidenta y asesora jurídica adjunta.

Jagoda nunca ha hablado públicamente de su relación con Tiger o de qué provocó su ruptura, pero, según se dice, todas las personas cercanas a Tiger en esa época —Mark y Alicia O'Meara, Butch Harmon y Mark Steinberg, entre otros— la adoraban. Tenía un carácter ideal para Tiger en muchos aspectos. En público sabía mantener la elegancia y la compostura e interactuaba amablemente con todo el mundo, desde oficiales y golfistas del PGA Tour hasta socios corporativos de Tiger. Además, vestía de forma tradicional, no le costaba sonreír y tenía un carácter afable. También logró conectar con la afición. En privado era discreta y evitaba ser el centro de atención, y siempre declinaba amablemente las ofertas de entrevistas.

Asimismo, no dudaba en recriminar a Tiger cuando creía que se había pasado o cuando creía que tenía que hacer cosas que trataba de evitar, como hablar con los seguidores o atender a la prensa.

«Le hacía mucho bien a Tiger —dijo Alicia O'Meara—. Si no estaba de acuerdo con algo que él había dicho, con toda la educación de mundo se lo explicaba: "Yo lo veo de esta manera". A Tiger llevaban muchos años diciéndole que sí a todo. Cuando eres famoso, la gente te dice lo que quieres oír. Ella no era así.»

Jagoda tenía una cosa en común con el primer amor de Tiger, Dina Gravell: ambas le quisieron de verdad, pero a ninguna le gustaba demasiado el estilo de vida asociado al exceso de fama. Igual que con Gravell, Tiger hablaba de ciertas cosas con Jagoda y tenían momentos de intimidad, pero había aspectos de su vida que mantenía ocultos, como el hecho de que las mujeres cada vez le hicieran más caso. Como consecuencia, estaba ganando confianza y sus expectativas respecto de quién quería que fuera agarrada de su brazo estaban cambiando.

Una vez terminada la relación, Tiger no volvió a mirar atrás.

Tras la ruptura con Joanna Jagoda sucedieron dos cosas: Tiger no consiguió ganar ninguno de los primeros seis torneos en los que participó en 2001 y se volvió más arisco, especialmente con la prensa. Su humor a la hora de tratar con los medios fue especialmente malo antes del inicio del Bay Hill Invitational, a mediados de marzo, aunque fuera porque estaba hasta las narices de todas las alusiones a su supuesto «bache». En su mayoría, la prensa del golf evitaba mencionar la palabra, pero Tiger sabía lo que pensaban y no tuvo reparo en recordarles a los periodistas que su puntuación media en las seis pruebas de 2001 era en realidad *mejor* que la del 2000, año en que ganó todos los torneos. Hablar de un bache, aclaró, era una idiotez.

—¿Te molesta que hagamos declaraciones del tipo «Dios mío, ha participado en seis torneos y no ha ganado ni uno, ¿qué le pasa?»? —preguntó un periodista.

—Bueno, me fastidia porque, si pensáis así, es que no entendéis cómo funciona el golf —respondió Tiger.

Una de las personas que, según él, no entendía ese funcionamiento era su examigo Jimmy Roberts, que había pasado a convertirse —para Tiger— en enemigo a raíz de su desagradable pregunta sobre las palabrotas que soltó Tiger en directo por televisión durante el US Open del 2000. Una semana antes de llegar al Bay Hill, Roberts había aparecido en la NBC y básicamente había defendido a Woods, comentando muy ocurrentemente que decir que estaba pasando por un «bache» era como decir que los Beatles estaban atravesando una mala racha por llevar tres meses sin conseguir un número uno. A Tiger le daba igual que Roberts le apoyara; odiaba que se utilizara la palabra «bache» para referirse a él en cualquier contexto.

Así pues, cuando Roberts le preguntó si lo que sucedía en realidad era que estaba siendo víctima de su propio éxito, Woods le soltó una respuesta del estilo «no entiendes cómo funciona el golf», solo que, en vez de ser una ofensa proferida en la intimidad de una carpa de prensa, la réplica fue emitida en la televisión nacional ante la atenta mirada de millones de espectadores.

A Roberts no le hizo demasiada gracia, por decirlo de manera suave. «Ni siquiera escuchas lo que se te dice —pensó—. Ni siquiera lo entiendes.»

Tiger ganó en el Bay Hill, pero no por ello iba a rebajar su odio hacia los medios, y más concretamente hacia Roberts. A la semana siguiente, tras una de las primeras rondas del The Players Championship, Woods tuvo otro tenso encontronazo con el periodista. John Hawkins, columnista de *Golf World*, estaba cerca en ese momento.

—Tú tranquilo, tío —le dijo a Roberts desde el otro lado de una valla—. Sigue haciendo ese tipo de preguntas, que son muy buenas.

Roberts fijó su mirada en Hawkins y le dijo lo que pensaba de él y de los demás periodistas pelotas que llevaban tiempo tratando a Tiger como si llevara colgado un cartel de «Frágil: Tratar con cuidado».

—Déjame que te pregunte una cosa —le dijo—: ¿Cuándo coño vais a empezar vosotros también a hacer buenas preguntas?

Hawkins hizo una pausa y bajó la mirada antes de responder.

—Bien visto —dijo—. Llevamos años lamiéndole el culo y seguimos sin sacarle nada interesante.

El lunes, después de recoger el trofeo del The Players Championship tras algunos retrasos a causa de la lluvia, Woods volvió a enfrentarse a Roberts, esta vez en el *green* del 18. El periodista le felicitó y formuló una pregunta genérica.

—Menudo bache —dijo Tiger, pasando olímpicamente de lo que le habían preguntado.

Roberts volvió a intentarlo, pero Tiger no le dejó acabar:

—Que se ha terminado el bache —le dijo.

Poco después, Woods se alejó dejando a Roberts con la palabra en la boca delante de las cámaras que emitían en directo.

Unas semanas más tarde, Roberts intentó un acercamiento en privado con Tiger con la esperanza de mantener una conversación de hombre a hombre y resolver cualquier posible malentendido. Pero Woods le ignoró. No quería saber nada de él.

«Durante todos estos años he pensado mucho en él, porque nuestra relación ha pasado por muchos altibajos —dijo Roberts en 2016—. Tiger es muy de mandar a la mierda, mucho más que cualquier otro deportista al que haya cubierto. En aquella época, el trato con él era unidireccional: exigía respeto, pero él no respetaba. Odia con toda su alma a la gente que él cree que se la ha jugado o que no está de su lado.»

Una vez acalladas de la manera más humillante las voces que hablaban de un bache, el tema de conversación de 2001 pasó a un terreno más amable y familiar: el Masters. ¿Sería Woods capaz de conseguir cuatro *majors* consecutivos? En caso afirmativo, ¿podría considerarse un Grand Slam pese a no haberlos ganado dentro de un mismo año? Woods dejó claro que, si ganaba los cuatro grandes trofeos seguidos, los medios podían llamarlo como quisieran: Grand Slam, Tiger Slam o Lo que sea Slam. Esa fue su respuesta.

El torneo de Augusta suele decidirse en los últimos nueve hoyos del domingo. En el *tee* del 18, Woods se había librado de Phil Mickelson y estaba un golpe por delante de David Duval, que le había dado una lección al campo haciendo siete *birdies* en los diez primeros hoyos. Woods se plantó en el *green* con dos golpes y se quedó a tres metros y medio del hoyo, a dos *putts* del par y de grabar su nombre a fuego —aún más si cabe— en la historia del juego. En lugar de ello, pateó y embocó un *birdie*. Entonces caminó hacia un lado de *green* y se llevó las manos a la cara.

«Ahí fue cuando me puse a pensarlo: "No quedan más golpes. Ya está. He ganado el Masters" —dijo después—. Era una sensación extraña, porque estás tan concentrado en cada golpe que es como si te olvidaras de todo lo demás. Cuando no quedaron más golpes fue cuando empecé a darme cuenta de lo que había conseguido, y me emocioné un poco.»

Con su victoria en el Masters, consiguió poseer simultáneamente los cuatro trofeos más prestigiosos del golf —el del US Open, el British Open, el PGA Championship y el Masters—, y los expuso orgulloso sobre la repisa de la chimenea de su casa. Nunca nadie había ganado los cuatro torneos sucesivamente.

Poco después de haber conseguido su segundo Masters, Woods estaba de vuelta en el campo de Isleworth con O'Meara. Mientras practicaban, Tiger decidió manifestar una de sus quejas favoritas: la falta de privacidad.

—Estás todo el día quejándote porque quieres privacidad —le dijo O'Meara—. Renunciaste a ella.

Woods no quería escucharlo, pero O'Meara no pensaba ceder ante su amigo.

—Eres una de las personas más famosas del mundo —continuó—. La gente siente que es dueña de una parte de ti. Es el precio que hay que pagar.

Woods no dijo nada.

—Aunque, si quieres, puedo ayudarte.

—Ah, ¿sí? —preguntó Woods.

—Huye —dijo O'Meara—. Vete. Abandónalo todo. Coge tu dinero y corre.

Pero Woods sabía que eso supondría abandonar lo único que daba sentido a su vida, lo que simbolizaban los cuatro trofeos relucientes que decoraban su casa. Con veinticuatro años, ya tenía cinco *majors* en su haber, un hito que Jack Nicklaus no consiguió hasta los veintiséis. Woods tampoco estaba dispuesto a renunciar a la fama; por mucho que odiara ser una figura pública, adoraba el estatus que implicaba: los increíbles anuncios de Nike, la tarjeta Centurion Black de American Express de su cartera, el Rolex en su muñeca, su lujosa casa en Florida, su pisito de soltero en Newport Beach, los aviones privados, las limusinas y los guardias de seguridad, ver su cara en las cajas de Wheaties, en las vallas publicitarias, en las portadas de todo el mundo. La adulación era embriagadora.

Y, sin embargo, estaba inevitablemente solo.

Después de la ronda, Tiger invitó a O'Meara a su casa. Quería mostrarle la nueva incorporación en su repisa. O'Meara observó mientras él se dedicaba a fotografiar y alinear sus rutilantes premios. De alguna manera, eran sus mejores amigos, los objetos que había consagrado su vida a conseguir.

Para Joanna Jagoda, los trofeos tenían casi tanto valor como para Tiger, pero, desde que ella desapareció de su vida, él ya no tenía a nadie especial con quien compartir su éxito.

Pero eso estaba a punto de cambiar.

CAPÍTULO VEINTE
EN LA BURBUJA

Mientras el avión privado de Tiger descendía a Las Vegas en la oscuridad, abajo, apiñados, pudieron verse los nuevos megarresorts. El The Mirage, el Bellagio, el Luxor, el Mandalay Bay, el Venetian: sus titilantes luces parecían estar haciéndole un guiño.

Las Vegas se había convertido en un lugar conocido para Tiger, un hogar lejos de su casa. Solía viajar allí para trabajar con Butch Harmon, que había trasladado su escuela de golf a la cercana ciudad de Henderson. El entrenador personal de Tiger, Keith Kleven, un conocido de sus días en Stanford que le estaba ayudando a aumentar su resistencia, fuerza, flexibilidad y velocidad, también vivía allí. Sin embargo, el principal motivo de Tiger para viajar al desierto en el verano de 2001 era evadirse. Su destino favorito era el hotel MGM Grand, y tenía un sistema que le permitía entrar sin ser visto.

Ayudaba el hecho de que Tiger nunca viajara con un gran séquito. Al llegar, bajaba de su avión privado y se subía a una limusina que le dejaba en el The Mansion, un exclusivísimo enclave inspirado en Italia integrado por veintinueve villas y medio oculto detrás del MGM. Accedía por un callejón bastante escondido y se metía en un ascensor que le llevaba hasta la planta privada donde se encontraba su lujosa suite. Podía pasar ahí días sin que nadie del exterior lo supiera. Tenía a su servicio un anfitrión vip personal dispuesto a atender prácticamente todas sus peticiones: alta cocina, una mesa rinconera, rondas ilimitadas de bebida gratis, mujeres exóticas y, sobre todo, total discreción. Eso era lo que le atraía de Las Vegas. Era su lugar de recreo privado, donde podía darse ciertos caprichos sin temor a que nadie le observara. Allí estaba, como decía la gente de la ciudad, «en la burbuja».

Cuando abrió sus puertas en la primavera de 1999, el The Mansion fue anunciado como un paraíso para los grandes apostadores, un lugar al que solo se podía acceder mediante invitación y que prometía un servicio «más que atento» y privacidad absoluta. Era justo lo que Tiger deseaba, y no le supuso ningún esfuerzo conseguir el acceso. Los chalés eran como los diamantes de cuatro quilates: estaban reservados a los «ballenas», término que, en la jerga de los casinos, hace referencia a apostadores con líneas de crédito superiores a los 100.000 $.

Tiger tardó poco en convertirse en un ballena. Los números siempre se le habían dado bien y, a finales de los noventa, le cogió el gusto a lo de apostar. Empezó con 100 $ la mano en el blackjack y con un límite de crédito de 25.000 $ que fue aumentando ininterrumpidamente con el tiempo. Al cabo de unos años, Woods ya apostaba por norma 20.000 $ la mano, y a veces jugaba dos o más manos a la vez. Su línea de crédito en el MGM alcanzó el millón de dólares; solo unos cien jugadores en todo el país lo igualaban.

A diferencia de muchos otros famosos, que acudían a los casinos por la fiesta, Tiger se tomaba el juego de la misma manera que se tomaba el golf: estaba allí para ganar, y muchas veces lo conseguía. La gente que se movía por esos ambientes de Las Vegas se refería a Tiger como «un tahúr», alguien inteligente que meditaba bien sus apuestas y ganaba sistemáticamente más de lo que perdía. Podía marcharse habiendo ganado medio millón sin inmutarse, y sabía retirarse a tiempo para no sufrir grandes pérdidas.

El primer contacto de Tiger con la ciudad tuvo lugar cuando, como estudiante de instituto, estaba buscando universidad y se planteó seriamente matricularse en la UNLV. Pero por aquel entonces era un empollón sin el más mínimo interés en los placeres que la ciudad ponía a su disposición. Unos años después celebró sus veintiún años en el MGM, cuando ya tenía un poco más de mundo. Pero no fue hasta que empezó a relacionarse con las superestrellas de la NBA Charles

Barkley y Michael Jordan que Tiger vio de verdad todo lo que la ciudad del pecado podía ofrecerle a un deportista de fama mundial.

Tiger conoció a Barkley en Orlando en 1996, cuando ambos jugaron al golf juntos por primera vez. Barkley era doce años mayor que Tiger, pero se hicieron amigos enseguida y a menudo acudían juntos a los casinos. El ala-pívot le recomendó a Tiger que se soltara y disfrutara de los frutos de la fama.

«Yo siempre le decía: "¿Qué gracia tiene ser el puto Tiger Woods si no vas a disfrutar de todo lo que eso implica?" —dijo Barkley—. Si eres un grande, tienes que disfrutarlo.»

Tiger no necesitaba que nadie le convenciera, pero no sabía por dónde empezar. El problema principal era su falta de habilidades sociales. Aparte de ser tremendamente introvertido, Tiger había pasado gran parte de su vida bajo el ala protectora de sus padres. Durante sus años de adolescente había estado sometido a tal control que apenas había tenido oportunidad de disfrutar de la vida más allá del golf y los estudios. Las pocas veces que se atrevía a romper las reglas marcadas por sus padres, lo pagaba caro. «Mi madre me molía a palos —le contó Tiger a un reportero en una ocasión—. Todavía tengo las marcas de sus manos.»

«Las expectativas y la presión en esa casa eran exageradas —dijo uno de los mejores amigos de Tiger de esa época—. Me sabía mal por él.»

El haber sido criado de esa manera hacía que Tiger nunca desobedeciera. Estaba decidido a no hacer nada que pudiera mancillar la imagen idílica que sus padres se habían esforzado tanto en construir. Earl, en particular, le había glorificado tanto que Tiger temía ser descubierto haciendo algo reprobable. Ahora un buen puñado de grandes empresas habían centrado sus campañas de patrocinio en su reputación impecable. Conocer a Charles Barkley en 1996 fue como recuperar a un hermano mayor desaparecido que le inició en otro tipo de vida.

En determinados aspectos, Sir Charles era todo un modelo a seguir: le adoraban en todas partes, pero sobre todo en Las Vegas. Barkley, un grandísimo apostador, tenía fama de soltar generosas propinas que le granjeaban el afecto de botones, aparcacoches, camareros y *caddies*. Se dirigía a todos ellos como si fueran sus amigos.

Michael Jordan era completamente distinto. Tiger le conocía de pasada, de coincidir en varias ocasiones después de dar el salto al profesionalismo. La primera vez que compartieron de verdad un rato juntos fue en 1997. Después de asistir a un partido de los Bulls en el United Center, Woods subió al Porsche de Jordan y pusieron rumbo al lago Míchigan. Pasaron gran parte de la noche en un lujoso barco-casino. Fue el comienzo de una relación cimentada en el amor que ambos sentían por el golf y el juego. Pese a las serias advertencias del que por entonces era su abogado, John Merchant, Tiger empezó a llamar a Jordan un par de veces por semana para pedirle consejo. «Supongo que me ve como un hermano mayor —dijo Jordan entonces—. Tiene que lidiar con muchas cosas. Tiene veintidós años, pero la gente la gente lo trata como si fuera mayor. Como es capaz de mandar la pelota a quince kilómetros y de ganar el Masters por doce golpes, ya se supone que tiene que tener todas las respuestas. Se supone que debe ser perfecto. No es justo.»

Uno de los aspectos de la vida de Tiger en los que Jordan influyó ya desde el principio fue su inclinación natural hacia la soledad. «Su primera reacción cuando saltó a la fama fue convertirse en un ermitaño —dijo Jordan—. Eso no es bueno. Créeme, sé de lo que hablo. No puedes ir al campo de golf, jugar y luego encerrarte en tu habitación de hotel. Yo he sido así, y es muy triste. No te puedes quedar atontado con la tele. Así te aíslas de la sociedad y te pierdes muchas cosas.»

Tal vez fuera inevitable que Tiger acabara acudiendo a Jordan. No existía ningún otro deportista que hubiera experimentado su mismo nivel de fama. Los dos formaban parte del mismo club exclusivo. Como resultado, Jordan ejerció una influencia considerable en la actitud de Tiger respecto de la fama, las mujeres y el poder.

«Nos llamamos hermanos porque Michael es como mi hermano mayor —dijo Tiger— y yo soy como el pequeño. Poder acudir a una persona como él, que ha pasado por lo mismo que tú y ha salido considerablemente indemne, es todo un lujo. Bueno, y además resulta que es un tío estupendo.»

El concepto que Tiger tenía de Jordan no coincidía con el que tenían los empleados de Las Vegas. Les parecía una estrella distante y arrogante que se creía con derecho a absolutamente todo. No había que rebuscar mucho para encontrar a alguien que contara anécdotas sobre él, como que apenas dejaba propinas a los *caddies*, asistentes de vestuario, crupieres y camareros, o que detenía su coche de golf azul claro customizado en mitad de las calles del Shadow Creek y, con la música a todo trapo, se ponía a pegar bocinazos a los golfistas que estaban jugando *foursomes* y a gritarles: «¡Venga, coño! ¡Me cago en la puta, qué lentos!».

En palabras de un empleado de Las Vegas, era «un puto gilipollas integral».

Pero claro, estamos hablando de Las Vegas, así que el comportamiento desagradable de Jordan nunca trascendió. «Por ese entonces todo el mundo protegía a Jordan, porque era el mejor —dijo una fuente de la ciudad—. Nadie hablaba de Michael. Nadie informaba sobre su comportamiento. Todo el mundo le tenía miedo. Y Tiger aprendió de él.»

Para cuando apareció Jordan, la actitud en lo relativo al dinero y a la gente ya estaba bien arraigada en Tiger. No dejaba ninguna propina decente ni siquiera cuando la comida le salía gratis, cosa que sucedía casi siempre. ¿Y qué había de los porteros, los botones y los ayudas de cámara? Los representantes del PGA Tour habían llegado a dejar discretamente de parte de Tiger propinas de 100 $ a algunos asistentes de vestuario de las distintas paradas del circuito para que sus parcos modales no llegaran a oídos de la prensa. Por sistema, las muestras de educación humana más básicas —un simple «hola» o un «gracias»— estaban fuera del vocabulario de Tiger. Ni siquiera podía esperarse de él un gesto con la cabeza. Todo eso no lo aprendió de Jordan. En todo caso, la idea de que tenía derecho a todo había sido implantada por Earl. La relación de Tiger con Jordan no hizo más que reforzarla.

«Cuando se hizo famoso, Tiger se volvió un borde», dijo el expropietario de una discoteca.

En lo que a las mujeres se refería, Tiger no se dejaba distraer fácilmente, por lo menos mientras estaba en el campo de golf. En una ocasión, un periodista le preguntó cómo hacía para evitar embobarse con todas las «tías buenas aficionadas al golf» que había detrás de las cuerdas durante los torneos. Tiger respondió que ni se fijaba en ellas. Él se centraba en meter la bola en el hoyo, dijo. Se mantuvo impasible incluso cuando, durante el British Open del 2000, una bailarina erótica se desnudó y corrió hacia el *green* del 18 para dedicarle una actuación. Uno de los agentes de policía escoceses que se llevaron a la muchacha comentó: «Tiger no le hizo el más mínimo caso. Su nivel de concentración es impresionante».

Pero todo cambió en el British Open del año siguiente, cuando Tiger se fijó en la imponente niñera rubia de veintiún años que acompañaba al golfista profesional Jesper Parnevik y a su mujer, Mia. Hasta ese momento, la esposa de Phil Mickelson, Amy, una antigua animadora de los Phoenix Suns que había aparecido en el especial de bañadores de *Sports Illustrated*, era considerada la mujer más atractiva del PGA Tour. Pero la niñera de los Parnevik conseguiría que todo el mundo se olvidara de Amy Mickelson. En un momento en que se cruzaron, Tiger la saludó y ella le dijo que se llamaba Elin. Le volvía loco y estaba deseando saber más sobre ella.

Elin Maria Pernilla Nordegren nació en Estocolmo, en Año Nuevo de 1980. Su gemela idéntica, Josefin, nació unos minutos después que ella. Elin y su hermana se criaron en la ciudad costera de Vaxholm. Su padre, Thomas Nordegren, era uno de los periodistas más reconocidos de Suecia. Su madre, Barbro Holmberg, había estudiado Trabajo Social en la universidad. Los padres de Elin se divorciaron cuando ella tenía seis años. Su padre acabó yéndose a vivir a Washington D. C. para cubrir la Casa Blanca para la radio nacional sueca. Su madre empezó a trabajar para el Gobierno sueco y llegó a ser ministra de Migración.

Cuando Elin tenía diecinueve años, se puso en contacto con ella Bingo Rimér, un importante fotógrafo de moda que trabajó para la *Playboy* escandinava. Rimér, que se creía una especie de Hugh Hefner a la sueca, había visto una foto robada de Elin y enseguida pensó que tenía madera de modelo. Después de localizarla, la convenció para que hiciera un par de sesiones de fotos. Una de esas fotos, en la que aparecía en bikini, acabó siendo portada de *Café Sport*. Pero Elin sentía que lo de ser modelo no iba con ella y decidió matricularse en la Lunds Universitet, uno de los centros más prestigiosos de Suecia, para estudiar Psicología.

Durante el verano que siguió a su primer año de universidad, empezó a trabajar en una tienda de ropa de Estocolmo, y, unas semanas después, Mia Parnevik, que estaba de compras, se topó con ella. Los Parnevik tenían cuatro hijos pequeños y estaban buscando una nueva niñera, y a Mia enseguida le llamó la atención la naturaleza amable y la facilidad en el trato con los niños de Elin. Poco después de ese encuentro fortuito en la *boutique*, Elin dejó su trabajo de verano en su país, se mudó a Florida para convertirse en la niñera de los Parnevik y pasó a residir en la casa de invitados de tres mil metros cuadrados de la familia. El British Open de 2001 fue el primer torneo al que acudió con los Parnevik.

Ese tipo de encuentros casuales que le cambian a uno la vida parecían ser la norma para Elin Nordegren, pero, cuando se topó con Tiger Woods en Escocia, no tenía el menor interés en iniciar una relación con él. Poco después, él se puso en contacto con ella a través de un intermediario para pedirle una cita, pero a Elin le pareció un acercamiento extraño y desalentador. Por si no bastara con eso, tenía un novio formal en Suecia y no quería nada con un deportista famoso. Ni de broma iba a convertirse en una novia trofeo. Así que le rechazó.

En esa época, era raro que alguien le dijera que no a Tiger. Elin lo hizo y al golfista no le hizo falta saber más. «Intentaba cortejarme, pero yo me resistí durante mucho tiempo —dijo Elin en una ocasión—. No era una chica fácil.»

Pero Tiger insistió. A menudo le enviaba mensajes y la llamaba a casa y, si alguna vez respondía Jesper, podía notar el nerviosismo en su voz. Sin embargo, cuando lograba llegar hasta Nordegren, Tiger desplegaba sus encantos. La entretenía y le hacía reír. Se sentía segura cuando estaba con él. En otoño ya la tenía en el bote y empezaron a salir. Al principio había mucho secretismo. Tiger no quería que lo supiera nadie, por lo menos de momento. «Cuando empezó a salir con Tiger, fue como si tuvieran una especie de acuerdo implícito según el cual ella no debía decirle nada a nadie —dijo un asiduo del Tour—. Se convirtió en una Greta Garbo.»

El editor Larry Kirshbaum empezaba a preocuparse. Poco después de hacerse profesional, Tiger había firmado un contrato de dos millones de dólares con Warner Books según el cual debía escribir un manual instructivo de golf y, más adelante, una autobiografía. Tras esperar cuatro años, Kirshbaum invitó a Mark Steinberg a su despacho para dejarle claro que quería que el primero de los libros estuviera en las tiendas antes de la Navidad de 2001. Fue el primer encuentro del agente con Kirshbaum, uno de los tipos más poderosos del sector editorial. Nada más llegar a su despacho, Steinberg vio que Kirshbaum lucía sobre la mesa algunas insignias de la University of Michigan.

—No me digas que jugabas con los Wolverines —dijo Steinberg.

—¿De dónde eres tú? —soltó Kirshbaum—. ¿Del Slippery Rock College?

—Yo jugué con los Fighting Illini —contestó Steinberg, orgulloso.

Sin decir nada más, Kirshbaum se dio la vuelta, se puso de rodillas y empezó a toquetear el equipo de música que tenía en la estantería de abajo de su librería. A Steinberg le resultó intrigante, pero el editor tenía un plan. Al saber que Steinberg había jugado con el equipo de Illinois, que, durante la final a cuatro de 1989, sufrió aquella triste derrota por 81 a 83 frente al de Míchigan, puso «The Victors», el conocidísimo himno de batalla de su universidad. Steinberg se tapó las orejas y Kirshbaum subió el volumen. Para el agente y para cualquiera que hubiera jugado con uno de los equipos rivales de la liga universitaria, eso era como si alguien estuviera arañando una pizarra.

—No aguanto más —dijo Steinberg—. Se acabó. Me voy.

Los dos se echaron a reír, y Kirshbaum consiguió lo que quería: que Steinberg se comprometiera a que Tiger entregara el libro a tiempo. Propuso utilizar las columnas de Tiger en *Golf Digest* como punto de partida y sugirió que algunos editores de la empresa podían entrevistar al golfista para darle empaque a la historia. Kirshbaum no puso ninguna pega.

Steinberg se aseguró de que, para verano de 2001, Tiger ya hubiera entregado su esperado libro, *Así juego al golf*. El agente insistió también en que Warner Books utilizara para la portada una imagen en la que Tiger aparecía con su nuevo equipo Nike. La publicación se anunció para otoño, pero Kirshbaum se topó con un dilema tras los atentados del 11-S: ¿Debía retrasar su salida? Lo que le preocupaba era que, estando todo el país de luto, quizá la gente no estaría de humor para libros de golf. Pero finalmente el editor decidió ceñirse a la fecha. El 9 de octubre de 2001, el manual de Tiger llegó a las librerías e inmediatamente subió a lo más alto de las listas, vendiendo casi un millón de ejemplares solo en tapa dura. Su popularidad estaba en lo más alto, y parecía que convertía en oro todo lo que tocaba. «Firmamos un contrato de dos millones por dos libros —dijo Kirshbaum—, y al final resulta que nos salió barato, porque el manual instructivo fue un exitazo.»

Y Warner todavía tenía pendiente y esperaba con ansia la autobiografía de Tiger.

A finales de diciembre de 2001, Nordegren se fue a pasar las vacaciones a Estocolmo. Estando allí, visitó a Bingo Rimér y le explicó que había empezado una relación con Tiger Woods. Rimér se había convertido en su confidente, y Elin le dijo que pronto iba a necesitar que enviara algunas fotos suyas a los medios, pero solo las que ella aprobara personalmente.

Mientras Elin estaba fuera, Tiger fue a Las Vegas y acudió a una fiesta vip con motivo de la gran inauguración de Light, una exclusiva discoteca ubicada dentro del hotel Bellagio, del empresario Steve Wynn. La persona de confianza de Tiger en el The Mansion le había conseguido un pase con todo incluido.

Tiger ya había salido con Barkley y Jordan a otros sitios, como la discoteca Drink o el bar de P.F. Chang's. Light, sin embargo, era algo totalmente nuevo, el tipo de lugar al que la ciudad del pecado debía su sobrenombre. Era un local para gente joven y moderna que tuviera dinero que quemar y ofrecía —a cambio de trescientos dólares—

un servicio muy atento y la oportunidad de pasarlo bien con estrellas del más alto nivel. Con poco más que un gesto, un vip podía hacer que su anfitrión escoltara discretamente a una mujer desde la pista de baile hasta su mesa. El éxito arrollador de la discoteca dio lugar a clubes nocturnos parecidos, como Pure, Tao y Jet, cada cual más exclusivo y atrayente que el anterior. Pero con la apertura de Light, la industria de los casinos acogía por primera vez una discoteca exclusiva para ricos y famosos. No tardó en convertirse en el local nocturno favorito de Tiger. «Era una locura, un auténtico descontrol», dijo una fuente de Las Vegas que solía ir de fiesta con Woods a esa sala.

Una noche, poco después de la gran inauguración, Tiger y otro conocido deportista estaban sentados en una mesa vip en el rincón del fondo, justo al lado de la pista de baile, cuando echaron el ojo a un par de jóvenes atractivas que estaban de fiesta en una mesa próxima a la suya. Le hicieron una petición al anfitrión vip, que se acercó a las señoritas y les dijo las palabras mágicas: «Tiger Woods quiere que vayáis a su mesa». La morena y su amiga rubia se levantaron en el acto. Más tarde, acompañaron a Tiger y al otro deportista a una suite del Bellagio, donde el grupo se desvistió y se metió en un jacuzzi. En un momento dado, Woods cogió a la morena de la mano y la sacó de la bañera. En vez de ir a uno de los dormitorios, se metieron en un armario y se lo montaron a oscuras. Lo inusual de la situación extrañó a la chica morena. Se marchó preguntándose qué le costaba haberla llevado a una cama.

Todos los años desde 1998, durante la semana del Masters, Tiger se alojaba con Mark y Alicia O'Meara en la casa de Augusta de Peggy Lewis. Ese sitio le gustaba por varios motivos. Estaba bastante apartado, lo que le permitía disfrutar de su privacidad. Además, el alquiler lo pagaba O'Meara y, cuando no pasaba el corte, se marchaba de la ciudad el viernes por la noche, con lo que Tiger tenía la casa para él solo durante el fin de semana.

En 2002, Woods decidió volver a hospedarse en la casa de Lewis y, en esa ocasión, se llevó a Elin. Dos semanas antes, se había dejado ver en público por primera vez, animando discretamente a Tiger durante el Bay Hill Invitational, en Orlando. Pero Tiger todavía intentaba mantener en secreto su relación, y la casa de Lewis era el escondite perfecto. Después de que O'Meara no pasara el corte y se marchara de la ciudad, Tiger y Elin se quedaron solos en casa de Lewis. No salieron de la casa; prefirieron comer allí y pasar desapercibidos.

El sábado, Tiger se despertó a las cuatro y media de la mañana. Solo podía pensar en que iba seis golpes por detrás del líder, Vijay Singh. Salió a jugar e hizo 66, lo que le permitió adelantar a su rival y colocarse en lo más alto con once bajo par. Entonces, el domingo repelió a Singh y a tres de sus mayores rivales —Els, García y Mickelson— y, por segunda vez consecutiva y por tercera en seis años, consiguió ganar el Masters. El resto de los jugadores no quería admitirlo, pero se sentían intimidados por Tiger y su despiadada forma de hacerlos morder el polvo en todos y cada uno de los grandes torneos.

Con veintiséis años, Tiger había ganado siete *majors* más rápidamente que nadie en la historia. Quizá resulte aún más revelador el hecho de que nunca hubiera terminado segundo en un grande, lo cual implicaba que, cuando la última vuelta estaba reñida, simplemente no perdía. En contraste, a los veintiséis años, Jack Nicklaus había quedado segundo en seis *majors*.

Pero esa última victoria careció de la euforia de 1997 y la relevancia histórica de 2001. Esa vez pareció algo casi rutinario, como si simplemente estuviera haciendo su trabajo y se limitara a añadir un nuevo elemento, sistemáticamente, a su creciente lista de logros. Aquel gesto tan enérgico con el puño había sido reemplazado por miradas largas y silenciosas.

Durante la rueda de prensa posterior, le preguntaron a Tiger: «¿Podrías contarnos cómo y con quién vas a celebrarlo esta noche?».

Pero Tiger no tenía ninguna intención de revelar sus planes. «Bueno —dijo—, ahora voy a cenar aquí. Es la cena de campeones. Cuando llegue a casa, supongo que debería hacer las maletas y dejarlo todo listo para el vuelo. Pero lo celebraré. No te voy a decir cómo, pero lo celebraré.»

Tuvo que ser una señora celebración, porque al volver al día siguiente Peggy Lewis a su casa se la encontró hecha una auténtica leonera:

había crema de afeitar restregada por las paredes del dormitorio y el baño y platos con restos de comida debajo de la cama de Tiger, y en la cocina parecía que se hubiera celebrado una fiesta universitaria. Lewis acabó pasando la noche en un hotel mientras un servicio de limpieza devolvía su casa a su estado original. Unas semanas más tarde, le llegó la factura del teléfono y vio que, durante el fin de semana del Masters, se habían realizado llamadas de larga distancia a Suecia e Inglaterra por valor de cien dólares. Fue la gota que colmó el vaso, y Lewis hizo algo que nunca antes había hecho: llamó a la oficina de Tiger.

Que Tiger nunca hubiera pagado por utilizar su casa o dejado una propina ya no le parecía bien, pero lo que más le molestaba era su falta de respeto y gratitud. Año tras año, al volver a casa, se había encontrado con bienes personales dañados o destrozados, y Tiger nunca se había disculpado ni ofrecido a reemplazar nada. Cuando el asistente de Tiger cogió el teléfono, Lewis se desahogó.

«No puede volver a mi casa —le dijo, y empezó a exponer sus quejas, desde la más leve (un año se había encontrado su mejor edredón blanco manchado de sangre y arrebujado en una esquina de la habitación de Tiger) hasta la más cara (en 2001 había tenido que reemplazar una mesa recién comprada del comedor después de que alguien —suponía que Earl Woods— hubiera dejado marcas de colillas por toda la superficie). Cuando los O'Meara se enteraron de lo de la mesa, le compraron una nueva. La única vez que la casa de Lewis no sufrió ningún desperfecto durante la estancia de Tiger fue en el 2000, el año que le acompañó Joanna Jagoda. También fue ese el único año que Lewis recibió una carta de agradecimiento. Decía: «Muchas gracias por dejarnos su encantadora casa. Espero verla cuando vuelva. Joanna». Ni una palabra de Tiger.

—Una vez le pregunté si quería que le enviara flores —le dijo el asistente de Tiger a Lewis.

Ya era un poco tarde para eso.

Algunos domingos, Lewis había tenido que irse a un hotel porque Tiger seguía en su casa. Le sacaba de quicio que, ni siquiera entonces, se ofreciera a pagarle los gastos.

Pero las llamadas a Suecia ya fueron el colmo. Tiger era el deportista más rico del mundo. ¿Tanto le costaba dejar algo de dinero y una nota explicándole que habían utilizado el teléfono?

—Haga una fotocopia de la factura y envíemela —dijo el asistente. Al cabo de unos días, Lewis recibió un ramo de flores de parte de la oficina de Tiger. Unas semanas después, le llegó también un sobre con una fotocopia de su factura de teléfono y un cheque. Las llamadas de Elin estaban subrayadas en amarillo. El cheque era por el importe exacto de esas llamadas. Ni un centavo más.

La incapacidad de Tiger para expresar gratitud, disculparse o mostrar aprecio radica en su retorcida educación. Su madre le mimaba como si fuera un príncipe, y su padre rara vez pronunciaba las palabras *gracias* o *perdón*. Desde bien temprano y muy a menudo, Tiger veía que lo único que importaba eran sus necesidades. Esa actitud egocéntrica de la que no se arrepentía fue vital para su éxito en el golf, pero tuvo un efecto devastador en la imagen que proyectaba sobre la gente. Lamentablemente, a Woods no parecía importarle eso último. Alguien como Peggy Lewis le habría adorado toda la vida a cambio de un simple saludo y unas palabras de agradecimiento, pero a él le traía al pairo.

Elin estaba de pie detrás de Tiger en el Mandalay Bay Resort & Casino. Él estaba sentado, con un par de dados en la mano y una pila de fichas de colores enfrente. Una marea de espectadores escandalosos intentaba cruzar la barrera formada por los brazos extendidos de los guardias de seguridad, todos equipados con pinganillos. Sin prestar atención al jaleo, igual que si estuviera en una isla desierta, Tiger lanzó los dados. Eran casi las doce de la noche del viernes 19 de abril, y le estaba enseñando a Elin un poco del ambiente de Las Vegas antes de que diera comienzo su gran gala anual para recaudar fondos, la Tiger Jam. Actores, músicos y otros deportistas se agolparon en torno a Tiger, gritándole y animándole.

Finalmente apareció Barkley, que provocó sonrisas y gestos de aprobación con su comentario: «Yo he jugado con Phil y todos esos, y Tiger hace cosas que ellos no son capaces de hacer —dijo—. Tiger los intimida. Son unos flojos. El Jesús negro los acojona.»

Elin estaba perfectamente integrada. El ambiente tenía poco que ver con el que se respiraba en sus clases de Psicología en Suecia, pero estaba enamorada.

Al poco, las fotos subidas de tono de la sesión de Elin con Bingo Rimér empezaron a inundar las redes, incluida una especialmente sensual en la que aparecía desnuda de cintura para arriba cubriéndose los pechos con las manos. Los tabloides publicaron titulares picantes y se refirieron a ella como la «sueca sexi» de Tiger. El *New York Post* dijo que era «una seductora mezcla entre Pamela Anderson y Cindy Margolis». En Suecia, la cosa se salió tanto de madre que los periódicos sensacionalistas llegaron a publicar fotografías de chicas desnudas asegurando falsamente que eran Elin. Tiger respondió con un comunicado en el que dijo que ella nunca había posado desnuda ni tenía intención de hacerlo en el futuro.

«Uno de los motivos por los cuales no empezó a salir con él enseguida fue que no quería ser simplemente la novia de un famoso —dijo Rimér—. Elin no es de esas. Es una chica inteligente, criada en una familia de intelectuales. Tiene aspiraciones. No quería que la vieran como un simple adorno cogido del brazo de Tiger.»

Pero ahí estaba, cogida del brazo de Tiger.

CAPÍTULO VEINTIUNO
CAMBIOS II

Desde el principio, más que el de un torneo de golf, el ambiente en el US Open de 2002, celebrado en el Bethpage Black de Long Island, Nueva York, parecía el de un partido de los Giants en Meadowlands. Los aficionados neoyorquinos gritaban, coreaban y animaban a pleno pulmón, a un nivel de decibelios que Woods jamás había escuchado en toda su carrera. Pero las mayores ovaciones no iban dirigidas a él, sino al golfista número dos del mundo, Phil Mickelson. A Tiger nunca le había caído demasiado bien Mickelson, y de manera sistemática y despectiva se refería a él como «Phil el farsante». Era el método preferido de Tiger para ejercer control sobre sus competidores y a la vez mantenerlos a la mayor distancia posible. Aunque Mickelson, a punto de cumplir treinta y dos años, todavía no había ganado ningún *major*, Tiger admitía que era un rival digno de atención.

Sin embargo, la antipatía de Tiger hacia él trascendía los límites del campo. Mickelson era uno de los eternos favoritos de los aficionados, gracias en parte a su aire campechano, característica que, tanto a Tiger como a muchos otros asiduos del Tour, les parecía artificial. Mickelson tenía una mujer muy guapa y dos hijos pequeños, y todos solían acompañarle a los torneos. En la ronda final del Bethpage, Mickelson tuvo que apartarse del *tee* del 15 cuando los gritos de «Vamos, Mi-ckel-son» subieron demasiado de volumen. Era su cumpleaños, y en el *tee* del 17 sus seguidores le cantaron el «Cumpleaños feliz».

Pero igual que una máquina perfectamente engrasada, Tiger lideró de principio a fin sin permitir que Mickelson se le acercara lo suficiente como para albergar esperanzas. Cuando le tocaba a Tiger recibir su ración de ovaciones, no interactuaba con los aficionados como su rival. En lugar de ello, se hizo con su octavo *major* sin desfruncir el ceño. Su severidad hizo que más tarde el veterano periodista de *Sports Illustrated* Michael Silver se planteara: «¿Alguna vez un golfista profesional —bueno, o cualquier gran deportista— ha tenido un aspecto así de serio haciendo su trabajo?».

Puede que el problema fuera el aburrimiento. Tiger solo había jugado veintidós *majors* y ya había ganado ocho. Nicklaus, en contraposición, había necesitado treinta y cinco grandes para conseguir sus ocho primeras victorias. Con su triunfo en el Bethpage, Tiger había conseguido ganar siete de los últimos once *majors*. No había nadie que pudiera hacerle frente. Lo único que le motivaba era ser cada vez mejor, una obsesión que le llevó a distanciarse poco a poco de Butch Harmon. En el terreno personal seguían llevándose bien, pero Tiger había perdido el interés en la filosofía de su entrenador. Básicamente, Harmon consideraba que el *swing* de Tiger ya era perfecto y que bastaba con mantenerlo y añadir un par de retoques sutiles, opinión respaldada por el hecho de que Woods llevara 264 semanas siendo el golfista número uno del mundo.

Sin embargo, *mantener* era una palabra que Tiger odiaba. Era un hombre que buscaba constantemente lo que no era capaz de encontrar. Eso le convirtió en una persona con la que era difícil tratar y más difícil aún mantener una relación cercana, incluso para sus amigos. «Estaba obsesionado con ser el mejor golfista de todos los tiempos; no socializaba demasiado —dijo Charles Barkley—. El golf es solo un juego. Pero cuando toda tu vida gira en torno a lo que haces en el campo, es inevitable que desarrolles una actitud en cierta manera negativa. No te basta con decir: "Pues lo he hecho bastante bien".»

Harmon más o menos opinaba igual que Barkley. La diferencia era que él tenía que trabajar con Woods, y eran los que le trataban en el terreno profesional los que tenían que lidiar con la cara menos amable de su obsesión perfeccionista. Esperaba que estuvieran a su mismo nivel de perfección. Cuando eso no ocurría, podía llegar a ser frío e implacable. Dos meses después de ganar el US Open, Tiger le dio la patada a Harmon en el PGA Championship del Hazeltine. Unos días antes, le había llamado para comunicarle que pronto dejarían de trabajar juntos. «Bueno, la cosa está en que quiero hacerlo yo solo —le dijo—. Gracias por todo lo que has hecho por mí. Me has ayudado mucho con mi *swing*. Pero voy a seguir mi camino.»

A Harmon le sorprendió que Tiger hubiera reunido el coraje para realizar esa llamada. «De cuerdas para adentro, el cabronazo es el rival más duro que jamás haya visto —dijo en 2017—, pero decirte algo mirándote a los ojos no se le da bien.»

Un par de días después de la llamada, mientras Tiger se encontraba en el *tee* de prácticas del PGA Championship, apareció Harmon. Tiger le ignoró y continuó con sus *swings*. El exentrenador se alejó dolido. Después de nueve años juntos, la relación se había acabado, sin más.

La marcha de Harmon marcó el inicio de lo que podríamos llamar un periodo de sequía para Tiger. En el PGA Championship terminó segundo por un golpe. Pasarían treinta y cuatro meses hasta que volviera a ganar un *major*. Una lesión contribuyó a que diera comienzo ese periodo. A finales de 2002, Woods cogió un vuelo a Park City, Utah, para someterse a una cirugía artroscópica. Tenían que extirparle unos quistes benignos de la rodilla y drenarle algo de líquido. Pero durante el procedimiento, los doctores Thomas Rosenberg y Vern Cooley vieron que el estado de su ligamento cruzado anterior era bastante delicado. Le dijeron que le quedaba aproximadamente un veinte por ciento de ligamento. La pregunta de Tiger fue simple: «¿Cuánto me va a durar?»; la respuesta era complicada. Era solo cuestión de tiempo antes de que su LCA desapareciera del todo, y eso iba a requerir una operación más seria. Hasta entonces iba a tener que modificar su estilo de juego.

Mark O'Meara, que tenía un apartamento en Park City, acompañó a Tiger a la operación. Después, ambos quedaron con el entrenador de *swing* de O'Meara, Hank Haney, que tenía otro apartamento cerca. La conversación no tardó en centrarse en el LCA de Tiger y los retos que le planteaba. «Voy a tener que cambiar mi *swing*», le dijo a Haney.

Tiger se abstuvo de participar en los cinco primeros torneos de 2003. Durante ese tiempo, siguió una rehabilitación intensiva, y consiguió estar de vuelta en el Tour a mediados de febrero para el Buick Invitational, en San Diego. A pesar del dolor que sentía al jugar, Woods se hizo con la victoria. Más adelante, tras empatar en quinto puesto en el Nissan Open, ganó el WGC-Accenture Match Play Championship y el Bay Hill Invitational. El Masters de 2003 estaba a la vuelta de la esquina y todo parecía indicar que estaba preparado para conseguir su tercera chaqueta verde consecutiva. Pero, como era habitual en él a la hora de conseguir los trofeos más importantes, iba a tener que sufrir (y, probablemente, empeorar su lesión). Al mismo tiempo, había intensificado su rutina de levantamiento de pesas y entrenaba dos veces al día, mañana y noche, en sesiones de noventa minutos. Como resultado, la parte superior de su cuerpo, en especial su pecho y sus hombros, seguía creciendo, y eso afectaba a su *swing*. Con Harmon fuera de su vida, Tiger estaba decidido a solucionar las cosas por sí mismo. En el campo empezó incluso a guardar silencio ante su *caddie*. En el Augusta, Tiger inició la ronda del domingo a tres golpes del líder, pero ignoró el consejo de Williams de utilizar el *driver* en el hoyo 3 y su golpe se desvió muchísimo a la derecha, lo cual le obligó a hacer un doble *bogey*. Su respuesta consistió en no dirigirle la palabra a Williams durante casi dos horas. En la calle del 9, el *caddie* no pudo soportarlo más.

—Asume tu responsabilidad y deja de actuar como un crío —le dijo—. Si te hubiera dado un palo que no correspondía y, por culpa de eso, hubieses hecho el doble *bogey*, vale. Pero no pegues un golpe de mierda y me digas que es culpa del palo.

Tiger se mantuvo callado.

—Déjate de gilipolleces y empieza a comportarte como un adulto —dijo Williams.

Tiger acabó empatado en decimoquinto lugar.

Finalmente terminó limando asperezas con Williams, pero, en un sentido más amplio, el fin de la relación con Harmon fue un indicio

de que Tiger estaba llegando a un punto en el que se estaba desha-
ciendo de los que llevaban más tiempo a su lado. El 1 de enero de
1997, meses después de que Tiger se hiciera profesional, Nike había
encomendado a Greg Nared (pronunciado «Nard») que ejerciera de
enlace entre Woods y la oficina corporativa. Nared colaboraba con
el programa de Relaciones con Deportistas de la empresa, aunque
oficialmente era el director de negocios de Nike Golf. Extraoficial-
mente, formaba parte del llamado «programa de contacto» de Nike,
un servicio de asistencia personal del que en aquella época solo disfrutaban dos deportistas de Nike más: Michael Jordan y Ken Griffey
Jr. Como «contacto» de Tiger, Nared se encargaba de informarle de
todos los asuntos comerciales que tuvieran que ver con ropa, calzado, equipamiento y publicidad, así como de coordinarlo todo directamente con los equipos de los productos. Además, Nared supervisaba
todas las apariciones relacionadas con Nike y el calendario de Woods,
y hacía lo propio con algunos de los demás patrocinadores. Su trabajo consistía en asegurarse de que Tiger sabía dónde ir y, cuando era
necesario, en dar por finalizada una entrevista o sesión de fotos que
hubiera superado el tiempo acordado.

«Greg era el filtro en todo lo que tenía que ver con Tiger —dijo
Chris Mike, antiguo director de marketing de Nike Golf—. Yo no podía simplemente descolgar el teléfono y llamar a Mark Steinberg. El
contacto era Greg.»

Nared era un afroamericano alto y atractivo que antes de empezar
a trabajar para Nike había jugado de base en un equipo de baloncest-
to de Maryland. En muchos aspectos, tenía un temperamento ideal
para la función que desempeñaba, y eso le hizo ganarse un hueco en
el círculo cercano de Woods y, a menudo, ser el objetivo de su mor-
daz sentido del humor. Woods era como un martillo y Nared era el
clavo, víctima constante de las bromas pesadas de la estrella a la que
le habían encomendado ayudar. Nared se lo echaba todo a la espalda
y aceptaba su papel crucial, consistente en guiar a Tiger por las inex-
ploradas aguas de la fama y la riqueza desmedidas. Es bien sabido
que Tiger podía llegar a ser muy exigente, sobre todo en cosas como
elegir el chubasquero ideal; tenía que irle perfecto y no podía limitar

sus movimientos a la hora de realizar el *swing*. Y, a menudo, cuando algo no salía según lo esperado, Nared era quien cargaba con las culpas. En Nike, los deportistas de la talla de Woods no se equivocaban nunca.

A pesar de todo, Nared encajaba los golpes y trataba a Woods como a un hermano. Pero llegó un momento en que ese vínculo fraternal empezó a resquebrajarse, en concreto cuando Woods conoció cómo funcionaba una empresa por dentro y su paciencia empezó a flaquear en lo relativo a cómo respondía Nike a sus aportaciones y necesidades. Tiger no tardó ni un año en decidirse a hacer un cambio. Encargó a Kel Devlin que le diera la noticia a Nared. «Tener que decirle a Greg que ya no iba a ser el contacto de Tiger y no poder decirle que era Tiger quien había tomado la decisión fue horrible. Esa era la parte menos divertida de mi trabajo.»

Ya hacía tiempo —desde sus días en Stanford— que Woods había desarrollado una faceta muy fría; nunca dejaba que nadie se le acercara demasiado. Harmon y Nared le conocían tan bien como nadie; entre 1996 y 2003, aparte, quizá, de O'Meara y Steinberg, probablemente no había nadie que pasara más tiempo a solas con Tiger que su entrenador de *swing* y su asistente personal. Sacarlos del equipo fue como quitar los guardarraíles de las curvas de una autopista.

A pesar de todo, Tiger ganó cinco torneos en 2003, pero a partir de marzo solo consiguió dos victorias. Pasó por los cuatro *majors* sin pena ni gloria. Había perdido el compás y era consciente de ello. O'Meara también lo sabía, pero esperaba el momento oportuno para discutir una solución con él. A principios de 2004, ambos subieron al Gulfstream G500 de Tiger y pusieron rumbo a Oriente Medio para asistir al Dubai Desert Classic, donde O'Meara puso fin a su racha de cinco años sin ganar y consiguió una sorprendente victoria. Al salir del *green* del 18 una vez finalizada la última vuelta, Tiger le estaba esperando.

—Me alegro tanto por ti como tú mismo —le dijo.

Viniendo de Tiger, esas palabras significaban muchísimo, y O'Meara lo sabía; eran contadas las veces que Tiger daba muestras de preocuparse por los demás. O'Meara se sintió seguro y decidió por fin sacar el tema.

—Tiger —dijo durante el vuelo de regreso—, necesitas a alguien que te ayude con tu juego.

Woods casi parecía aliviado.

—¿A quién? —preguntó.

O'Meara sugirió al hermano de Butch Harmon, Billy.

Tiger descartó la idea enseguida. Contratar al hermano de su antiguo entrenador podía acarrear demasiadas complicaciones.

Barajaron algunos nombres más, pero ninguno convencía a Woods. Finalmente, O'Meara le propuso a su propio instructor.

—Tiger, ya sé que Hank es amigo mío y que llevo con él muchos años, pero es el mejor entrenador del mundo —dijo.

—Lo sé —respondió—. Mañana le llamo.

Hank Haney conoció a Tiger y Earl Woods en 1993, cuando padre e hijo fueron a Dallas para asistir al Byron Nelson Classic. Por aquel entonces, Tiger era un amateur de diecisiete años que había sido invitado a participar en el torneo mediante una exención del patrocinador. Haney era el entrenador particular de Trip Kuehne y sus dos hermanos. El padre de Kuehne llevó a Earl y Tiger al centro de entrenamiento de Haney, al norte de Dallas, para que le conocieran. Fue una presentación gélida: el entrenador felicitó a Tiger por sus logros y le extendió la mano; Tiger le dio la suya sin demasiado entusiasmo y sin decir ni una palabra; Earl parecía aún menos interesado en saludar a Haney.

Tres años más tarde, después de que Tiger se mudara a Isleworth, empezó a coincidir con Haney en el campo de prácticas. El entrenador solía estar ahí trabajando con O'Meara, y Tiger a menudo iba a cenar con ellos cuando terminaban. También se veían muchas veces en los torneos, cuando Harmon y Haney acompañaban a Tiger y O'Meara durante las rondas de práctica. Pero lo que Haney jamás podría haberse imaginado era que acabaría entrenando al hombre que consideraba el mejor golfista de la historia.

Y, sin embargo, después de que Tiger y O'Meara volvieran de Dubái, el agente de O'Meara, Peter Malik, llamó a Haney y le avisó de que iba a recibir una llamada. Al día siguiente —el 8 de marzo de 2004—, el entrenador estaba cenando con su padre en Plano, Texas, cuando le sonó el teléfono. Se alejó un poco y cogió la llamada.

—Hola, Hank, soy Tiger.

—Hola, tío —dijo Haney.

Fiel a sus costumbres, Tiger no se anduvo con rodeos.

—Hank, quiero saber si me vas a echar una mano con mi golf.

—Claro, Tiger. Por supuesto —respondió, intentando contener su entusiasmo.

Tiger le dijo que quería que estuviera en Isleworth el lunes por la mañana. La llamada duró escasos tres minutos. Por la cabeza de Haney empezaron a circular varios pensamientos: «Me ha tocado la lotería. Voy a subir de categoría. Me voy a hacer famoso. Voy a poder poner en práctica todas mis ideas con el mejor alumno, y él va a demostrar que son acertadas».

A los pocos minutos, volvió y le dio la noticia a su padre, un seguidor de Nicklaus de toda la vida. El hombre soltó una risita de orgullo.

—Hijo —dijo al cabo de unos minutos—, va a ser un trabajo muy duro. ¿Estás seguro de querer hacerlo?

Un mes antes, Tiger había fundado una empresa en las islas Caimán con el único propósito de comprarse un yate de 47 metros. Llamó a su nueva compañía Privacy, S. A., y el yate recibió el mismo nombre. Según los registros judiciales, la función del *Privacy* era «proporcionar a la familia Woods un lugar donde poder relajarse lejos de los rigores de la fama». En aquellos momentos, lo más parecido a una familia que tenía Tiger era Elin. Vivían juntos en Isleworth y estaban prometidos. Pero Tiger ocultaba el compromiso como si fuera un secreto de estado; solo podían saberlo sus familiares y unos pocos amigos muy íntimos, y todos habían jurado guardar silencio.

Elin llevaba bastante tiempo con Tiger, y el peso de su fama y su obsesión con la privacidad habían empezado a afectarla. Aunque era de naturaleza confiada, se había vuelto muy reservada y cauta. Tenía, sin embargo, una fe ciega en Tiger, y le impresionaba su ética a la hora de trabajar. Torneos aparte, estaba constantemente de aquí para allá cumpliendo con sus obligaciones para con sus patrocinadores, haciendo apariciones, grabando anuncios y asistiendo a actos oficiales. En los tres años que llevaban saliendo, había ganado más de doscientos millones de dólares en patrocinios, y eso le exigía muchísimo tiempo; así que Elin nunca cuestionó su deseo de huir al yate. Supuso que necesitaba «privacidad».

Una de las pocas personas a las que Tiger invitaba a ir a la embarcación con Elin y él era su profesor de submarinismo, Herb Sugden. Además de darle clases de inmersión a Elin, Sugden se ofreció a instruir a Tiger en la pesca submarina, pero enseguida se dio cuenta de que su coordinación visomotora era tan buena que bastaba con que le diera el arpón y le dejara hacer. «No tuve ni que enseñarle —dijo Sugden—. Le mostré una vez cómo se hacía y lo hizo. Es mejor pescador submarino que yo. Es espectacular.»

A Tiger le gustaba Sugden, y le trataba excepcionalmente bien. Cuando sintió el deseo de llevar un paso más allá su espíritu aventurero, le pidió que le enseñara buceo espeleológico, un tipo de inmersión mucho más peligrosa en cuevas subterráneas llenas de agua. Al principio a Sugden no le hacía mucha gracia la idea. «En ese momento, Tiger [estaba] en lo más alto de su carrera —dijo Sugden—. Lo ganaba todo. El espeleobuceo puede ser peligroso. Estás bajo tierra y bajo el agua. Para obtener aire dependes exclusivamente de lo que llevas a la espalda. Y para salir a la superficie no tienes más remedio que volver al lugar por el que entraste. Te puedes perder. Es muy arriesgado.»

Pero Tiger no le temía a nada y, al igual que había sucedido con el submarinismo, no tardó en conseguir el título de buceador espeleológico. Le resultó muy útil su curiosa capacidad para aguantar la respiración durante más tiempo que la mayoría de los seres humanos. No obstante, a su aseguradora no le gustó eso de que ahora le hubiera dado por bucear en cuevas. En un intento por tranquilizar a la compañía, Tiger pidió a Sugden que se reuniera con ellos. «Tuve que ir y decirles lo seguro que era el espeleobuceo», dijo el profesor.

La mañana del lunes 15 de marzo de 2004, Tiger se encontraba en la entrada de su casa practicando *swings* con un palo. No muy lejos estaba aparcado su coche de golf personalizado, con el resto de los palos en la parte trasera. Estaba esperando a Hank Haney para su primera sesión de práctica. Cuando el entrenador llegó en su coche de alquiler, Tiger se acercó y le saludó.

—Estoy deseando trabajar contigo —dijo Haney.

Tiger no se anduvo con rodeos a la hora de decirle cómo se iban a hacer las cosas. Había visto a Haney trabajar con O'Meara muchas veces, y ya desde el principio le dejó claro que no estaba de acuerdo con algunos de sus métodos. Fue una manera no muy sutil de advertirle de que tendría que ganarse su confianza.

Tiger se montó en su coche y llevó a Haney a una zona apartada del campo.

—Quiero volverme más consistente en cada fase —le dijo por el camino—, tener el estilo de juego que, en los *majors*, me permita llegar siempre a los nueve últimos del domingo con posibilidades. No quiero tener posibilidades solo las semanas buenas. Quiero tenerlas siempre.

Haney sabía que Tiger era algo más que un golfista famoso en el mundo entero. Consideraba su dominio de todas las facetas del juego —incluso del equipo que utilizaba— tremendamente intimidante. Por poner un ejemplo, según Kel Devlin, Nike le había enviado hacía poco a Woods una caja con prototipos de *drivers* de titanio. Había seis en total. Después de ponerlos a prueba, Tiger le dijo a Devlin que el que le iba mejor era el que era algo más pesado. Devlin le contó que los seis *drivers* pesaban exactamente lo mismo. Tiger discrepó e insistió en que uno de ellos pesaba un poco más. Para demostrarle que se equivocaba, Devlin envió los *drivers* de vuelta a los genios diseñadores del laboratorio de pruebas de Nike en Forth Worth con instrucciones de que los pesaran. Los resultados revelaron que cinco de los palos tenían exactamente el mismo peso, pero el sexto pesaba dos gramos más. Al desmontarlo, descubrieron que uno de los ingenieros había añadido en el interior de la cabeza una pizca de una sustancia pegajosa para que absorbiera unas partículas de titanio flotantes. El peso de esa sustancia equivalía al de dos billetes de un dólar y, aun así, Tiger fue capaz de detectarlo por su sensación al sostener el *driver*.

Teniendo en cuenta ese tipo de anécdotas, Haney sabía que no era conveniente considerar a Tiger su alumno. Sabía que le estaba poniendo a prueba y no tenía ninguna intención de discutir con él y empezar con mal pie. Cuando Woods comenzó a golpear pelotas, hablaron de que no siempre era capaz de hacer rotar la parte superior de su cuerpo lo suficientemente rápido durante la bajada del palo. Otra cosa en la que trabajaron fue en lograr que los ojos de Tiger se mantuvieran nivelados durante todo el *swing*. Haney jamás había sido testigo de una intensidad como la de Woods en el campo de prácticas. Durante esa primera sesión, anduvo con pies de plomo.

Para cuando volvió a su casa, Haney había llegado a un acuerdo con Tiger para seguir trabajando con él. Cobraría 50.000 $ al año —lo mismo que cobraba Harmon— y se llevaría 25.000 $ adicionales por cada victoria en un *major*.

Esa misma semana, Tiger participó en el Bay Hill Invitational. Después de una primera vuelta muy buena, la cosa fue a peor e hizo 74, 74 y 73 golpes, terminando empatado en el puesto cuarenta y seis. En la rueda de prensa posterior, dijo que estaba muy ilusionado con todo el trabajo realizado esa semana y que el noventa por ciento de su juego había sido bueno. Pero sus declaraciones públicas casi siempre diferían de lo que sentía en realidad.

Cuando Haney se presentó en Isleworth al día siguiente para su segunda sesión de práctica, Tiger ya estaba golpeando pelotas en el campo. Cuando su entrenador llegó al *tee*, no levantó la cabeza. Tampoco respondió cuando Haney le comentó algunas cosas que había detectado en su *swing* durante el Bay Hill Invitational. Sus cumplidos tampoco consiguieron que Tiger reaccionara. El silencio era su manera de enviar mensajes. También era su método para calcular la debilidad ajena.

—No tengo muy claro qué pretendes —dijo Haney finalmente—, pero imagino que estás intentando bajarme los humos. Yo sé lo que te hace falta para mejorar. Sé qué tienes que hacer para conseguirlo. Así que si lo que quieres es bajarme los humos, no lo vas a conseguir.

Tiger siguió ignorando a Haney, pero cuando le dio un par de instrucciones nuevas, las siguió inmediatamente con pasión y precisión.

Fue una sesión de entrenamiento sólida. La del día siguiente fue incluso mejor. Pero Tiger mantuvo su silencio, demostrando ya desde el primer momento algo que Butch Harmon le había dicho a Haney cuando se enteró de que iba a ser su sucesor: «Hank, mucha suerte. Trabajar en ese equipo es duro, y más difícil de lo que parece».

La buena noticia a las puertas del Masters de 2004 era que Tiger seguía siendo el golfista número uno del mundo, y no sentía que hubiera ninguna amenaza real: David Duval no iba a poder jugar por culpa de una lesión; el «Llorica» de Sergio García llevaba un tiempo defraudando las expectativas (solo había conseguido dos victorias en sus setenta y ocho participaciones en el Tour); Ernie Els parecía estar en las últimas; Vijay Singh estaba jugando bien, pero no era un rival a tener en cuenta; el único que Woods consideraba que podía darle problemas era Mickelson, al que Tida había bautizado como «Gordito». A pesar de sus veintiuna victorias en el Tour, llevaba colgada la etiqueta de ser el mejor de los jugadores sin un *major*. Tiger sentía que, si Mickelson conseguía ganar uno de los grandes, se abriría la veda.

En años anteriores, Woods era el único de los dos que criticaba, pero en 2004, Mickelson ya se había subido al carro. Había sucedido el año anterior, cuando manifestó en *Golf Magazine* su sorpresa ante el hecho de que Tiger hubiera jugado tan bien pese a su «equipamiento de inferior calidad», un claro ataque a los palos y las pelotas de Nike. Woods no le dio mayor importancia y dijo que simplemente era «Phil haciéndose el gracioso» y «Phil haciendo de las suyas».

Mickelson llegó a Augusta muerto de ganas de batirse con Tiger. Quedó especialmente claro en la última ronda, cuando hizo *birdie* en cinco de los últimos siete hoyos, incluido el 18, y consiguió su primer *major*.

«Esta semana he tenido una sensación distinta al jugar —dijo Mickelson después—. No he sentido esa ansiedad de cuando sientes que se te escapa, ni he pensado "¿Cómo estará yendo el torneo?" o "¿Qué estará haciendo tal o cual golfista?". En mi cabeza solo tenía: "Vamos a pegar unos cuantos golpes".»

Y eso fue precisamente lo que Woods no hizo. Tras terminar en una posición más que rezagada, no tenía ninguna intención de quedarse a felicitar a Mickelson. En vez de eso, se esfumó y fue con su padre al lugar donde había sido destinado como boina verde, Fort Bragg, en Carolina del Norte, y se reunieron con algunos de los antiguos compañeros militares de Earl. Gracias a los contactos de su padre en el ejército, Tiger pasó algunos días realizando un entrenamiento de operaciones especiales. Vestido con un uniforme de camuflaje con su nombre sobre el bolsillo izquierdo, Tiger hizo carreras de más de seis kilómetros con botas de combate, participó en combates cuerpo a cuerpo y realizó ejercicios en túneles de viento. Era una conducta arriesgada dado el estado considerablemente delicado de su LCA, pero no pensaba en eso. En 1998, a Earl le habían diagnosticado cáncer de próstata, y consiguieron curarle gracias a la radioterapia. Pero en 2004, el cáncer atacó de nuevo y se estaba extendiendo por todo su cuerpo. También tenía diabetes. Tiger, que sentía que los días de su padre estaban contados, quería pasar más tiempo con él. El momento más destacado del viaje fue el salto tándem con el equipo de paracaidistas del ejército. Unido a un soldado mediante un arnés, Tiger se lanzó desde el avión y sonrió excitado mientras caía. Earl esperaba abajo, en la zona de aterrizaje, respirando con ayuda de una bombona de oxígeno. Cuando Tiger llegó a tierra, su padre le abrazó orgulloso.

—Ahora entiendes mi mundo —le dijo.

Antes de abandonar la base, Tiger se sentó junto a su padre y escuchó cómo sus antiguos compañeros explicaban anécdotas sobre él. Era la primera vez que oía hablar del heroísmo de Earl en combate. Cuanto más escuchaba, más deseaba estar a la altura de las expectativas de su padre.

Para cuando Tiger llegó al US Open de 2004, en el Shinnecock Hills, los periodistas de golf ya hablaban abiertamente de un segundo bache. Solo había ganado dos veces en los dieciocho últimos torneos. Incluso Butch Harmon le criticó públicamente: «Tiger Woods no está jugando bien —dijo en televisión durante el torneo—. No está trabajando lo que tendría que trabajar de su *swing*, pero obviamente él cree que sí».

Tiger odiaba que cualquiera le criticara públicamente. Pero viniendo de su exentrenador de *swing*, se lo tomó como una puñalada trapera. Estuvo de mal humor durante todo el fin de semana: apenas pisó el vestuario, evitó a todo el mundo y, cada vez que un oficial del torneo se le acercó, le miró con esa cara suya de «¿Qué coño quieres?». Steve Williams hizo de escudo humano. Ya en el primer hoyo del torneo —en el que Tiger terminó empatado en el puesto diecisiete con diez sobre par—, Williams le pegó una patada a la cámara de un fotógrafo molesto. En la última ronda, le confiscó una cámara no autorizada a un aficionado que resultó ser un agente de policía fuera de servicio. Ni el jugador ni el *caddie* podían soportarlo más. El US Open fue el octavo *major* consecutivo que Tiger no ganó; era la mala racha más larga de su carrera.

Más tarde, Tiger iba al volante de su coche de alquiler de camino a la casa en la que se alojaba. Williams iba en el asiento del copiloto. De repente, Tiger se detuvo a un lado de la carretera y le soltó a su *caddie* el equivalente verbal a un golpe con un hierro 9 en la boca del estómago:

—Stevie, creo que me he cansado del golf. Quiero ser un SEAL de la Marina.

Los SEAL eran los miembros de las Fuerzas de Operaciones Especiales. Estupefacto, Williams trató de encontrar algo racional que decir. Lo único que se le ocurría era: «¿No te parece que ya no tienes edad para eso?».

Pero Tiger hablaba en serio. De tanto verlo, casi había rayado un DVD de instrucción básica de demolición submarina de los SEAL que cubría un curso de entrenamiento de seis meses. Había memorizado todos sus ejercicios y había empezado a repetir como propios algunos de sus eslóganes.

Williams no era el único que estaba preocupado. Últimamente, Hank Haney había pasado mucho tiempo en la casa de Isleworth de Tiger y había observado su obsesión con un videojuego llamado *SOCOM: U.S. Navy SEALs*. Con los auriculares puestos, obedecía las órdenes de un comandante animado. «Tiger se metía de lleno en el juego —dijo Haney—. Se sentaba en el borde del sofá, tan absorto y concentrado como si estuviera jugando un *major*.»

El enorme y repentino interés en los SEAL de la Marina coincidió con un incremento en la intensidad de sus rutinas de levantamiento de pesas y sus ejercicios cardiovasculares. El resultado fue un aumento en la masa muscular de la parte superior de su cuerpo, lo cual le obligó una vez más a modificar considerablemente su *swing*.

Una de las consecuencias de que Butch Harmon criticara públicamente a Tiger fue que su vínculo con Haney se estrechó más rápidamente. Fuera o no fuera de manera intencionada, todos los comentarios que Harmon hizo sobre Tiger también atacaban a Haney. Ambos estaban decididos a demostrar que Harmon se equivocaba, y eso los unió. Después del Open de 2004, Tiger abrazó por completo la estrategia de Haney para reformar su *swing*.

A principios del verano de 2004, Boys & Girls Clubs —una organización juvenil sin ánimo de lucro— le otorgó a Denzel Washington un premio a toda su carrera artística en una cena de gala que tuvo lugar en el hotel Waldorf Astoria de Nueva York. La lista de invitados incluía a la flor y nata de Hollywood y del deporte. Tiger se saltó la cena y acudió directamente a la fiesta posterior en la suite de Denzel. Un par de días después, estando con Elin en la casa club de Isleworth, se encontró con una vecina que había asistido a la cena en el Waldorf. Sabía que Tiger estaba invitado y le preguntó por qué no había ido. Él le contó que había asistido a la fiesta de después. Elin no tenía ni idea de qué estaban hablando. Finalmente, miró a su prometido y le dijo: «¿Estuviste en *Nueva York*?».

Había muchas cosas que Tiger no le contaba a Elin, especialmente en lo relativo a dónde estaba en cada momento y a las mujeres a las que conocía en sus escapadas. Su vida secreta en Las Vegas y todas las tentaciones que le asediaban pedían a gritos una pregunta: ¿Por qué casarse?

Puede que la respuesta se encuentre en la vida de cuento de hadas que Woods anhelaba: vivir con una mujer de infarto y unos hijos adorables en la mansión de seis dormitorios que había comprado cuatro años atrás en Deacon Circle. Era la imagen que le transmitía el matrimonio de Mark y Alicia O'Meara. Para Tiger, Elin era una pieza clave de ese puzle: rubia, atractiva y cariñosa. Vivirían felices y comerían perdices en la misma calle que los O'Meara.

Había otro factor importante: Elin era la primera mujer que conseguía estar a la altura de las exigentes expectativas de Earl y de Kultida. Tiger ya se había enamorado antes, y había mantenido una relación muy cercana con varias mujeres que muy probablemente habrían intentado controlar sus vicios e insistido en llevarle por el buen camino. Pero pronto quedó claro que él lo quería todo: el matrimonio de cuento y el desenfreno. En ese aspecto, se parecía mucho a su padre, pero había una gran diferencia: sus oportunidades eran infinitas.

El 5 de octubre de 2004, Tiger y Elin intercambiaron votos en el exclusivísimo resort Sandy Lane de Barbados. Según se cuenta, para gozar de privacidad absoluta, Tiger se gastó 1,5 millones de dólares y reservó todo el complejo durante una semana, tiempo que aprovecharon para pescar, dar paseos en barca, jugar al golf y practicar esnórquel. La noche de la boda, un espectacular despliegue de fuegos artificiales iluminó el cielo de la isla. Solo invitaron a familiares y amigos cercanos. Tiger se pasó las noches sentado en compañía de su padre, Michael Jordan y Charles Barkley, fumando puros y charlando sobre los buenos tiempos. Mientras tanto, Kultida sonreía. A los veintiocho años, su hijo se había convertido en un hombre hecho y derecho. Pronto, esperaba, le daría un nieto.

Justo antes de la Navidad de 2004, Tiger y Elin hicieron su primera escapada como pareja casada. Se fueron una semana a esquiar a Park City con los O'Meara y los Haney. Tiger llevaba años diciéndole a O'Meara que quería probar qué tal se le daba ese deporte. Ahora que estaba casado con una esquiadora avanzada que alardeaba de ser mucho mejor que él, Tiger estaba decidido a demostrarle que esquiar era mucho más sencillo que jugar al golf. Pero para hacer ese viaje tenía una condición: no quería que nadie le viera con un monitor de esquí.

O'Meara prometió encargarse de todo. Habló con su amigo Karl Lund, uno de los mejores monitores de Utah. Lund había enseñado a esquiar a los dos hijos de O'Meara y tenía contactos en el lujoso resort Deer Valley. Previa petición de O'Meara, Lund habló con la estación de esquí y lo organizó todo para que Tiger recibiera clases de manera extraoficial. Sin reserva y sin pagar nada. Lund se reuniría con Tiger en la pista y pasarían el día practicando ese deporte.

El simple hecho de que Tiger fuera a esquiar con su entrenador de *swing* decía mucho de cómo habían cambiado las cosas. Butch Harmon ni siquiera aceptaba que realizara tiros de baloncesto en suspensión por miedo a que se torciera un dedo, y ahora Haney y O'Meara le estaban animando a practicar esquí alpino. Era evidente que Tiger había acogido a Haney en su círculo y que le veía como un amigo. El sentimiento era mutuo.

A la mañana siguiente, Tiger se presentó en la pista con una rodillera bastante aparatosa. Habían pasado casi dos años desde la última operación. Su entrenamiento SEAL y su intensa rutina de pesas habían sometido a su rodilla izquierda, ya de por sí dañada, a demasiada presión, pero no iba a dejar que eso le impidiera bajar las pistas.

Al principio se negó a recibir instrucciones de ningún tipo.

—No os preocupéis —le dijo al grupo—. No me va a pasar nada.

Empezó tomándoselo con calma en la pista para principiantes. Elin le animaba, y Tiger no tardó en dominar ese primer nivel. Tras un breve descanso para almorzar, decidió probar con una pista más avanzada. Haney observaba asustado mientras Tiger cogía velocidad rápidamente. Lund y O'Meara se encontraban a mitad de la cuesta y Woods pasó como una flecha por su lado. Según calcularon, debía de estar bajando a unos 65 kilómetros por hora, completamente fuera de control.

—¡Joder! —dijo Lund, y fue tras él.

El equilibrio de Tiger sobre los esquís era el suficiente para seguir cogiendo velocidad, y se aferraba a los bastones mientras iba directo hacia un grupo de álamos.

—¡Gira! ¡Gira! —gritaron todos.

De repente, en el último momento, giró lo suficiente como para lograr esquivar los álamos, cayó y aterrizó sobre su espalda entre dos árboles. Asustado, Lund fue esquiando hasta su lado.

—¿Qué? —dijo Lund—. ¿Te parece si te ayudo con un par de cosas?

—Estaría bien —respondió Tiger.

Lund le ayudó a levantarse y le sacudió la nieve de la ropa. A continuación, empezó a enseñarle algunas reglas básicas, por ejemplo, cómo debía girar.

—Esquiar consiste básicamente en ir girando a izquierda y derecha —dijo mientras hacía una demostración y animaba a Tiger a seguirle. Izquierda. Derecha. Izquierda—. Y eso es todo —añadió Lund—. Apoyándote sobre la puntera. ¿Lo notas?

—¿Por qué no gira esta mierda? —gritó Tiger—. ¡El puto esquí no gira!

—Tú estate relajado —dijo Lund—. Tienes que ser positivo.

Después de más de veinticinco giros sencillos, Tiger ya estaba harto. No quería ejercicios, quería velocidad. Pero Lund no le dejaba.

—Vuelve a apoyar las espinillas en la parte delantera de las botas —dijo.

Tiger se limitó a observarle. Elin le estaba mirando y vio que estaba cabreado.

—¿Sabes? —dijo Lund—. Yo creo que soltar un «Que te jodan» bien fuerte te hará sentir mejor.

—¡Que te jodan! —gritó Tiger.

—¿Mejor?

Tiger sonrió.

—Sí.

Lund sonrió también.

—Vale, ahora las espinillas hacia delante.

Tardó unos diez minutos en volver a perder la paciencia. ¡Era el puto Tiger Woods! No necesitaba que nadie le diera clases. Ya sabía lo que tenía que hacer.

—¡Que te jodan! —volvió a decirle a Lund.

Decidido a no permitir que Tiger resultara herido bajo su supervisión, Lund se puso tozudo e insistió en que no bajara la pista sin antes aprender a girar bien.

Tiger tenía tendencia a lo que en la jerga del esquí se conoce como «girar en cuña»: básicamente, cada vez que intentaba girar, sus esquís formaban una *V*, es decir, su pierna interior se interponía y tenía que apartarla para completar el giro. Pero, a causa de la pendiente, la parte trasera del esquí se encallaba, con lo que Tiger tenía que forzar muchísimo la rodilla. Lund, que sabía lo de su operación de LCA, no quería que el aprendizaje de una técnica inadecuada acabara causándole lesiones a largo plazo.

Cuanto más practicaban, más frustrado y de mal humor estaba Tiger. Mientras terminaba el último de sus ejercicios con Lund, vio acercarse a O'Meara. Sin decir gracias ni adiós, Tiger empezó a caminar trabajosamente hacia el alojamiento.

—Nos vemos —dijo Lund.

—¡Que te jodan! —respondió Tiger.

Lund no se lo podía creer. Era el monitor más experimentado de la montaña y había pasado la tarde trabajando con Tiger como acto de cortesía. Fue el remate perfecto para el año más desalentador de la carrera de Tiger: en 2004 solo había ganado uno de los diecinueve torneos en los que había participado; Phil Mickelson había ganado el Masters y ya no le tenía miedo, y, en septiembre, había sido desbancado como golfista número uno del mundo por Vijay Singh. Woods llevaba sin ganar un *major* desde junio de 2002, y cada vez eran más las voces que comentaban que la era de Tiger podía estar llegando a su final. Mientras Woods, lesionado y desanimado, se quitaba la aparatosa rodillera en Park City, pensó que, en efecto, así era.

El 23 de enero de 2005, Tiger ganó el Buick International en el Torrey Pines. Fue su primera victoria en el circuito de la PGA desde que empezara a trabajar con Hank Haney diez meses atrás. Durante ese periodo, Tiger había vuelto a reformar su *swing*, haciendo importantes ajustes en su agarre y cambiando muchas de las cosas que había trabajado con Harmon. Era la tercera revisión significativa de *swing* en su carrera, y a él y a Haney todavía les quedaba bastante recorrido hasta conseguir suavizarlo para así evitar lesiones y perfeccionar del todo la nueva mecánica. Pero una victoria era una muy buena manera de empezar la temporada 2005 del PGA Tour.

Elin estaba especialmente contenta. Era la primera vez desde la boda que Tiger ganaba, y ella había recorrido todos los hoyos de la ronda final con él.

Después, en el hotel, Elin se recostó sobre su marido y le dijo:

—Esto hay que celebrarlo. ¿Qué podríamos hacer?

Mencionó que, cuando trabajaba como niñera para los Parnevik, hacían una fiesta cada vez que Jesper ganaba.

—Ya, bueno, pero nosotros no —le dijo Tiger—. Yo no soy Jesper. Damos por hecho que vamos a ganar.

Elin asintió con la cabeza y su sonrisa se difuminó. No iba a haber ninguna celebración. La indiferencia de Tiger ante la victoria formaba parte de su fórmula para alcanzar la grandeza. Incluso cuando jugaba de manera impecable, se comportaba como si lo hubiera hecho bien, sin más. Lo mejor siempre estaba por venir.

«Tiger nunca se permitía estar satisfecho, porque, en su mente, el conformismo es el enemigo del éxito —dijo Haney—. Su enfoque consistía en contener la exaltación y, digámoslo así, mantener el apetito. Es la clave del triunfo: cuantas más celebraciones, menos ocasiones de celebración.»

Era una actitud que le mantenía motivado semana tras semana, pero también afectaba a sus relaciones. Sin embargo, Elin se adaptó rápidamente a esa manera de hacer las cosas y empezó a reprimir su entusiasmo y a esconder sus emociones. Ese era el estilo Woods.

El único oponente que provocaba una reacción diferente, más visceral, en Tiger era Phil Mickelson. Aunque no lo admitía públicamente, la visión que tenía de él había cambiado tras su victoria en el Masters de 2004. Mickelson había demostrado ser un rival digno, y, con Tiger en pleno proceso de revisión de su *swing*, creyó que sería vulnerable. Semanas después de la victoria en el Torrey Pines, ambos acabaron enfrentándose en un mano a mano en el Doral. Woods terminó imponiéndose a Lefty —sobrenombre de Mickelson— en el hoyo 17 tras embocar un *putt* para *birdie* de nueve metros. Ese triunfo hizo que recuperara el primer puesto en el ranking, que le había sido fugazmente arrebatado por Vijay Singh en 2004, y, lo más importante, envió un mensaje claro a Mickelson: «Sigo siendo mejor que tú».

Al terminar, sus manifestaciones de alegría fueron las habituales después de una victoria.

—Esta ya es un poco más importante, ¿no? —le preguntó Haney.

—Sí, supongo —dijo Tiger—. Como siempre que consigo ganar a ese tío.

De todos modos, no hubo celebraciones.

CAPÍTULO VEINTIDÓS
INJUGABLE

En la primavera de 2005 se publicó *Who's Afraid of a Large Black Man?*, de Charles Barkley. El libro, que enseguida escaló a lo más alto de las listas de ventas, estaba coescrito por el columnista del *Washington Post* Michael Wilbon y contenía una serie de conversaciones con personajes destacados como Bill Clinton, Morgan Freeman, Jesse Jackson, Marian Wright Edelman o Ice Cube, que hablaban con franqueza sobre temas raciales. Barkley incluyó también un capítulo en el que charlaba con Woods. En él, Tiger aseguraba haber sido víctima de un violento ataque racista cuando tenía cinco años. Este es un extracto de lo que el golfista declaró en ese libro:

> Fui consciente de mi identidad racial el primer día de guardería. Unos cuantos alumnos de sexto curso me ataron a un árbol, me escribieron la palabra «negro» con un espray y me tiraron piedras. Ese fue mi primer día en el centro. Y la verdad es que la profesora no hizo gran cosa al respecto. Yo vivía al otro lado de la calle donde estaba la guardería, un poco más abajo. La profesora se limitó a decir: «Vale, vete a casa», y me tocó correr más rápido que aquella pandilla, cosa que conseguí.

Esa no era la primera vez que Woods contaba el relato sobre su primer día en la escuela primaria. En 2005, ya llevaba bastante más de diez años repitiéndola de una u otra manera. Pero la versión que le contó a Barkley fue la más sensacionalista hasta la fecha. Según los datos de los que se dispone, el primero en contar la historia fue Earl Woods a *Golf Magazine*, en 1992, cuando Tiger tenía dieciséis años. En esa ocasión, Earl explicó que Tiger era el único niño negro en la Cerritos Elementary School y que algunos alumnos mayores le habían atado a un árbol. Un año después, la historia resurgió en un reportaje del *Los Angeles Times* sobre Tiger. A partir de ese momento, la pelota se hizo cada vez más grande. En su artículo sobre Tiger Woods, publicado a finales de 1996 en *Sports Illustrated*, Gary Smith escribió lo siguiente acerca del incidente:

> Lo que sucedió fue que un grupito de niños mayores cogió por banda a Tiger en su primer día de guardería, le ató a un árbol, le lanzó piedras y le llamó mono y negro. Y Tiger, con cinco años, tardó días en contarle a alguien lo que había pasado, tratando de asimilar lo que suponía para él y su mundo.

Al año siguiente, en la biografía del golfista apoyada por Earl y Kultida, el periodista John Strege describió el incidente como una «impactante primera toma de contacto con la discriminación racial» en la que unos cuantos niños blancos mayores que Tiger le habían atado a un árbol, le habían colmado de insultos racistas y le habían arrojado piedras. Más tarde, en 1997, Woods fue entrevistado por Barbara Walters, que le preguntó por su primera experiencia con cualquier tipo de discriminación. Tiger repitió una vez más la historia del jardín de infancia, pero añadió un nuevo giro: «Unos niños de sexto me ataron a un árbol y... bueno... me escribieron "negro" y me tiraron piedras, y yo estaba sangrando mucho y me fui a casa».

El relato sobre el niño de cinco años víctima de un delito de odio es el que ha tenido un mayor impacto en el discurso racial en torno a Tiger Woods. Sin embargo, tras analizarlo en detalle, tiene pinta de ser inventado.

La Cerritos Elementary School, un edificio de poca altura y de color crema, abrió sus puertas en septiembre de 1961. Está ubicado junto a una carretera de cinco carriles y enfrente de un parque. Cuando visitamos la escuela en 2016, sus dos aulas de parvulario seguían estando en la esquina suroeste del edificio, quedando los parvulitos completamente separados del resto de los alumnos (como ya sucedía el 14 de septiembre de 1981, el primer día de escuela de Eldrick Woods a los cinco años). La profesora de Tiger en la guardería, Maureen Decker, recuerda algunos detalles de ese día como si hubieran tenido lugar ayer. Recuerda también que, veinte años más tarde, mientras veía una entrevista de Tiger por televisión, escuchó por primera vez cómo transformaba aquel día en una escena de una película de Spike Lee.

«Me quedé pasmada —dijo Decker—. Casi me caigo de la silla cuando le escuché decir eso, porque sé que es completamente falso. Nunca sucedió. ¿Cómo iban los alumnos de sexto curso a hacer algo así sin que yo o el otro profesor de guardia los viéramos? Nunca pasó. Para empezar, no habríamos dejado entrar a los de sexto en el patio de los párvulos.»

Las dos aulas de parvulario de la escuela Cerritos estaban a lado y lado de una sala de profesores. Justo a la salida, había un patio grande y completamente cercado al que solo tenían acceso los niños del jardín de infancia. En 2016, Jim Harris, que desde hace tiempo es director de mantenimiento, operaciones y transporte del distrito escolar de Savanna (al que pertenece el centro), nos hizo un recorrido por el antiguo patio de parvulario de Tiger. Toda el área estaba asfaltada y completamente rodeada de una tela metálica de metro y medio de altura con una única puerta. Sobre el terreno había también dos árboles viejos. Harris restó aún más credibilidad al relato de Tiger al señalar que los niños de la guardería están vigilados en todo momento, en especial durante su primer día. «No entiendo cómo podría haber pasado —dijo, refiriéndose al presunto incidente—. Los niños están muy, pero que muy protegidos. Siempre los tienen vigilados.»

Woods contó también que, tras lo sucedido, recorrió a toda prisa las pocas manzanas que separaban la escuela de su casa. Pero, para ello, además de escapar de un área cercada sin que le detuvieran los profesores, padres o administradores, habría tenido que cruzar la concurrida carretera de cinco carriles de delante de la escuela sin levantar las sospechas de ningún guardia de cruce. La pregunta es obligada: ¿Cómo pudo un niño de cinco años, después de que le ataran a un árbol en un patio asfaltado, le pintaran (o escribieran) la palabra *negro* con un espray y le lanzaran piedras hasta hacerle sangrar, desatarse, escapar y cruzar cinco carriles transitados mientras era perseguido por un grupo de niños mayores, todo ello sin que nadie presenciara absolutamente nada?

Y todavía hay más: Earl Woods contó para la colección oficial de DVD de Tiger Woods, publicada en 2004, que el incidente había tenido lugar cuando su hijo era alumno de primer curso, no de párvulos, y que Tiger no le había contado nada hasta pasados «dos o tres días». Earl también explicó que, a petición suya, el director de la escuela, Donald Hill, había investigado el incidente y le había dado un informe, y que los culpables habían sido castigados. Hill desmintió categóricamente la versión de Earl: «No he oído esa historia en mi vida —dijo en 2003—. Siendo algo tan serio, digo yo que el padre habría venido a quejárseme personalmente, ¿no? Yo le aseguro que a mi despacho no llegó».

Cuando se le pidió específicamente cualquier informe o documento relacionado con un ataque racista a Tiger Woods en la guardería o en primer curso, la Dra. Sue Johnson, comisaria de policía del distrito escolar de Savanna, respondió en un correo: «No existe ningún informe relacionado con el supuesto incidente».

Entonces, ¿por qué contar algo que nunca tuvo lugar? Quizá la respuesta podamos encontrarla en una de las frases más recordadas de Earl Woods: «Dejad que la leyenda crezca». Estaba haciendo referencia a la imagen de Tiger. Earl, que se consideraba un experto en medios de comunicación, sabía hasta qué punto una anécdota racial tan incendiaria contribuiría a alimentar la leyenda del Elegido. Haber sido víctima del racismo y la discriminación, fuera verdad o mentira, añadía a la historia un elemento muy potente.

Cuando Tiger llegó a Augusta para el Masters de 2005, llevaba sin ganar un *major* desde el US Open de 2002. Durante las prácticas previas al torneo, sintió que estaba golpeando la pelota mejor que nunca, pero, a mitad de una tercera vuelta acortada por la lluvia, iba cuatro golpes por detrás de Chris DiMarco. Esa noche, antes de acostarse, Woods recibió un mensaje de Haney: «Solo tienes que seguir como hasta ahora. Aquí no hay nadie que pueda ganarte. Aunque necesites más hoyos de la cuenta, el torneo es tuyo».

La relación de Tiger con Haney se había afianzado. Aunque rara vez le daba las gracias o alababa sus dotes como entrenador, Woods estaba mejorando bajo su tutela. Confiaba plenamente en él.

Cuando el domingo empezó la última ronda, Woods ya iba tres golpes por delante de DiMarco, gracias a siete *birdies* seguidos que le habían permitido acabar la tercera vuelta con 65. Pero cuando se preparaba para pegar el segundo golpe del hoyo 16, un par 3 que recibe el sobrenombre de «Ciclamor», su ventaja se había reducido a un solo golpe. Con su golpe de salida, Tiger, que se jugaba conseguir su cuarta chaqueta verde, había dejado la bola a ras del segundo *rough* del *green*, muy alejada y a la izquierda de la bandera, en una zona inexplorada para Steve Williams. El escenario estaba listo para uno de los chips más espectaculares de la historia.

En su habitación de hotel, solo o con amigos, Woods había practicado su chip incansablemente, golpeando a ciegas una pelota y haciendo que pasara por encima de la cama y se metiera en un vaso. La gran mayoría de las veces, o bien le daba al vaso, o bien conseguía meterla. El *wedge* había llegado a ser una especie de varita mágica en sus manos. Como un mago realizando su truco más famoso, Woods elevó un *pitch* que se detuvo momentáneamente sobre la marca apenas visible de una pelota —el punto exacto que se había fijado— antes de descender por la pendiente y acercarse cada vez más al hoyo. La pelota avanzaba escoltada por los gritos del gentío cuando Verne Lundquist dijo esas célebres palabras en televisión: «Ahí llega... Madre mía...». La pelota se paró en el borde del hoyo como para coger aire, con el logo de Nike perfectamente visible, y acto seguido cayó dentro y Tiger consiguió el *birdie*. Un clamor atronador recorrió los pinos del Augusta mientras Tiger chocaba la mano de Williams y alzaba su palo. «¡IMPRESIONANTE! —gritó Lundquist—. ¡En su *vida* han visto algo parecido!»

Nadie lo había visto nunca. El golpe fue una demostración sobrenatural de imaginación, técnica y control que resumió a la perfección la genialidad de Tiger Woods. Como persona, puede que no fuera precisamente adorable —puede que ni siquiera cayera bien—, pero como jugador tenía aptitudes inigualables que había cosechado durante toda una vida dedicada a la práctica. Los domingos por la tarde, compartía su don con millones de personas y les permitía olvidarse de la realidad y experimentar sensaciones más fuertes que las que jamás se han sentido en el banco de una iglesia. El golf nunca había significado tanto para tanta gente.

A la mañana siguiente, saboreando aún las mieles del noveno *major* de Woods, Phil Knight, Kel Devlin, Doug Holt (jefe de ventas nacionales) y otros tres ejecutivos de Nike subieron a bordo del avión del director ejecutivo y volvieron a Portland en un vuelo regado con champán. El martes por la mañana, Jim Riswold y su equipo de Wieden+Kennedy ya tenían listos tres inspiradores anuncios «Just Do It» sin ningún tipo de artificio: solo Woods, una banda sonora excitante y la magia poética de Lundquist. Uno de los montajes fue adornado con una explosión de colores creada por ordenador que aparecía justo en el momento en que una pelota blanca y reluciente y un icónico logo de Nike en azul se metían en el hoyo. Era la versión que más le gustaba a Riswold, pero las otras dos eran más tradicionales, o lo que es lo mismo, más acordes con el estilo del Augusta National.

El club iba a permitir a Nike utilizar imágenes de CBS Sports de forma gratuita, pero, a cambio, quería tener la última palabra sobre el anuncio. Cuando Glenn Greenspan, responsable de comunicaciones del Augusta, recibió los anuncios, rechazó la versión con colores, según cuenta Riswold. Aun así, el anuncio que finalmente se emitió hizo despegar a Nike Golf. El inolvidable golpe de Tiger fue trascendental para su mayor socio corporativo.

Poco después de la boda, la revista *People* volvió a entrevistar a Woods. Más concretamente, fue el redactor Steve Helling, que se centró en un único tema.

«Supe que Elin era una mujer especial poco después de conocerla —le contó Tiger—. Sabía que era la indicada para mí. Es una persona especial, y soy consciente de la suerte que tengo de tenerla. Estamos en el principio de nuestra vida juntos, y es un momento muy emocionante.»

A diferencia de las dos anteriores veces que él y Helling se habían visto, en esa ocasión Woods hizo un montón de preguntas. Helling acababa de cubrir la ruptura entre Brad Pitt y Jennifer Aniston, y Tiger quería saber si Angelina Jolie era en realidad «la otra». También preguntó por Nicole Kidman y Tom Cruise. Woods no conocía a ninguno de esos actores, pero hablaba de ellos como si todos formaran parte de un mismo club.

Cuando Helling recondujo la conversación para seguir hablando de Elin y le preguntó a Woods por qué se había casado con ella, obtuvo una respuesta superficial:

«Me casé con Elin porque nos auguro un futuro muy largo.»

Puede que Woods previera ese futuro, pero su presente, al igual que una parte crítica de su pasado, estaba resultando ser un mito. Apenas unos meses antes de esa conversación con Helling, Tiger volvía a estar en Las Vegas, sentado en su mesa vip junto a la pista de baile de Light, la discoteca del hotel Bellagio. Con él estaban su amigo del instituto Bryon Bell y su amigo de Stanford Jerry Chang. Woods le echó el ojo a una chica vestida con unos tejanos ceñidos y una camisetita ajustada que dejaban entrever su figura. Estaba disfrutando de la fiesta con sus amigas cuando el anfitrión vip de Tiger se le acercó y pronunció las palabras mágicas: «A Tiger le encantaría conocerte».

Jamie Jungers, de veintiún años, era una chica de un pueblecito de Kansas que había ido a Las Vegas en busca de diversión y de una vida mejor. Con un metro ochenta de altura y tan solo cuarenta y ocho kilos de peso, no tardó en salirle algún trabajo de modelo a tiempo parcial, y colaboró con una organización benéfica llamada Angels of Las Vegas. También se buscó un empleo en la construcción para conseguir algo más de dinero. Después de que la separaran de sus amigas y le indicaran el camino hacia la mesa vip, se acercó y Tiger la saludó.

—Eres preciosa —le dijo.

Unas horas después, Jungers estaba bastante borracha, a solas con Woods en su *suite* del The Mansion. La autoconfianza de la que llevaba tiempo haciendo gala en el campo había dado el salto al dormitorio. «Primero nos enrollamos, y luego la cosa se puso salvaje —dijo la chica más tarde, refiriéndose a su primer encuentro—. En varias posturas. Casi parecía que me conociera desde hacía tiempo, era como si ya se sintiera cómodo conmigo.»

Durante un descanso, le preguntó a Woods si estaba casado. No pasaba muy a menudo que Tiger conociera a una mujer que ignorara su estado civil, pero Jungers no era aficionada al golf y no había seguido la cobertura que los tabloides habían hecho de su boda con Elin. Le dijo que su mujer estaba en Suecia visitando a su hermana gemela.

Jungers se marchó de la *suite* temprano a la mañana siguiente, dando por hecho que había sido cosa de una noche. Pero ese mismo día, su teléfono sonó.

—Ey, soy Tiger —dijo—. Anoche me lo pasé muy bien y me encantaría volver a verte.

Fue el nacimiento de una apasionada aventura de dieciocho meses y de un apodo adorable (Tiger empezó a llamarla «mi tazita de café»). Los engranajes de la técnica de engaño de Woods se pusieron en marcha. Primero le dio su número de teléfono a Jungers y le dijo que lo registrara con otro nombre. A partir de ahí, quien hablaba con la chica era Bryon Bell. Él era el intermediario, quien le daba instrucciones de parte de Tiger. El primer lugar donde quiso verla fue la *suite* de su hotel en Chicago. A partir de ese momento, cada vez que Tiger quería que Jungers cogiera un avión y se plantara en algún sitio, Bell organizaba el viaje, siempre en clase turista. «Siempre tenía que pasar a través de Bryon», dijo Jungers.

Woods acabó llevándola a su villa de Las Vegas, donde la joven aprendió que las palabras «Soy Jamie, estoy con Woods» abrían las puertas del The Mansion como si fuera la cueva de Aladino.

Pasarían años antes de que Jungers descubriera que era una más en la lista de mujeres a las que Woods utilizaba para satisfacer sus necesidades. Como tantas otras, se dejó arrastrar por la excitación de esos encuentros secretos con el deportista más famoso del mundo.

Al analizar la caza de sexo extramatrimonial de Tiger, es muy fácil caer en tópicos trillados como «de tal palo tal astilla» o «de casta le viene al galgo». Tal vez fuera eso. Pero los expertos en adicción al sexo ven las infidelidades reiteradas como algo más complejo, especialmente cuando hablamos de narcisistas con mucho poder acostumbrados a tener el control. En general, según afirman, los narcisistas levantan un muro de ladrillos alrededor de su núcleo bondadoso y de su frágil autoestima. Únicamente después de recibir tratamiento se dan cuenta de que es su vulnerabilidad lo que impulsa su adicción. Hasta ese momento, suelen pensar: «Soy impenetrable». Otro factor es lo que se conoce como autoestima condicional, que depende directamente del éxito: cuanto mayores son los logros que se obtienen, más crece la autoestima, y también la presión, una presión que necesita ser liberada. Finalmente tenemos el caso del hijo héroe que tiene que asumir el papel de su padre, lo cual puede conducirle a lo que se conoce como rabia erótica: ira canalizada hacia el sexo. «Nunca pude descargar mi ira contra ti cuando yo era pequeño y tú demasiado fuerte. Pero ahora sí que puedo.»

Por motivos que nada tenían que ver con su mujer, Woods nunca se conformaba con quedarse metido en casa. Tampoco se ceñía a cometer sus infidelidades en Las Vegas: cada vez le costaba más controlar sus impulsos, y huía de Elin y de su idílico hogar en Isleworth para acudir a clubes nocturnos de Orlando, como Roxy o Blue Martini, que estaban a un tiro de piedra. Solo dos meses después de que Tiger y Elin se casaran, Club Paris también abrió sus puertas en la ciudad. Su propietario, Fred Khalilian, pagó millones de dólares a Paris Hilton para que le permitiera utilizar su nombre y se asomara de vez en cuando. Tiger enseguida se convirtió en un asiduo, y, hacia la una de la mañana, solía vérsele de pie en el palco del propietario, con la mirada puesta en la pista de baile y un cóctel en la mano, esperando a que la camarera de turno saliera de trabajar. A Woods le gustaba pasar el rato con Khalilian, fumando puros en su enorme despacho y hablando de deporte.

Khalilian conocía a muchas personas famosas, por lo que sabía que el tipo tímido y callado que se sentaba delante de él estaba sufriendo.

Lo que vio en Woods, ya lo había visto en otros. «Me estuve juntando con Michael Jackson durante bastante tiempo —dijo Khalilian—. Tiger me recordaba mucho a él. Era de ese tipo de chavales que no pudieron disfrutar de su niñez. Y quería ser malo. Hacer lo que se le antojara. Según lo veo yo, quería hacer lo que consideraba que no debía hacer, simplemente porque siempre había tenido que hacer lo que le ordenaban.»

A pesar de todo, no parece que esa doble vida que llevaba fuera del campo afectara a su rendimiento de cuerdas para adentro. Más bien todo lo contrario. En 2005, Woods jugó algunos de los mejores torneos de su vida: ganó seis pruebas del Tour, entre ellas el Masters y el British Open, y terminó entre los cuatro primeros en el US Open y el PGA Championship; alcanzó la media más alta de su carrera —289 metros— en el golpe de salida, la segunda mejor del Tour; consiguió un título más por su puntuación, y fue nombrado Jugador del Año del PGA Tour nada menos que por séptima vez. Además, a punto de cumplir los treinta, Tiger había hecho algo mucho más destacable que lo que se pudiera medir en premios o estadísticas: bajo la tutela de Haney, su técnica estaba a punto de alcanzar el cénit y, por tercera vez en su carrera, había conseguido dominar un nuevo *swing* y posicionarse como el golfista más dominante del mundo.

CAPÍTULO VEINTITRÉS
PÉRDIDA

Antes de cumplir los treinta, Tiger hizo un inexplicable paréntesis de seis semanas en el golf. Durante ese periodo, hubo veinticuatro días seguidos —el periodo más largo de su carrera— en los que ni siquiera cogió un palo. Su ausencia en los primeros torneos del calendario del PGA Tour de 2006 coincidió con un tormentoso proceso de transición en el seno de la familia Woods. El objeto de debate era el cuidado diario de Earl en la casa familiar de Cypress, donde estaba encerrado y luchaba contra la etapa final del cáncer. A finales de diciembre de 2005, Kultida había llamado de urgencia a la hija de Earl, Royce, diciéndole que su padre estaba muy mal y que necesitaba desesperadamente que alguien estuviera a su lado a tiempo completo. Fue una crisis familiar en toda regla originada por la disfunción y el resentimiento.

El caso era que, desde mucho antes de que Kultida contactara con Royce, Earl había estado recibiendo atención domiciliaria. Tiger había pagado para que unas enfermeras fueran a casa, le administraran los medicamentos que le habían recetado para el corazón, la diabetes, la mala circulación de las piernas y las complicaciones derivadas de su cáncer de próstata y le proporcionaran otros cuidados médicos. Además, Earl tenía una asistenta a tiempo completo —una que llevaba varios años a su lado— que le ayudaba con absolutamente todo: le aseaba, le acompañaba al lavabo, le llevaba a sus citas médicas. Pero en un arrebato de ira causado por un malentendido acerca del cuidado de Woods padre, Kultida había despedido fulminantemente a esa asistenta, a quien llamó en tono despectivo «criada». Era mucho más que eso. La mujer había acompañado a Earl durante los meses más solitarios y duros de su vida.

Royce se refirió a la bronca entre Kultida y la que había sido asistenta personal de Earl durante mucho tiempo como «un jaleo». Se quedó corta. Cuando Kultida se enfadaba, los que recibían el azote de su ira no lo olvidaban en mucho tiempo. En ese caso, la responsabilidad de desembrollar la situación recayó en Royce, que pidió una excedencia de seis meses en su trabajo y empezó el proceso de mudanza a Cypress. Empezó a vivir con su padre y a hacerse cargo de su cuidado diario a mediados de enero de 2006.

Antes de que Royce llegara a Cypress, durante su parón, Tiger había pasado bastante tiempo en la casa familiar de Teakwood Street, especialmente durante las fiestas. Sin embargo, había tomado la decisión de mantenerse al margen de los dramas en torno a la complicada relación de sus padres. Ya en 1996, cuando Kultida se marchó a su propia casa, Tiger fue consciente de que su padre había empezado a contratar mujeres para que le atendieran en todo. Kultida siempre había estado resentida con esas mujeres, pero la casa de Earl ya no era su casa, y, después de la separación, decidió no prestar atención a las compañías de las que se rodeaba.

No está claro hasta qué punto Tiger tenía conocimiento de lo que sucedía en casa de su padre. Una persona que conoció de primera mano el ambiente promiscuo que ahí se respiraba lo describió como un «puto rodeo». En una ocasión, lo primero que hizo una joven que acudió para una entrevista de trabajo vestida con una minifalda y un top recortado fue sentarse en el regazo de Earl y abrazarle. La contrató en el acto como asistente de viajes. Pero a finales de 2005, toda esa atmósfera había cambiado por completo. Para entonces, Earl ya estaba prácticamente incapacitado, y la única mujer fija que quedaba en la casa era la asistenta a tiempo completo a la que Kultida no tardaría en dar la patada.

Sorprendentemente, el estrés provocado por el cada vez más delicado estado de salud de Earl no pareció afectar al juego de Tiger. Desde que era niño, siempre había conseguido dar la talla en el campo, independientemente de lo disfuncional que fuera la situación en casa. Su característica más impactante —mucho más que su manera de golpear la bola o su condición física— era su capacidad para evadirse y alejar cualquier dolor emocional durante la competición. Cuando volvió al PGA Tour a finales de enero de 2006, ganó el Buick Invitational en el Torrey Pines. Una semana más tarde, se impuso en el Dubai Desert Classic. Y luego se hizo con la victoria en el Doral.

La racha con la que Tiger arrancó el año resultó más impresionante si cabe por su cada vez más complicada vida privada. A los pocos días de regresar al Tour y conseguir las tres victorias consecutivas, visitó el centro de entrenamiento de la Tripulación Combatiente de Operaciones Especiales de la Marina, en Coronado, California. Durante el tiempo que estuvo allí, Tiger recibió trato vip, visitó el centro con el equipo 7 de los SEAL, presenció una exhibición de armas y habló con un grupo de alumnos que se entrenaban para pertenecer a las Fuerzas. Les contó que cuando era más joven había soñado con ser uno de ellos. Más tarde, en una conversación privada con el instructor de armamento, Tiger preguntó cómo hacían los SEAL para lidiar con el estrés año tras año. «Es un estilo de vida —respondió el instructor—. Se hace y punto. Uno no deja nunca de practicar.»

Era un mensaje con el que Tiger se sentía identificado.

Las únicas fuentes de inspiración constante para Tiger parecían ser su fundación y una nueva iniciativa educacional. Tiempo atrás, el 11-S, se encontraba en St. Louis preparándose para jugar el WGC-American Express Championship cuando el torneo fue cancelado súbitamente. Los aviones no podían despegar, así que Woods cogió un coche de alquiler y empezó a conducir hacia Orlando, hacia casa. Durante esas quince horas solo en la carretera, tuvo mucho tiempo para plantearse qué era lo que importaba en su vida. Con el país conmocionado tras el atentado más mortífero de la historia de los Estados Unidos, Tiger se sintió inspirado para hacer algo más por el mundo. No tenía una visión clara, pero sabía que quería centrar sus esfuerzos en ayudar a los jóvenes, y empezó a ver que, tal como estaba planteada, la Fundación Tiger Woods no era el medio más adecuado. Hizo una llamada a su padre que derivó en una lluvia de ideas. Para cuando Woods llegó a casa, había tomado la decisión de desplazar el foco de su fundación, centrada hasta entonces en clinics —que se habían convertido en una especie de espectáculo circense y tenían un impacto muy poco duradero— y subvenciones a grupos comunitarios, a algo más significativo y perdurable: la educación. Como resultado, arrancó un periodo de cuatro años de esfuerzos para recaudar fondos y construir el Centro de Aprendizaje Tiger Woods, unas modernas instalaciones destinadas a la enseñanza de ciencia, tecnología, ingeniería y matemáticas a niños desfavorecidos. El edificio insignia, de más de tres mil metros cuadrados, fue construido cerca de la casa donde había pasado su niñez, en Anaheim, una ciudad con un alto porcentaje de estudiantes pertenecientes a minorías y de bajos ingresos.

La gran inauguración estaba prevista para febrero de 2006, y Woods buscaba la manera de publicitarla. Su fundación pidió a la ex primera dama Barbara Bush que asistiera como invitada de honor, pero, tras aceptar la invitación en un primer momento, tuvo que declinarla. El equipo de Tiger lo intentó con el gobernador de California, Arnold Schwarzenegger, pero le era imposible encajar el acto en su calendario. Se propuso que, en su lugar, fuera su mujer, la corresponsal de televisión Maria Shriver, pero no tenía el nivel de fama que la fundación andaba persiguiendo. Se les acababa el tiempo, y el director, Greg McLaughlin, llamó a Casey Wasserman, un importante ejecutivo de la industria del entretenimiento y el deporte que residía en Los Ángeles y era nieto del legendario magnate de Hollywood Lew Wasserman. Casey, a su vez, contactó con el abogado Doug Band, que desde hacía tiempo era consejero de Bill Clinton. Band no pudo evitar encontrar irónico que Tiger le pidiera un favor a Clinton.

—¿No le han contado la historia? —le preguntó Band a Wasserman.

Se refería, por supuesto, al desaire de Tiger a la ceremonia de 1997 en honor a Jackie Robinson, que provocó un cisma entre él y Clinton, agravado más tarde durante una Ryder Cup en la que el expresidente había entrado en el vestuario del equipo de EE. UU. y el golfista se había esfumado en el acto. Más adelante, Tiger se negó a hacerse una foto con Clinton cuando el triunfante equipo estadounidense visitó la Casa Blanca. Por todo eso, Tiger estaba convencido de que Clinton no aceptaría. Insistió en que el antiguo presidente le odiaba. Woods nunca perdonaba una ofensa, y daba por hecho que él sería igual.

Sin embargo, tras varias discusiones, el personal del expresidente respondió que Clinton estaba dispuesto a hacer acto de presencia con algunas condiciones: el propio Tiger tenía que llamarle y pedírselo; para romper el hielo, quería jugar una ronda de golf con Woods en el condado de Orange cuando acudiera al evento, y necesitaba un avión privado que le llevara a la Costa Oeste.

No sin antes berrear durante un rato largo, Tiger hizo de tripas corazón y descolgó el teléfono. La amabilidad de Clinton consiguió que se relajara, y programaron tanto el evento como la partida de golf. Wasserman ya había accedido a poner a su disposición un avión privado, así que el trato estaba cerrado.

—Bueno, pues no ha sido tan difícil —les dijo Woods a todos después de colgar.

El día antes de la inauguración oficial del centro de aprendizaje, Woods quedó con Clinton, Doug Band, el agente deportivo Arn Tellum y Wasserman para jugar la ronda de golf que había prometido en el Shady Canyon Country Club de Irvine. Tiger estaba desayunando con McLaughlin en la casa club cuando Tellum y Wasserman se acercaron. Woods no había coincidido nunca con ninguno de los dos, pero decidió dejar de lado las presentaciones y preguntar si el presidente había llegado. Cuando le dijeron que Clinton estaba de camino, Tiger respondió con cara seria: «Me muero de ganas de hablar de coños».

La situación se volvió todavía más incómoda tras la llegada de Clinton. Por su comportamiento, no se podía decir que Tiger estuviera tendiendo un puente entre él y el expresidente. Desde el momento en que llegó, Clinton se puso a hablar por los codos, monopolizando la conversación como era costumbre en él, hasta que

Woods le interrumpió y dijo: «¿Cómo haces para recordar toda esa mierda?». Cuando pisaron el campo, Tiger empezó a ignorar a todo el grupo. La mayor parte del tiempo, condujo su coche solo y pasó una cantidad desmesurada de tiempo al teléfono. Después de cada hoyo, salía sistemáticamente del *green* mientras el resto seguía pateando, un incumplimiento grave de las reglas de etiqueta del golf. Cuando al presidente se le desviaba un *drive*, Woods soltaba una risita. Tampoco faltaron los chistes verdes, incluido su favorito, uno desternillante sobre un negro que se quita un condón.

«Fue muy ofensivo —dijo un testigo—. Ese día me quedó claro quién era Tiger en realidad. Nunca he presenciado una situación en la que el presidente se haya sentido más a disgusto con nadie.»

Para colmo, aproximadamente una semana después, la oficina de Clinton envió una foto de él y Woods en el campo, y le pidió a Tiger que se la dedicara al presidente y volviera a enviarla para que pudieran enmarcarla. No está claro si Tiger olvidó o simplemente ignoró la petición. Varios meses después, un miembro del personal de Clinton llamó muy enfadado a la oficina de Tiger preguntando, básicamente, qué coño pasaba. Entonces sí, Tiger garabateó su nombre en la foto y la envió. Al cabo de unos años, un empleado que había estado muchos años al servicio de Clinton recordó toda la experiencia como algo desagradable: «¿Clinton se desplaza hasta la Costa Oeste y tú no eres capaz de firmar una puta foto? Toda la situación fue muy "Soy Tiger Woods, el rey del mundo, que te jodan"».

En los gloriosos veinticinco años que llevaba trabajando en el programa de televisión *60 Minutes*, Ed Bradley había hecho perfiles de personajes muy dispares, desde Muhammad Ali y Michael Jordan hasta Bob Dylan y Lena Horne, pasando por Michael Jackson. La carrera de Bradley estaba a punto de tocar a su fin a causa de su delicado estado de salud, pero todavía tenía por delante un puñado de grandes entrevistas, entre ellas una a Tiger Woods. Bradley y la que era su realizadora desde hacía tiempo, Ruth Streeter, llevaban años persiguiendo a Woods sin éxito. Finalmente, la cosa cambió, y Woods, que quería promocionar su nuevo centro de aprendizaje, accedió a conceder una entrevista en dos partes, siempre y cuando su sección en *60 Minutes* girara en torno a la gran inauguración. Woods declinó la oferta de visitar el yate de Bradley; se negó también a que el periodista visitara su finca, y dejó muy claro que Elin no formaba parte del trato. «Fue muy tajante en lo de negarse a que habláramos con su mujer —dijo Streeter—. Lo intentamos por todos los medios posibles, pero no nos dejó conocerla.»

De todos modos, Bradley se moría de ganas de preguntarle a Tiger por otros aspectos de su vida: el papel que había jugado su padre en su desarrollo, cómo había llevado lo de ser una estrella infantil y su opinión acerca del tema de la raza. La entrevista tuvo lugar a principios de 2006, y Bradley estaba inusitadamente nervioso.

Woods, por su parte, no mostraba signo alguno de preocupación. Hasta la fecha, Tiger había estado cara a cara con varios y muy buenos entrevistadores —Charlie Pierce, John Feinstein, Charlie Rose, Barbara Walters y Gary Smith—, y le habían hecho incontables perfiles. Aquella época en la que iba con un periodista en el asiento trasero de una limusina y contaba chistes verdes o lloraba en el sofá de Oprah había quedado atrás. Desde el instante en que se sentó con Bradley, Woods dejó claro que no tenía intención de abrirse con respecto a ningún tema.

Sirva este diálogo para ejemplificar el tono de la entrevista:

> Woods: Soy una persona bastante reservada.
> Bradley: ¿Y cómo lo llevas?
> Woods: Lo hago lo mejor que puedo.

En lo referente al tema de la raza, Bradley le preguntó por el incidente en la guardería, pero lo único que obtuvo de Woods fue una respuesta impasible: «Me ataron a un árbol. Y, bueno, me tiraron piedras. Eso fue lo que sucedió».

Cuando Bradley se interesó por los motivos de la agresión, Woods contestó que los desconocía. El periodista intentó dar un rodeo y le preguntó qué habían dicho sus padres sobre el incidente, pero Tiger dijo que no lo recordaba. Incluso cuando Bradley se mantuvo en terreno seguro y quiso hablar de su grandeza como golfista, solo le sacó respuestas cortas y prácticamente insustanciales.

Después de la entrevista, Bradley y Streeter fueron juntos al aeropuerto. Por el camino, comentaron la entrevista como una pareja de ancianos: «No hemos conseguido nada —dijo Bradley— No ha soltado prenda».

Era una admisión destacable viniendo de un periodista cuya astucia y habilidad innata a la hora de conectar con sus invitados le habían convertido en el entrevistador más hábil de *60 Minutes*. «Su mejor baza era su espontaneidad —dijo el productor ejecutivo del programa, Jeff Fager—. Daba igual cómo respondiera el invitado; a Ed siempre se le ocurría la pregunta perfecta para continuar.» Había conseguido incluso que el autor del atentado de Oklahoma City, Timothy McVeigh, hablara de sus motivos para perpetrar uno de los peores ataques terroristas de la historia de los Estados Unidos. Pero Woods demostró ser más hermético que un hombre que se enfrentaba a la pena de muerte. «Tenía treinta años, pero estaba como congelado, no había madurado. Estaba aislado en muchos aspectos —recordó Streeter—. Era como si ni siquiera estuviera ahí. Para serte sincera, no creo que Tiger intentara ocultarnos nada. Simplemente se había programado para actuar de una determinada manera, y así lo hizo. Había algo extraño en él, y no pudimos descifrarlo.»

De hecho, Tiger le ocultó muchas cosas a Bradley, especialmente con respecto a su matrimonio y su imagen como hombre de familia. «He encontrado a una compañera de vida, a una mejor amiga —le contó Woods—. Conocer a Elin ha sido increíble. Ha traído alegría y equilibrio a mi vida, y nos encanta hacer cosas juntos.»

Lo cierto era que, en 2006, la vida de Tiger era de todo menos equilibrada, y lo que menos en sintonía estaba era su matrimonio. Él y Elin no se veían demasiado y, las pocas veces que se dejaban ver juntos en público, Tiger parecía falto de interés y vacío. Pasaba mucho más tiempo de viaje y cada vez andaba detrás de más mujeres a espaldas de la suya. Aun así, a Bradley le explicó: «La familia es lo primero. En mi vida siempre ha sido y siempre será así».

El 2 de mayo de 2006, los riñones de Earl empezaron a fallar y tuvieron que ponerle oxígeno. Tiger no andaba muy lejos —estaba con Jamie Jungers en su apartamento de lujo en Newport Beach— cuando su madre llamó para contárselo. Woods cogió el coche enseguida y condujo hasta la casa de Teakwood Street, donde Royce estaba haciendo todo lo posible por gestionar sus emociones. Era evidente que había llegado el final. Tiger pasó un par de horas con su padre esa noche, pero luego volvió al apartamento y mantuvo relaciones sexuales con Jungers. «Se notaba que estaba inquieto y preocupado por su padre —dijo la chica más tarde—. Pero, cuando nos metimos en la cama, quiso tener sexo, como siempre.»

Aproximadamente a las tres de la mañana, el teléfono despertó a Tiger. Jungers estaba tumbada a su lado y, cuando él descolgó, escuchó la voz de su madre al otro lado de la línea. Llamaba para decirle que su padre había muerto. Tiger no derramó una lágrima ni dijo absolutamente nada. Sabía desde hacía tiempo que su padre se estaba muriendo y ahora había llegado el temido momento. Woods colgó y se quedó mirando al infinito.

Se ha hablado mucho de la relación paternofilial entre Earl y Tiger. Resulta difícil contar cuántas veces ha dicho Woods a lo largo de los años que su padre era su mejor amigo, la persona que mejor le entendía. Y las escenas de Tiger en brazos de Earl después de ganar los torneos se habían vuelto tan recurrentes que los medios siempre tenían a un cámara listo para captarla al final de sus emisiones. Sin embargo, cuando Earl falleció, Tiger no estaba a su lado, sino a unos pocos kilómetros de distancia, en la cama con una modelo de lencería que había recogido en Las Vegas. Earl exhaló su último suspiro en brazos de su hija, la persona que había estado a su lado día y noche durante sus últimos cuatro meses de vida.

«La gente sabe lo unidos que estaban Tiger y mi padre —dijo Royce—, pero no se hacen una idea de lo unidos que estábamos papá y yo. Siempre fui su niña. Cuando murió lo pasé muy mal. Me encontraba perdida. Muy perdida. Jugó un papel importantísimo en mi vida.»

La muerte de Earl también dejó echo polvo a Tiger. Aunque no lo verbalizó, había perdido a su mejor amigo, a su pilar, a la persona que mejor le entendía. Pero el golfista no lloró su muerte en presencia de nadie. En el sur de California se celebraron un velatorio y un funeral privados a los que acudieron conocidos de Earl desde la primera incursión de Tiger en la escena nacional: gente como Joe Grohman, actual profesional del campo de la Marina, y el periodista de golf Jaime Diaz. También estuvieron presentes famosos conocidos de Tiger, como Charles Barkley y Michael Jordan, y sus socios más recientes, por ejemplo, Hank Haney. Les llamó inevitablemente la atención la compostura de Woods al hablar de la vida de su padre, y su discurso estaba tan falto de emoción que a algunos de los asistentes les resultó difícil recordar qué había dicho.

Earl fue incinerado y, tras el funeral, la familia voló en un avión privado a Kansas para enterrar sus cenizas en Manhattan, la ciudad donde había nacido. Los hijos del primer matrimonio de Earl siempre dieron por hecho que en la tumba de su padre habría una lápida. Mucho tiempo después del funeral, fue una sorpresa para ellos descubrir que no se había encargado ninguna. A día de hoy, el padre del deportista más rico de la historia sigue enterrado en una tumba sin marcar. Es un hecho inexplicable que, una década después de la muerte de Earl, sigue siendo motivo de especulación y consternación para algunos miembros de la familia.

«Todo el tema del entierro y el funeral lo llevó Tida —dijo Royce en 2016—. El porqué no lo sé. Ni siquiera sé si hay un porqué.»

Kultida es la única que puede explicar por qué decidió enterrar a su marido de esa manera. La mayor pista la encontramos en unas declaraciones que hizo cuando Earl todavía estaba vivo. Estaba hablando de él y dijo: «El Viejo es un blando. Llora. Perdona a la gente. Yo no. Yo no perdono a nadie».

A veces, Kultida Woods tenía dificultades con el idioma, pero no costaba entenderla. Y nadie necesitaba su perdón más que Earl. Su relación con ella empezó con una traición cuando la llevó a los Estados Unidos estando casado con su primera mujer. Al final acabó traicionando también a Kultida. Durante el tiempo que estuvieron juntos, fue víctima de vejaciones e insultos. Se ponía furiosa cuando Earl sembraba expectativas imposibles sobre su único hijo en común

—cuando decía que Tiger había sido enviado por Dios y que sería el ser humano más importante de la historia— y cuando se atribuía todo el mérito del éxito de Tiger. Si de Earl hubiera dependido, su hijo hubiera financiado la construcción de un monumento gigante con una inscripción que dijera algo parecido a «Aquí yace el padre de Tiger Woods»; pero dependió de Kultida, que le enterró de manera que fuera prácticamente imposible encontrarle. Lo más parecido que Earl tuvo a un reconocimiento público fue una necrológica en el *New York Times*. El titular era: «Golf: Muere Earl Woods, padre de Tiger».

Unas pocas semanas después de que enterraran a su padre, Tiger desapareció en una región montañosa cerca de la frontera con México, a las afueras de la poco conocida ciudad de Campo. Recorrió una carretera sinuosa que atravesaba un tramo desértico y llegó a las aisladas instalaciones del Campo de Entrenamiento para Guerra de Montaña Michael Monsoor. El paisaje recordaba al de Afganistán. En un galardonado artículo que apareció en la revista *ESPN The Magazine* en 2016, el periodista Wright Thompson explicó en detalle lo que sucedió allí. Vestido con unos pantalones de camuflaje y una camiseta marrón, Tiger entró empuñando un rifle de asalto M4 y con una pistola amarrada a su pierna derecha a lo que se conoce como una casa de tiro, un lugar donde los SEAL hacen simulaciones de despeje de habitaciones y rescate de rehenes bajo circunstancias extremas. Acompañado por un instructor de los SEAL, Tiger recibió varios disparos de pintura tan potentes que le provocaron algunos cardenales. También él disparó a blancos ataviados como terroristas armados. «Al terminar —escribió Thompson—, Tiger había aprendido a despejar habitaciones, a disparar desde una esquina y a detectar líneas de fuego participando en algo que solo está reservado a unos pocos civiles: simulacros de tiroteo con auténticos miembros de las Fuerzas de Operaciones Especiales de la Marina.»

A solo dos semanas del US Open de 2006, Tiger estaba desaparecido del mapa, esquivando fuego enemigo simulado en lugar de coger sus palos y ponerse a trabajar en su juego corto. Incluso los SEAL estaban algo sorprendidos. Uno de los instructores, un suboficial cuyo padre también había sido boina verde en Vietnam, llevó a Tiger fuera de las instalaciones de tiro para mantener una conversación privada con él.

—¿Por qué estás aquí? —preguntó respetuosamente.

—Por mi padre —le explicó Tiger, insistiendo en que Earl le había dicho que sería golfista o soldado de operaciones especiales—. Mi padre me dijo que podía escoger entre dos caminos.

Esa explicación era nueva y distaba bastante de la historia que Earl había contado siempre sobre cómo había criado a Tiger. En los tres libros que publicó y en las incontables entrevistas que concedió durante toda su vida, no se menciona en ningún momento que le dijera a su hijo que podía elegir entre ser deportista o soldado. Tampoco Tiger había hablado públicamente sobre esa alternativa. Pero tras la muerte de su padre tenía muchas cosas en la cabeza.

«Estoy convencido de que andaba en busca de algo —le explicó el instructor de los SEAL a Thompson—. Hay mucha gente que tiene que vivir con sus remordimientos, pero él tuvo la oportunidad de experimentar lo que pudo haber sido y no fue.»

La aventura de Tiger con los SEAL provocó que Hank Haney, una de las pocas personas de su círculo que tenía acceso a su calendario, entrara en pánico. El entrenador le mandó un mensaje:

¿Te parece normal irte de misión con los SEAL de la Marina a solo 18 días del US Open? Tienes que sacarte ese rollo de la cabeza y dejarlo para los videojuegos. Por cómo hablas y actúas veo que sigues con lo de querer pertenecer a las Fuerzas. Tío, ¿se te ha ido la olla?... Lo de los SEAL es muy serio. Utilizan balas de verdad.

Woods no estaba loco. Estaba sufriendo y desorientado emocionalmente. Poco después de huir al desierto del sur de California con los SEAL, acabó en una discoteca de Nueva York y se fijó en un grupo de mujeres. De entre ellas, le llamó la atención Cori Rist, una rubia voluptuosa que rozaba la treintena. Rist resultó ser bailarina exótica en el Penthouse Executive Club, un club de caballeros al oeste de

Manhattan. Al poco rato, Tiger envió a uno de sus acompañantes, que utilizó el mismo tipo de frase seductora de siempre: «Tiger quiere conocerte».

Rist se acercó a la mesa y el golfista le hizo un hueco. Acto seguido empezó a contarle chistes. En un momento dado, juntó las puntas de los pies, empezó a moverlas de arriba abajo y preguntó:

—¿Qué es esto?

Rist no supo qué responder.

—Un negro quitándose el condón —dijo riéndose.

Era uno de los chistes que les había contado a las chicas de la sesión de fotos de GQ en presencia de Charlie Pierce en 1997. Nueve años más tarde, seguía echando mano del mismo tipo de humor infantil como sustitutivo de la conversación. Una de las ventajas de ser un deportista reconocido era que la delicadeza y la personalidad no eran imprescindibles a la hora de asegurarse la compañía femenina.

Después de unas cuantas copas, llevó a Rist al apartamento de un amigo y se metieron en la cama. Intercambiaron números de teléfono y empezaron a acostarse cada vez que Tiger visitaba Nueva York. Cuando estaban juntos, hablaba mucho de su padre y de cómo gracias a él se había convertido en lo que era. Cuando no estaban juntos, Tiger le enviaba mensajes cada dos por tres para saber con quién estaba. Siendo bailarina exótica de un lujoso club de striptease, Rist estaba acostumbrada a rodearse de hombres posesivos. Pero Tiger era un caso aparte. «Era muy celoso —dijo—. Era casi como una relación de instituto, y llamaba todo el rato para preguntar: "¿Dónde estás?" o "¿Qué sientes por mí?". Necesitaba atención y que avivara su confianza en todo momento.»

En el campo de golf no necesitaba que nadie avivara su confianza. Seis semanas después de morir Earl, Tiger volvió al PGA Tour y jugó en el US Open del Winged Foot Golf Club, a las afueras de Nueva York. Fue la primera vez en sus treinta y siete *majors* como profesional que no pasó el corte. Pero un mes más tarde, en el British Open, terminó con dieciocho bajo par y consiguió su tercera Jarra de Clarete y su undécimo *major*. Jugó tan impecablemente que incluso los analistas más críticos dijeron que sus golpes habían sido absolutamente perfectos. Su entrenador de *swing* describió su actuación en el Royal Liverpool Golf Club como la mejor exhibición de juego de hierros que había presenciado jamás. En las cuatro vueltas, Tiger no pisó ninguno de los búnkeres de las calles. Solo golpeó con el *driver* una vez en los setenta y dos hoyos.

Tiger le dedicó su majestuosa actuación a Earl y, justo después de embocar su último *putt*, hizo algo que no se había permitido hacer desde la muerte de su padre: se derrumbó. Primero enterró la cara en el hombro de su *caddie*, Steve Williams, y derramó algunas lágrimas estando ambos de pie en el *green*. Luego, cuando Elin le abrazó al salir del campo, lloró como un bebé. «Me vino todo de golpe —dijo Woods—, todo lo que mi padre supuso para mí y para el golf. Ojalá hubiera podido presenciarlo una vez más.»

La victoria en el British Open marcó el inicio de una de las rachas más sublimes de la carrera de Tiger. A la semana siguiente, ganó el Buick Open, y luego el PGA Championship por cinco golpes, convirtiéndose en el primer jugador de la era moderna en ganar más de un *major* profesional en años consecutivos. Una semana después de eso, ganó el Bridgestone Invitational. Dos semanas más tarde, el Deutsche Bank Championship. Terminó el año ganando seis torneos sucesivos, haciendo gala de un dominio total y absoluto en cada fase del juego. Pero, en particular, era su juego con los hierros lo que le separaba del resto. «En 2006, Tiger estaba 2,60 metros por encima de la media del Tour con sus hierros —explicó Brandel Chamblee, analista de Golf Channel—. Es un margen inconmensurable. Treinta centímetros separaban a entre treinta y cincuenta golfistas, y Tiger estaba *casi tres metros* por encima de la media.»

Los historiadores de golf siguen señalando el 2000 como la mejor temporada en la historia de ese deporte, pero en los seis años que habían transcurrido desde entonces, Tiger se había convertido en un golfista más preciso y consistente. En 2006, por poner un ejemplo, ganó ocho de los quince torneos en los que participó. No había ningún otro golfista profesional de la época moderna que ganara más del cincuenta por ciento de las veces. A punto de terminar la temporada

2006, el aspecto más extraordinario de la increíble racha de victorias de Tiger era que su juego finalmente había alcanzado la perfección en un momento en que su vida personal se le hacía más cuesta arriba que nunca.

Unas semanas antes de que muriera su padre, Tiger había ido a Las Vegas para grabar un anuncio nuevo para Nike. El encargado del rodaje fue el conocido director de fotografía Janusz Kamiński, cuyos trabajos en *La lista de Schindler* y *Salvar al soldado Ryan* le habían valido dos premios Óscar. Tiger se vistió todo de negro para la grabación, que tuvo lugar en un estudio de sonido. Woods cogió el *driver* y Kamiński le grabó de frente y desde varios ángulos más mientras realizaba su *swing*, desde la fase inicial hasta la continuación. Luego ralentizó la secuencia hasta los cincuenta y tres segundos y añadió un solo de violonchelo. El anuncio —titulado «Swing Portrait» (retrato del *swing*)— era un tributo al mejor *swing* de la historia del golf.

Visto desde otra perspectiva, el anuncio captaba con gran ingenio la dicotomía de un hombre que había sido bendecido y a la vez maldito con unos padres que tenían poco en común más allá de una devoción desmedida por su hijo, un hijo cuya vida, ahora que por fin alcanzaba la perfección en el juego, se sumía en una desesperación y una tristeza similares. El principal responsable de ese dilema no estaba ahí para guiar a su hijo a través del desconsuelo, ni tampoco para presenciar la culminación de los triunfos que finalmente emergieron de ese chaval que, siendo todavía un crío, había empezado imitando a su padre y golpeando pelotas en un garaje.

Indudablemente, Earl tenía sus defectos, pero, para Tiger, era como la Estrella Polar. Ahora que se había apagado, Woods se estaba dejando arrastrar más que nunca por sus obsesiones personales, sumergiéndose en una creciente y extenuante espiral de engaños y tapaderas para mantener su imagen de persona íntegra. Tiger, más de lo que nadie era capaz de detectar en ese momento, estaba viviendo una mentira.

CAPÍTULO VEINTICUATRO
TIC, TAC

Tiger conoció a Roger Federer en Nueva York, en el US Open Tennis Championships de 2006. Estaba en la tribuna del tenista, animándole, cuando Federer ganó a Andy Roddick y consiguió su tercer título consecutivo en ese torneo. Después, el mejor golfista y el tenista número uno del mundo lo celebraron con champán, y Woods invitó a Federer a asistir a uno de sus torneos. El tenista le tomó la palabra y, pocos meses después, cruzó acompañado de Tiger las cuerdas del Doral. Fue el inicio de una amistad que cuajó gracias al hecho de que ambos eran considerados «los mejores de la historia». También ayudó que IMG los representara a los dos y que ambos fueran los rostros principales de Nike.

«Teníamos mucho en común —dijo Federer entonces—. Todo el mundo esperaba mucho de nosotros, así que nos comprendíamos muy bien. Fue genial que tuviéramos la oportunidad de conocernos y hablar del tema.»

Como sucedía con todas las demás personas de su vida, Woods nunca habló demasiado de su amistad con Federer (y tampoco le reveló mucho de sí mismo a su nuevo amigo). Profesionalmente, sin embargo, tenían en común haber revolucionado sus respectivos deportes: Woods al aportar un físico imponente a un juego basado en la técnica; Federer al añadir su potencia y gracia artísticas a un deporte atlético.

Al inicio de 2007, a ningún aficionado al golf y el tenis le cabía la menor duda de que Woods eclipsaría los dieciocho *majors* de Nicklaus y Federer superaría los catorce Grand Slam de Pete Sampras. La única pregunta parecía ser quién de los dos lo conseguiría antes. En ese momento, todo apuntaba a que sería Tiger, que ya había ganado doce *majors*. Federer, que era seis años menor, había ganado nueve torneos de Grand Slam. Los dos decidieron hacer una apuesta amistosa. Finalmente, Federer superó a Sampras solo dos años más tarde. Woods, por su parte, como bien sabemos ahora, probablemente nunca llegue a alcanzar a Nicklaus. Nadie vio venir su repentina retirada, ni siquiera él mismo. Pero el principio del fin de su hegemonía como golfista empezó en el lugar más inesperado: el asiento trasero de su Cadillac Escalade, a menos de dos kilómetros de su casa.

A principios de 2007, Woods no tenía ni idea de que sus aventuras nocturnas en las discotecas de Orlando llevaban tiempo en el punto de mira del *National Enquirer*. En grandes ciudades como Nueva York o Los Ángeles, al ponerse el sol, el tabloide se dedicaba a seguirles la pista a famosos de primera línea. Para ello tenía contratada a toda una red de mujeres lo suficientemente atractivas como para camuflarse en las discotecas de moda, y reforzaba su vigilancia con varios aparcacoches, camareros, porteros y camareras de cócteles en hoteles, restaurantes y clubes, y también con un grupo de jóvenes despampanantes que se infiltraban en fiestas privadas. El *Enquirer* pagaba entre doscientos y quinientos dólares en metálico por noche a todos sus espías a cambio de que informaran de la conducta de diversos actores, humoristas, músicos y políticos que pudieran disparar las ventas de la publicación. En 2007, Woods no vendía ni mucho menos lo que podían vender famosos de la talla de Brad Pitt o Jennifer Aniston, pero una caída en desgracia era una caída en desgracia, y nadie rentabilizaba tanto ese tipo de miserias como el tabloide en cuestión.

El *Enquirer* nació en los años cincuenta de la mano de Generoso Pope Jr., un misterioso chaval de familia adinerada con presuntas conexiones con la mafia que estuvo al mando de la publicación durante treinta y seis años. Pope convirtió la frase «Las mentes curiosas quieren saber» en todo un referente cultural, y se ganó el interés del público vendiendo sangre, vísceras e historias excéntricas. La publicación alcanzó su cénit en 1977, cuando publicó en portada una fotografía de Elvis Presley en su ataúd. El número vendió la cifra récord de 6,7 millones de ejemplares.

Tras la muerte de Pope, la publicación sufrió cambios considerables y, en 1999, Evercore Partners, una firma de banca de inversión con sede en Nueva York, la absorbió al hacerse dueña por 767 millones de dólares de American Media Inc. (AMI), propietaria de la mayoría de los tabloides de supermercado y revistas del corazón del país. Con una nueva persona al mando —David Perel, jefe de redacción—, el *Enquirer* empezó a utilizar técnicas de investigación más sofisticadas. En 2003 sacó a la luz la adicción de Rush Limbaugh a los analgésicos. Más adelante, a finales de 2007, publicó una serie de artículos ganadores de un premio Pulitzer que revelaron que el candidato a la presidencia John Edwards había tenido un hijo extramatrimonial durante su campaña.

Perel creía firmemente en lo que él llamaba «conducta humana predecible», y le encantaba apostar a largo plazo. Al perseguir una historia, siempre aconsejaba paciencia. No hay que forzar las cosas, les decía a sus trabajadores; las historias acaban viniendo. Y eso fue exactamente lo que sucedió con Tiger Woods. En 2006, el *Enquirer* recibió un soplo que informaba de que Woods andaba de ligoteo por Orlando. El tabloide no tardó en desplegar a sus reporteros por diversos locales nocturnos de la ciudad. El propietario del Club Paris, Fred Khalilian, confirmó que, durante ese año, la publicación se puso en contacto con él en varias ocasiones y le ofreció, según él, cientos de miles de dólares a cambio de grabaciones de seguridad que mostraran a Woods de fiesta en su local. «Estaban obsesionados con Tiger —dijo Khalilian—. Les dije que se fueran al cuerno. Nosotros no somos esa clase de gente. No es nuestro estilo.»

En un primer momento, nadie en Orlando estaba por la labor de divulgar los encuentros nocturnos de Woods. Por lo menos durante 2006. Además, en las discotecas, el golfista actuaba con suma discreción: permanecía alejado de la vista de todo el mundo, en zonas vip restringidas, y hacía todo lo posible porque no le vieran acompañado de mujeres en lugares públicos. Sin embargo, fuera de los clubes se había vuelto mucho más atrevido y había llegado al punto de llevarse a sus citas a su urbanización privada cuando su mujer estaba fuera.

Justo cuando parecía que el *Enquirer* tendría que desistir en su empeño por pillar a Woods *in fraganti*, una mujer llamó a su teléfono para informadores y aseguró que su hija mantenía una relación con el golfista. Estaba dispuesta a aportar pruebas a cambio de una suma de dinero. Lo dicho: conducta predecible.

Mindy Lawton trabajaba como camarera en el Perkins Restaurant & Bakery, un restaurante en el que Tiger y Elin desayunaban a menudo. Durante meses, Lawton, una chica de pelo oscuro y bonita figura, los acompañó a la mesa y les tomó el pedido. Hizo dos observaciones: Elin siempre pedía por Tiger y apenas solían dirigirse la palabra. «No vi ni una muestra de afecto —dijo Lawton más tarde—. Di por hecho que no quería a su mujer.»

Una mañana, Lawton notó que Tiger la miraba. Ese día, poco después de que el matrimonio se marchara, alguien llamó al teléfono del restaurante. Lawton descolgó.

—Hola, soy Ti.

—¿Quién?

—Tiger. Esta noche voy a ir al Blue Martini con unos amigos y me preguntaba si querrías venirte.

Es una situación difícil de comprender: un deportista de nivel y fama inimaginables está casado con la que está considerada una de las mujeres más atractivas del mundo —que, por cierto, está embarazada de su primer hijo—, y, sin embargo, ahí le tenemos, tirándole los trastos a la camarera que les sirve a ambos el desayuno. Ese tipo de conducta hipersexual —que los expertos en adicción llaman «cerebro secuestrado»— solo cobra sentido en el contexto de la adicción al sexo. Al igual que las personas enganchadas al alcohol o las drogas, las que intentan llenar un vacío o automedicarse mediante el sexo a menudo se sienten impotentes ante situaciones incontrolables. Llegados a cierto punto, el placer y la pasión quedan relegados a un segundo plano; el objetivo principal es aliviar el dolor, independientemente del lugar o la pareja sexual.

Unas horas después de llamar a Lawton, Woods la tenía a su lado tras la cuerda de terciopelo de la zona vip del Blue Martini Lounge. Con ellos estaban también unos cuantos colegas de Tiger. En público, en bares y discotecas, siempre iba acompañado de unos cuantos amigos para que todo pareciera inofensivo, para que nunca le vieran a solas con una mujer que no fuera la suya. Cuando quería algo más de intimidad con alguna de ellas, Woods tomaba medidas cautelosas para asegurarse de satisfacer sus necesidades lejos de ojos curiosos.

—¿Qué haces después? —le preguntó a Lawton cuando el bar estaba cerrando.

No tenía planes, así que le dio algunas indicaciones.

A eso de las tres de la mañana, Woods se encontraba en el interior de su Cadillac Escalade negro, aparcado al lado del restaurante Perkins, cuando Lawton se montó en su propio coche. Woods hizo que le siguiera, cruzaron la puerta de seguridad de Isleworth y llegaron a su casa. La llevó adentro sin encender las luces. Apenas habían llegado al sofá y él ya se había quitado la ropa. «Acabamos haciéndolo allí mismo —recordó Lawton—. Fue muy apasionado y muy brusco.» Le tiró del pelo. La azotó. Terminaron desnudos en la cocina con las luces encendidas. Pasados solo cuarenta y cinco minutos y justo antes de que amaneciera, Lawton estaba saliendo por la puerta. Iba despeinada como una muñeca de trapo y sintió que había sido una aventura de una noche impresionante.

Al cabo de unas horas, Woods fue a desayunar al Perkins. Elin no estaba en la ciudad, e iba acompañado de un par de colegas. Cuando Lawton terminó su turno, le envió un mensaje diciendo que quería volver a quedar con ella. Volvió a llevarla a su casa, pero en esa ocasión no llegaron ni a entrar. En el garaje, Woods agarró a Lawton junto a un coche de golf, le quitó la ropa rápidamente y la empotró contra la pared. Era la nueva rutina de Lawton: quedar en secreto y tener sexo.

Woods cada vez corría más riesgos. Lawton, por su parte, creyó que se estaba enamorando. No pudo evitar contarle a sus familiares lo que estaba pasando. Y es ahí donde su madre vio la oportunidad de llamar al *Enquirer*. A cambio de dinero, informó al tabloide del próximo encuentro de su hija con Woods.

Tiger no sabía que el *Enquirer* andaba detrás de él y Lawton. Cuando se vieron en un aparcamiento una mañana antes del amanecer, un fotógrafo experto estaba allí, haciendo fotos sin parar. Antes de su fugaz encuentro sexual, ella tiró algo al suelo. Cuando Tiger y Lawton se fueron cada uno por su lado, el fotógrafo fue a echar un vistazo al lugar donde había estado aparcado el todoterreno de Woods. Encontró un tampón con sangre fresca. Cual agente de policía recogiendo pruebas forenses, lo introdujo en una bolsita de plástico transparente.

Como jefe de redacción del *Enquirer*, David Perel fue informado de inmediato, tras lo cual habló con David Pecker, director ejecutivo de American Media, Inc.

—¡Joder! —dijo Pecker—. Ya tenemos a nuestro Elvis.

Casi un veinticinco por ciento de los números semanales del *Enquirer* se venden en los supermercados Walmart. Casi el setenta y cinco por ciento de las ventas totales se generan en tiendas de cadenas comerciales. Ese tipo de lector no suele jugar al golf y no tiene especial interés en Tiger Woods, pero, al igual que le pasa a mucha gente, le puede el morbo por la indiscreción y sí está interesado en ver cómo fracasan personajes de mucho éxito. «Son personas que conviven a diario con el fracaso, y por eso quieren leer cosas negativas sobre personajes que, tras subir a lo más alto, caen en picado», contó Pecker en el *New Yorker* en 2017.

Después de debatirlo internamente, Perel llamó a IMG y dejó un mensaje amenazante en el buzón de voz: «¿Qué relación tienen, si es que tienen alguna, Tiger Woods y Mindy Lawton?». Luego colgó.

No fue la única llamada que recibió IMG. Cuando Lawton le contó a Tiger que el *Enquirer* se había enterado de lo suyo, él la puso en contacto con Steinberg, que le dijo: «Nosotros nos encargamos».

Poco después de que Perel dejara el mensaje de voz, IMG le devolvió la llamada. Con cuidado de no tentar a la suerte, el jefe de redacción mencionó algo sobre unas fotografías, pero no ahondó en el tema. Era consciente de que, debido a la escasa iluminación del aparcamiento, el fotógrafo no había conseguido *la* foto. Las pocas que había tomado eran demasiado oscuras y borrosas como para publicarlas en el tabloide, pero eso no se lo iba a contar a IMG, y, de todos modos, tampoco era algo que fuera a tranquilizar a la agencia. Que el *Enquirer* estuviera investigando a Woods y supiera de la existencia de Lawton ya asustaba bastante. La situación provocó una tremenda crisis en el terreno de las relaciones públicas para Tiger y su agencia. Estaba previsto que solo en 2007 los patrocinios de Woods le generaran cien millones de dólares. Y era seguro que algunos de sus socios corporativos romperían sus acuerdos y pondrían pies en polvorosa si los medios pillaban a Woods en un sórdido escándalo de adulterio.

Con Perel a la cabeza del *Enquirer* y Mark Steinberg como portavoz de IMG, abogados y ejecutivos de ambos bandos se enzarzaron en una serie de conferencias telefónicas. Desde el primer momento, Neal Boulton, editor de American Media, tomó cartas en el asunto. «IMG era consciente de que tenían un problema con el que debían lidiar, y todo fue muy intenso», dijo. Boulton era también el jefe de redacción de la revista *Men's Fitness*, otra publicación de American Media, considerada una de las joyas de la corona. Desde el principio, Boulton tuvo claro que su revista iba a jugar un papel fundamental en las negociaciones entre IMG y el *Enquirer*.

Woods se vio inmerso de repente en una situación poco familiar: la prensa amarillista se rige por reglas que nada tienen que ver con el buenismo imperante en la prensa del golf. Steinberg e IMG vieron claro enseguida que no iban poder convencer al *Enquirer* de no publicar la noticia. Tendrían que hacer algún sacrificio. Habían transcurrido menos de veinticuatro horas desde el encuentro en el aparcamiento y ya se había propuesto un artículo de portada sobre Tiger «en exclusiva» para *Men's Fitness* a cambio de que el *Enquirer* se olvidara del asunto de Lawton. A Boulton le resultó de lo más desagradable.

«Y ahí estaba yo, a la contra —dijo—. Por descontado que yo no soy ningún santo. He tenido problemas de drogas y tal. Pero eso no es *nada* comparado con chantajear al deportista más famoso del mundo.»

En los círculos literarios de Nueva York veían a Boulton como un personaje sacado de una novela de Truman Capote. Brillante, bisexual y amante de las drogas y el autobombo, había ido escalando posiciones en American Media hasta convertirse en editor de desarrollo y supervisor de la reestructuración del *Enquirer* y otras publicaciones. Teniendo en cuenta su pasado, Boulton reconoció que no era la persona más indicada para dar lecciones de moralidad. Simplemente, dijo, era incapaz de llegar a esos extremos para sacar los trapos sucios de alguien. Un viernes por la noche durante la fase final de las negociaciones entre IMG, el *Enquirer* y American Media, Boulton se marchó de la oficina y no volvió nunca más. (David Pecker dijo más adelante que no consideraba que estuviera llevando a cabo ningún chantaje, puesto que había decidido no publicar la noticia.)

Finalmente, ambas partes redactaron un contrato que estipulaba las condiciones relativas al artículo de *Men's Fitness*. Por lo que se comenta, en el documento venía especificado absolutamente todo, desde cuál sería el titular hasta una cláusula que prohibía mencionar el tema del escándalo sexual. American Media decidió que se encargaría del reportaje Roy S. Johnson, un veterano exredactor y editor de *Sports Illustrated* que conocía a Earl y Tiger desde hacía más de una década.

«No formaba parte del círculo de Tiger, pero nos veíamos bastante a menudo —explicó Johnson—. Estábamos en contacto, principalmente a través de Earl.»

Johnson declaró que no tenía ni idea de cómo se había pactado el artículo. A él le habían encargado redactarlo, y eso fue lo que hizo. Pasó casi un día entero con Tiger en Isleworth.

A Woods le caía bien Johnson, y se notaba. Fue muy amable con él. Además, disfrutó mucho a la hora de lucir sus músculos delante de la cámara.

«Estaba muy cachas —dijo Johnson—. Llevaba la camiseta tan ajustada que se le marcaban los bíceps.»

Johnson también se encargó de la dirección artística de la sesión. En cierto momento, quiso captar el magnífico arco de movimiento del *swing* de Woods. El fotógrafo tenía imágenes desde todos los ángulos laterales, pero Johnson tenía una última petición:

—¿Crees que podríamos fotografiarlo de frente? —le preguntó—. No hace falta que golpees la pelota.

Pero Woods quería golpearla.

—Esto es lo que tenéis que hacer —dijo, situando al fotógrafo y a uno de los ayudantes, que sostenía un parasol, a escasos tres metros enfrente de él—. Ahora quedaos quietos —les indicó.

Johnson estaba nervioso. Woods pretendía golpear desde el *tee* con el cámara y su ayudante justo delante de él. Y se había dejado un margen de solo tres metros.

Woods realizó un *swing* completo y la pelota hizo exactamente el recorrido que él se había propuesto: sobrevoló el aparcamiento y fue a parar a un lago cercano. No una ni dos veces: seis.

El reportaje de Johnson, de 3.500 palabras, llegó a las tiendas a finales de junio, justo después del US Open de 2007. En portada podía verse a un Woods sonriente y luciendo músculo junto a un estridente titular en rojo: «¡TIGER! SU SORPRENDENTE ENTRENAMIENTO: CÓMO HA CONSEGUIDO ESE FÍSICO». A lo largo de doce ostentosas páginas repletas de fotografías de Woods entrenando, Johnson redactó un perfil muy positivo en el que afirmó que la rutina de pesas de Tiger era algo «fuera de lo común» e incluso que estaba a punto de convertirse en padre.

La historia de Mindy Lawton desapareció sin más.

Ya hacía tiempo que Woods se había dado cuenta de que él estaba por encima de toda regla. Era una lección que sus padres le habían empezado a inculcar desde muy joven y que sus experiencias como golfista de élite habían reforzado. A los dieciséis años se le permitió participar en su primer torneo de la PGA gracias a una exención concedida por el presidente del Los Angeles Open. La palabra *exención* pertenece a la jerga del golf, pero para Tiger era una manera de vivir. Haber logrado salir airoso del asunto de Mindy Lawton llevó su mantra «A mí no se me aplican las reglas» a un nuevo y peligroso nivel.

Por un lado, Mark Steinberg había llevado todo el caso del *Enquirer* de una manera que bien podría haberle valido algún premio. Al fin y al cabo, era indudable que el tabloide había estado acechando a Tiger.

También era innegable que, hasta cierto punto, la madre de Lawton había ido a por él. Pero nada de todo eso habría sucedido si, en el verano de 2007, Woods no hubiera actuado movido por la desesperación. Aunque por ese entonces su agente no era consciente de la gravedad de sus problemas, el que tuviera que meterse hasta el cuello en el asunto de Lawton fue un toque de atención clarísimo. Tratándose de un deportista valorado en mil millones de dólares, un «aquí te pillo, aquí te mato» matutino en un aparcamiento no podía ser un simple desliz en su matrimonio. El acto más bien dejaba entrever al hombre perdido en la jungla que lanza al aire una bengala con la esperanza de que alguien le rescate.

La tinta del acuerdo de IMG para frenar la publicación del *Enquirer* todavía no se había secado y Woods ya andaba detrás de otra joven. Se trataba en esa ocasión de una camarera de cócteles de veintiún años de San Diego. En abril de 2007, Jaimee Grubbs y un grupo de amigas fueron unos días a divertirse a Las Vegas. Parecía la manera perfecta de celebrar que Grubbs —una rubia de metro setenta y cuatro y cuarenta y ocho kilos— ya podía beber legalmente. En su primera noche en la ciudad, fueron a la discoteca Light.

Al poco, un anfitrión vip les llevó a Grubbs y sus amigas unas copas y las acompañó a una mesa en la que había un grupo de hombres. Grubbs alucinó cuando vio que Woods estaba entre ellos. No sabía nada sobre golf, pero, desde luego, conocía a Tiger, y no podía creerse que se hubiera fijado en ella. Al terminar la noche, Grubbs y sus amigas se metieron en una limusina con él y sus acompañantes. Cuando dejaron a las chicas en su hotel, a ella la invitaron a la *suite* de Tiger en el The Mansion. Los amigos del golfista insistieron en que se metiera con ellos en el jacuzzi.

—No os lo toméis a mal —les dijo—, pero no pienso meterme en una bañera con cuatro chicos siendo yo la única chica.

Esa noche, Grubbs se quedó dormida en el sofá de Tiger. A la mañana siguiente, se despertó con las palabras: «¿Estás lista para tu masaje?». Un profesional le dio el mejor masaje de su vida. Costaba cuatrocientos dólares, y uno de los amigos de Tiger le dijo que firmara el recibo y añadiera cien más de propina. Lo cargaron todo a la habitación de Tiger. Luego, los amigos del golfista se la llevaron de compras. Fueron en un Rolls-Royce Phantom del que Tiger disponía durante el fin de semana. Esa noche, Grubbs estrenó un vestido que había pagado Tiger y estuvo de fiesta con sus amigas hasta las tres de la mañana. Luego la recogieron en una limusina larguísima y la llevaron con Woods. Volvió a dormir en su *suite* y, por segunda noche consecutiva, él se comportó como un caballero. Por la mañana, la chica se despertó otra vez con el sonido de su voz:

—Despierta, bella durmiente —le dijo.

Desayunaron juntos en el comedor, y luego Tiger tenía que coger un avión. Mientras le ayudaba a hacer las maletas, Grubbs le empujó a la cama en plan juguetón. Woods le dio un beso de despedida y le prometió llamarla la próxima vez que fuera a San Diego.

Grubbs se sentía como en una escena de *Pretty Woman*, solo que lo suyo no era una película. No tenía ni idea de dónde se estaba metiendo. Ni siquiera sabía que él estaba casado. «Ni en un millón de años le habría tomado por un mujeriego», dijo más tarde.

Las mujeres con las que Woods solía relacionarse tenían más mundo. Una de ellas era Michelle Braun, una *madame* de dudosa reputación del sur de Florida y de California que regentaba un lujoso servicio de señoritas de compañía conocido como Nici's Girls. Se cuenta que Braun ganaba por lo menos 8,5 millones de dólares y contrataba de una vez a grupos enteros de mujeres para que trabajaran como chicas Playboy, sumisas, actrices porno y *escorts* de hombres que estuvieran dispuestos a pagar cinco y seis cifras por el placer de su compañía. Woods había empezado a recurrir a los servicios de Braun bastante antes del episodio del *Enquirer*. Según cuenta ella, era el amigo del golfista, Bryon Bell, quien solía hacer las gestiones, pero había casos extremos en los que llamaba él mismo. «Me decía: "Hola, soy Tiger. Tengo que ir a Los Ángeles por una reunión. ¿Tienes a alguien en el condado de Orange para hoy?".»

Al principio, según Braun, a Woods le interesaban las típicas estadounidenses atractivas, por las que pagaba cinco cifras por un fin de semana. Sin embargo, después de un tiempo, la *madame* le asignó una de sus empleadas más exóticas, Loredana Jolie Ferriolo, una antigua modelo de Hawaian Tropic y chica Playboy cuya tarifa podía llegar a los cien mil dólares. Había prestado sus servicios a alguno de los hombres más ricos del mundo (príncipes saudíes, jefes de Estado, directores ejecutivos). Ferriolo afirma que Woods pagó quince mil dólares por su primera cita, que le compraba de todo y que le pagó viajes a las Bahamas, Dubái y Las Vegas, los lugares donde tuvieron lugar sus encuentros secretos.

En medio de todo ese caos, el 18 de junio de 2007 Elin dio a luz a una niña en Florida. Unas horas antes, Tiger había terminado segundo en el US Open de Oakmont, Pensilvania. Su último *putt* se detuvo a solo treinta centímetros del hoyo. Furioso consigo mismo, salió del campo sin pronunciar una palabra y puso rumbo a su avión. Aterrizó en Orlando aproximadamente a las once de la noche y fue directo al hospital. Llegó justo a tiempo para ver nacer a su primera hija: Sam Alexis Woods.

La pequeña llegó al mundo trece meses después de la muerte de su abuelo, y su nombre fue un homenaje a la relación entre este y Tiger. Cuando el golfista era pequeño, su padre le apodaba Sam de vez en cuando. Era un apelativo que solo utilizaba él, y solo en determinadas ocasiones. «Cuando quería que supiera que estaba a mi lado, que me apoyaba independientemente del resultado, gritaba "Sam" —explicó Tiger—. También utilizaba ese nombre fuera del campo. Siempre me hacía sonreír.»

Una de las primeras personas a las que Tiger llamó para contarle que ya era padre fue Hank Haney. Tiger le veía como un amigo de verdad, aunque no siempre le trataba como tal. Haney y su *caddie*, Steve Williams, resultaron ser influencias que aportaron estabilidad a la vida de Woods en una época en la que su mundo fuera de las cuerdas estaba fuera de control. Pese al drama y la agitación que reinaban en su vida personal, en 2007 Tiger jugó a las mil maravillas: de los dieciséis torneos en los que participó, ganó siete, incluido el PGA Championship, su decimotercer *major*; acabó primero en todas las categorías importantes (puntuación media, ganancias), y fue el primero en ganar por novena vez el título de Jugador del Año del PGA Tour.

Pero fue precisamente ese año cuando Haney empezó a pensar, según sus propias palabras, que «Tiger estaba más cerca del fin de su grandeza que del principio». Los indicios eran demasiado sutiles para detectarlos en los torneos. Era algo que se notaba en las prácticas y en las gráficas de dispersión de golpe que los expertos de Nike Golf elaboraban durante las sesiones de prueba. «Los cambios eran muy sutiles, imperceptibles a simple vista —dijo Haney—. Tiger empezó a descuidar su rutina de entrenamiento. Había más distracciones.»

La más evidente de esas distracciones era su teléfono. El flujo de mensajes y llamadas era constante. Haney no tenía ni idea de que Woods estuviera hablando con mujeres; lo que sí sabía era que esas interrupciones estaban afectando a su concentración durante la práctica. En lugar de desahogarse con su alumno, Haney liberaba su frustración bromeando sobre la antigualla que tenía por teléfono.

«Siempre me metía con él —explicó Haney—: "¿Cuándo narices te vas a deshacer de esa reliquia?".»

Tiger tenía sus motivos para no querer un teléfono inteligente. Una gran ventaja de los teléfonos antiguos era que los mensajes no aparecían en pantalla, con lo que era más fácil ocultarlos. Cuando en octubre de 2007 el FBI hizo una redada en casa de Michelle Braun, Tiger ya no tenía contacto con ella. Más tarde se entregó a las autoridades federales, que la acusaban de blanqueo de capitales y de transportar a una persona desde el condado de Orange hasta Nueva York «con la intención de que dicha persona participara en uno o más actos relacionados con la prostitución». En 2009 se declaró culpable, pagó una multa de treinta mil dólares y pasó un tiempo bajo arresto domiciliario. Pero, para entonces, Woods ya había conseguido tener toda una red de mujeres cuyos nombres y números estaban registrados en su móvil. Jaime Grubbs era solo una de tantas. Tras haberla conocido en Las Vegas, la siguiente vez que Woods fue a San Diego la invitó a alojarse con él en el hotel W. Cuanto más tiempo pasaban juntos, más insistentes se volvían sus mensajes de texto:

Te voy a dejar seca.
Envíame algo muy guarro.

Los «Despierta, bella durmiente» eran cosa del pasado.

Las cada vez más evidentes distracciones de Tiger con el teléfono fueron otra señal que advertía de que su vida estaba tomando el rumbo equivocado, pero a Haney y a Williams les preocupaba mucho más algo que estaba sucediendo delante de sus ojos: su cuerpo estaba fallando. En 2007 padecía frecuentes dolores físicos, pero el entrenador y el *caddie* los achacaron a su rutina de ejercicios extrema y a su obsesión con el entrenamiento SEAL.

Su primer entrenamiento con las Fuerzas, el que tuvo lugar en Fort Bragg justo después del Masters de 2004, no fue más que una experiencia, algo que no tenía por qué repetirse, una simple ocasión para pasar tiempo con su padre en una época en la que la salud de este empeoraba por momentos. Sin embargo, la fascinación de Tiger por lo militar se había vuelto una obsesión. Haney consideraba que su idea de convertirse en SEAL de la Marina se le había ido tanto de las manos que su salud y su juego corrían peligro. A Williams le preocupaba lo mismo.

Pero Tiger los ignoraba y cada vez estaba más metido en ese mundo. Empezó a entrenar con botas y a correr al estilo militar vistiendo un chaleco con peso. En 2007 subió la apuesta y realizó una serie de viajes de entrenamiento SEAL durante los cuales practicó paracaidismo y guerra urbana. En uno de esos viajes visitó una «unidad SEAL de Operaciones Especiales» en Coronado, dos días antes de jugar su primer torneo de la PGA del año en Torrey Pines. Estando allí conoció a varios de sus miembros, incluido uno al que acabó contratando como guardaespaldas y que empezó a frecuentar la casa de Tiger para enseñarle defensa personal y, en ocasiones, para pasar la noche.

A Williams no le gustaba nada la influencia que el nuevo guardaespaldas estaba ejerciendo sobre Tiger, y temía que acabara lesionándose durante una de sus duras sesiones de entrenamiento. Woods les había contado tanto a Williams como a Haney que estaba pensando en retirarse del golf y comenzar una carrera militar, pero cuando el entrenador se lo comentó a Steinberg, el agente le dijo básicamente que se tranquilizara.

—No lo hará —dijo—. Ni de broma. No puede. Tiene otras obligaciones.

Pero Steinberg no sabía lo que hacía Woods cuando estaba con los SEAL. Durante un entrenamiento que duró tres días, llegó a realizar diez saltos diarios en paracaídas, y le confesó a un amigo que, en uno de esos saltos, se había hecho daño en el hombro al chocar con un compañero. En otra ocasión, mientras Woods practicaba guerra urbana le dispararon con una bala de goma en el muslo que le produjo un cardenal del tamaño de una pelota de béisbol.

—Menuda pifia —le dijo a Haney—. Si llega a ser una misión de verdad, probablemente se habrían cargado a mi pelotón por mi culpa.

¿«Mi pelotón»? Woods cada vez hablaba más como un aspirante a SEAL y menos como el golfista número uno del mundo.

Un día que Haney estaba en el salón de Tiger, el golfista le puso la mano alrededor del cuello para enseñarle una técnica SEAL.

—Desde aquí —le dijo— podría matarte en unos dos segundos.

En otra ocasión, le contó a Haney que estaba realizando algunos trámites que le permitirían unirse a las Fuerzas. Cuando su entrenador le recordó que tenía treinta y un años y que la edad límite de los SEAL era veintiocho, Woods insistió en que iban a hacer una excepción.

Haney estaba mosqueado y decidió jugar su última carta para intentar que Tiger entrara en razón. De pie junto al golfista en el *green* de entrenamiento para juego corto de Isleworth, al lado mismo de un búnker, le preguntó:

—¿Te da igual no superar la marca de Jack Nicklaus?

Woods se detuvo, le miró a los ojos y le dijo:

—Sí. Si mi carrera termina ahora mismo, estoy satisfecho con todo lo que he conseguido.

—Tiger, tu destino es ser el mejor golfista del mundo, no un SEAL de la Marina. Tienes que sacarte ese rollo de la cabeza y empezar a centrarte.

Las palabras de Haney no consiguieron hacer mella en él.

A Keith Kleven, entrenador personal de Tiger desde hacía tiempo, también le preocupaban algunas cosas, concretamente el hecho de que la enorme masa muscular de Woods estuviera tensando sus articulaciones. También temía que su entrenamiento militar —especialmente las dominadas y las carreras con peso— estuviera sobrecargando sus hombros y sus rodillas. Kleven les expuso sus inquietudes a Haney y Williams. El entrenador de *swing*, a su vez, habló con Steinberg, que acabó aceptando que debía hacer algo con todo el asunto de la rutina de entrenamiento SEAL.

—Voy a tener que hablar con Tiger —le dijo a Haney.

El 30 de julio de 2007, Steinberg organizó una cena en su casa, cerca de Cleveland. Asistieron Woods, Williams y Haney. Cuando terminaron de comer, Steinberg se llevó a Woods a su despacho, donde mantuvieron una conversación privada que duró cerca de una hora. Cinco días después, Tiger ganó el WGC-Bridgestone Invitational en el Firestone. Dos semanas más tarde, ganó el PGA Championship. Luego se impuso también en el BMW Championship y el Tour Championship en dos fines de semana consecutivos. Terminó el año ganando siete de sus últimos ocho torneos, y quedó segundo en el único de ellos en el que no consiguió la victoria. Parecía que Steinberg lo había conseguido.

El cierre del año 2007 de Tiger fue poco menos que asombroso. A punto de cumplir los treinta y dos, le concedió una entrevista a Larry Dorman, del *New York Times*. El periodista de golf sostenía que Tiger podía superar los dieciocho *majors* de Nicklaus, que el tiempo estaba de su parte. El propio Nicklaus coincidía. «Yo creo que, si Tiger se mantiene sano, lo conseguirá», dijo el veterano golfista. Al compararlo con los grandes golfistas que le habían precedido, Tiger sin duda tenía por delante los años dorados de su carrera. Pero Woods era distinto a los demás. Entre otras cosas, nunca permitía que nadie le colocara la lupa demasiado cerca o averiguara lo que pensaba en realidad. En su entrevista, Dorman mencionó la existencia de una web en la que se comparaba a Tiger con Dios. Durante una rueda de prensa posterior, Woods confesó que conocía la página, pero dijo que nunca la había visitado. Cuando se le preguntó si estaba desmintiendo oficialmente su condición divina, Woods sonrió y dijo: «Estoy muy lejos de serlo».

CAPÍTULO VEINTICINCO
SOLO ES DOLOR

Tiger llevaba años jugando con el LCA gravemente dañado. En 2002, cuando se operó por primera vez de la rodilla, los médicos le dijeron que solo tenía intacto un veinte por ciento del ligamento grueso que unía el fémur con la tibia de su pierna izquierda. En julio de 2007, tras cinco años jugando en tiempo de descuento, Tiger sintió que a su rodilla le pasaba algo. Pero decidió no hablar con nadie de esa molestia. Su razonamiento coincidía con el de tantos otros deportistas de élite que intentan seguir jugando a pesar del dolor: «Existe una diferencia entre el dolor y una lesión. El dolor puedo soportarlo. No es para tanto. Puedo bloquearlo. Pero cuando estoy lesionado, mi cuerpo no responde». Es decir, que mientras pudiera seguir compitiendo y ganando, Tiger no lo consideraría una lesión. Estaba obcecado y solo le importaba el presente.

Su cuerpo estaba fallando y su vida personal estaba patas arriba, pero Woods seguía centrado en competir y jugó algunos de los mejores torneos de su vida. Empezó la temporada del PGA Tour de 2008 igual que había terminado la de 2007: ganando. Logró imponerse en las tres primeras pruebas en las que participó: el Buick Invitational, el WGC-Accenture Match Play Championship y el Arnold Palmer Invitational. Pero con cada torneo, el dolor de su rodilla aumentaba. Durante el Masters de 2008 se lo confesó a Hank Haney; sin embargo, no tenía intención de parar.

—Me medicaré y se me pasará —le dijo a su entrenador—. Estoy bien.

La primera vez que se mencionó el tema de que Tiger estuviera tomando analgésicos fue durante un torneo de 2002 en el que la rodilla izquierda no dejaba de dolerle. En 2008 ese dolor era muchísimo más intenso y, según su entrenador, en el Masters de ese año Woods tuvo que tomar Vicodin para poder lidiar con él. Terminó segundo en el Augusta, a solo tres golpes del líder: un resultado impresionante dado el grave estado de su LCA. Sin embargo, lo que pudo haber sido una victoria fácil le supuso algo más de esfuerzo por culpa de sus *putts* inusitadamente malos. Esos golpes, más que cualquier otro aspecto del golf, requieren tacto y sensibilidad: dos facultades que pueden verse perjudicadas por la ingesta de calmantes.

Dos días después de marcharse del Augusta, Tiger se sometió a una operación de rodilla en Park City, Utah. «Decidí soportar el dolor y posponer la operación hasta después del Masters —escribió Woods en su web—. La parte positiva es que ya he pasado por esto antes y sé lo que tengo que hacer. Espero terminar la rehabilitación y poder volver a jugar cuanto antes.»

Pero la operación no salió del todo como estaba previsto. Los cirujanos ortopédicos Thomas Rosenberg y Vern Cooley, que ya habían operado a Tiger del LCA izquierdo en 2002, pretendían limpiar parte del cartílago dañado alrededor de su rodilla. Se suponía que era un procedimiento bastante sencillo que aliviaría el dolor y permitiría a Woods volver al Tour a tiempo de jugar el US Open siete semanas después. Sin embargo, tras examinar la articulación descubrieron algo con lo que no contaban: el LCA de Tiger estaba completamente desgarrado e iba a requerir cirugía de sustitución.

Desde un punto de vista médico, eso no cuadraba con su manera de jugar. Había ganado nueve de sus últimos doce torneos con la rodilla izquierda gravemente dañada. En los tres torneos de esa serie en los que no había logrado imponerse, había quedado segundo en dos ocasiones y quinto en la otra. Por contextualizar, Tiger estaba ganando con más frecuencia que en el 2000, año en que consiguió hacer la mejor temporada de la historia del golf, o el 2006, el año que mejor jugó de su carrera.

Rosenberg pensó que lo mejor era reconstruir el LCA en ese momento, aprovechando que la rodilla de Tiger estaba abierta. Pero Woods estaba inconsciente y solo había autorizado que le retiraran el cartílago suelto alrededor de la rodilla izquierda. Una cirugía de reconstrucción impediría a Tiger jugar los tres *majors* que quedaban, y Rosenberg no tenía intención de realizarle una operación de semejante envergadura sin su consentimiento. Así pues, dejó el ligamento desgarrado tal cual estaba y decidió limpiar el cartílago lo mejor que pudo. Era una medida provisional que probablemente permitiría a Woods competir durante el verano.

Su altísima tolerancia al dolor hizo posible que Tiger jugara sin LCA durante unos nueve meses. En parte fue gracias a los músculos inusualmente fuertes que había desarrollado alrededor de la rodilla, consecuencia directa de su rutina de pesas. Pero después de la operación, que tuvo lugar en abril, esos músculos se debilitaron de manera natural. Lo único que todavía sujetaba su articulación corría peligro. La hinchazón, el dolor y el entumecimiento se volvieron una constante. Sin embargo, Tiger, que tenía intención de volver al PGA Tour para el Memorial Tournament del 26 de mayo, a mitad de ese mes ya estaba otra vez golpeando bolas.

Un día que estaba practicando en Isleworth sintió un crujido justo debajo de la rodilla izquierda. Dos días después, Haney llegó a Orlando. Esa noche —domingo, 18 de mayo de 2008— Tiger y Elin le invitaron a casa a cenar. Nada más levantarse de la mesa, Tiger se quedó paralizado y luego se inclinó hacia delante, haciendo muecas con los ojos cerrados. Haney y Elin se miraron preocupados.

—Estoy bien —dijo Tiger.

—Tiger, si no puedes ni andar —replicó Haney—. ¿Cómo pretendes jugar?

Al día siguiente, Tiger cojeaba tanto que decidió anular su participación en el Memorial y hacerse una resonancia. Al cabo de unos días, el Dr. Rosenberg y un colega cogieron un vuelo desde Utah para llevarle los resultados. En el salón del golfista, todos estaban muy serios. Él y Haney permanecieron sentados en el sofá mientras Rosenberg les mostraba las imágenes en la pantalla de su portátil y señalaba dos líneas oscuras. El doctor les explicó que Tiger tenía dos fracturas por fatiga en la tibia izquierda, justo debajo de la rodilla.

Tiger se quedó observando las líneas de las fracturas en silencio. El US Open de 2008 estaba a solo dos semanas y se iba a celebrar en el Torrey Pines Golf Course de La Jolla, en California. Cincelado en los acantilados que se alzan sobre el océano Pacífico, el Torrey Pines presumía de sus vistas panorámicas y sobrecogedoras. Para el golfista medio era el paraíso, pero los profesionales del Tour lo veían como lo que realmente era en ese momento: dos pintorescos campos municipales propiedad de la ciudad de San Diego, uno de los cuales, el campo Norte, figuraba cada año entre los menos favoritos donde jugar. A Tiger, sin embargo, le encantaba el Torrey por sus calles anchas y por el hecho de que apenas tuviera zonas fuera de límites. A los quince años había ganado un título de los Junior World allí. Desde entonces, había ganado también seis pruebas del PGA Tour, incluidas cuatro consecutivas entre 2005 y 2008 que arrancaron con la victoria en el Buick Invitational. Desde el comienzo de la temporada 2008 se moría de ganas de jugar el US Open allí. Le tenía más ganas que al Masters o cualquier otro torneo. Quería ganar en el que consideraba su campo, delante de aficionados que aplaudieran cada uno de sus movimientos.

No obstante, parecía que una tibia fracturada y un LCA desgarrado iban a truncar sus esperanzas de hacerse con ese *major*, lo que llevó a Haney a preguntar por el tratamiento estándar para ese tipo de lesiones.

Rosenberg respondió que necesitaría seis semanas con muletas y después un mes de rehabilitación.

Las cuentas estaban claras: la temporada de Tiger se había acabado. Diez semanas sin poder jugar suponían perderse también el British Open y el PGA Championship.

Finalmente, Tiger se pronunció:

—Voy a jugar el US Open. Y lo voy a ganar.

Su voz sonaba desafiante, y no iba a ser Rosenberg quien le llevara la contraria.

—Puedes intentar jugar, Tiger —dijo—. Llegados a este punto, no puedes empeorar demasiado la situación. Todo depende del dolor que seas capaz de soportar.

—Solo es dolor —dijo Woods mientras se agachaba para calzarse las zapatillas de golf—. Venga, Hank, vamos a practicar.

En una ocasión, Earl Woods describió a Tiger como el primer golfista «genuinamente deportista». Para Tiger, eso era sinónimo de duro, fuerte y acostumbrado a lidiar con el dolor del mismo modo que lo hacían los jugadores de fútbol americano o de baloncesto, es decir, ignorándolo.

«Es lo que hacemos los que somos deportistas y competidores —dijo Tiger—. Lidiar con él. Levantarnos cada mañana sabiendo que tenemos que ir al gimnasio y hacernos polvo, y que nos va a doler, pero que lograremos abstraernos y llegar a otro estado mental. Era algo de lo que yo disfrutaba.»

El sábado previo a la semana del US Open, Woods jugó nueve hoyos con Haney en el Big Canyon Country Club de Newport Beach. Fue un completo desastre. Tiger, que llevaba en la pierna una aparatosa abrazadera de esas que uno suele asociar más bien a los jugadores de línea del fútbol americano, no podía rotar la parte inferior de su cuerpo. Como consecuencia, no hizo más que esparcir bolas por todo el campo: al *rough*, al otro lado de las vallas, a los obstáculos. Después de nueve hoyos, se había quedado literalmente sin pelotas. La abrazadera se estaba cargando su *swing*.

—No puedo jugar con esto —le dijo a Haney, frustrado.

Tiger llevaba semanas con el aparato por indicación de Rosenberg, pero decidió quitárselo para jugar los nueve últimos hoyos del Big Canyon. Haney supuso que el dolor que le causaría jugar sin él terminaría convenciéndole de que su idea de participar en el US Open era sencillamente absurda. Pero subestimaba la determinación de Tiger.

Sin la abrazadera, su cojera era perceptible, pero su *swing* mejoró. Aunque el nivel de dolor se incrementó ligeramente, el reto de jugar con semejante limitación parecía estimularle. En el transcurso de los días siguientes y con cada sesión de práctica jugaba un poco mejor. Pero cuanto más tiempo pasaba en el campo de golf, más aumentaba la hinchazón alrededor de sus fracturas. El entumecimiento también empeoró. Su fisioterapeuta le trataba antes y después de cada práctica, pero Tiger se negaba a tomar los calmantes que le recetaba, como ya había hecho en el Masters. Para aliviar la hinchazón no tomaba otra cosa que no fuera Motrin o Advil. Estaba decidido a combatir el dolor sin ayuda.

Se estableció que la nueva política de controles antidopaje del PGA Tour entraría en vigor el 1 de julio de 2008. En algún momento entre que acabó el Masters del 2008 y empezó el US Open, Woods se hizo un análisis de sangre y le explicó a Hank Haney que era una medida de precaución por los suplementos que estaba tomando. «Él lo pintó así —dijo Haney en una entrevista de 2017—. "Van a empezar a hacerme controles, y en los resultados pueden salir todo tipo de falsos positivos." Llegó a decirme: "Con el Motrin puede salirte positivo en marihuana. Tengo que asegurarme de que los suplementos que me estoy tomando no tengan nada raro". Y luego se hizo el análisis [de sangre] y dijo que todo había salido correcto.»

El Open se jugó en el Torrey Pines, únicamente en el campo Sur. Con sus 6.957 metros, era el más largo de la historia de los *majors*, y sus *roughs* puñeteros y extensos, característicos del torneo, sus búnkeres impracticables y sus *greens* multiescalonados complicaban las cosas. Por primera vez, la USGA había utilizado el ranking mundial de golf para los emparejamientos, lo que significaba que Woods, Mickelson y Adam Scott —los número uno, dos y tres del mundo— estarían en el mismo grupo el jueves y el viernes. Mickelson y Scott sabían que Tiger venía de someterse a una operación de rodilla, pero nadie que no perteneciera a su círculo cercano o a su equipo médico sabía que su LCA estaba desgarrado y su tibia tenía dos fracturas. Tiger quería que así fuera. Mickelson y Scott eran de mente débil. No eran deportistas de verdad. No se les hubiera ocurrido jamás jugar con una pierna rota y sin LCA. Ni a ellos ni a ningún otro golfista.

«Tiger sabía que en el Torrey Pines tendría que escalar la montaña más complicada de su carrera —dijo Haney—. Y eso le inspiró para lograr algo increíble.»

Durante cuatro jornadas espectacularmente irregulares, Woods hizo gala de su don para el juego, en especial en sus *putts*. Los *drives* rebeldes que le llevaron a hacer cuatro dobles *bogeys* fueron eclipsados por tres impresionantes *eagles*, uno de ellos de veinte metros y cuesta abajo desde el *antegreen* en un momento de máxima necesidad durante el sábado; *birdies* como respuesta a los *bogeys*; un resultado nada halagüeño de 38 en los primeros nueve del viernes contrarrestado por un impresionante 30 en los últimos, y todos y cada uno de los días, en los momentos más oportunos, un aluvión devastador de *putts* para par.

El domingo, Woods estaba un golpe por delante de Lee Westwood y dos por delante de Rocco Mediate. En sus trece victorias anteriores en *majors*, Woods nunca había perdido estando en lo más alto del marcador tras superar tres vueltas. Sin embargo, cuando faltaban por jugar tres hoyos, se encontró en terreno inexplorado: estaba un golpe por detrás de Mediate, un profesional de poca monta que estaba 147 puestos por debajo de él en los rankings mundiales. Westwood seguía en la carrera por la victoria, pero estaba a punto de caer víctima del efecto Tiger. Todo el que se le había acercado, había sucumbido a la misma enfermedad, una que un habitual del Tour describió libremente como un caso grave de nerviosismo y encogimiento de huevos. «Esa semana todos estaban muertos de miedo —dijo esa misma fuente—. Fue una semana en la que nadie tuvo las pelotas de ponerse por encima de Tiger.»

Nadie excepto Rocco Mediate. A falta de un *putt* para acabar, Mediate aguantaba la respiración. Llevaba una ventaja de un golpe a uno bajo par, y observaba el televisor de fuera de la caseta del marcador mientras Woods se preparaba para lanzar un peligroso *putt* de cinco metros para *birdie*.

Tiger se encontraba a cinco metros gracias a que Steve Williams había tenido las pelotas de jugarse el puesto. Woods había mandado su segundo golpe del hoyo 18 (par 5) al *rough* de la derecha (a ochenta y ocho metros del *green* y noventa y dos del hoyo). Quería golpear con un *wedge* de cincuenta y seis grados, pero, considerando la posición de la bola y la conducta impulsiva de Tiger, Williams le aconsejó uno de sesenta, echando toda la carne en el asador.

—Tiger, tienes que confiar en mí —dijo Williams—. Si me equi-voco, me despides. Sé lo que esto significa para ti, así que, si sale mal, me echas y ya está.

Williams no se equivocó. La bola aterrizó unos seis metros detrás y a la derecha del hoyo y reculó un poco debido a la pendiente, dándole a Tiger la oportunidad de hacer un *birdie*, igualar a Mediate y forzar el desempate. Si Woods golpeaba la bola muy hacia arriba, se quedaría arriba; si lo hacía muy abajo, caería. Básicamente necesitaba que su *putt* sorteara un montículo.

Por si las condiciones no fueran lo suficientemente adversas, ya era tarde, los *greens* eran irregulares y la pelota descansaba en una de las zonas más peligrosas de esa área. Woods se dijo: «Dos bolas y media hacia la derecha. En el último momento se desviará. Golpea recto y cruza los dedos». Y golpeó.

El *putt* bordeó el montículo como si le fuera la vida en ello, se torció bruscamente hacia la izquierda y golpeó el borde derecho del hoyo, pero, en lugar de hacer una corbata, se metió dentro. Bajo un clamor que oyeron hasta los pilotos de ala delta que sobrevolaban el Pacífico a casi dos kilómetros de allí, Tiger lanzó sus puños al aire pa-ra luego chocarle la mano a Williams. El dolor agonizante de la pier-na quedó eclipsado por el subidón de adrenalina. Woods y Mediate iban a tener que desempatar el lunes.

«Increíble», se dijo Mediate mientras observaba la celebración de Woods a través del monitor.

En cuanto Tiger salió del campo, la euforia dio paso a la preocupa-ción. Se había preparado psicológicamente para jugar setenta y dos hoyos, no noventa. Sentía cientos de martillazos en la rodilla y el pie. Estuvo toda la noche con su fisio y pensó que tendría que esforzarse como nunca para superar los dieciocho hoyos del día siguiente.

Durante la ronda de desempate del lunes, Nike emitió un anuncio en el que aparecía Earl Woods como hablándole a su hijo desde la tum-ba. «Tiger, te prometo que jamás en la vida encontrarás a nadie con tu fortaleza mental», le decía. Poca gente era consciente de la fortale-za que iba a tener que desplegar ese día.

Gran parte de la ronda del lunes transcurrió como una repetición de la del día anterior: fueron empatados durante catorce hoyos. Woods actuaba como un boxeador entrado en años: después de cada *swing*, el dolor le noqueaba y le hacía caer al suelo de rodillas, pero volvía a ponerse en pie y continuaba luchando. Dramatismo deportivo del más alto nivel. Al llegar al hoyo 18 (par 5), Tiger llevaba una desventaja de un golpe. Y, al igual que había sucedido en la ronda del domingo, Mediate no pudo sino hacer par, y Woods solo tuvo que embocar un *putt* corto para *birdie* para forzar el tercer desempate a muerte súbita del torneo desde 1954.

Y fue entonces cuando Mediate, uno de los favoritos de los aficionados, vaciló por fin. Un *drive* rebelde en el primer hoyo de la ronda, el 7 (par 4), dejó su bola en una posición complicada: un búnker de la calle que le hizo pegar un *pull* exagerado hacia la izquierda del *green*. Mediate tuvo que conformarse con un *bogey* de 5 golpes que allanó el camino para Woods.

Tiger mandó la bola al centro del *green* con un hierro 9 desde 144 metros e hizo dos *putts* que le valieron un par y su tercera victoria en el US Open Championship.

Salió del *green* despacio y con cuidado y se metió en un coche de golf con Elin. En ese instante, pese a la lesión en la rodilla y las fracturas en la tibia, el futuro de Woods se preveía más brillante que nunca. Estaba en «el otro lado», como a él le gustaba decir; había sido padre por primera vez. Aprovechaba la mínima oportunidad para mencionar que él y «E» eran un equipo en lo que al cuidado de Sam se refería. No hacía mucho, ese mismo año, la pequeña había empezado a gatear. Ahora ya daba sus primeros pasos y arrastraba un palo de golf recortado por toda la casa. Esa victoria en el Torrey Pines no pudo ser más significativa. «Probablemente haya sido el mejor de los torneos en los que he participado», dijo Tiger.

Con treinta y dos años, había ganado su decimocuarto *major*, una marca que Nicklaus no consiguió hasta los treinta y cinco. Tiger iba camino de aniquilar todos los récords del golf. Al día siguiente, David Brooks se refirió a Woods en el *New York Times* como «el ejemplo de disciplina mental» y declaró que «había traspasado la condición de simple humano y se había convertido en una encarnación de la existencia inmortal».

Entonces hubiera sido impensable —y absurdo— vaticinar que el US Open del Torrey Pines sería el último *major* de la carrera de Tiger Woods[4].

4. Cuando este libro se publicó en EE. UU. en 2018, esto era cierto. Sin embargo, desde entonces, Tiger ha vuelto a ganar un *major*: el Masters de 2019. [*N. del T.*]

CAPÍTULO VEINTISÉIS
EN MANOS MILAGROSAS

Ocho días después del triunfo más extraordinario de su carrera, Tiger tuvo que someterse a una operación en una clínica de Park City que le impediría volver a jugar durante esa temporada. Le extrajeron un ligamento del tendón de la corva de la pierna derecha y lo utilizaron para reconstruir el LCA de la izquierda. Al terminar, le dijeron que se abstuviera de utilizar la pierna izquierda durante dos meses.

—¿Puedo hacer flexiones? —preguntó Tiger.

La respuesta fue no.

—¿Y abdominales?

De nuevo una negativa.

—¿Y puedo entrenar de cintura para arriba?

Tampoco.

—¿Y qué es lo que sí puedo hacer? —insistió Tiger.

El Dr. Rosenberg quería que descansara y le diera a su cuerpo tiempo para curarse.

Los siguientes dos meses fueron de los más complicados de la vida de Tiger. El dolor intenso y punzante no le dio tregua ni un solo momento. Detestaba el tratamiento posoperatorio, que no le daba ningún estímulo a su adrenalina. Quería volver al gimnasio, pero antes debía pasar por un largo proceso de rehabilitación. Por suerte, sabía exactamente a quién acudir.

En el verano de 2008, el nombre del Dr. Mark Lindsay andaba de boca en boca de los deportistas de élite que buscaban recuperarse con las últimas técnicas y devolver sus cuerpos a la normalidad. Lindsay, un quiropráctico afincado en Toronto famoso por sus «manos mágicas», había trabajado con cientos de deportistas, entre ellos la tenista Maria Sharapova, el velocista olímpico Donovan Bailey y el campista interior de los New York Yankees Alex Rodriguez. El método de Lindsay recibía el nombre de ART, las siglas en inglés de Técnica de Alivio Activo, una combinación controlada pero agresiva de masajes neuromusculares y estiramientos pensados para estimular y relajar el tejido fascial de debajo de la piel y así maximizar la recuperación y el rendimiento deportivo.

«Es como tocar un instrumento —le contó en una ocasión Lindsay al autor canadiense Bob McKenzie—: puedes ser superbrillante y superinteligente, pero tienes que convertir eso en algo táctil, tiene que estar en tus manos. Según mi propia experiencia sometiéndome a tratamientos, se puede ver enseguida quién posee ese don, quién tiene ese tacto... A veces pienso: "Esto es genial; este es mi trabajo".»

Woods conoció a Lindsay a través del jugador profesional de voleibol Gabby Reece, que había llegado hasta él por recomendación del jugador de la NFL Bill Romanowski, cuatro veces campeón de la Super Bowl. A finales de los noventa, «Romo» fue uno de los primeros deportistas estadounidenses en depositar su fe —y su carrera— en manos de Lindsay. Llegó a jugar un récord de 243 partidos consecutivos como apoyador antes de retirarse de la liga en 2003.

«El caso es que la carrera de Tiger se habría acabado de no ser por Mark —dijo Romanowski—. Estaba muy bloqueado, y su cadena cinética era desastrosa.»

Unos seis meses después de la operación, Lindsay derivó a Woods a Bill Knowles, un especialista titulado en entrenamiento de fuerza y acondicionamiento con dos décadas de experiencia trabajando con deportistas de talla mundial. El área de especialización de Knowles era el esquí alpino, por lo que sabía reconocer una rodilla hinchada cuando la veía, y la de Woods no pintaba nada bien. «Digamos que la cirugía fue muy complicada —recordó Knowles años más tarde—. No fue abrir y cerrar. Fue una operación muy difícil.»

Woods y Knowles trabajaron en la rehabilitación del golfista cinco días a la semana durante seis meses seguidos: gimnasio y piscina, gimnasio y piscina, dos veces al día, hasta dos horas por sesión. Al mismo tiempo que le curaba la rodilla, Knowles también trabajaba el cuerpo y la mente de Woods.

A mediados de octubre, le dijeron a Tiger que podía volver a jugar. El Dr. Rosenberg le aconsejó que se lo tomara con calma, pero él empezó con *swings* de cincuenta y cinco kilómetros por hora. Al cabo de un mes, ya estaba en ciento cinco y mandaba bolas a ciento cuarenta metros. También intensificó su rutina de levantamiento de pesas, especialmente con las piernas. A finales de 2008, ya entrenaba como un halterófilo olímpico.

Estaba previsto que Tiger volviera al Tour al inicio de la temporada 2009, pero alrededor de su treinta y tres cumpleaños se lesionó el tendón de Aquiles entrenando. Era la tercera vez en poco más de un año que uno de los deportistas mejor preparados del mundo sufría una lesión durante un entrenamiento.

A nivel psicológico, la lesión del tendón de Aquiles supuso un revés muy duro. Amenazaba con desbaratar el regreso de Tiger. El Dr. Lindsay aconsejó contar con otro experto en medicina deportiva de Toronto: el Dr. Anthony Galea. Lindsay y Galea se habían conocido durante los Juegos Olímpicos de Invierno de 1994, y más tarde estuvieron compartiendo oficina durante cinco años. Galea era considerado un pionero en PRP, la terapia de plasma rico en plaquetas, un procedimiento consistente en extraer una pequeña cantidad de sangre del deportista lesionado y centrifugarla para separar las células rojas de las plaquetas. De esa manera, se obtiene un plasma rico en proteínas que se inyecta directamente en el área lesionada —un tendón, un músculo, un ligamento—, catalizando el instinto autorreparador del cuerpo y acelerando el proceso de curación.

«Es muy efectivo —dijo Lindsay—, y es legal siempre que de verdad haya una lesión. En las plaquetas hay factores de crecimiento. Son una especie de células madre, [pero] es tu propio tejido. Nada de fármacos, nada de sustancias extrañas. Funciona especialmente bien con desgarros en el tendón de la corva y el de Aquiles y con tendones inguinales. Por eso Tony y yo trabajamos tan bien juntos. Tony se encarga de tratar la lesión en sí y yo me ocupo del sistema [corporal].»

Tiger aceptó reunirse con Galea, que tenía que ir a Tampa para tratar al receptor de los Pittsburgh Steelers Hines Ward antes de que jugara en la 43.ª Super Bowl. Desde Tampa, Galea fue directamente a la casa del golfista en Isleworth.

En 2009, al igual que Lindsay, Galea era considerado una especie de médico milagroso, el tipo al que todos los deportistas de élite acudían para curar sus lesiones y recuperarse fuera de la medicina convencional. Galea tenía un aspecto chocante, con su pelo negro de punta y sus facciones felinas. Sus antecedentes eran igual de inusuales: hijo de una esteticista y un contable, había estudiado un grado médico en la McMaster University de Canadá y posteriormente había montado su propia clínica, el Institute of Sports Medicine Health & Wellness Centre, justo a las afueras de Toronto. A los cuarenta años se había divorciado de la madre de sus cuatro hijos y se había casado con una tenista profesional a la que doblaba la edad y con la que había tenido otros tres hijos. Era un aficionado a la arqueología bíblica y aseguraba haber experimentado un despertar espiritual en un bosquecillo de olivos durante uno de sus frecuentes viajes a Jerusalén.

En su libro *Blood Sport*, los autores Tim Elfrink y Gus Garcia-Roberts cuentan que Galea «le cogió gusto a las patentes farmacéuticas de un doctor del área de Miami llamado Allan R. Dunn, cuya práctica médicamente no aprobada consistía en raspar tejido cicatricial de articulaciones inflamadas y rellenar el área con HGH, la hormona del crecimiento humano». Galea tenía por costumbre citar a Dunn en sus conferencias sobre medicina, algo que al doctor de Miami no le hacía ni pizca de gracia. «Le diría que se fuera al cuerno —le dijo Dunn a Elfrink y Garcia-Roberts—. No quiero tener nada que ver con él.» Pero cada vez eran más los grandes deportistas de élite de Estados Unidos y Canadá que sí querían tener algo que ver con él.

Hay documentos judiciales que sugieren que el Dr. Galea ofrecía un incentivo a los deportistas varones que solicitaban sus servicios: acceso gratuito y sin peligro de detección a Viagra y Cialis. Cuando viajaba de Canadá a los EE. UU., mandaba a su asistenta médica preparar una «lista» de material médico para poder tratar a sus pacientes: goteros, catéteres, ATP (alemán), jeringuillas, ginseng, Nutropin, Actovegin, una centrifugadora, Cialis/Viagra, Celebrex. En concreto, y según la acusación del Gobierno de los EE. UU. de 2009, «ordenaba a su [asistenta médica] que sacara la Viagra y el Cialis de sus envases originales y los metiera en botes de pastillas sin marcar para que fuera más difícil detectarlos en los controles fronterizos». Cuando un paciente lo pedía, el Dr. Galea le proporcionaba presuntamente Viagra o Cialis de forma gratuita y sin receta. «La Viagra era el gancho —dijo un deportista que conocía de primera mano las prácticas de Galea—. Lo más accesible para los deportistas que no querían acudir a un médico a por la receta.»

Galea empezó a tratar a Tiger en su casa de Isleworth, y el golfista solía tumbarse en una camilla en la sala de estar y hacer muecas de dolor mientras el doctor introducía una aguja larga directamente en su tendón de Aquiles y le inyectaba plasma rico en plaquetas. Al día siguiente, el tendón de Tiger había mejorado. En la siguiente visita, Galea le inyectaba el PRP en el tendón y en la rodilla. El doctor estaba a la altura de su reputación de médico milagroso.

Según registros judiciales y otras fuentes, los métodos excepcionales del Dr. Galea giraban en torno a cuatro tratamientos: el PRP; el goteo intravenoso antiinflamatorio, que incluía, entre otras cosas, Actovegin, un fármaco no aprobado derivado de sangre de ternera; inyecciones que contenían ese mismo fármaco, e «inyecciones que contenían una mezcla de sustancias, entre ellas Nutropin, una hormona del crecimiento humano, que se administraban a través de la rodilla a fin de regenerar el cartílago» y reducir la inflamación de la articulación.

A finales de 2009, el Dr. Galea le explicó al New York Times que su tratamiento preferido para las lesiones de rodilla y LCA era el de plasma rico en plaquetas. En el artículo del periódico, el médico aseguró que ese era el único método que había utilizado para tratar la rodilla de Woods, y que se había servido de una centrifugadora que le había prestado un médico de Orlando. Por lo tanto, desmentía haber utilizado fármacos no aprobados como el Actovegin y sustancias ilegales para mejorar el rendimiento. Declaró haber visitado a Woods solo cuatro o cinco veces, lo cual resultó ser falso.

De acuerdo con los informes obtenidos posteriormente como parte de una investigación del Departamento de Salud de Florida, Galea realizó catorce viajes para tratar a Woods entre los meses de enero y agosto de 2009 y le cobró 3.500 $ por visita más gastos de viaje en primera clase y alojamiento. El total de las facturas de Galea ascendió a más de 76.000 $.

Es muy probable que el trabajo del doctor con Woods jamás hubiera salido a la luz de no ser por lo ocurrido el 14 de septiembre de 2009. Ese día, la que desde hacía tiempo era asistenta médica de Galea estaba cruzando el puente de la Paz, que conecta Canadá y Búfalo, Nueva York, cuando la detuvo un agente de la Oficina de Aduanas y Protección Fronteriza de los EE. UU. (la CBP) para realizarle un segundo control. Durante la inspección, los agentes de la CBP encontraron, entre otro material, ciento once jeringuillas, una centrifugadora y una maleta con veinte viales y setenta y seis ampollas de sustancias y fármacos diversos, entre ellos diez miligramos de Nutropin (HGH sintética) y doscientos cincuenta mililitros de Actovegin. La asistenta le dijo a los agentes que iba camino de Washington D. C. para acudir a una conferencia médica, pero resultó ser mentira. Era cierto que se dirigía a esa ciudad, pero era para llevarle al Dr. Galea su «kit médico», como él lo llamaba, para que pudiera tratar a un jugador de la NFL lesionado.

Al verse imputada, la asistenta empezó a colaborar con los agentes del Departamento de Seguridad Nacional, el Servicio de Inmigración y Control de Aduanas y la Administración de Alimentos y Medicamentos. Finalmente entregó su BlackBerry a los investigadores. Un mes después, el 15 de octubre de 2009, la policía de Canadá hizo una redada en la oficina de Galea e incautó un «fichero de la NFL» y un «registro de jugadores profesionales».

Posteriormente, un gran jurado federal de los EE. UU. le imputó a Galea cinco cargos, uno de ellos por posesión de HGH con intención de distribuirla y por introducir fármacos con etiquetas alteradas para su comercialización a nivel interestatal. Como parte de su caso, el Gobierno acusó al Dr. Galea de entrar ilegalmente en los EE. UU. en más de cien ocasiones entre julio de 2007 y septiembre de 2009 para proporcionar fármacos y servicios médicos a más de veinte deportistas profesionales, entre ellos Woods. Sus honorarios durante esos más de dos años ascendieron a unos 800.000 $. Más adelante, Galea se declararía culpable de uno de los cargos, el de introducir fármacos con etiquetas alteradas para su comercialización a nivel interestatal, y sería condenado a un día de prisión y a pagar una multa de 275.000 $.

En una declaración jurada archivada como parte de la investigación del FBI, la asistenta del Dr. Galea pareció contradecir su propia afirmación de que el PRP y el Actovegin eran las únicas opciones de tratamiento para las lesiones de rodilla. Al Gobierno le explicó: «En ocasiones, el Dr. Galea inyectaba a los deportistas un cóctel que contenía HGH. Las... inyecciones de HGH estaban pensadas para ayudar en la regeneración del cartílago». También declaró a las autoridades que Galea había administrado a por lo menos ocho deportistas profesionales —siete en los EE. UU. y uno en Canadá— inyecciones que contenían una mezcla de sustancias entre las cuales se encontraba la hormona del crecimiento humano. (En un correo, un abogado de la asistenta insistió en que ella nunca había visto al Dr. Galea administrarle ese tipo de inyecciones a Woods.)

Un análisis más exhaustivo del caso del Gobierno contra el Dr. Galea revela lo que puede considerarse un intento de ocultar la naturaleza exacta y el historial de sus tratamientos a deportistas de alto nivel. Los conceptos que aparecían en las facturas del médico eran sistemáticamente imprecisos («Consulta» o «Consulta / IV / Inyecciones»), y los cheques iban a nombre de Galea Investments Inc. y no del doctor ni de su centro de salud y bienestar.

En un intento por defender su uso de la HGH, que era legal en Canadá pero extremadamente limitado en los EE. UU., Galea alegó que únicamente le había inyectado el fármaco a pacientes de más de cuarenta años a fin de mejorar su salud y resistencia. El doctor admitió que él mismo la había estado utilizando durante diez años.

Entonces, ¿estaba Woods recibiendo algún tipo de estímulo farmacéutico para acelerar su recuperación? Una fuente conocedora de los tratamientos que el Dr. Galea le dispensaba al golfista parecía tenerlo claro. «Estoy completamente seguro —dijo—. No me cabe la menor duda.»

Según esa misma fuente, las inyecciones de PRP que Galea le administraba a Woods en la rodilla y el tendón lesionados también contenían lo que describió como cantidades «minúsculas» de testosterona y HGH. «La combinación de todo eso —la HGH, la testosterona y el PRP— funciona a las mil maravillas a la hora de curar la zona en la que se pone la inyección —dijo la fuente—. La cantidad [de testosterona y HGH] es tan mínima y está tan localizada que es imposible que un test antidopaje detecte nada. En un día, eso estaba fuera de su organismo. Puede que Tiger no supiera exactamente lo que le estaba metiendo Tony.»

No ha habido mayor sombra de duda en torno a Tiger que la de si utilizó o no sustancias para mejorar el rendimiento. En un estudio llevado a cabo en 2010 por *Sports Illustrated*, el veinticuatro por ciento de los setenta y un profesionales del PGA Tour a los que se encuestó contestaron que creían que Woods había «utilizado HGH u otras sustancias para mejorar el rendimiento». Los que sospechan que se sirvió de algún estimulante ergogénico, particularmente testosterona, hacen alusión al desarrollo muscular de su torso y sus brazos, que empezó a principios de los 2000; a la necesidad de recuperarse de su doble rutina diaria de dos horas de entrenamiento, y a sus poco habituales —por lo menos en el golf— lesiones en el ligamento y el tendón. Victor Conte es uno de los que sospechan que Woods utilizó ese tipo de sustancias. Conte fue el principal protagonista en 2003 del escándalo BALCO sobre esteroides, y actualmente es el propietario de una próspera empresa de suplementos nutricionales (Science Nutrition for Advanced Conditioning) y sigue siendo una fuente fiable en lo que al estado actual y el uso de sustancias para mejorar el rendimiento se refiere.

Conte dijo que el historial de lesiones de Woods podría deberse al agotamiento de minerales, consecuencia directa del uso de ese tipo de fármacos. «El uso de esteroides anabólicos elimina el cobre de tu cuerpo —dijo Conte—, es decir, mientras que por un lado fortaleces tus músculos con nitrógeno y favoreces la síntesis proteica, por el otro debilitas el tejido conjuntivo, los ligamentos y los tendones. Así que, si me preguntas si semejante historial [de lesiones] podría ser el resultado de utilizar esteroides anabólicos, la respuesta es sí.»

Woods ha desmentido siempre y de manera categórica haber utilizado ese tipo de sustancias. «Es cierto que [el Dr. Galea] vino a mi casa —dijo Woods durante una rueda de prensa en el Masters de 2010—, pero jamás me proporcionó HGH ni ningún tipo de sustancia para mejorar el rendimiento. Nunca he utilizado ese tipo de métodos. En realidad, nunca he consumido nada ilegal.»

El Dr. Galea niega cualquier insinuación que le acuse de haber ayudado a Woods o a cualquier otro deportista a mejorar su rendimiento. «El Dr. Galea nunca ha tenido nada que ver con ninguna actividad para mejorar el rendimiento —dijo el abogado de Galea, Brian H. Greenspan—. Ese tipo de insinuaciones son completa y rotundamente falsas.»

Greenspan insistió en que Woods había acudido a Galea porque por entonces era un pionero en el uso del PRP, y en que el médico se dedicaba a curar, no a engañar. Cuando se le preguntó específicamente si Galea le había inyectado alguna vez un «cóctel curador» que contuviera testosterona y HGH a Woods, Greenspan dijo que el doctor no estaba autorizado a responder. En un email, el abogado alude a la «obligación positiva y regulatoria de respetar la confidencialidad de los expedientes médicos de sus pacientes, que no pueden revelarse sin autorización expresa y por escrito».

Los que conocen la verdad acerca de si Woods, ya sea consciente o inconscientemente, utilizó sustancias para mejorar el rendimiento probablemente puedan contarse con los dedos de una mano. Casi seguramente una de esas personas sea el Dr. Mark Lindsay. Entre el 15 de septiembre de 2008 y el 30 de octubre de 2009, según una investigación del Departamento de Salud de Florida, Lindsey trató a Woods un total de cuarenta y nueve veces, a razón de dos mil dólares más gastos por sesión. Recibió un total de 118.979 $ por sus servicios, gastos incluidos. Según ha contado el médico a sus amigos, su rutina con Woods apenas variaba. En cuanto Tiger se despertaba, le practicaba sus Técnicas de Alivio Activo especializadas. A continuación, Woods se iba a practicar y al gimnasio durante tres horas, volvía a casa a almorzar, y Lindsay volvía a trabajar con él. Cuando Tiger se preparaba para un *major*, el médico solía llevar su camilla terapéutica al campo y trataba al golfista durante una hora entre sesiones de prácticas, centrándose en la mecánica del *swing*.

«El objetivo era crear eficiencia y elasticidad en los movimientos complejos utilizando las fuerzas generadas desde el suelo —explicó el Dr. Lindsay—. La eficacia de hacerlo *in situ* y alternándolo con los *swings* de Tiger Woods fue muy significativa.»

El volumen de sesiones de tratamiento que recibió Woods requirió un contacto doctor-paciente sin precedentes durante una época en la que algunos sospechaban que el golfista había obtenido una ventaja injusta gracias al dopaje. En el plazo de un año, de 2008 a 2009, Tiger había sido sometido a cientos de horas de tratamientos a manos del Dr. Lindsay. Tras negarse en un primer momento a hablar públicamente del tema, el médico —a través de su abogado de Toronto, Timothy S. B. Danson— obtuvo de Woods una exención limitada del privilegio médico-paciente que le autorizaba a revelar información sobre su trato con el golfista y a exponer su opinión médica en cuanto a si creía que había utilizado sustancias prohibidas o fármacos para mejorar el rendimiento. El 17 de diciembre de 2017, el Dr. Lindsay firmó una declaración de cuatro folios atestiguada por su abogado. Previo consentimiento de Tiger, Lindsay le facilitó dicho documento a los autores de este libro. Se trata del testimonio más autorizado y definitivo hasta la fecha sobre la cuestión de si Tiger Woods utilizó sustancias para mejorar el rendimiento. Este es un fragmento:

> Durante ese prolongado espacio de tiempo, estuve muy cerca de Tiger Woods. En ningún momento durante ese tratamiento intensivo le vi utilizar, mencionar o solicitar ninguna sustancia prohibida para mejorar el rendimiento ni hacer alusión alguna al tema. Cualquiera que insinúe lo contrario está mal informado y se equivoca. Sucedió

todo lo contrario: Tiger Woods siguió al pie de la letra un proceso de rehabilitación adecuado y altamente disciplinado.

Tiger Woods es un deportista con un talento excepcional, una disciplina férrea y una gran conciencia espacial. Esas cualidades, unidas a su pasión y su firme determinación de ser el mejor golfista de todos los tiempos, son, cuando menos, asombrosas; son lo que hace que Tiger Woods pertenezca al selecto grupo formado por los mejores deportistas de la historia. Sencillamente, sería un error medir según los estándares normales de recuperación y rendimiento a deportistas de la élite mundial como Tiger Woods. Los atributos excepcionales y únicos que le convierten en el mejor golfista de élite son los mismos atributos excepcionales y únicos que aplicó a su rehabilitación y su vuelta.

Llevo practicando la medicina deportiva más de veintisiete años. He tratado con cientos de deportistas de talla mundial, abarcando ocho Juegos Olímpicos y múltiples disciplinas del deporte profesional. Sé cómo deben sentirse al tacto el tono y el tejido muscular. Es algo vital para el correcto tratamiento del paciente. Continúo investigando y estoy al día de la más reciente bibliografía médica aplicable. Conozco el tono y tejido corporal/muscular y qué efecto tienen en ellos determinados fármacos. El tono y el tejido muscular de Tiger Woods son los que cabría esperar de un deportista de élite que no ha utilizado sustancias para mejorar el rendimiento. Dicho de otro modo, en las múltiples exploraciones físicas que le realicé a Tiger Woods jamás percibí evidencia de tono o tejido muscular/corporal rígido, entumecido o hipertónico, características esperables cuando se han utilizado dichas sustancias.

Basándome en mi experiencia, descrita arriba, mis observaciones y mi tratamiento de Tiger Woods, mi opinión como profesional es que no ha hecho uso de ninguna sustancia para mejorar el rendimiento y que la mera idea le resulta detestable y repugnante. Tiger Woods es, sin duda, uno de los deportistas más impresionantes, hábiles, apasionados y enérgicos con los que jamás haya trabajado, y esas son las cualidades y atributos que han hecho posible su rehabilitación y su vuelta.

CAPÍTULO VEINTISIETE
EL ACCIDENTE

Puede que fuera la ovación más atronadora jamás cosechada por Tiger Woods. Al anochecer del 29 de marzo de 2009, los aplausos y gritos del público que rodeaba el hoyo 18 del Bay Hill de Orlando pudieron oírse a dos kilómetros de distancia cuando el *putt* de cinco metros de Tiger se metió en el agujero, coronando uno de los mayores regresos de su carrera. Era su 239.ª participación en un torneo y acababa de ganar su sexagésimo sexta prueba del PGA Tour. Y, lo más importante, esa victoria en el Arnold Palmer Invitational era la primera tras haberse sometido a una operación de rodilla nueve meses atrás. Los locutores de NBC describieron su actuación como «mágica». En esa ocasión, utilizar *sobrenatural* o *de otro planeta* no habría sido exagerado. Hacía solo tres meses que se había hecho polvo el tendón de Aquiles. Las fracturas por fatiga de su tibia estaban curadas y su LCA reconstruido. Fuera lo que fuera lo que estaban haciendo Lindsay y Galea estaba surtiendo efecto. Tras empezar la última vuelta cinco golpes por detrás, Woods había remontado el vuelo, haciendo más patente que nunca que seguía siendo el mejor deportista individual que existía.

Al salir del *green* con el público coreando su nombre, le saludó el Rey, Arnold Palmer.

—¿Yo qué te dije el año pasado? —le preguntó Palmer—. Te dije que a Earl le habría encantado. Le habría encantado.

Woods sonrió y le dio las gracias. Volver a estar en la cima era excitante.

En la carrera de Tiger, el año 2009 siempre será recordado por lo que sucedió fuera del campo —un misterioso accidente de coche, seguido de la salida a la luz pública de una crisis de infidelidad tan sonada que haría que nadie volviera a verle del mismo modo—, pero su monumental caída en desgracia no llegaría hasta finales de año. Antes de eso, Woods obtuvo algunos de los mejores resultados de su carrera. Terminó ganando siete de los diecinueve torneos en los que participó durante la temporada. En dieciséis de esas pruebas quedó entre los diez primeros puestos. Fue el primero en media de *birdies*, juego con los hierros desde 160-183 metros, puntuación media y *greens* en regulación; lideró la lista de ganancias con más de diez millones, y acabó el año como número uno del mundo. También fue el año en que se convirtió en el primer deportista de la historia en sobrepasar la barrera de los mil millones en ganancias generales. Se mirara por donde se mirara, Tiger Woods estaba solo en la cumbre del deporte profesional y era el jugador con más talento de la historia del golf, el mejor de su generación y el deportista más rico de todos los tiempos.

Sin embargo, se negaba a aceptar la realidad y se engañaba a sí mismo y a todos sus seres queridos. En febrero, él y Elin habían tenido a su segundo hijo, Charlie Axel Woods. Debió haber sido un motivo de inmensa alegría, un hito familiar que hiciera a Tiger pasar más tiempo con su mujer y sus hijos. Muchos de los más grandes golfistas experimentaron por lo menos un descenso moderado en su ventaja competitiva después de que sus hijos nacieran y sus prioridades cambiaran. «Cuando era más joven, antes de tener hijos y dinero, lo único que quería era jugar al golf, practicar golf, mejorar en el golf —dijo Tom Watson—. Pero cuando nacieron mis hijos, me importaba mucho más pasar tiempo con ellos. Sin duda eso me hizo perder algo de ventaja.» Woods, sin embargo, nunca perdió su competitividad a la hora de ser el mejor en su deporte, de ganar cada vez que pisaba un campo de golf. A los treinta y tres años, entre él y su familia se interponía ese narcisismo que alimentaba su adicción autodestructiva al culturismo, los analgésicos, las pastillas para dormir y el sexo.

Su educación, tan determinante a la hora de convertirlo en una máquina del deporte, atrofió para siempre su capacidad de formar

—y mucho menos mantener— una relación íntima con una pareja basada en el autosacrificio, la lealtad, la confianza y la generosidad. Tampoco tenía lo necesario para hacer frente a la paternidad. Quería mucho a sus hijos, pero su estilo de vida prácticamente aseguraba que sería un padre ausente.

En junio de 2009, Woods estaba en Nueva York para asistir a un evento promocional más, en esa ocasión de EA Sports. La empresa desarrolladora de videojuegos iba a sacar un producto nuevo y Tiger estaba presente para el lanzamiento. Después, el mismo día que Michael Jackson murió tras sufrir una sobredosis fatal por la ingesta de un cóctel de analgésicos y somníferos, un Tiger Woods lógicamente agotado habló con el periodista de la revista *People* Steve Helling. El tema no tardó en girar en torno a la paternidad. «Mi padre murió antes de que Sam naciera —le dijo Tiger a Helling—, por lo que no tuve la oportunidad de hablar con él sobre el hecho de ser padre. Es algo que me pesa. Me pesará siempre. Pienso en él todos los días. Él fue quien me lo enseñó todo. Es como si oyera su voz.»

De esas palabras pueden deducirse muchas cosas. Woods, que empezó a tomar Ambien para conseguir dormir cuando su padre se estaba muriendo, seguía sufriendo de insomnio. Atormentado por el dolor de perder a Earl y por una ineptitud como padre de la que era consciente, añoraba desesperadamente poder conversar con su mejor amigo. No obstante, lo más triste de esa declaración no fue lo que contó, sino a quién se lo contó. En lugar de abrirse con su mujer o con un amigo de verdad, estaba tratando el tema con un periodista de una revista del corazón. Era un indicativo de que, en 2009, Woods estaba más solo que nunca. Sin embargo, daba señales de necesitar ayuda.

El mismo día de la entrevista con Helling, Tiger quedó con su amigo Derek Jeter y terminaron en una discoteca de Manhattan con tres veinteañeras. Una de ellas era la sobrina de Mark O'Meara, Amber Lauria. El golfista la conocía desde 1997, cuando les presentaron en casa de O'Meara. Había pasado incontables horas con Lauria en Isleworth y por la zona de Orlando durante su adolescencia. Desde el principio, su relación fue más fraternal que amistosa. En 2009, la chica ya se había graduado en la universidad y trabajaba en Fox News, y ambos quedaban a veces cuando Woods iba a Nueva York. También solían hablar por teléfono y se enviaban mensajes.

Según Lauria, tras la muerte de Earl, sus conversaciones con Tiger cobraron un tono más depresivo. Después de aquello, rara vez se le veía feliz.

«Para él, yo era como un miembro de la familia —dijo Lauria—. Recuerdo que yo pensaba que estaba muy mal, que eso de llamar, llorar y lamentarse durante tanto tiempo no era normal. Fue entonces cuando empecé a ver un cambio importante en él. Se metió en una espiral muy oscura.» Lauria admiraba a la mujer de Tiger, y recordó haber pensado: «Ojalá Elin estuviera aquí con él cuando está tan triste». Pero, al mismo tiempo, era consciente de que no era factible. Elin no podía acompañar a Tiger. Tenía dos hijos a los que cuidar.

Lauria aceptó quedar con Woods en la discoteca porque seguía considerándole su amigo. «Estaba solo y necesitaba a alguien a su lado», dijo. Sin embargo, estaba claro que algo no iba bien. «Yo le dije: "Me tienes aquí para lo que quieras, pero tendrías que estar con tu mujer, o por lo menos llamarla. Vale, sí, estás de viaje, pero ¿qué está pasando?".»

Emocionalmente, Woods iba a la deriva, siempre viajando de ciudad en ciudad, acostándose con una detrás de otra. A la mayoría de las mujeres cuyos teléfonos llenaban la agenda de su móvil las había conocido en clubes nocturnos y casinos. A todas les hacía creer que no tenía ninguna otra amante. Todas —a las que pagaba y a las que cortejaba— eran mujeres a las que podía controlar. Casi siempre eran más jóvenes que él, menos sofisticadas, enamoradas de su estatus y desconocedoras de sus idas y venidas. La situación favorecía que pudiera llevar una doble vida.

Pero durante su visita a Nueva York esa semana de junio de 2009, conoció a otra clase de mujer. Rachel Uchitel, con treinta y cuatro años y una belleza sofisticada, provenía de una familia privilegiada de Manhattan. Era culta y tenía un grado en Psicología, y había saltado a la fama tras los atentados del 11-S. El periódico *New York Post* publicó una fotografía suya en la que aparecía llorando mientras sujetaba una foto de su prometido fallecido, que trabajaba en el World Trade

Center. Internet hizo posible que aquella imagen diera la vuelta al mundo. Uchitel empezó a trabajar como realizadora de televisión en Bloomberg antes de convertirse en azafata vip/encargada de varios clubes nocturnos que abarcaban desde los Hamptons hasta Nueva York y Las Vegas, y donde destacaba por su don de gentes y atención al detalle. La fama de Uchitel fue un poco más allá cuando se especuló que podía estar liada con el actor David Boreanaz. También conocía a Derek Jeter.

Woods se quedó prendado de Uchitel. Era un año mayor que él y su estilo de vida era más similar al suyo que el de cualquier otra mujer que conociera. Pertenecía a la *jet set* y estaba acostumbrada a viajar por todo el mundo y codearse con famosos y jefazos. Para cuando Tiger se fue de Nueva York, Uchitel ya estaba registrada en su agenda, y ella le había guardado a él bajo el nombre en clave de «Bear».

Uchitel empezó a hacer visitas a Orlando, donde Tiger le tenía preparado un apartamento cerca de su casa. Cuando el golfista llegaba, cerraba las persianas. Se quedaban hasta tarde viendo programas de humor en la televisión. Y, pese a sufrir de insomnio, cuando Tiger estaba con ella no temía el momento de irse a la cama. Las relaciones íntimas y el dolor que ambos sentían —él seguía triste por la muerte de su padre y ella había perdido a su prometido en un atentado terrorista y a su padre de una sobredosis de cocaína— los unieron haciendo que su relación fuera todavía más intensa. En una ocasión, estando con Uchitel en el apartamento de Orlando, Tiger dijo: «Esto me hace muy feliz». Una confesión triste si tenemos en cuenta que prácticamente a la vuelta de la esquina estaba su casa, donde Elin, feliz en la ignorancia, cuidaba de su hijo recién nacido y de su hija de dos años.

Por aquel entonces, Hank Haney tampoco tenía ni idea de lo que estaba pasando, pero sí percibió que las horas de práctica y el esfuerzo de Tiger habían disminuido. «A veces yo estaba en Isleworth —dijo Haney— y me preguntaba dónde estaría él. Decía que se iba a la tienda profesional y desaparecía durante una o dos horas. Y estando Elin fuera de la ciudad, de repente me encontraba con que se estaba arreglando para salir. Yo le preguntaba que dónde iba, y él se inventaba historias, como que había quedado con Bryon Bell en su casa. Estaba claro que mentía.»

Y, sin embargo, a Haney nunca se le ocurrió que Tiger pudiera estar viéndose con otras mujeres. Su entrenador, la persona que más tiempo pasaba con él, confesó que jamás había presenciado ningún tipo de flirteo, y mucho menos una infidelidad. «Nunca le vi con nadie —dijo Haney—. Yo soy de esos amigos que, si ve algo, lo dice. Steve Williams era igual.»

Lo único que Woods no podía ocultarles a Haney y Williams era su conducta en el campo de golf, que se estaba volviendo cada vez más irritable. Muy poco después de su vuelta al Tour en 2009, tanto su entrenador de *swing* como su *caddie* empezaron a notar que su estado emocional estaba mandando señales de alarma. La primera llegó en el Masters de ese mismo año. Tras una mala actuación en el Augusta, Woods se desahogó con la prensa: «He estado todo el día peleándome con mi *swing* y al final he tenido que hacerle un apaño. Y con ese *swing* "apañado" casi gano el torneo». No había nombrado a Haney, pero con esas palabras parecía estar insultándole, y los rumores de que estaba a punto de despedirle empezaron a circular.

Haney respondió a Woods en un email: «Con tu comportamiento en el Masters no has conseguido amigos ni admiradores. Durante todo el tiempo que has estado ahí solo has dado la impresión de estar estresado y cabreado».

En el PGA Championship, que se celebró en el Hazeltine National Golf Club, a las afueras de Mineápolis, se hizo todavía más evidente que las emociones de Woods estaban llegando al límite. Después de anotar 67 y 70 golpes en las dos primeras vueltas, Woods se disponía a empezar la tercera con una ventaja de cuatro. Todo parecía indicar que iba a conseguir ponerse a tres *majors* del récord de Nicklaus. Pero en la rueda de prensa de después de la ronda del viernes, un periodista con iniciativa reunió el valor para preguntarle si alguna vez había sentido que se bloqueaba durante un *major*.

Woods, cabreado, se limitó a lanzarle una mirada intimidatoria.

Finalmente, el moderador Kelly Elbin rompió ese silencio tan incómodo.

—Supongo que habrá que tomárselo como un no —dijo.

—Sé un poco más creativo —le dijo Woods al periodista, por fin—. Normalmente lo eres.

Pero resultó ser una pregunta profética.

Al terminar la tercera ronda, Woods mantenía una ventaja de dos golpes y parecía que todo el pescado estaba vendido. No había perdido nunca un *major* tras ir en cabeza después de tres vueltas. Empezó la última dos golpes por delante del surcoreano Yang Yong-eun, más conocido como Y. E. Yang. Yang, que tenía treinta y siete años, no había cogido un palo hasta los diecinueve y no había conseguido un resultado bajo par hasta los veintidós. Ese mismo año, el surcoreano había tenido que embocar a la fuerza un *putt* de dos metros en el hoyo final del último día en la escuela de calificación para poder jugar en el Tour. Tenía un total de una victoria en el PGA Tour. Era quien menos se esperaba que pudiera derrotar a Woods.

Durante la jornada, Woods y Steve Williams apenas le dirigieron la palabra. Emplearon los trucos por los que Tiger se caracterizaba: aislamiento, juego lento, presión. Pero Yang no perdió la calma en ningún momento. Después de doce hoyos, empató. En el 13, Woods consiguió quedarse a dos metros y medio del hoyo pegando con un hierro 3 desde 227 metros. Cuando el golpe de salida de Yang aterrizó en un búnker del *green*, pareció que uno iba a hacer *birdie* y el otro *bogey*, y que Woods tenía ya en el bolsillo su decimoquinto *major*. Pero entonces el surcoreano ejecutó el golpe de su vida y consiguió sacar la bola del búnker y dejarla a tres metros y medio. Instantes después, embocó un *putt* para par ondulante y complicado.

Aun así, lo único que Woods necesitaba para mantener el empate con Yang era meter un *putt* para *birdie* de dos metros y medio, uno de esos que había embocado cientos de veces bajo presión. Solo que esa vez sucedió lo inimaginable. Woods falló. Su *putt* hizo una corbata por la izquierda. Su cara reflejó una mezcla de enfado e incredulidad.

En la casa club, algunos jugadores —la mayoría de los cuales habían caído ante Woods en situaciones de presión similares— daban saltos en el sofá y animaban a Yang, deseando que alguien, cualquiera, aunque fuera ese surcoreano hijo de un horticultor, matara por fin al dragón.

Quedaban cinco hoyos por jugar, por lo que Woods tenía tiempo de sobra para adelantar a Yang. Pero algo estaba pasando; haber fallado un tipo de *putt* que en veinte años no se le había resistido nunca, ni siquiera bajo presión, le había afectado. Cuando, en el siguiente hoyo, Yang ejecutó un *chip* y consiguió hacer *eagle*, Woods ya no pudo levantar cabeza y falló dos *putts* más críticos y más factibles en los últimos cuatro hoyos. Acabó perdiendo por tres golpes. Era el fin de su récord perfecto de 14-0 en victorias en *majors* tras tres rondas liderando solo o empatado.

Steve Williams le contó más tarde a un amigo que creía que la derrota frente a Yang en el PGA Championship había sido la primera grieta en la armadura de Tiger. Fue el principio de lo que llamó «efecto bola de nieve». En su libro de 2006, *Golf at the Top*, Williams describió ese efecto como un momento inesperado que «permite que un atisbo de autodesconfianza entre en la conciencia y se abra paso hasta la imaginación». Luego, al haberse abierto una herida en la parte más sensible del cerebro, la persona empieza a «escuchar cada vez más atentamente las interpretaciones negativas que la imaginación hace de las situaciones y a proyectarlas sobre el siguiente golpe, y la siguiente ronda, y el siguiente torneo».

En otras palabras, cuando cometes un fallo en el momento más decisivo —como a la hora de embocar un *putt* para *birdie* de dos metros y medio en la recta final del PGA Championship—, los susurros sombríos de tu mente suenan más y más fuerte. Cuando el verano dio paso al otoño, Woods parecía estar oyendo esos susurros a cada paso. Unas semanas después de perder contra Yang en el PGA, sufrió otro revés en el Deutsche Bank Championship de Massachusetts, y tiró su *driver* en un arranque de ira. En noviembre volvió a perder los papeles durante el Australian Masters. Tras un mal golpe desde el *tee*, lanzó su palo con tanta fuerza que acabó entre el público. No hizo daño a nadie de milagro.

Hank Haney, que estaba siendo testigo de ese arrebato a través del televisor, pensó: «Este chico no está bien».

Los problemas en Australia eran más serios de lo que Haney y Williams podían imaginar. El 29 de agosto, Woods le había enviado a la actriz porno Joslyn James, otra de sus amantes, una serie de mensajes siniestros y denigrantes que reflejaban su estado anímico:

16.08   Te voy a coger del cuello y te voy a ahogar mientras te doy por culo. Es mío.

16.10   Luego te ordenaré que te calles la puta boca mientras te doy de guantazos y te tiro del pelo por escandalosa.

17.00   Quiero tratarte mal. Abofetearte.

17.15   Quiero que supliques mi polla. Te besaré todo el cuerpo hasta que me convenzas para que te deje metértela en la boca.

17.26   La próxima vez que te vea, más te vale rogarme, porque si no te abofetearé, te azotaré, te morderé y te follaré hasta que supliques clemencia.

En octubre, se estaba mensajeando con Jaime Grubbs, la camarera de cócteles de San Diego: «Nos [vemos] el domingo por la noche. Es la única noche que tengo cien por cien libre».

Por si eso fuera poco, parece ser que también se veía con una directora de marketing de veintisiete años de una discoteca de Las Vegas, con quien hablaba de su infelicidad en su matrimonio y de la presión que sentía.

A mediados de octubre, Woods volvió a contactar con Grubbs para organizar un encuentro en Newport Beach. Pero el día 18 le escribió:

Cambio de planes. Nos vemos en el hotel Island. Es un poco más seguro. He reservado una habitación para la noche. Habitación 905. Está en la parte este del Fashion Island.

Luego siguió con las instrucciones:

Está a nombre de Bell: Sr. y Sra. Bell.

Al mismo tiempo, Woods planeaba un encuentro con Rachel Uchitel.

El *National Enquirer* había recibido un soplo y volvía a andar tras los pasos de Tiger. En 2007, IMG y el sofisticado equipo de abogados parecían haberse salido con la suya al lograr cargarse la historia del tabloide sobre Woods y la camarera del restaurante de tortitas de Orlando. Pero después de la gran evasión, Tiger pasó por alto el hecho de que ese tipo de publicaciones son como tiburones, que pueden detectar a su presa por el olor de una sola gota de sangre en el océano. Tras dejar herido a Tiger en 2007, el *Enquirer* nunca dejó de acecharle y, cuando empezó a verse con Uchitel, empezó la persecución. El tabloide montó un dispositivo de vigilancia enfrente de su apartamento y esperó a ver qué pasaba.

«Pensamos: "venga, va, vamos a seguirla" —dijo una fuente del *Enquirer*—. Lo de perseguir a la gente queda muy bien en televisión, pero en la vida real el porcentaje de éxito es como del dos por ciento. Sorprendentemente, en esa ocasión funcionó, y llegamos hasta la habitación.»

La habitación en cuestión resultó ser una *suite* en una planta especial del Crown Towers, en Melbourne, Australia, en la que Woods se estaba alojando durante el Australian Masters. Uchitel fue para allí tras recibir el siguiente correo de Bryon Bell: «Aquí tienes los detalles de los vuelos. Perdona por todos los cambios. Nos vemos mañana».

Bell era una pieza clave a la hora de planear y mantener en secreto los encuentros de Tiger. Pero esa vez, un equipo de vigilancia fotografió la llegada de Uchitel al aeropuerto de Melbourne y al hotel. Más tarde, cuando se metió en el ascensor que la llevaría a la planta treinta y cinco, donde se encontraba la *suite* de Woods, un reportero del *Enquirer* se coló detrás de ella y la interpeló. Al principio, Uchitel negó cualquier conexión con el golfista, pero pronto se demostraría que era inútil intentar ocultarlo. Finalmente, volvió a los EE. UU., dejando en manos del Equipo Tiger el lidiar con su escándalo más sonado hasta la fecha.

Mientras en su vida privada hacía malabares, Tiger ganó el Australian Masters por dos golpes y se embolsó tres millones de dólares por hacer acto de presencia. A continuación, habló largo y tendido con los periodistas de golf australianos sobre los matices de sus golpes.

«En cierta manera, me ha parecido un campo complicado —dijo—. No es excesivamente grande, pero al más mínimo golpe la bola puede acabar en puntos muy peliagudos. Tienes que saber cuándo te interesa desviarla de la trayectoria. Esa es una de las cosas que más disfruto de un campo de golf: enseguida te encuentras con un *green* rápido y tienes que ser capaz de controlar la bola.»

La rueda de prensa de Woods reflejó a la perfección la compartimentación de un hombre que vivía una doble vida. Cada vez estaba más cerca de un precipicio escarpado que amenazaba con sacar a la luz su duplicidad y destrozar su matrimonio y, sin embargo, él estaba hablando con toda tranquilidad del subidón que sentía al pegar un golpe y lograr evitar las zonas de peligro. Sin duda, Woods, inmune durante tanto tiempo a las responsabilidades del día a día, había llegado a desarrollar un gran punto ciego que impedía que viera las consecuencias de su conducta narcisista y le llevaba a creer que podía engañar a su mujer impunemente sin ser descubierto nunca.

Por otro lado, es posible que los grandes riesgos que estaba corriendo con todas esas mujeres —planeando encuentros clandestinos y mintiendo sobre su predilección por cada una de las integrantes de su desmesurada lista de amantes— supusieran una especie de bocanada de aire fresco en su genio creativo como golfista. Puede que Woods hubiera escalado el Everest tantas veces como deportista que estuviera constantemente en busca de subidones de adrenalina en otros campos (buceo profundo, formación con los SEAL de la Marina, rutinas de entrenamiento extremas). Las mujeres de su vida eran solo otra forma de llenar ese vacío y saciar ese deseo. Por extraño que resulte, Tiger jugó algunos de sus mejores torneos en la época en la que su vida estaba más descontrolada. Era como si el caos que reinaba fuera de las cuerdas hiciera que su juego en el campo alcanzara nuevas cotas.

Pero en el vuelo de regreso a casa desde Melbourne tuvo una premonición. Cuando estuvo de vuelta en Isleworth, le confesó a un compañero golfista profesional: «Creo que los medios están a punto de sacar algo muy gordo y muy feo sobre mí».

En toda esa situación había un agravante, y era el hecho de que Uchitel, pese a sus intentos por mantener la discreción al ser interrogada por aquel periodista en Australia, previamente ya había revelado detalles de su aventura con Woods a otras personas, una de las cuales había sido sometida a un polígrafo y había vendido su historia al *Enquirer*.

El golfista intentó cargarse la noticia. «Probablemente contactaron con nosotros todos los abogados que habían trabajado para Tiger en algún momento de su vida», dijo una fuente del tabloide.

Sin embargo, esa vez no habría acuerdo que le salvara del desenmascaramiento. Woods, con su reputación de hombre modélico y familiar —alimentada en parte por empresas como Nike, Disney o American Express—, era un objetivo demasiado atrayente. Había conseguido esquivar al *Enquirer* durante casi cuatro años, pero ahora, ese superhéroe del deporte cuya sonrisa magnética estaba por todas partes, desde las cajas de Wheaties hasta las vallas publicitarias de los aeropuertos, estaba a tiro.

«No hay que publicar hasta que no se tienen pruebas. Luego ya da igual lo que digan —dijo una fuente del *Enquirer*—. Demándame, y nosotros te demandaremos a ti por acusación malintencionada.»

Cuando quedó claro que ni siquiera las fuerzas combinadas de IMG y un pelotón de abogados carísimos iban a conseguir tapar la noticia, Woods y su equipo se prepararon para defenderse. Mark Steinberg llamó a Hank Haney, que estaba de camino a China para montar una academia de golf júnior. «Hank, te llamo para advertirte —le dijo el agente—. Va a salir una noticia sobre Tiger y una chica. No es verdad. Todo saldrá bien. Pero si alguien te pregunta, tú no digas nada.»

Steinberg también previno a Steve Williams en un mensaje de texto: «Mañana se va a publicar una noticia. Es completamente falsa. No hables con nadie».

A Tiger le tocó convencer a su mujer. Le dijo que lo del tabloide era mentira, que no había nada entre él y Uchitel. Pero el lunes 23 de noviembre, antes de su publicación, la noticia empezó a circular por las redes. Incluía una frase que supuestamente había pronunciado ella y que sonaba a una puñalada dirigida a Elin: «Es Tiger Woods. ¡A mí qué me importa su mujer! Estamos enamorados».

Elin estaba ciega y no sabía qué creer. Era la semana de Acción de Gracias, y el pequeño Charlie acababa de aprender a caminar y empezaba a pronunciar sus primeras palabras. Para ella eran motivos de inmensa alegría. Pero las sospechas la atenazaban y le impedían pensar en otra cosa. Necesitaba una confidente, así que llamó a la persona en la que más confiaba: su gemela idéntica, Josefin. Habían sido amigas íntimas desde niñas. Elin sabía que Josefin sabría qué hacer. Después de estudiar un máster en Derecho en la London School of Economics and Political Science, Josefin había obtenido su título en Suecia y había empezado a trabajar para el bufete de abogados estadounidense McGuireWoods LLP. Cuando Elin la llamó, estaba trabajando en la oficina que el bufete tenía en Londres, donde se había especializado en fusiones y adquisiciones. No dudó ni un momento en ayudar a su hermana ofreciéndole apoyo emocional y aconsejándola.

La situación había llegado a tal extremo que Woods decidió ir un paso más allá y poner a Elin al teléfono con Uchitel, que corroboró la versión del golfista y aseguró que no habían mantenido relaciones sexuales. Elin no estaba del todo convencida y quiso ver el teléfono de su marido. Tiger, que temía que descubriera que en su vida había otras mujeres, intentó por todos los medios borrar su rastro. Llamó a Jaimee Grubbs y le dejó un mensaje de voz urgente: «¿Puedes borrar tu nombre de tu teléfono? Mi mujer me ha estado revisando el móvil y es posible que te llame. Así que, si puedes, elimínalo… [para] que el buzón de voz solo diga tu número. Necesito que me hagas ese enorme favor. Y rápido. Venga, adiós».

Al día siguiente, el *Enquirer* llegó a los estantes de los supermercados del área de Orlando. Era la víspera de Acción de Gracias, y la «Exclusiva mundial» de la portada, que llevaba por titular «El escándalo de infidelidad de Tiger Woods», agravó el ambiente ya de por sí caldeado en casa de los Woods. El hecho de que la madre de Tiger estuviera de visita para celebrar esa festividad agudizó la tensión. Nada le daba más miedo a Woods que defraudar a Kultida, una mujer que se había llevado los peores palos de su vida por culpa de traiciones familiares (primero el abandono de sus padres y luego las múltiples infidelidades de su marido). No quería ni imaginarse cómo reaccionaría al enterarse de que su hijo había eclipsado con creces a su padre en el campo del adulterio.

Parecía que la festividad iba a retrasar lo inevitable. La noticia del *Enquirer* tuvo una difusión limitada en otros lugares. Pero el teléfono de Tiger era una peligrosa prueba electrónica de sus asuntos ilícitos. Ese aparato se había convertido en otra de sus adicciones. El día de Acción de Gracias, Woods no pudo evitar mensajearse con varias mujeres, incluida Grubbs. En una breve conversación con ella, le deseó un feliz día, y ella respondió: «Igualmente, amor».

Elin seguía obsesionada con el móvil de su marido. Esa misma noche, después de que este consiguiera dormirse gracias al Ambien, revisó su historial de mensajes. Encontró uno que había enviado él: «Eres la única persona a la que he amado». No se lo había enviado a ella.

Elin desconocía la identidad del destinatario, pero le envió un mensaje desde el teléfono de Tiger: «Te echo de menos. ¿Cuándo volvemos a vernos?». La respuesta no se hizo esperar. Mientras su marido dormía, llamó a ese número misterioso, y quien contestó fue Uchitel. Elin, que reconoció la voz de inmediato, perdió los papeles.

A continuación, se vivieron momentos de mucha tensión. Woods despertó, salió de su casa descalzo y en mitad de la noche y se metió en su todoterreno. Lo sacó del aparcamiento a toda prisa, perdió el control, rozó un seto, pegó un volantazo y acabó en el jardín de los vecinos de al lado, donde chocó con una boca de incendios y se estampó contra un árbol. Cuando llegó la policía, avisada por el vecino de Tiger, se encontró con que las dos ventanas traseras del vehículo estaban hechas añicos. Elin las había destrozado con un palo de golf.

La célebre terapeuta matrimonial Esther Perel ha tratado a cientos de parejas destruidas por culpa de las infidelidades. «Hay pocas cosas, aparte de las enfermedades y la muerte, que tengan un efecto tan devastador en una pareja», dijo Perel. En su exitoso libro *The State of Affairs: Rethinking Infidelity*, cuenta que la agonía que siente la persona traicionada va mucho más allá de la simple violación de la confianza. «Rompe en pedazos esa gran ambición que es el amor romántico. Es un choque que nos hace cuestionarnos nuestro pasado, nuestro futuro e incluso nuestra propia identidad. De hecho, el torbellino de emociones que provoca descubrir una infidelidad puede llegar a ser tan arrollador que muchos psicólogos tienen que recurrir al campo de los traumas para explicar los síntomas: rumiación obsesiva, hipervigilancia, insensibilidad y disociación, ataques de ira inexplicables, pánico incontrolable.»

En el caso que nos ocupa, decir que el descubrimiento de Elin de la infidelidad de Tiger Woods provocó un torbellino de emociones sería quedarse corto. Ese 27 de noviembre de 2009 a las 2.25 de la madrugada, tirado en la acera, inconsciente y con los dientes y los labios manchados de sangre, Woods finalmente mostró lo que era en realidad: una persona vulnerable, frágil y gravemente herida. Elin, conmocionada, atendió al hombre que le había roto el corazón. Le colocó una almohada debajo de la cabeza, le puso unos calcetines, le cubrió con una manta y le suplicó que abriera los ojos. Kultida salió corriendo desesperadamente de la casa y gritó: «¿Qué ha pasado? ¿Qué ha pasado?». Enseguida llegaron algunos agentes de policía y los paramédicos e hicieron la misma pregunta. Colocaron en una camilla a Tiger, que, mientras le llevaban hacia una ambulancia, abrió por un momento los ojos e intentó decir algo. Sus labios se movieron, pero no pronunció ninguna palabra. Entonces sus ojos se quedaron en blanco, como si estuviera muerto. Mientras Elin gritaba y Kultida lloraba, los paramédicos cerraron las puertas de la ambulancia y sus luces desaparecieron lentamente en la noche de Florida.

CAPÍTULO VEINTIOCHO
LA TORMENTA

«¿Cómo he llegado hasta aquí?»

Para Woods, la pregunta traspasaba las paredes de la habitación de urgencias del Health Central Hospital. Al despertar allí a la mañana siguiente de Acción de Gracias, su mundo estaba patas arriba. Lo que había empezado como un intento desesperado por ocultarle un secreto a su mujer había desembocado en una crisis a gran escala. De repente, tenía que preocuparse por la posibilidad de que el mundo entero conociera la verdad.

Estaba desorientado y rodeado del personal médico. Comprobaban sus constantes vitales, le limpiaban y suturaban la laceración del labio y le extraían sangre. Había aparatos que monitorizaban su presión sanguínea y su frecuencia cardíaca, cuadros para anotar sus progresos y una enfermera que le preguntaba cómo se encontraba. Tiger, que estaba acostumbrado a controlarlo todo, se encontró fuera de lugar, completamente en manos de otros.

Fuera de la habitación, dos agentes de policía a los que se les había encargado investigar el accidente aguardaban con la esperanza de poder hablar con él. También estaban interesados en los resultados de sus análisis de sangre. Elin ya les había entregado dos botes de pastillas —el de Ambien (las pastillas para dormir) y el de Vicodin (los analgésicos)— que dijo que su marido estaba tomando. La duda era si el contenido de esos frascos había tenido algo que ver en el siniestro. Mientras tanto, los equipos de televisión iban llegando al aparcamiento.

Durante las horas siguientes, mientras sus constantes vitales se estabilizaban y quedaba claro que las heridas no eran graves, Woods solo deseaba poder volver al lugar de donde había huido en mitad de la noche. Su deseo se cumplió a la una del mediodía. Diez horas después de su ingreso en urgencias, le dieron el alta.

Mientras Tiger volvía a casa, los investigadores fotografiaban y registraban su Cadillac en el depósito de vehículos. Recuperaron un único objeto: un libro de ciencia descatalogado del profesor de astronomía británico John Gribbin titulado *Get a Grip on Physics*. A Tiger le interesó el espacio desde que era un niño y a menudo leía sobre las misiones de la NASA. De mayor, seguía gustándole leer sobre ciencia. El libro, cubierto parcialmente por fragmentos de cristal roto, era una prueba de su pérdida de inocencia, pero no explicaba cómo había conseguido chocar con tantos obstáculos en los apenas cuarenta y cinco metros que separaban su aparcamiento del jardín de sus vecinos. Unas horas después de que Tiger volviera a casa, la Policía de Tráfico de Florida reveló el informe del accidente y les comunicó a los medios que seguían investigando el caso y que era posible que se presentaran cargos. «No creemos que se trate de un asunto doméstico», les comunicó un portavoz de la policía, alimentando las especulaciones que afirmaban lo contrario.

Esa misma tarde, el portavoz de Tiger emitió un breve comunicado diciendo que Woods estaba bien. Pensar que podía estarlo era absurdo. Lo cierto era que nunca había estado en una situación más precaria. Además de ser el objeto de una investigación que amenazaba con poner su vida privada bajo un microscopio, su mujer había dejado de confiar en él y se sentía traicionada por su gente, por lo que había acudido a su familia, especialmente a su hermana. Josefin, que comprendía la gravedad de la situación a la que se enfrentaba Elin, llamó a Richard Cullen, el socio director de su bufete de abogados, con una petición muy simple: «¿Podemos ayudar a mi hermana?».

Cullen había trabajado en las investigaciones de los casos Watergate e Irán Contra, y formó parte del equipo de abogados de George W. Bush durante el recuento de votos posterior a las elecciones del año 2000. Tras una temporada trabajando para las autoridades como fiscal del distrito este de Virginia y fiscal general del estado, pasó a representar a grandes multinacionales investigadas por el Departamento de Justicia de los EE. UU. y por la Comisión de Bolsa y Valores. Su bufete de abogados, con oficinas en Estados Unidos y Europa, no estaba especializado en procesos de familia, pero Cullen era un magnífico estratega, experto en encontrar soluciones a problemas empresariales muy complejos que en ocasiones implicaban desavenencias entre potentes corporaciones e instituciones gubernamentales. En muchos sentidos, poseía las habilidades idóneas para hacer frente a un caso como ese. Elin estaba navegando por aguas desconocidas. Sin embargo, pese a estar todavía recuperándose de la noticia de que el hombre al que amaba le había sido infiel, tuvo la entereza suficiente para darse cuenta de que, probablemente, poner fin a un matrimonio con el deportista más rico del mundo no iba a ser un caso de divorcio al uso. Sería más bien como el cese de un negocio próspero, solo que en esa ocasión había dos niños pequeños de por medio, y quería asegurarse de que cualquier cosa que hiciera supusiera lo mejor para ellos.

Segura de haber encontrado al mejor equipo posible para aconsejarla, Elin acabó contratando a McGuireWoods. A su equipo legal, encabezado por Cullen y su socio en Richmond, Dennis Belcher, se unieron otros tres abogados: el socio corporativo del bufete en Londres, un tercer socio de la oficina de Virginia y Josefin. Por primera vez desde que se casaron, Tiger no era el único con un equipo de abogados y consejeros del más alto nivel.

Unas horas después de que Tiger saliera del hospital, dos agentes de policía llamaron a la puerta de su casa. Elin abrió y los invitó a pasar. Cuando le dijeron que querían hablar con su marido, ella contestó que estaba durmiendo y que no se le podía molestar. Cuando quisieron hablar con ella sobre el accidente, dijo que no diría nada si Tiger no estaba presente. Les sugirió que volvieran a las tres de la tarde del día siguiente. Luego, agotada, se alejó y desapareció al final del pasillo. Los agentes, a los que había dejado plantados en el interior de la casa, se marcharon en silencio.

No está claro dónde se encontraba Tiger el día después del accidente. Por lo menos uno de los informes publicados sugiere que después de que le dieran el alta voló a Arizona en un avión privado para someterse a un procedimiento dental. Había perdido el incisivo superior en algún momento entre que su mujer descubrió el mensaje de Rachel Uchitel y llegó la ambulancia y le encontró en la acera junto al coche siniestrado. Diversas fuentes creen que fue un importante odontólogo estético del área de Phoenix —que no quiso responder a ninguna pregunta— quien le practicó la cirugía. En cualquier caso, haber perdido un diente no era la mayor de sus preocupaciones.

Nadie lo sabía mejor que Mark Steinberg, que voló a Orlando para encargarse personalmente de la situación. Desde el principio, el agente había rezado porque el escarceo amoroso de Tiger y Rachel Uchitel quedara confinado en las páginas del *Enquirer*. Creía que si no era más que la noticia de un tabloide nadie se la tomaría en serio y no perjudicaría a Tiger. Habría asuntos de los que encargarse en casa, pero todo lo demás seguiría igual: el golf, los acuerdos de patrocinio, la fundación. Pero para cuando Steinberg llegó a casa del golfista, ya había cambiado su forma de ver las cosas. El matrimonio de Woods se había ido a pique, y la noticia del accidente había copado titulares en todo el mundo, complicando sobremanera la estrategia de contención. En las veinticuatro horas posteriores al accidente, el agente a cargo de los asuntos públicos de la Policía de Tráfico de Florida recibió nada menos que mil seiscientos emails de medios de comunicación que solicitaban información. Llegaron consultas de lugares como México, Canadá, Japón o Australia. Solo Associated Press llamó al departamento sesenta y ocho veces para pedir documentos y fotografías o para interesarse por los avances en la investigación. Cuando Steinberg se reunió con Tiger en Isleworth, ya había helicópteros sobrevolando la casa y vehículos de televisión haciendo cola delante de las verjas.

Las preguntas de la prensa coincidían con las de la policía: ¿Por qué había salido Tiger de su casa a las dos y media de la madrugada? ¿Adónde iba? ¿Qué pasó para que perdiera el control del vehículo y chocara con arbustos, un seto, una boca de incendios y un árbol?

¿Qué había tenido que ver su mujer en el accidente, si es que había tenido algo que ver? ¿Qué heridas había sufrido?

Woods se enfrentaba a un dilema: no tenía obligación legal de hablar con las autoridades, pero si se negaba a responder las preguntas más simples solo conseguiría darle a la opinión pública más motivos para pensar que tenía algo que esconder. Tiger, que normalmente era todo un maestro a la hora de vender su imagen pública, se enfrentaba a una oleada de fuerzas externas generada por él mismo que le estaba empujando a hacer algo que siempre había logrado evitar: afrontar quién era en realidad. Sin embargo, seguía negándolo todo y mintiendo a Elin, a su madre y a sí mismo. Había tanto detrás de ese accidente que su instinto le empujaba a ocultarlo, a encerrarse en sí mismo y alejarse de los demás: de la prensa, del público y de su propia familia.

Steinberg tenía que encarar una tarea imposible. Despejó la agenda de Tiger. Canceló la rueda de prensa que el golfista debía dar tres días antes de un torneo a beneficio de su fundación, y también su participación en el evento. El agente anunció que, debido a sus heridas, Woods no participaría en ningún otro torneo del año 2009. Luego se encargó del tema de la policía. Cuando los investigadores volvieron a la casa a la hora que Elin les había indicado, Steinberg asumió el papel de escolta y los recibió en la entrada, les dijo que era el agente de Tiger y que su cliente no se encontraba bien. Les pidió aplazar la entrevista, indicándoles que Woods y su mujer les atenderían, esta vez sí, al día siguiente a las tres de la tarde.

Sin embargo, por lo que parecía, Woods no iba a hablar nunca con los investigadores. Steinberg contrató a Mark NeJame, uno de los mejores abogados penalistas de Orlando, para que gestionara el asunto con la policía. Después de que Steinberg volviera a darles largas a los agentes, NeJame comunicó a la Policía de Tráfico de Florida que no iban a poder entrevistar a su cliente ni a la Sra. Woods. En su lugar, el abogado les facilitaría una copia del permiso de conducir de Tiger, el certificado de matriculación del vehículo y el recibo del seguro.

El 29 de noviembre, los agentes se presentaron en casa de Tiger por tercera vez y NeJame les entregó los documentos del vehículo. Estando ahí, se fijaron en que en la entrada al domicilio había cámaras de seguridad y le preguntaron al abogado si podían facilitarles una copia de la grabación de la noche del accidente. Más tarde, ese mismo día, la oficina de NeJame comunicó a la policía que Woods no podía acceder a las imágenes de las cámaras de videovigilancia; en otras palabras, que se olvidaran del tema.

Esa tarde, cuando los vehículos de televisión aparcados a las puertas de Isleworth empezaban a parecer una flota, Tiger colgó unas declaraciones en su web:

Entiendo que haya curiosidad, pero los diversos rumores falsos, infundados y maliciosos que están circulando sobre mi familia y sobre mí me parecen irresponsables.

Mi mujer, Elin, actuó con suma valentía cuando vio que estaba herido y pasándolo mal. Fue la primera en ayudarme. Cualquier otra afirmación es completamente falsa.

Este ha sido un incidente angustiante y complicado para Elin, para mi familia y para mí. Agradezco la preocupación y todos los mensajes de ánimo que hemos recibido.

Pero quiero pedir también un poco de comprensión. Mi familia y yo merecemos un poco de privacidad, independientemente de lo indiscretas que sean algunas personas.

Era difícil hacerse a la idea de que solo habían pasado treinta y seis horas desde el accidente. Desde luego, a Woods le parecieron semanas. Su mujer seguía sin saber de la misa la media, y no había nada peor que la ansiedad de pensar que el resto de sus secretos saldrían a la luz. Durante días, su infidelidad había ardido como un pequeño arbusto, contenido en las páginas de tabloides y webs amarillistas, pero las evasivas de Tiger a las autoridades estaban alimentando la controversia y amenazaban con hacer que la noticia traspasara la línea de fuego y llegara a los medios de comunicación generalistas. El domingo, el *New York Times* publicó el titular «¿Qué esconde Woods?». Reuters y Associated Press también estaban escarbando. Los reporteros de las cadenas de noticias investigaban el caso. La situación era incendiaria.

Steinberg también tenía motivos para estar asustado. La cobertura mediática amenazaba con cargarse la credibilidad de Tiger, que, para sus patrocinadores, era parte fundamental de su valor. Entre todos le estaban pagando al golfista cien millones de dólares anuales por publicitar sus productos. Que un titular del *Times* sugiriera que Tiger podía estar escondiéndole algo a las autoridades hacía que esa cifra se tambaleara. Los directores ejecutivos podían ignorar los periodicuchos, pero todos leían el *Times*. Si la noticia seguía extendiéndose, los patrocinadores de Tiger empezarían a impacientarse.

El día después de que Woods publicara las declaraciones en su web, el fiscal local del estado rechazó una solicitud de comparecencia de la policía. El motivo de la citación era obtener los resultados médicos de los análisis de sangre que le habían hecho a Tiger en el hospital, pero los investigadores no disponían de información suficiente para apoyar su petición. Así que el 1 de diciembre, solo cuatro días después de que le dieran el alta, Tiger recibió una multa por conducción temeraria y tuvo que pagar 164 $. Más de cien periodistas y cámaras se apelotonaron en la Oficina de Tráfico de Orlando para una rueda de prensa en la que comunicaron que el caso estaba cerrado. Más tarde, el abogado de Tiger habló con los medios. «Estamos satisfechos con el resultado —dijo NeJame—. Se acabó.»

Pero lo cierto era que los problemas acababan de empezar. Las maniobras realizadas por el Equipo Tiger después del accidente fueron igual de efectivas que utilizar una manta para apagar un incendio forestal, y si la noticia del *Enquirer* sobre la aventura de Tiger con Rachel Uchitel había sido la cerilla que lo había provocado, el accidente fue como arrojarle cincuenta litros de gasolina. NeJame había librado a Tiger de la investigación policial, pero era imposible huir de las llamas que estaban calcinando su imagen. Menos de veinticuatro horas después de que la Policía de Tráfico de Florida cerrara el caso, llegó a las estanterías un nuevo número de *Us Weekly*. En la portada aparecía una fotografía idílica de Tiger y Elin junto al titular «Sí, la engañó». El artículo detallaba el largo romance entre Tiger y la camarera de cócteles Jaime Grubbs, que al parecer recibió 150.000 $ por su historia. Grubbs le contó a la revista que había mantenido veinte encuentros sexuales con Woods. También afirmó tener más de trescientos mensajes suyos subidos de tono y un mensaje de voz que le había dejado justo antes del accidente. En la página de *Us Weekly* colgaron un enlace a ese mensaje, que se volvió viral e hizo que el teléfono de NeJame empezara a sonar.

Era la segunda amante que se le descubría, y Woods se apresuró a publicar una disculpa en su web. «He decepcionado a mi familia y lamento esas faltas con toda mi alma —dijo—. He traicionado mis valores y el comportamiento que mi familia merece... Aun así, considero que en asuntos privados que atañen únicamente a una familia debería respetarse la privacidad.»

Nike no tardó en emitir unas contundentes declaraciones en las que aclaraba que seguiría apoyando a Woods y que él y su familia contaban con todo el apoyo de la compañía. Pero otros socios corporativos de Tiger fueron más comedidos. Gatorade dijo «Seguiremos colaborando», un apoyo muy poco enérgico en el que se había prescindido de la evidente continuación de la frase: *de momento*. Un portavoz de Gillette fue incluso más cauteloso y dijo: «Por lo pronto, no vamos a hacer cambios en nuestros planes de marketing en curso». Con las nueve cifras que se embolsaba cada año Tiger gracias a sus patrocinadores pendiendo de las palabras *por lo pronto*, Steinberg y los abogados del golfista tuvieron que enfrentarse a algunas preguntas abrumadoras: ¿Cuántas amantes más había? Y, estando los tabloides tan dispuestos a pagar por sus historias, ¿cuánto les costaría comprar su silencio?

A la que más temían era a Uchitel. Después del accidente había contratado a la reputada abogada Gloria Allred, y esta había programado una rueda de prensa para su clienta en Los Ángeles. Lo último que necesitaba Woods era a Uchitel llorando sus penas delante de una marea de periodistas. Los abogados del golfista se pusieron en contacto con Allred y la rueda de prensa fue cancelada inmediatamente. Posteriormente, Uchitel apareció en la portada del periódico *New York Post* bajo un titular bastante llamativo: «LOS *GREEN FEES* DE TIGER: Un dineral para silenciar a Rachel... y una millonada para no perder a su mujer». Aunque las condiciones no llegaron a trascender, más tarde saldría a la luz que Woods le había pagado diez millones de dólares a Uchitel a cambio de que firmara un acuerdo de confidencialidad «a todo riesgo» que le prohibía hacer ningún tipo de declaración sobre él.

Era como si cada paso que daba Tiger —incluso los que tenían como objetivo asegurar su privacidad— se estuviera filtrando. El día después de que Uchitel apareciera en portada, Mindy Lawton reveló a los medios sus encuentros sexuales con el golfista, y aseguró que se había negado a ponerse preservativo. Eso provocó una nueva oleada de críticas por parte de los comentaristas, que acusaron a Woods de poner en peligro la salud de Elin.

Elin ya se había quedado tocada con el descubrimiento previo al accidente de que su marido la había estado engañando, pero la interminable lista de revelaciones que se sucedieron después del fatídico día la dejaron en estado de choque e incredulidad. «Cuantas más cosas se sabían, más estúpida me sentía —dijo Elin—. ¿Cómo pude no enterarme de nada?»

La vergüenza que sentía era abrumadora. No había sucedido una vez, ni dos, ni tres; Tiger era un adúltero en serie. «¿Cómo pude estar tan ciega?»

Su hermana y su madre volaron desde Europa para hacerle compañía y apoyarla a ella y a sus hijos. Tuvieron que recordarle a Elin que durante los últimos tres años —el apogeo del adulterio de Tiger— había pasado por dos embarazos y había estado acudiendo a la universidad por las noches para acabar de sacarse el grado en Psicología. La realidad era que había estado demasiado ocupada cuidando de sus hijos y formándose y, por lo tanto, apenas había acompañado a Tiger en sus viajes. Tampoco tenía ningún motivo para sospechar que en su matrimonio fallara algo; siempre, sin excepción, le había sido fiel a Tiger y a sus hijos, y confiaba plenamente en que él hacía lo mismo. Poco después de que su madre llegara de Suecia, Elin le confesó que siempre había tendido a confiar en la bondad de las personas, pero que temía haber perdido esa confianza. «La palabra *traición* no es lo suficientemente fuerte —dijo Elin—. Sentí que todo mi mundo se había desmoronado.»

El viernes 11 de diciembre, la lista de amantes ya ascendía a catorce. Esa tarde, Tiger anunció que se retiraba del golf profesional. «Soy plenamente consciente de la decepción y el dolor que mis infidelidades han causado a numerosas personas, en especial a mi mujer y mis hijos —escribió, una vez más en su web—. Os ruego a todos, incluidos mis seguidores, la buena gente de mi fundación, mis socios corporativos, el PGA Tour y mis colegas golfistas, que me entendáis... Le he dado muchas vueltas y he decidido retirarme indefinidamente del golf profesional. Necesito centrarme en ser un mejor marido, un mejor padre y una mejor persona.»

Gran parte del valor que las empresas estadounidenses veían en Tiger residía en su imagen de deportista de élite con una reputación impecable. Pero esa reputación había sido destruida. Tiger apareció durante veintiún días consecutivos en la portada del *New York Post*, superando el anterior récord de las veinte portadas dedicadas a los atentados del 11-S. El escándalo les vino muy bien para lo suyo a los humoristas de la televisión nocturna. Un día después de que Tiger anunciara su retirada del golf, *Saturday Night Live* se mofó de él con un *sketch* titulado «La 15.ª amante». Sus patrocinadores no le vieron la gracia. Accenture fue el primero en desvincularse de Woods, que había sido imagen de la empresa desde 2003. La multinacional había apostado fuerte por él desde el inicio y, en ese momento, era uno de sus socios más importantes, que generaba unos ingresos de siete millones al año. Sus omnipresentes anuncios «Venga, sé un Tigre» y los que vinieron detrás habían ayudado a transformar a la antigua Andersen Consulting en el gigante corporativo que era ahora, con 177.000 trabajadores repartidos en cincuenta y dos países y un valor de mercado de veintiséis mil millones de dólares. Solo en 2008, Accenture había invertido cincuenta millones en publicidad, siendo Woods su imagen principal con diferencia. «Tiger fue un recurso publicitario muy efectivo para nosotros, de eso no hay duda», declaró el portavoz de la empresa, Fred Hawrysh, al *New York Times*.

«Fue»; ahora era historia.

«Tras analizar la situación y meditarlo detenidamente, la empresa ha determinado que ya no es el representante más adecuado para nuestra publicidad», declaró Accenture. A las pocas horas de dar por finalizado su acuerdo, la empresa había sustituido la cara de Woods en su página web por la de un esquiador anónimo. Al día siguiente, en la oficina de Nueva York no quedaba ni rastro de la vinculación del golfista con la compañía, una purga que no tardó en repetirse en los departamentos de marketing y publicidad de todo el mundo.

Dos días después de que Accenture rompiera sus lazos con Woods, el *Times* informó en primera plana de que las autoridades federales estaban investigando si Tony Galea había suministrado a diversos deportistas fármacos para mejorar el rendimiento, y también de que el médico había tratado a Tiger en su casa varias veces en 2009. Justo después de que se publicara la noticia, el *Wall Street Journal* difundió un riguroso reportaje sobre el acuerdo que American Media, el Equipo Tiger y *Men's Fitness* habían firmado en secreto para enterrar la historia de Mindy Lawton en 2007.

El escándalo era como un incendio que se extendía arrasándolo todo a su paso. Uno a uno, los patrocinadores de Tiger le abandonaron. AT&T rompió su relación con él; Procter & Gamble se desvinculó cada vez más, y también el fabricante suizo de relojes de lujo Tag Heuer. Al final, solo Nike y EA Sports decidieron respaldarle. La decisión de EA recayó en su presidente, Larry Probst, y en el consejo de administración: la larga colaboración de la empresa con Woods pesaba más que los daños ocasionados. EA había capeado varios temporales con Steinberg, principalmente por el hecho de que Tiger se había negado a cederle la carátula a ningún otro golfista. En una ocasión, desde el departamento de marketing intentaron venderle a Steinberg la idea de que apareciera alguna nueva promesa del golf, para añadir algo de rivalidad y creatividad al juego. La respuesta fue que de ninguna manera; Tiger no compartiría el altar con nadie. Pero en ese momento EA vislumbró una oportunidad de negocio. «Ahora el poder lo teníamos nosotros, y teníamos algunas concesiones a la espera», dijo Chip Lange, que en ese momento era vicedirector de marketing de la empresa. Lo primero y más importante era poder sustituir a Woods como golfista prioritario para sus productos en favor de un emergente Rory McIlroy.

Ya hacía más de tres semanas que le habían dado el alta y Tiger seguía sin moverse de casa. Dejando de lado a Steinberg, había cortado el contacto con todos sus amigos y socios más cercanos. O'Meara le envió mensajes e emails a los que no obtuvo respuesta. Haney le mandó mensajes también. Williams habló con su buzón de voz. Barkley esperaba su llamada. Bajo asedio y demasiado avergonzado para enfrentarse a sus amigos, Tiger optó por ignorarlos.

La combinación del silencio de Tiger y los reportajes en los medios tenía confundidos a sus amigos. En diciembre, Haney se encontró con Barkley y le preguntó de hombre a hombre si tenía constancia de que Tiger se estuviera viendo con tantas mujeres.

—Charles —dijo Haney—, quiero que me seas cien por cien sincero.

—Hank —respondió Barkley—, te voy a hacer una pregunta yo a ti. Yo veía a Tiger entre diez y quince días al año. Si tú no tenías ni puta idea, ¿cómo coño iba a saberlo yo?

Haney llegó incluso a contactar directamente con Elin para asegurarle que él no era conocedor de las aventuras de Tiger y, lo más importante, para expresarle su apoyo. Amigos como Haney, O'Meara y Williams adoraban y admiraban a Elin, y les sabía mal que la conducta de Tiger le hubiera causado tanto dolor y humillación pública.

Elin tenía sus propias razones para no abrir la boca. Tímida e inclinada a la privacidad por naturaleza, se encerró en sí misma, decidida a no revelarle sus sentimientos a nadie más allá de su familia y unos cuantos amigos cercanos. El dolor y la tristeza superaban cualquier cosa que hubiera vivido antes. Durante el día, intentaba ocultar su pena por el bien de sus hijos, con la esperanza de mantenerlos al margen del caos que reinaba en su casa. Pero el estrés de intentar mantener la unidad de su familia se estaba cobrando un precio. Estaba perdiendo peso. El insomnio aumentaba su ansiedad. Había muchas cosas que arreglar. Criar a sus hijos en una familia intacta, creía, era ideal para su educación. ¿Pero acaso era factible dadas las circunstancias?

Lo que estaba claro era que necesitaba distanciarse de Tiger mientras aclaraba sus ideas. A mediados de diciembre, hizo sus maletas y las de sus hijos y se marchó a una casa de alquiler sin amueblar a unos dos kilómetros de Isleworth. Quedaba poco para Navidad y se las apañó para montar un árbol. Sin embargo, no era así como había imaginado las primeras Navidades de Charlie, rodeados de cajas en un lugar desconocido con muebles prestados. Estaba sentada en la mesa, con la mirada perdida, cuando Sam, de tres años, se le acercó y le puso la mano en la mejilla.

—¿Qué te duele, mami? —le preguntó la pequeña en sueco.

—Ahora mismo a mami le duele el corazón —le contestó Elin—, pero se pondrá bien.

—¿Y si le doy un beso se curará? O igual con palomitas.

La marcha de Elin y los niños obligó a Tiger a hacer algo que siempre había conseguido evitar: confrontar su propia realidad. Tenía un problema grave y necesitaba ayuda profesional. Perder a sus patrocinadores era una cosa; perder a su familia era algo muy distinto. En unas pocas semanas, la imagen minuciosamente forjada que había costado trece años y cientos de millones de dólares construir y mantener se había desmoronado por su adicción al sexo. Sin un tratamiento para curarse de esa adicción, era imposible que su matrimonio sobreviviera. Desesperado por aferrarse a Elin, aceptó ingresar en un centro justo después de las fiestas.

Elin apoyó su decisión. Por el bien de sus hijos, también accedió a pasar el día de Navidad con él. Después se llevó a los niños a Europa para huir de toda esa locura y para pasar un tiempo con su familia.

Cuando Elin y los niños se marcharon del país, fue cuando Tiger empezó a sentirse realmente solo. Unos días antes había recibido un mensaje de Haney que decía: «Solo quiero que sepas que siempre voy a ser tu amigo, tío. Estoy seguro de que te sentirás fatal por todo lo que ha pasado. Pero todo el mundo comete errores, y no se puede deshacer lo que ya está hecho… Si alguna vez puedo ayudarte en lo que sea, me vas a tener siempre. Solo quería que supieras que estoy contigo. Ánimo».

Después de Navidad, Tiger llamó por fin a Haney. Era la primera vez que hablaban en seis semanas. «Joder, los medios me están dando por todos lados —dijo Tiger—. Menudos buitres.»

Fue una conversación breve, y Woods no habló de su situación ni de sus sentimientos. Su voz sonaba apagada y triste. Sin ahondar en el tema, terminó la llamada diciéndole a Haney: «Voy a estar fuera un tiempo».

Haney no estaba seguro de lo que eso significaba, pero decidió no preguntar.

CAPÍTULO VEINTINUEVE
RENDICIÓN DE CUENTAS

Las instalaciones de Pine Grove Behavioral Health & Addiction Services se encuentran en Broadway Drive, en el centro de Hattiesburg, Misisipi, rodeadas de edificios que albergan negocios corrientes. Justo después de las fiestas, Tiger atravesó las puertas del centro e ingresó en su programa de tratamiento de adicción al sexo, conocido como Gratitud. Tras entregar su teléfono móvil, le acompañaron al que sería su hogar durante los próximos cuarenta y cinco días: una casita diminuta y austera con una cama y una cómoda. No había televisor ni ordenador ni internet. El baño era compartido. A las diez de la noche había toque de queda, y a las tres comprobaban que todo el mundo estuviera en la cama. El acceso a las pastillas para el dolor y para dormir estaba limitado. Además de Tiger, en el centro habían ingresados por lo menos una docena de pacientes más, pero para ninguno suponía ese entorno un cambio tan drástico. Para Tiger, un multimillonario acostumbrado a vivir según sus propias reglas, eso superaba los límites del confinamiento.

El programa Gratitud fue ideado por el doctor Patrick Carnes, el primero en introducir el término *adicción al sexo* en el léxico médico en 1983 basándose en patrones de comportamiento que había observado en hombres que estaban sufriendo. El Dr. Carnes escribió *Out of the Shadows: Understanding Sexual Addiction*, una obra pionera en la materia. «De niños —dijo Carnes—, los adictos al sexo crecen en entornos donde nadie habla del tema: todo el mundo finge que no hay ningún problema, pero hay uno enorme que interfiere en la vida de todos. En esas situaciones en las que todo el mundo obvia el problema, los niños aprenden muy temprano.»

El tratamiento de Tiger estaba basado en las concluyentes investigaciones del doctor, que demuestran que la mayoría de los adictos al sexo provienen de familias con antecedentes de adicción cuyos miembros están «desapegados» los unos de los otros y en las que apenas hay confianza o intimidad. Los niños que crecen en esos hogares aprenden que los errores son inaceptables y que no es seguro fiarse de los demás. Los secretos, dijo Carnes, cobran más importancia que la realidad. El doctor sostenía que, en esos casos, la adicción al sexo —así como la adicción al alcohol, al juego, a la nicotina o a las drogas— es una enfermedad causada por la necesidad de huir, la alternativa a sentirse herido, traicionado y, por encima de todo, solo.

El padre de Tiger era adicto a la nicotina y al alcohol, y siempre fue un mujeriego. El propio Tiger había tenido que cargar con expectativas imposibles, y siempre le había costado mucho confiar en los demás. Era una persona extremadamente reservada, y la soledad había marcado su vida desde el inicio de la escuela primaria, pasando por la universidad y hasta sus días en el PGA Tour.

Los terapeutas sexuales ahondan en busca de adicciones que hayan pasado de padres a hijos: puede ser el alcohol, las drogas, el vivir sin límites. «Esa es la naturaleza de los hogares disfuncionales —explicó Bart Mandell, terapeuta sexual titulado y el primero en el estado de Nueva York que fue formado por el Dr. Carnes—. El comportamiento se aprende. Por así decirlo, se ha tenido que descargar al disco duro desde algún sitio.»

Como parte de su primera semana de tratamiento, Tiger fue sometido a una evaluación diagnóstica exhaustiva. Incluía un breve repaso a su historial físico y médico, seguido de una evaluación psiquiátrica y de algunos tests psicológicos. Quizá la herramienta de diagnóstico de mayor validez fuera una llamada Inventario de Dependencia Sexual (SDI, por sus siglas en inglés), que recopilaba información sobre conducta sexual, fantasías e intereses. Como parte de esa evaluación, Woods tuvo que establecer una cronología desde la infancia hasta ese momento detallando todas las experiencias y encuentros sexuales que pudiera recordar, incluyendo todo lo que su familia le hubiera contado sobre el sexo y el desarrollo sexual. Muchas de las más de cuatrocientas preguntas del cuestionario eran inquisitivas y concretas: cada cuánto se masturbaba, si alguna vez le habían descubierto, secretos sexuales, deseos.

El propósito de esa evaluación tan invasiva estaba muy meditado. Las exhaustivas investigaciones que se han realizado a lo largo de los años han dado pistas sobre los puntos en común entre los adictos al sexo, ninguno tan extendido como los traumas infantiles. «La dinámica familiar es un factor crítico —dijo la doctora Monica Meyer, psicóloga licenciada y directora clínica del programa Camino Apacible del centro The Meadows, en Arizona, y que en la actualidad trabaja con el Dr. Carnes—. En su mayoría, los adictos al sexo se han criado en unidades familiares inflexibles y desapegadas. Eso quiere decir que en sus familias existen reglas estrictas, pero no demasiado afecto o cercanía. Los niños pueden desarrollarse perfectamente en familias muy estructuradas, pero solo si saben que esa estructura proviene del amor y el afecto. Sin afecto y cercanía, esa estructura pasa a ser fría… y agresiva.»

Cuando Tiger pasó todas las pruebas y se evaluaron sus resultados, fue sometido a un programa de tratamiento y rehabilitación confeccionado especialmente para él. En ese punto, la mayor parte del tratamiento tomaba forma de terapia de grupo, un enfoque que pretendía que a Tiger le resultara casi imposible ocultar su dolor durante mucho tiempo.

«A menudo, el momento en el que se reconocen los traumas infantiles supone una revelación —dijo el Dr. Meyer—. En ocasiones, eso puede implicar tener que responsabilizar a tus padres. Al héroe de la familia le cuesta mucho, porque su función consiste en representarla de la mejor manera posible y en no revelar sus secretos. Debido a su lealtad, a alguien que ha adoptado ese papel de héroe puede resultarle muy difícil contar la verdad sobre su familia y asumir sus sentimientos con respecto al comportamiento de sus padres.»

Como tantos otros hombres poderosos, Woods estaba acostumbrado a controlar la situación. La idea de perder ese control, de sincerarse de su adicción sexual, suponía derrumbar un muro. Pero en esas terapias de grupo con entre seis y ocho personas en una sala compartiendo sus historias sobre remordimientos y adicción, Woods no tardó en descubrir que había poca tolerancia al «discurso del adicto»: excusas y racionalización de la naturaleza narcisista de su conducta.

Pasados veintiocho días, el tratamiento adoptaba muchos de los principios incluidos en el programa de doce pasos de Alcohólicos Anónimos. Solo que, en este caso, el Libro Grande, como se le conoce en A. A., era verde en vez de azul. El mensaje, sin embargo, era inequívocamente el mismo: «Admite tu impotencia. No tienes poder sobre tus impulsos y conductas sexuales. Eres incapaz de controlar tu vida. Necesitas la ayuda de un poder superior a ti».

«El primer paso consiste en asumir que eres vulnerable y que necesitas ayuda —dijo el Dr. Meyer—. Si estás en lo más alto, manipulándolo todo y engañando a tanta gente, reconocer que no tienes poder sobre tus impulsos y conductas sexuales y que no tienes control sobre tu vida es fundamental para que estés dispuesto a aceptar ayuda para rehabilitarte.»

Solo entonces Woods estuvo listo para afrontar la penúltima semana de su tratamiento (y para un dramático careo con Elin camuflado bajo el benevolente título de «Semana de la Familia»). Desde el momento en el que ingresó en el programa Gratitud, Tiger sabía perfectamente que esa fase formaría parte de su rehabilitación. Pero ahora, en la confesión de culpabilidad que pronto tendría que leerle a Elin, estaba admitiendo que era un adicto al sexo e identificando y enumerando todas y cada una de las traiciones que podía recordar: las llamadas de teléfono, los mensajes y los regalos ilícitos. Las mentiras. No es extraño que hombres poderosos enumeren más de cien encuentros sexuales de esa índole en sus declaraciones. Como parte de su autorresponsabilización, Woods escribió también cómo su adicción había afectado a su vida y a la de su mujer. Estuvo toda la semana trabajando en el texto con su terapeuta y ensayando delante de un grupo. ¿Estaba siendo sincero? ¿Manteniendo el contacto visual? ¿Mostrándose verdaderamente arrepentido?

A Elin le encantaba escribir. De niña, en Suecia, soñaba con ser periodista como su padre. Por aquel entonces habría sido impensable imaginar que algún día le tocaría protagonizar uno de los escándalos de infidelidad más sonados de la historia estadounidense contemporánea, y mucho menos que tendría que escribir sobre ello. Pero mientras Tiger estuvo internado, Elin se explayó en su diario. Había dejado atrás la fase de choque e incredulidad y pasado a una de ira y depresión. Había sufrido un auténtico calvario, y escribir sus pensamientos en su ordenador era una muy buena manera de descargarse de su frustración. No había palabras que pudieran describir la intensidad de su dolor, pero la adversidad la había hecho fuerte. De esa fuerza fue de la que echó mano durante su viaje a Hattiesburg para el inicio oficial de la Semana de la Familia, una parte fundamental del tratamiento de Tiger en Pine Grove.

A su llegada, Elin acudió a varias charlas sobre adicción sexual y adicciones en general. Luego llegó la parte difícil: el Martes de la Responsabilidad. Tras un mes sin ver a Tiger, se sentó con él, que pasó toda una hora contándole la verdad sobre su vida secreta. También había presentes algunos terapeutas, atentos ante la presencia de posibles signos de estrés o arrebatos de ira y dando consejos sobre respirar profundamente mientras una aparentemente interminable lista de traiciones a los votos quedaba al descubierto. El motivo principal por el cual Elin se había enamorado de Tiger era que se divertían mucho juntos. El día de su boda había sido uno de los más felices de su vida. Parecía que había pasado una eternidad. La infinita lista de mujeres y la variedad de los escenarios superaba lo que podía asimilar: *suites* en hoteles de lujo, aparcamientos vacíos, incluso *en su casa*. Después de esa sesión descarnada, Elin salió de la sala y se reunió con otras mujeres que acababan de pasar por la misma experiencia. Todas intentaban procesar lo que acababan de escuchar.

Los adictos a menudo hablan de una gran liberación emocional una vez revelados todos sus secretos. No sucede lo mismo con sus esposas o parejas; en su caso, es como si las apuñalaran en la espalda y el corazón al mismo tiempo. Los terapeutas tienen un término para referirse a ello: *estrés postraumático*. (En 2011, el Dr. Meyer dijo que Gratitud hacía algunos ajustes en la manera de procesar esas revelaciones basándose en nuevas investigaciones que demostraban la necesidad de apoyo adicional y preparación enfocados a la pareja traumatizada receptora de la información.) En un momento dado, se le pidió a Elin que preparara una declaración de impacto explicando cómo la infidelidad de Tiger la había humillado y destrozado y había destruido su matrimonio.

Para Woods, escuchar eso fue horrible. «La he traicionado —dijo—. Mi falta de honestidad y mi egoísmo le han hecho mucho daño. Me arrepentiré toda la vida.»

Uno de los días más duros del tratamiento para Tiger fue el 8 de febrero de 2010, el día que su hijo, Charlie, cumplió un año. Solo en su habitación, Tiger se sentía anegado por unos remordimientos que temía que le acompañarían durante el resto de sus días. «Me perdí el primer cumpleaños de mi hijo —dijo—. No puedo volver a ese lugar. De ahora en adelante, quiero formar parte de la vida de mi hijo y de mi hija.»

Se juró que nunca volvería a perderse un cumpleaños.

El programa Gratitud obligó a Tiger a mirarse al espejo y afrontar el hecho de que había estado negando la realidad, engañándose a sí mismo y a la gente a la que más quería. Mientras daba pasos positivos hacia el momento en el que reconocería el dolor y la pena que le había causado a su mujer y su familia, los tabloides seguían detrás de él. Supuestamente, su paradero y la naturaleza de su tratamiento debían ser confidenciales, pero a mitad de su estancia de seis semanas en Pine Grove, RadarOnline.com, publicación hermana del *National Enquirer*, reveló que estaba siendo tratado en ese centro de Misisipi. Pero eso fue solo el principio. El *Enquirer* puso en marcha un operativo a gran escala en Hattiesburg. Con la ayuda de Google Earth, el tabloide consiguió una vista aérea de Pine Grove, y luego utilizó una pizarra para marcar todas las entradas y salidas antes de determinar los lugares en los que los fotógrafos podían hacer fotos de manera legal.

«Básicamente —dijo una fuente—, todo se redujo a una posición.» Esa posición resultó estar justo enfrente de la puerta principal. Así pues, el tabloide apostó en propiedad pública a un fotógrafo tremendamente incansable que, teleobjetivo en mano, esperó veinticuatro horas al día, siete días a la semana. Un día, al abrirse las puertas, divisó a su objetivo, que, vestido con una gorra de béisbol y una sudadera negra, salió de un edificio sosteniendo una bebida. El *Enquirer* tomó la foto. Más tarde, acompañaría a un artículo de la publicación en el que se aseguraba que, en el tiempo que estuvo siguiendo el programa Gratitud, Woods había confesado ser infiel con por lo menos ciento veinte mujeres distintas.

La despiadada persecución por parte de los periodistas de tabloides era vergonzosa. No estaba a salvo ni siquiera en un centro de tratamiento. Era como si humillar públicamente a Tiger se hubiera vuelto un deporte sangriento.

El 15 de febrero de 2010, Woods completó su tratamiento y pudo volver a Isleworth. Tres noches después, salió de casa, cruzó la calle y se dirigió al campo de prácticas. Llevaba sin tocar un palo de golf casi tres meses. Con un *wedge* para arena, estuvo golpeando bolas y observando cómo desaparecían en la oscuridad. Seguro que él mismo deseó poder desaparecer así, desvaneciéndose en la noche.

Estar bajo tratamiento había sido la peor experiencia de su vida, lo más duro que había tenido que hacer. Había sido horrible y, a fin de cuentas, no estaba seguro de que Elin fuera a tragarse todo el asunto de la terapia. Estaba tan herida que era difícil saber qué pensaba exactamente, más allá de la certeza de que quería que Tiger dejara de jugar al golf durante dos años. Eso lo había dejado bien claro.

Pero el golf era lo único que daba sentido a la vida de Tiger. El campo era el único lugar donde se sentía verdaderamente como pez en el agua. Deseaba volver a ese lugar más que nunca. No obstante, además de la oposición por parte de Elin, había un obstáculo todavía más grande interponiéndose entre él y su vuelta al PGA Tour: una disculpa pública. Steinberg había reunido un comité de crisis para ayudarle a sortear las repercusiones del escándalo, especialmente el impacto potencial en la captación de fondos para su fundación. El equipo le había dicho a Woods que, antes de que pudiera plantearse volver a jugar al golf, tendría que reconocer públicamente sus errores, disculparse y pedir perdón.

A la cabeza del comité de crisis estaba Ari Fleischer, que había sido secretario de prensa de la Casa Blanca durante la presidencia de George W. Bush. Tras dejar el Ala Oeste, Fleischer montó su propia agencia de estrategias de comunicación y medios, a través de la cual asesoraba a clientes muy importantes. Uno de ellos fue el jugador de béisbol Mark McGwire, que se vio envuelto en una polémica sobre el uso de esteroides. Antes de regresar al béisbol como entrenador de los St. Louis Cardinals, admitió que a lo largo de su carrera había recurrido a sustancias para mejorar el rendimiento —aunque aseguró que había sido por motivos de salud—, también en la temporada 1998, cuando hizo setenta cuadrangulares y batió el récord de la época. En su confesión, McGwire había hablado con la mano en el corazón. Fleischer le dio a Woods un consejo muy severo: «Si tus palabras y tus sentimientos son sinceros, Estados Unidos es un país muy compasivo. Cuando cometes un error, la gente está más que dispuesta a perdonártelo. Pero tienes que ser sincero».

El muro más alto con el que se topó Fleischer fue Steinberg. El asesor conocía bien la política del Ala Oeste y reconocía una actitud autoritaria cuando la veía. Le pareció que Steinberg era una de las personas más controladoras que había conocido. Todo lo que tuviera que ver con Tiger tenía que autorizarlo él y tenía que hacerse de una determinada manera. «Tuve que lidiar con eso para que Tiger se disculpara, y finalmente lo hizo —dijo Fleischer—. Pero no resultó nada fácil.»

Mientras Woods se encontraba solo en la oscuridad golpeando bolas el día antes de su disculpa pública, seguía incomodándole sobremanera la idea de plantarse delante del mundo entero y hablar de sus múltiples infidelidades a su mujer. Ya era bastante humillante haber tenido que soportar seis semanas de tratamiento para la adicción al sexo. Además, sus errores ya se habían publicado con todo lujo de detalles en todos los medios: la prensa, la televisión, la radio y, principalmente, internet.

No obstante, a la mañana siguiente, Woods se presentó en las oficinas del PGA Tour, en Ponte Vedra Beach, Florida. La seriedad reinaba cuando entró en una sala en la que se habían colocado formando un arco tres filas de sillas de madera. Periodistas de tres agencias de noticias —Associated Press, Reuters y Bloomberg News— se sentaron junto a miembros de la empresa de Tiger, amigos y socios comerciales, Notah Begay III y un representante de Nike. Kultida se sentó en la primera fila. Elin no asistió.

Luciendo una chaqueta de *sport* oscura, una camisa de cuello abierto y una inusual expresión temerosa, Tiger se colocó frente a un atril e hizo frente a las consecuencias de sus actos. «Buenos días y gracias por venir», empezó.

Eran las once de la mañana del 9 de febrero de 2010 y, durante los cautivadores treinta minutos que siguieron, todos los estadounidenses aparcaron lo que estaban haciendo. La gente en los aeropuertos, los bares y los vestíbulos de los hoteles estaban pendientes del televisor. En Times Square, una muchedumbre seguía la retransmisión en directo a través de una pantalla gigante. Veintidós redes de distribución y de cable interrumpieron su programación para ofrecer información sobre las declaraciones. Unos treinta millones de telespectadores y otros veinte más de radioyentes se mantuvieron pegados a sus aparatos. Las páginas web se ralentizaron o se quedaron colgadas. En un complejo hotelero cercano, unos trescientos miembros de los medios de comunicación, llegados de lugares tan lejanos como Japón o Australia, abarrotaron dos salas de baile para seguir el discurso a través de un circuito cerrado de televisión.

«Muchos de los que estáis en esta sala sois amigos míos —dijo Woods—. Muchos de los que estáis en esta sala me conocéis. Muchos de vosotros me habéis aplaudido, o habéis trabajado conmigo, o me habéis apoyado. Ahora todos tenéis motivos más que suficientes para ser críticos conmigo. Quiero deciros a todos los que estáis aquí, simple y directamente, que me arrepiento profundamente de mi comportamiento irresponsable y egoísta. He tenido aventuras. He sido infiel. He mentido.»

El discurso de Woods estaba escrito de antemano, y su imagen y su voz eran robóticas. Pero lo que estaba haciendo requería mucha más valentía que la suma de todos sus golpes.

«Sabía que lo que hacía no estaba bien —continuó—, pero me autoconvencí de que yo no me regía por reglas normales. Nunca se me pasó por la cabeza a quién estaba haciendo daño. Solo pensaba en mí mismo... Creía que podía hacer lo que me viniera en gana. Sentía que había trabajado tan duro durante toda mi vida que me merecía disfrutar de las tentaciones que me rodeaban. Sentía que tenía derecho... Me equivocaba. Fui un estúpido. No me rijo por reglas distintas...»

«Mis fallos me han hecho ver una parte de mí que jamás habría querido ver —dijo—. Es difícil admitir que necesitaba ayuda. Pero lo admito.»

Sin apartar la mirada, Kultida se secó las lágrimas reiteradamente. Desde que Tiger era un crío había estado ahí para animarle. Había andado más de mil kilómetros y recorrido los mejores campos de golf del mundo para ver cómo su hijo alcanzaba la gloria. Al mismo tiempo, formaba parte del equipo parental que había ayudado a colocar sobre los hombros de su hijo el peso que llevaba cargando durante toda su vida. Todo lo que estaba grabado en su mente, todos los programas instalados en su cabeza: todo lo había descargado de sus padres. Hasta la rehabilitación, en su vida no había habido ningún tipo de desprogramación.

Lo ideal es que los padres se esfuercen porque los niños se rodeen de buenas personas, sean populares por las razones correctas, hagan amigos, sean respetuosos y agradecidos. Pero Tiger recibió muy poco de todo eso. En su lugar, Earl y Kultida crearon un universo alternativo para su hijo, uno en el que ellos lo controlaban todo y él era el pequeño emperador que algún día sería el mejor del mundo en una cosa. Por el camino, le arrebataron a Tiger parte de su humanidad y la reemplazaron por sus habilidades. A Earl y Kultida les funcionó esa manera de educar a su hijo a pesar de su disfuncional matrimonio. Incluso después de que se separaran y Tiger se hiciera profesional, siguieron siendo una presencia dominante en su vida. A Woods le bastaba con ver a su padre o a su madre en el campo de golf y era como si el mando a distancia estuviera ahí. Como resultado, se convirtió en el mejor golfista de la historia, una máquina prácticamente invencible, pero, al mismo tiempo, alguien que no sabía amar y ser amado como un ser humano. Toda la adoración que experimentaba estaba siempre ligada al golf y a sus resultados.

Pero mientras Kultida lloraba viendo a su hijo decirle al mundo «Necesito ayuda», le quiso y le adoró por cómo era. Nada de lo que había conseguido a lo largo de los años en el campo de golf le hacía sentir más orgullosa que la manera en la que estaba luchando contra la adversidad en su vida personal. Todo el mundo tiene secretos, y debilidades, y comete errores, pero son pocas las veces que vemos a personas de la talla de Tiger enfrentarse a semejante avalancha pública de críticas y humillación por sus indiscreciones. Que estuviera dispuesto a admitir su vulnerabilidad y a decir que necesitaba ayuda demostraba una valentía inmensa. Bill Clinton, Eliot Spitzer y Kobe Bryant también se enfrentaron a escándalos por infidelidades; ninguno de ellos se abrió tanto como Woods.

«Estoy muy orgullosa de ser su madre. Punto —dijo Kultida tras la disculpa de Tiger—. No ha hecho nada ilegal. No ha matado a nadie.»

En su declaración, Woods hizo referencias indirectas a sus semanas bajo tratamiento, no fijó una fecha para su vuelta al golf, confesó haberse «descarriado» de las enseñanzas sobre el budismo de su madre y dejó claro que su prioridad era arreglar su matrimonio. Dijo que él y Elin habían empezado a hablar sobre los daños que había causado su conducta, pero no prometió nada respecto de cómo acabaría todo. «Como ella me señaló —dijo Woods—, mi verdadera disculpa no vendrá en forma de palabras. Tendré que demostrárselo con mi comportamiento de ahora en adelante.»

Woods también arremetió contra los medios, que habían ido diciendo que Elin le había atacado la madrugada del 27 de noviembre. «Me cabrea que la gente se invente historias así —dijo Tiger—. No me golpeó, ni esa noche ni ninguna otra. En nuestro matrimonio nunca ha habido un episodio de violencia doméstica. Jamás.»

Hacia el final de su discurso, parecía estar hablándole directamente a Elin. No esperaba que le quisiera tan incondicionalmente como su madre. Solo pedía una oportunidad de compensarla por el dolor que le había causado. «Hay muchas personas en esta sala y hay muchas personas en sus casas que creían en mí —dijo—. Hoy quiero pediros ayuda. Os pido que encontréis un hueco en vuestro corazón que os permita volver a creer en mí algún día.»

«Buen trabajo.»

Tiger leyó el mensaje de dos palabras y se sintió agradecido. Era de Hank Haney. Después de la rueda de prensa, cuando Woods se quedó solo, le llamó para darle las gracias. «Una cosa tengo muy clara —dijo—. Cuando vuelva a jugar al golf voy a jugar por mí. No jugaré por mi padre ni por mi madre ni por Mark Steinberg ni por Steve Williams ni por Nike ni por mi fundación ni por ti ni por los aficionados. Solo por mí.»

Hasta ese momento, Woods nunca había admitido que había estado jugando por sus padres o por otra persona. De niño, y más adelante en la universidad y durante su carrera amateur, lo que había contado siempre era que sus padres nunca le habían presionado para que jugara al golf. Pero lo cierto es que Tiger siempre se desvivió por complacerlos y ganarse su amor, y el golf era el medio. Sus victorias eran lo único que provocaba abrazos y lágrimas en su padre. El golf era lo único que mantenía unidos a sus padres. Pero ahora, con su propia familia en ruinas y su reputación hecha trizas, Tiger por fin se estaba haciendo preguntas complicadas sobre su educación y sus motivaciones.

—En fin —le dijo a Haney—, que tengo mucho trabajo por delante.

Pasó de un tema de conversación incómodo a otro más familiar: el golf. Le contó a Haney que había ido al campo de prácticas la noche anterior.

—¿Y qué tal los golpes?

—Bueno, bastante sólidos.

Su *swing* era de las pocas cosas valiosas que le quedaban. Elin había cogido a los niños y se había ido de casa. La mayoría de sus patrocinadores le habían abandonado. Había cortado el contacto con casi todos sus amigos. ¿Qué iba a hacer sino volver al trabajo?

Una semana después de su disculpa pública, volvió a llamar a Haney y le dijo que quería que fuera a Isleworth. Estaba listo para empezar a recuperar su juego. «Puedes quedarte en casa todo el tiempo que quieras —le dijo Tiger—. Estoy yo solo.»

CAPÍTULO TREINTA
ESTADO DE VERGÜENZA CONSTANTE

Su casa ya no le parecía un hogar. Elin y los niños se habían mudado. Las ventanas estaban cubiertas con papel parafinado para que nadie —especialmente los fotógrafos de los tabloides— pudiera ver el interior del domicilio. Había libros de autoayuda esparcidos por la encimera de la cocina. Había pasado un mes desde que Tiger completó su internamiento para rehabilitarse de su adicción al sexo. Ahora sus días consistían en pasar desapercibido. Entrenaba por su cuenta, golpeaba bolas de golf solo, casi todo lo que comía lo pedía en la casa club y se acostaba temprano. Estaba recibiendo asesoramiento matrimonial y tratamiento para pacientes externos para su adicción. También meditaba a diario en un intento por reconectar con sus raíces budistas y conseguir estar en disposición de afrontar un proceso de reconciliación muy complicado con su mujer. «Necesito hacer estas cosas», se dijo.

Durante muchos años, IMG, Steinberg y Nike se habían encargado de todo por él. Le decían dónde tenía que estar y se aseguraban de que fuera. Cuando no tenía ningún compromiso, Tiger era libre para hacer planes y entregarse a sus romances clandestinos con mujeres. Su situación era el sueño de todo adicto, pero también estaba abocada al desastre. Tras muchos años mintiendo a los demás y mintiéndose a sí mismo, salió del tratamiento siendo un hombre nuevo, decidido a ser honesto consigo mismo y con la gente que le rodeaba. Pero se encontró en una tesitura totalmente desconocida: por primera vez en su vida, tenía todo el tiempo del mundo. No tenía que jugar en ningún torneo ni grabar ningún anuncio ni hacer ninguna aparición. Su retirada indefinida del golf tenía por objeto concederle tiempo y espacio para controlar su adicción, retomar el control de su vida personal e intentar salvar su matrimonio.

Tiger lo estaba intentando, pero vivía en un estado de vergüenza constante. Aunque no era una persona demasiado religiosa, veía sus infidelidades y las mentiras que había contado para ocultarlas como «pecados personales». Para intentar lograr la redención, se había confesado con aquellos a los que más quería, principalmente con su mujer, pero también con sus hijos y su madre. Esas conversaciones privadas tan duras tuvieron algo de liberadoras. Por el contrario, las confesiones públicas de pecados personales fueron desalentadoras. Incluso después de su humillante disculpa pública en las oficinas del Tour, los periodistas siguieron escudriñando a Tiger en busca de más secretos sobre su pasado, pero nadie con tanto empeño como Mark Seal. En un revelador reportaje en dos entregas para *Vanity Fair* titulado «La tentación de Tiger Woods», el periodista no solo dio nombres y reveló todos los detalles más sórdidos, sino que además los acompañó de fotografías subidas de tono de las amantes del golfista.

Lo peor de todo era que, por lo que parecía, Woods no podría escapar nunca de su pasado. Poco después de completar el tratamiento, tuvo que enfrentarse con una de sus más antiguas vecinas, una universitaria de veintidós años que estaba pasando las vacaciones de primavera en casa. Estaba angustiada y nerviosa. Hacía aproximadamente un año, durante la primavera de 2009, Tiger la había llevado a su oficina, a unos dos kilómetros de su casa, y se había acostado con ella. La chica quería pasar página.

Woods la conocía desde que ella tenía catorce años. Su familia vivía en Isleworth, y su padre, un exitoso empresario de Orlando, era admirador de Tiger desde hacía tiempo. Ese único encuentro sexual lo cambió todo, y causó un dolor en la familia que acabó transformándose en ira y desprecio hacia el golfista. En un principio, la joven de veintiún años estaba entusiasmada con que el deportista más famoso del mundo se hubiera fijado en ella, pero inmediatamente después de su encuentro empezó a sentirse culpable. La cuna en la oficina de Tiger era un doloroso recordatorio de que Elin acababa de tener un bebé. Así pues, cuando, presuntamente, Tiger le envió mensajes picantes con la intención de volver a acostarse con ella, su joven vecina le ignoró. Más tarde, cuando empezaron a salir a la luz todos los escarceos amorosos del golfista con otras mujeres, la chica se sintió utilizada. «Solo quería cavar un agujero enorme, arrastrarme dentro y morirme», le dijo al parecer a una amiga.

Con Tiger fue más directa. «Me siento tremendamente vejada por lo que me hiciste», le dijo.

Tiger le dijo que lo sentía.

Pero de golpe se encontraba ante una situación mucho más difícil: ¿Qué debía decirle a Elin —si es que debía decirle algo— sobre ese asunto? Durante el tratamiento, Tiger había admitido un número exorbitado de infidelidades con mujeres de todo el mundo, pero no le había dicho nada a su mujer sobre la vecina. Bastante doloroso era ya —para él y para Elin— hablar de sus líos con actrices porno, modelos de lencería, chicas de discotecas, *escorts* carísimas y camareras de restaurantes de tortitas. Pero ambos sabían que era un tramo fundamental del camino largo y angustioso hacia la reconciliación.

Tiger era consciente de que las probabilidades de que su matrimonio resistiera eran, cuando menos, escasas. El único factor que jugaba a su favor era que Elin quería criar a sus hijos en una familia intacta. Los niños seguían siendo su prioridad, y su deseo de hacer lo mejor para ellos era la fuerza motriz que impulsaba su esfuerzo por reconciliarse con Tiger. Cualquier alusión a su coqueteo con una chica de la urbanización la empujaría más allá del punto de no retorno.

Tiger lo veía de la siguiente manera: después de todo lo que le había hecho pasar a Elin, explicarle lo de la vecina sería como echarle sal en la herida. El corazón de su mujer ya estaba roto. ¿Qué sentido tenía causarle más dolor?

Ya fuera por razones egoístas, nobles, o por una combinación de ambas, Woods decidió no contarle nada a su mujer. Fue una decisión cargada de peligro e incertidumbre.

Durante toda su carrera, Tiger se había mostrado distante en el PGA Tour, era una presencia casi mística que había decidido mantenerse apartada de los jugadores, los seguidores y la prensa del golf. El paréntesis cambió su perspectiva y le hizo darse cuenta de cuánto echaba de menos lo que siempre había dado por sentado. También echaba de menos competir. A mediados de febrero de 2010 empezó a golpear bolas otra vez. Luego, a principios de marzo, volvió a trabajar en su juego con Hank Haney. Estar en el campo de prácticas con su entrenador de *swing* era como volver a los viejos tiempos. En ese momento, tomar la decisión fue sencillo: se había acabado su tiempo de descanso. Volvía al PGA Tour.

El 16 de marzo de 2010, Tiger emitió un comunicado anunciando que iba a jugar en el Masters del mes siguiente. «El Masters fue mi primer *major*, y es un torneo por el que siento un inmenso respeto —dijo—. Tras un tiempo largo y necesario alejado del golf, siento que estoy preparado para inaugurar mi temporada en Augusta.»

A Hank Haney, el anuncio le cogió por sorpresa, y creyó que Tiger se estaba precipitando en su regreso. Woods tomó la decisión de jugar el Masters cuando solo llevaban una semana practicando juntos y todavía hacía poco más que esparcir bolas por todo el campo sin ton ni son. Su juego estaba lejos de estar listo para un torneo. Además de estar oxidado, parecía perdido y vulnerable en el campo de golf, como un hombre abrumado por las preocupaciones del mundo.

Según lo veía Haney, Tiger estaba abocándose al fracaso. Después de todo, Augusta era el último nivel, y la gente estaría más pendiente que nunca de él. Sean McManus, presidente de CBS News y CBS Sports, había predicho que el regreso de Tiger al golf profesional después del escándalo sería el mayor acontecimiento mediático de los últimos diez a quince años, dejando de lado la toma de posesión de Barack Obama.

Pero Tiger estaba decidido. Nadie entendía qué se sentía al estar en su piel. Su vida estaba en ruinas, y su pasado turbio estaba complicando y dictando su futuro. El único lugar seguro en el que podría establecer cierta normalidad y hacer algo con lo que se sentía bien era dentro de las cuerdas, aun a riesgo de alejar a Elin, que quería que se tomara un descanso mucho más largo. Allí, a lo largo de cuatro días y setenta y dos hoyos, las reglas serían diferentes. En el golf, el pasado es el hoyo anterior, el presente es el golpe que estás a punto de dar y el futuro es el que viene después. Deseoso de volver a su zona de confort, Tiger convocó a Steve Williams a Isleworth. Había que prepararse para Augusta.

Cuando Williams llegó a casa de Tiger el 3 de abril, tenía muchas cosas de las que hablar. Después de que el escándalo saliera a la luz, el *caddie* había pedido al Equipo Tiger en varias ocasiones que emitiera un comunicado dejando claro que él no estaba relacionado de ningún modo con el tema. Sin embargo, solo obtuvo silencio. Luego, una de las amantes que buscaba sus cinco minutos de fama, insistió en que había conocido a Williams y Tiger en Las Vegas, implicando que el *caddie* era conocedor del adulterio de Tiger y lo encubría. El rumor no corroborado hizo que Williams apareciera en las noticias de su Nueva Zelanda natal y acabó por expandirse por todo el mundo. Estando en rehabilitación, Woods había contactado finalmente con Williams a través de un email en el que se disculpaba por sus acciones. Más tarde, llamó a la mujer de su *caddie*, Kirsty, para intentar allanar la situación en su casa, pero no fue suficiente. Era demasiado tarde. Desde hacía tiempo, Kirsty consideraba a Elin una de sus mejor amigas, y a ella no le convencían las palabras de Tiger. Entretanto, los rumores sobre cuánto sabía Williams seguían circulando. En resumen, que la infidelidad de Tiger había dañado la reputación del *caddie* en Nueva Zelanda y había afectado a su matrimonio.

Tiger era consciente de que había decepcionado a Williams. También sabía que estaba en su mano aclarar las cosas con el que había sido su *caddie* durante tantos años. Sin embargo, cuando Williams entró en su casa, el golfista estaba preocupado. Tras un saludo nada entusiasta, le dijo que ya hablarían más tarde, que tenía que marcharse corriendo.

Eso no sentó bien a Williams. Tenía unas cuantas quejas acumuladas, y Steinberg le había asegurado que podría hablar cara a cara con Tiger en cuanto llegara a la casa. Williams se sentía frustrado y, horas más tarde, cuando él y Haney se reunieron con Tiger para jugar una ronda de práctica en Isleworth, estaba de un humor de perros. «No sé ni por qué vamos a Augusta —le dijo a Haney—. Pegando esos golpes no va a pasar el corte. Qué horror.»

Haney no disentía. Pero también sabía que Tiger estaba decidido. Así que, al llegar a la calle del 18, le suplicó al golfista que por lo menos modificara la trayectoria de su *swing*, que sacrificara algo de distancia desde el *tee* con la esperanza de minimizar el grado de desviación de sus golpes. «Tiger —le dijo—, con este *swing* no tienes ninguna posibilidad.»

Al día siguiente, de camino al aeropuerto, Tiger finalmente limó asperezas con Williams. Mientras el golfista estaba al volante, con unas gafas de sol envolventes y sin retirar la vista de la carretera ni un solo momento, el *caddie* se desahogó, diciéndole que sus acciones habían llevado a su familia a una situación complicada y que tendría que volver a ganarse su respeto. Quedó muy claro que, después de tantos años de lealtad y servicio, Williams no se sentía valorado. A partir de ese momento, quería tres cosas de Tiger: que expresara su agradecimiento de vez en cuando, un aumento de sueldo y una disculpa.

Lo del aumento no le hizo mucha gracia a Woods, pero consideraba a Williams un muy buen amigo, alguien que había permanecido a su lado durante su pésima racha. Además, necesitaba que Steve volviera a llevarle la bolsa y no quería más rencillas entre ellos. Aunque estaba haciendo las paces con Williams, Tiger tenía asuntos más urgentes de los que preocuparse. El *National Enquirer* había descubierto lo de su aventura con la universitaria de Isleworth. Una de las amigas de la chica había hablado con el tabloide, que planeaba publicar la noticia durante el Masters. Al mismo tiempo, Woods tenía que prepararse mentalmente para su primera rueda de prensa desde el accidente. En Augusta tendría que responder a las preguntas de los medios, y eso era algo que le aterraba. Iban a acudir periodistas de todo el mundo, y no venían a hacer preguntas sobre golf.

Los aficionados al baloncesto acogieron con los brazos abiertos a Kobe Bryant cuando consiguió que los Lakers ganaran el campeonato de la NBA tras haber sido acusado de violación. Los aficionados al fútbol americano celebraron el regreso de Michael Vick cuando logró hacer la mejor temporada de su carrera tras pasar veintiún meses en una prisión federal por su implicación en un asunto relacionado con peleas de perros. Mark Steinberg sabía que los aficionados al golf también perdonarían y olvidarían los deslices de Tiger. La clave, le dijo al golfista, estaba en jugar bien.

La conversación sobre Bryant y Vick tuvo lugar en la casa que Tiger había alquilado en Augusta mientras se preparaba para la rueda de prensa con Steinberg. Woods contestó preguntas hipotéticas y ensayó sus respuestas. Y entonces, el lunes anterior al inicio del Masters a las dos de la tarde, entró en el abarrotado centro de prensa del Augusta National y se sentó junto a Craig Heatley, presidente del Comité de Medios de Comunicación del Masters.

«Buenas tardes, señoras y señores, y bienvenidos —empezó Heatley—. También quiero darle la bienvenida a Tiger Woods, nuestro cuatro veces campeón. Tiger, estamos encantados de que estés aquí con nosotros.»

A partir de ahí, Tiger no sabía qué esperar, pero al mirar a su alrededor, de repente se sintió como en casa. Conocía esa sala como la palma de su mano. Durante la terapia había aprendido una frase nueva: «¿Te has abierto lo suficiente?». Tiger se plantó delante de la aglomeración de corresponsales y decidió abrirse más que en toda su vida.

«Lo que he hecho durante los últimos años ha sido terrible para mi familia —dijo Tiger—. Y creo que el hecho de haber ganado todos esos torneos de golf es irrelevante. Hablo del dolor y el sufrimiento que he causado, ya sabéis, a mi mujer, a mi madre, a la familia de mi mujer. Mis hijos van a tener que... Voy a tener que explicarles todo esto.»

La rueda de prensa era más entretenida que el golf y que cualquier otra cosa que emitieran las televisiones un lunes en pleno día. Las cadenas interrumpieron su programación para retransmitirla en directo. También se emitió en vivo en Fox News Channel, CNN, ESPN y varios otros canales de televisión por cable, y pudo seguirse desde cualquier parte del mundo. Tiger no se preparó nada ni llevó ninguna nota; habló desde el corazón. Luego afrontó un aluvión de preguntas sobre temas personales y sensibles que hubieran sido imposibles de sacar a colación antes del escándalo: las sustancias para mejorar el rendimiento; su relación con el Dr. Anthony Galea, recientemente detenido; el Vicodin; el Ambien; la situación de su matrimonio; el informe policial del accidente; sus escarceos amorosos, y la naturaleza de su internamiento.

Woods evitó decir las palabras «adicción al sexo» y, muy educadamente, se negó a responder a una pregunta: ¿Para qué era el tratamiento? «Eso es personal, gracias», dijo. Pero le plantó cara a todo lo demás y declaró lo siguiente:

- Nunca había utilizado sustancias para mejorar el rendimiento, y el único tratamiento que había recibido del Dr. Galea era el de PRP.
- Las autoridades federales, que estaban investigando a Galea, se habían puesto en contacto con él y estaba cooperando plenamente.
- Tomaba Vicodin y Ambien, pero no había recibido ningún tipo de tratamiento relacionado con esos fármacos.
- El proceso de rehabilitación fue durísimo y seguía bajo tratamiento; Elin no acudiría al Masters; estaba haciendo todo lo posible por mantener unida a su familia.

—¿Qué ha sido lo más duro a lo que te has tenido que enfrentar? —le preguntó un periodista hacia el final.

—Haber tenido que ver una parte de mí que jamás me habría gustado ver —dijo Tiger. Se comprometió a controlar sus arrebatos de ira cuando las cosas no salieran como él quería en el campo y a mostrarse más agradecido con sus seguidores—. Necesito mejorar como hombre —añadió.

Era una versión 2.0 de Tiger: inusitadamente comunicativo, avergonzado y arrepentido. El mejor deportista del mundo nunca se había mostrado así de vulnerable, así de humano. Steinberg, Haney y Williams no pudieron evitar pensar en cómo afectaría todo eso a su juego. La intimidación —la mirada de acero, la frialdad, el enfoque maquinal— siempre había sido una de sus mejores armas. ¿Seguiría siendo el nuevo Tiger igual de competitivo?

A Woods le preocupaba más la acogida por parte de los aficionados. ¿Le mirarían mal? ¿Intentarían boicotear su juego? ¿O simplemente le observarían embobados? Multitud de personas acudieron para verle jugar una ronda de práctica y le acompañaron en todos los hoyos, animándole y mostrándole su apoyo. La cálida bienvenida parecía estar teniendo efecto en su juego. Haney vio una mejora considerable en su *swing* y su concentración. Incluso Williams pudo sentir esa energía positiva. No había duda de que los aficionados estaban con Tiger, y él, por primera vez en mucho tiempo, sonreía. Sentía que el Augusta era su refugio.

Por lo menos, eso parecía.

Tras haber ejercido de presidente y director ejecutivo del Comité de Atlanta durante los Juegos Olímpicos de 1996, Billy Payne fue nombrado presidente del Augusta National Club en 2006. Una de sus funciones era dar un discurso anual el día antes del Masters. Se trataba de una tradición de muchos años que ofrecía a la persona al mando del club de golf más prestigioso de los Estados Unidos la oportunidad de pronunciarse sobre la situación del juego. Pero cuando Payne se colocó delante de los periodistas de golf el día antes del inicio del Masters de 2010, se salió del guion y reprendió públicamente a Tiger.

«Por el camino se le olvidó que la fama y el dinero traen consigo responsabilidad, no invisibilidad —dijo Payne—. No es solo el grado de su conducta lo que resulta indignante; es el hecho de que nos ha defraudado a todos y, lo más importante, a nuestros hijos y nuestros nietos. Nuestro héroe no estuvo a la altura de las expectativas y no dio la talla como el modelo que veíamos en él para nuestros jóvenes.»

Una cosa era que los críticos, los columnistas de los periódicos y los presentadores de programas de televisión predicaran las fechorías de Tiger; sucedía tan a menudo que estaba curado de espanto. Pero que el presidente del Augusta regañara públicamente al golfista número uno del mundo el día antes del torneo más prestigioso del PGA Tour resultó chocante. Payne habló en nombre de todos los miembros y no tuvo reparo en sermonearle sobre su futuro.

«¿Podrá salir de esta? —dijo—. Yo espero que sí. Creo que sí. Pero, desde luego, en el futuro sus resultados no volverán a medirse exclusivamente en pares, sino que se tendrá en cuenta la sinceridad de sus esfuerzos por cambiar. Espero que, en lo sucesivo, se dé cuenta de que todos los niños con los que se cruza en el campo ansían su *swing*, pero se conforman con su sonrisa.»

Payne jamás había hecho comentarios sobre el comportamiento fuera del campo de ningún golfista, y tampoco su predecesor. Simplemente no era lo habitual.

Normalmente, la gente que no pertenecía a la prensa del golf no solía prestar mucha atención al discurso del presidente. Pero la reprimenda de Payne a Tiger corrió como la pólvora y se convirtió al instante en noticia a nivel nacional. Incluso la prensa extranjera la cubrió.

Tiger se enteró de los comentarios de Payne estando en el campo. Cuando le preguntaron qué le parecía que el presidente hiciera semejante hincapié en que hubiera decepcionado a todo el mundo, se lo tomó con filosofía. «Me he decepcionado a mí mismo», dijo, sin añadir nada más.

Escuchar que había decepcionado a los niños y que no había estado a la altura de las expectativas fue doloroso. Tiger no necesitaba que se lo recordaran. Pero, incluso en privado, no quiso hablar del tema.

—Tío, ¿a qué ha venido lo de Billy Payne? —le dijo Haney en el coche, de vuelta a la casa.

—Ya —respondió Tiger.

Esa misma noche, en la web del *National Enquirer* apareció el siguiente titular: «El jugueteo sexual de Tiger Woods con la joven hija de un vecino». «¡Qué escándalo! —se mofaba la web—. Las insinuaciones sexuales de Tiger empezaron en su coche, a solo unos metros de la casa en la que se encontraba la devota mujer del golfista, Elin, y terminaron con una sesión de sexo de dos horas en el sofá del despacho de Tiger. Para ver fotografías en exclusiva del bomboncito de Tiger, ¡corre —¡nada de ir andando!— a comprar el *Enquirer* antes de que se agote! ¡Y, además, alarmantes detalles XXX de sus sórdidos mensajes que no encontrarás en ningún otro sitio!»

La noticia se expandió a la velocidad de la luz y se hizo viral. *Deadspin* y *The Huffington Post* no tardaron en sacar imágenes de la vecina de Tiger, y el *Daily News* y el *New York Post* publicaron titulares escandalosos: «Tiger se acuesta con la hija de 21 de un vecino». Para Elin, fue la gota que colmó el vaso. Más o menos cuando se hizo pública esa nueva aventura de Tiger, llegó a la conclusión de que poner fin a su matrimonio era mejor para sus hijos que seguir juntos sin confianza ni amor. Le comunicó a Tiger de manera terminante que lo suyo se había acabado. Quería el divorcio.

Earl Woods solía decirle a su hijo que jamás encontraría a nadie con más fortaleza mental que él. Se aseguró de que así fuera utilizando técnicas que no eran las más indicadas para un joven: insultándole («hijo de puta»), hundiéndole («pedazo de escoria») y llevándole al límite («negrata»). Con la intención de convertir a su hijo en un tipo duro, le trataba como un soldado en un campamento militar. En el resultado no se equivocó: no ha habido golfista en la historia del PGA Tour que haya igualado la determinación absoluta de Tiger Woods. Y eso es algo que quedó más patente que nunca el 8 de abril, al inicio de la primera ronda del Masters.

Mareas y mareas de gente se apelotonaban en el área alrededor del *tee* del hoyo 1. Los asistentes lo abarrotaban todo y llegaban hasta la casa club. Tiger esperaba dentro. La afición le había tratado bien durante las rondas de práctica, pero ¿qué pensarían de él ahora? De repente, la puerta se abrió y salió Tiger. Preocupado pero decidido, miró al frente y se abrió paso a través de un túnel de personas que estaban lo suficientemente cerca como para poder tocarle. Los aplausos y los gritos de ánimo le acompañaron desde la casa club hasta el *tee* y a lo largo de la calle. «¡Tiger!» «¡Bienvenido!» «Estamos contigo.»

En lugar de ignorar a la multitud como había hecho toda su carrera, sonreía ampliamente e iba haciendo gestos con la cabeza mientras luchaba por controlar sus emociones. Tras unos meses de flagelación y autoflagelación, estaba en un lugar en el que se le aceptaba, rodeado de gente que le quería por su talento. Se hizo un silencio sepulcral cuando Tiger se colocó junto a la bola y se preparó para pegar su primer *swing* competitivo en 144 días. Todo el mundo —los periodistas, los demás golfistas, los ejecutivos de la cadena CBS y del resto de canales que cubrían el golf, Phil Knight y la gente de Nike, los millones de espectadores que seguían el evento desde sus casas y los miles de aficionados que le rodeaban— se preguntaba lo mismo: tras una caída en desgracia tan estrepitosa, ¿seguiría Tiger siendo capaz de generar la misma magia?

El latigazo del *driver* y la explosión sónica al impactar la cabeza del palo con la bola rompieron el silencio. La pelota se elevó y avanzó en línea recta y precisa hasta aterrizar en el centro de la calle. Fue un golpe perfecto que generó una oleada de ovaciones. Había vuelto.

Satisfecho, Tiger le dio el palo a Williams y los dos empezaron a recorrer la calle impulsados por el aplauso del público. Sobre sus cabezas, un avión que volaba bajo mostró un cartel en el que podía leerse: «TIGER: ¿QUERÍAS DECIR PUTISMO?». Al parecer, hasta del budismo se podía uno mofar. Pero Woods podía soportarlo —siempre había podido— mientras estuviera compitiendo. Mientras él disparaba misiles desde el *tee* y embocaba *putts* durante la ronda inicial, Nike emitió un anuncio nuevo y sorprendente en el que aparecía Tiger mirando con tristeza a la cámara, como si estuviera frente a frente con su padre. La voz de Earl se dirigía a él desde el más allá: «Tiger, ahora tiendo a ser más inquisitivo… para promover el debate. Quiero saber en qué estabas pensando. Quiero descubrir qué sientes. ¿Has aprendido algo?». La cámara acercaba los ojos de Tiger y la pantalla se volvía negra y aparecía el logo de Nike.

Los pecados de Woods, un hombre que reclamaba privacidad, estaban en pantalla completa, y el camino hacia la redención tendría que recorrerlo bajo la atenta mirada del ojo público. «Me arrepentiré toda la vida», escribiría Tiger más adelante.

Pese al torbellino, el primer día Tiger acabó con un impresionante resultado de 68 golpes, el más bajo que había conseguido nunca en una ronda inicial del Masters. En la segunda ronda terminó con 70, y se embarcó en el fin de semana a solo dos golpes del líder. Durante esas primeras dos rondas había sonreído más a los aficionados, había abrazado más a sus compañeros golfistas y había chocado la mano de su *caddie* más veces que en los anteriores dieciséis Masters juntos.

A Williams le gustaba ese Tiger risueño, pero, al salir del centro de prensa con él y Steinberg después de la segunda vuelta, escuchó cómo el agente le decía al golfista que si quería ganar tenía que «dejar de ser tan majo» y recuperar al antiguo Tiger. «No podía creerme lo que estaba escuchando —recordó Williams más tarde—. Después de todo por lo que había pasado Tiger y de que se hubiera comprometido públicamente a ser menos gruñón y menos agresivo... su principal consejero le estaba diciendo que hiciera lo contrario.»

Ese momento marcó un antes y un después para Williams. Él veía el Masters como un terreno de prueba para Woods, una oportunidad de demostrar que era capaz de ser más tolerante, más agradecido y menos hostil. Y, de repente, fue como si estuvieran animándole a que se lo cargara todo. «Justo en ese momento —escribió Williams más adelante—, algo cambió dentro de mí. Uno de los ladrillos sobre los cuales se asentaba mi relación con Tiger había sido arrancado.»

Veinticuatro horas después, Haney tuvo una premonición inquietante: «Esta será la última vez que trabaje para Tiger Woods». La sensación la tuvo después de que Woods volviera a hacer 70 golpes el sábado y quedara a solo tres golpes de Phil Mickelson y a cuatro del líder, Lee Westwood. Sorprendentemente, después de todo lo que había pasado y a falta de una ronda, Tiger podía conseguirlo. Estaba cerca de la cima del marcador y con posibilidades de ganar su quinto Masters y, sin embargo, al terminar la ronda, se fue hacia el campo de prácticas echando humo.

—Vaya mierda de golpes —se quejó.

Nada más lejos de la realidad. Tiger había conseguido plantarse en el *green* de un golpe en quince de los dieciocho hoyos del sábado. Estaba jugando de maravilla. Pero cuando Haney intentó darle ánimos, Tiger le contestó de malas maneras. Según él, la culpa de que Mickelson y Westwood le hubieran tomado la delantera y de que estuviera en un aprieto era de su *swing*, de lo que pudo intuirse que estaba cabreado con su entrenador.

Al día siguiente, Tiger llegó para la ronda final con un humor de perros. Su matrimonio estaba yéndose al garete, los tabloides y los humoristas de la televisión volvían a ridiculizarle, y el puto Mickleson estaba jugando como si no tuviera otra preocupación en la vida.

Durante el calentamiento, Haney observó cómo Tiger golpeaba una bola baja tras otra. Parecía vencido. Finalmente, el entrenador de *swing* se decidió a hablar:

—Solo tienes que elevar la pelota al aire —le dijo Haney.

Era una frase habitual entre ellos, una que Haney llevaba años utilizando cada vez que quería que Tiger abriera la cara del palo para aumentar la trayectoria en el impacto. Woods siempre había respondido afirmativamente a esa orden, pero, en esa ocasión, miró a Haney y le dijo:

—¿Qué quieres decir con eso?

Y siguió golpeando bajo. Era como si ni siquiera lo estuviera intentando.

En ese momento, dentro de Haney se rompió algo. Le pareció que ese trabajo había dejado de tener sentido. Estaba exhausto emocionalmente. Steinberg le había repetido más de una vez que Tiger le consideraba uno de sus mejores amigos, pero no lo demostraba. Incluso después del tratamiento, era como si fuera incapaz de corresponder a Haney con la misma amabilidad con la que él le trataba. Mientras Tiger pegaba los últimos *putts* y ponía rumbo al *tee* del 1, Haney se le acercó.

—Recuerda lo que hemos estado hablando. Hazlo y te irá bien.

Tiger asintió.

—Buena suerte —le dijo Haney.

Fue lo último que Tiger le oiría decir en un campo de golf como su entrenador.

Durante la ronda final, Tiger hizo *eagle* en dos hoyos, pero Mickelson hizo par en los primeros siete y se adelantó, con lo que acabó consiguiendo su tercer Masters. Tiger acabó cinco golpes por detrás, empatado en cuarta posición.

—¡Bien hecho! —le dijo Williams mientras salían del *green* del 18 entre los aplausos de los asistentes—. ¡Bien hecho!

Lo había hecho más que bien. Solo había tres jugadores en el mundo que lo hubieran hecho mejor. Ninguno de ellos trataba de mantener la concentración mientras el mundo se derrumbaba a su alrededor. Williams estaba verdaderamente impresionado. Pero Tiger tenía que volver a su vida. No estaba de humor para hablar con nadie. No iba a felicitar a Phil. No iba a darle las gracias a la gente. No tenía nada que decirle a Haney. Elin no estaba ahí.

El teléfono de Steinberg sonó. Era Haney.

—Mark, lo dejo —le dijo—. Ya no puedo más.

—Hank, no puedes —respondió Steinberg—. No puedes hacerle esto. Está pasando por el peor momento de su vida.

Haney se limitó a escuchar.

—Tú le comprendes —añadió el agente a modo de súplica—. Te necesita. No le abandones ahora.

CAPÍTULO TREINTA Y UNO
SEPARACIÓN

Tiger había trabajado con Hank Haney durante seis años. En ese lapso, desde marzo de 2004 hasta abril de 2010, jugó en noventa y tres torneos de la PGA y ganó treinta y una veces, seis *majors* incluidos. Fue una etapa extraordinaria con un porcentaje de victorias del treinta y tres por ciento. En comparación, en sus poco más de siete años con Butch Harmon, Tiger había ganado cerca del veintisiete por ciento de los torneos, imponiéndose en treinta y cuatro de las ciento veintisiete pruebas de la PGA en las que participó, incluyendo ocho *majors*. Woods y Harmon pasaron más años juntos y, como consecuencia, el golfista ganó más *majors*, pero el tándem formado por Woods y Haney tuvo un porcentaje de éxito sin precedentes en la historia del golf. En ese periodo de tiempo, Tiger había llegado a confiar más en Haney que en cualquier otra persona de su vida, a excepción de su familia y Mark Steinberg. Pero el declive de su matrimonio y la desintegración de su reputación provocaron varios daños colaterales no deseados. Haney fue una de las víctimas.

Poco después del Masters de 2010 y de su conversación con Steinberg, Haney accedió a regañadientes a intentar salvar lo suyo con Woods. Se tomó muy en serio la súplica del agente e hizo el esfuerzo de escribirle al golfista un email de cinco páginas a corazón abierto en el que le propuso la manera de seguir adelante. Dado que acababa de amenazar con su renuncia, Haney imaginó que su extenso escrito haría reflexionar a Tiger. No fue así. El golfista no respondió.

Después del Masters, Woods tenía prioridades más importantes que los sentimientos de Haney. Tenía que lidiar con los abogados que estaban llevando su divorcio, con asesores financieros y con temas de custodia. Para colmo, había salido a la palestra otra mujer. Esta afirmaba que Tiger era el padre de su hijo. Ni que decir tiene que el email de cinco páginas de Haney no ocupaba un lugar demasiado privilegiado en su lista de tareas. No fue hasta pasadas dos semanas, el día antes del Quail Hollow Championship de Charlotte, que Tiger se decidió a llamar a Haney. No hizo alusión alguna al email. En lugar de ello, se dedicó a defenderse de las acusaciones de la mujer que aseguraba haber tenido un hijo con él. Tiger insistió en que las fechas no cuadraban y que, por lo tanto, no podía ser cierto.

Así pues, como de costumbre, la conversación giró en torno a Woods y en ningún momento se trató el tema de Haney. Siempre había sido así durante su relación, pero, en esa ocasión, el entrenador se mosqueó más que nunca. En un momento en el que realmente necesitaba que Tiger prestara atención a sus preocupaciones en cuanto al vínculo entre ambos, el golfista no estuvo a la altura.

Sin Haney presente, Tiger no jugó demasiado bien en Charlotte. El viernes hizo 79 golpes, su puntuación más alta en el Tour desde 2002. No pasó el corte. Una semana después, se retiró de la ronda final del The Players Championship, aquejado de un dolor en el cuello. Una vez más, Haney no estaba, y una vez más, Tiger no dio la talla. «¡Eh, Tiger! —le gritó un chaval mientras se dirigía a la casa club—. Dile adiós al número uno del ranking. ¡Dale un besito de despedida!»

La magia de la que había hecho acopio para el Masters se había esfumado en un abrir y cerrar de ojos. Un mes después de su regreso, su *swing* estaba fallando y él estaba distraído, impaciente, y era incapaz de pegar los golpes precisos y los *putts* críticos que durante mucho tiempo habían definido su juego. De repente, ya no parecía un superhéroe en el campo de golf. Parecía vencible. Otros jugadores lo percibieron, y los aficionados también.

Entretanto, su entrenador de *swing* seguía a la espera. La conversación no se había producido. Ni ninguna llamada más. Nada.

Haney estaba harto y decidido a no permitir que le dejaran de lado como habían hecho con Butch Harmon unos años atrás. «A mí no me vas a ningunear —pensó—. ¡Que te den por culo!»

A la mañana siguiente de que Tiger se retirara del The Players Championship, Haney redactó una declaración explicando por qué dejaba de ser su entrenador. Se la envió a Jim Gray, de Golf Channel, y le pidió que la aparcara unas horas. Luego escribió a Tiger y le dijo que necesitaba hablar. «Hoy no puedo —le respondió—. Estoy con mis hijos.»

Aunque Elin y él estaban en trámites de divorcio, Tiger pasaba tanto tiempo con sus hijos como le era posible. En cierto modo, estaba intentando recuperar el tiempo perdido; analizándolo más a fondo, los remordimientos por haberse perdido el cumpleaños de Charlie durante el tratamiento le recordaban constantemente que ya no quería poner nada —ni siquiera su carrera— por delante de sus hijos.

A Tiger, que todavía no se había enterado de que Haney quería marcharse, le sorprendió recibir un segundo mensaje suyo. «A estas alturas, tú mejor que nadie deberías darte cuenta de lo importantes que son los amigos —le escribió el entrenador—. Considero que me he portado muy bien contigo. Y no creo haber sido correspondido.»

A Haney siempre le había afectado muchísimo que criticaran el *swing* de Tiger. El golfista pensó que su entrenador estaba sacando de quicio una vez más lo que los comentaristas habían dicho de su juego durante el último torneo. No percibió que la frustración de Haney iba mucho más allá. «Igual es mejor que nos tomemos un descanso», escribió Tiger.

Sin consultarlo con su agente ni su mujer ni nadie más, Haney respondió con otro mensaje, uno cuya intención era soltar las amarras de forma definitiva. «Tiger, te doy las gracias por todo lo que has hecho por mí y por permitirme trabajar contigo —dijo—. Ni te imaginas hasta qué punto te agradezco la oportunidad. Pero es hora de que te busques otro entrenador.»

Tiger seguía sin escuchar. «Gracias, Hank —respondió—. Pero vamos a seguir trabajando juntos.»

«No —dijo Haney—. Se acabó. Punto final. Ya no soy tu entrenador.»

Unos segundos más tarde, Tiger volvió a escribir: «Mañana lo hablamos».

Esa tarde, Tiger dio una rueda de prensa telefónica en la que reiteró que Haney seguía siendo su entrenador y que tenían mucho trabajo por delante. A punto de perder a su familia y abandonado por muchos de sus amigos, parecía incapaz de asumir que Haney también iba a dejarle. Pero al terminar el día tuvo que afrontar la realidad cuando Golf Channel leyó en directo el comunicado de su entrenador de *swing*: «Esta tarde le he comunicado a Tiger Woods que dejo de ser su entrenador —dijo—. Solo para que no haya confusiones, quiero aclarar que la decisión ha sido mía».

Lo que sucedió a continuación fue una clara demostración de que las despedidas nunca son fáciles. Primero, Steinberg llamó a Haney y le informó de que Tiger también iba a emitir un comunicado asegurando que se trataba de una «decisión conjunta». El entrenador, cabreadísimo, dijo que eso eran «gilipolleces» y amenazó con declarar públicamente que el golfista mentía. La postura de Haney hizo que Steinberg modificara la declaración, que ahora diría lo siguiente: «Hank Haney y yo hemos acordado que ya no será mi entrenador». Justo después de emitirla, Tiger llamó a Haney y le dio las gracias por haber sido un gran entrenador y un gran amigo.

—Bueno —le dijo Tiger—, vamos a seguir trabajando juntos.

Haney estaba desconcertado.

—Tiger, si alguna vez quieres que analice tus movimientos o que te dé mi opinión sobre algo, estaré encantado de ayudarte como amigo. Pero no vamos a trabajar juntos. No volveré a ser tu entrenador.

—Vamos a seguir trabajando juntos —dijo Tiger.

Haney soltó una risita.

—Ya te digo yo a ti que no —respondió.

Unos días después, Jim Gray entrevistó a Haney en Golf Channel y le preguntó si tenía constancia de que Tiger hubiera utilizado alguna vez sustancias para mejorar el rendimiento. El entrenador dijo que él creía que nunca lo había hecho. «Yo solo sabía el tema de lo de su adicción al sexo», dijo.

A Tiger no le hizo ninguna gracia. Justo después de la entrevista, le disparó un mensaje a Haney: «Gracias por contarle a todo el mundo que estuve en tratamiento por la adicción al sexo».

Steinberg fue más directo. Llamó a Haney hecho una furia.

—¿Cómo has podido hacerlo? —gritó—. ¿Cómo has podido decir eso? ¿Ahora de dónde va a sacar el dinero? Esto se va a cargar su fundación.

—No pretendía hacerle daño ni causarle ningún problema. Lo siento si ha sido así —dijo Haney.

—Más te vale dejarte de entrevistas —le amenazó Steinberg.

—Mark, ya no me controlas. Hablaré con quien yo quiera.

Durante casi quince años, Tiger confió en Peter Mott y su bufete de abogados en Southport, Connecticut, para que supervisara su compleja planificación patrimonial y le proporcionara asesoramiento legal sobre su imperio personal y empresarial. Apenas hubo una decisión de inversión, una adquisición de un inmueble o una transacción financiera importante que el golfista no consultara antes con Mott y sus socios. Una de las mejores decisiones en la vida de Tiger fue hacerle caso a John Merchant cuando, en 1996, le aconsejó contratar a ese equipo de profesionales. Ahora, en manos del abogado había caído la tarea de guiar al golfista en la transacción más importante de su vida: su divorcio de Elin.

En 2010, Tiger llevaba ganados bastante más de mil millones de dólares entre el golf y los acuerdos de patrocinio. Se estimaba que su patrimonio neto rondaba los setecientos cincuenta millones. Tenía casas y bienes inmuebles en distintas partes del mundo, algunas en copropiedad con Elin, y también bienes muebles. Las leyes de Florida estipulaban que había que hacer una repartición equitativa de las propiedades y los bienes, por lo que había mucha tela que cortar.

Pero Tiger no quería divorciarse a malas. Él y Elin estaban de acuerdo en hacer lo que fuera mejor para sus hijos, y eso empezaba por una separación amistosa. Así pues, un caluroso día de verano, Woods y sus abogados se reunieron con Elin y los suyos para negociar los términos de la custodia. Dadas las circunstancias, la sesión transcurrió de manera muy cordial. Tiger dejó claro que quería que las necesidades de Elin y los niños quedaran cubiertas.

Después de la reunión, durante el fin de semana del Cuatro de Julio, ambos firmaron un convenio de divorcio. Incluía un plan de parentalidad que detallaba las condiciones de la custodia compartida de sus hijos y una estipulación que concedía a Elin más de cien millones de dólares. Tiger tenía planeado mudarse a la casa de ochocientos cincuenta metros cuadrados que él y Elin habían adquirido en 2006 por cuarenta millones en la isla Júpiter, Florida. En el momento de la compra, el plan era que la familia dejara Isleworth en algún momento y se fuera a vivir allí, pero ahora Elin y los niños se buscarían su propia casa no muy lejos, en North Palm Beach.

A Tiger, el divorcio le dejó destrozado. El valor de lo que había dejado escapar era incalculable. Cuando conoció a Elin, su belleza física era tan arrebatadora que la gente no era capaz de ver más allá. Dominaba dos idiomas, era excepcionalmente inteligente y tenía aspiraciones profesionales. Sin embargo, a los veintiún años, dejó de lado sus ambiciones, se mudó a los Estados Unidos y prometió pasar todos los días de su vida con Woods, en lo bueno y en lo malo. Invirtió todo su talento y todas sus energías en criar a sus hijos, y nunca jamás tuvo ojos para nadie que no fuera Tiger; hasta que este le rompió el corazón. Ahora, la mujer más bella en la que jamás se hubiera fijado ya no era la Sra. Woods. Cuando el juzgado de Bay County, Florida, dictó la sentencia definitiva de divorcio el 23 de agosto de 2010, Elin dejó de utilizar su apellido de casada y recuperó el de soltera: Elin Maria Pernilla Nordegren.

Para Elin, el divorcio supuso una liberación. El estrés sufrido durante las semanas previas había hecho que se le empezara a caer el pelo, pero resurgió de ese infierno más fuerte que nunca. Aunque el ideal de familia que tanto había deseado para sus hijos fuera cosa del pasado, no se compadecía. Se había liberado de las agobiantes exigencias del PGA Tour. Ya no tenía que vivir sometida a la opresiva estructura corporativa que durante años había rodeado a su marido. Y ya no tenía que soportar las cargas invisibles asociadas a ser la mujer de Tiger. Con treinta años, era una madre soltera con sus propios sueños. Con su recién descubierta libertad, decidió que lo primero que haría sería aclarar todo por lo que había pasado.

Durante el tiempo que Elin estuvo con Tiger —unos tres años de novios y casi seis de casados—, nunca concedió una entrevista. La idea de hacerlo después del divorcio se la dio su abogado principal, Richard Cullen. Conforme a un acuerdo negociado entre Cullen y el asesor jurídico de AOL-Time Warner, Elin pasó diecinueve horas repartidas en varios días hablando con la cronista de la revista *People* Sandra Sobieraj Westfall. Las entrevistas en exclusiva tuvieron lugar en casa de Elin y dieron lugar a un artículo de portada titulado «Mi propia historia». En él, Elin reclamó la superioridad moral sin decir nada negativo sobre su exmarido, pero hablando de todo el dolor y la decepción en términos claros y sinceros.

«Perdonar lleva su tiempo —dijo—. Es el último escalón en el proceso del duelo. Te voy a ser totalmente sincera y te diré que estoy en ello. Sé que tengo que perdonar y aceptar lo que ha pasado si quiero seguir adelante y ser feliz en el futuro. Y sé que tarde o temprano lo conseguiré.»

El ranking mundial de golf se actualiza cada semana, pero entre el 12 de junio de 2005 y el 30 de octubre de 2010, el número uno se mantuvo. Tiger ocupó ese puesto durante un récord de 281 semanas consecutivas. La racha terminó el 31 de octubre de 2010, cuando bajó al número dos al ser superado por Lee Westwood. A esas alturas, Tiger llevaba sin ganar un torneo del PGA Tour bastante más de un año, y la cálida bienvenida que le habían dado los seguidores y los compañeros golfistas seis meses atrás en Augusta parecía cosa del pasado. Los aficionados intentaban distraerle. Sus rivales ya no le temían. Había perdido a su mujer. Había perdido su *swing*. Y estaba a punto de perder a su *caddie*.

Poco después de partir peras con Haney, Tiger le pidió al canadiense Sean Foley que fuera su nuevo entrenador de *swing*. Foley, un friki del golf cualificado, estaba a la vanguardia de una nueva oleada de instructores que adoptaron una tecnología emergente llamada TrackMan, un dispositivo *doppler* similar a un radar que mide la coli-

sión entre la bola y el palo y ofrece absolutamente todos los paráme-
tros, desde el recorrido del palo hasta la trayectoria y la rotación de la
bola. Uno de los primeros días que trabajaron juntos, Steve Williams,
que escuchaba atentamente cómo Foley utilizaba términos biomecá-
nicos como «cadenas fasciales» y «submodalidades kinestésicas» para
explicarle su filosofía a Tiger, no pudo evitar pensar en lo estrambóti-
co que sonaba todo. Para el *caddie*, la llegada de Foley no auguró nada
bueno: Woods ya no era el mismo, y tampoco la amistad y la confianza que una vez hubo entre ellos. Williams y Tiger habían ganado
juntos setenta y dos torneos, trece *majors* incluidos, pero desde que
el golfista había vuelto al Tour, la química que existía con su *caddie*
había desaparecido. Que Tiger escogiera a un nuevo entrenador de
swing con un enfoque radical no hizo más que empeorar las cosas.

En 2011, el *swing* y la salud de Tiger se deterioraron de forma consistente. En el Masters se lesionó el tendón de Aquiles izquierdo al
golpear desde una mala posición. La lesión le obligó a retirarse del
Wells Fargo Championship al cabo de un mes. Más tarde, a mediados
de mayo, se retiró también del The Players Championship tras un pésimo resultado de 42 en los nueve primeros. Le dijeron que, además
de la lesión en el tendón, tenía un esguince en el ligamento colateral
medial de la rodilla izquierda.

Nueve días antes del US Open del Congressional Country Club,
Tiger anunció que sus lesiones le iban a impedir participar. A las
pocas horas de esa retirada, recibió una llamada de Williams, que
le contó que Adam Scott no tenía *caddie* para ese torneo y le había
preguntado si estaba disponible. Williams le dijo a Tiger que quería
hacerlo.

—Sin problema —le dijo el golfista.

Pero, después de colgar, Woods se lo pensó mejor. Scott era su rival, y no le gustaba la idea de que su *caddie* fuera por ahí ayudando a
sus adversarios. Así pues, le dijo a Steinberg que le enviara un mensaje a Williams cuestionando su petición.

Williams llamó a Woods enfadado. Ya le había dado su palabra a
Scott de que le haría de *caddie* y era una oferta única. No pensaba des-
decirse.

Tiger transigió, pero seguía sin estar contento con la idea.

El distanciamiento con Williams empezó cuando Tiger estaba también a punto de romper su relación con IMG. La que durante muchos años había sido su agencia había decidido en mayo que no renovaría el contrato de Mark Steinberg, que terminaba a finales de junio. Se publicaron informes contradictorios: algunos alegaban que le habían despedido por no trabajar bien o por su favoritismo por Woods, mientras que otros sostenían que era porque ambas partes no habían conseguido ponerse de acuerdo con las condiciones del nuevo contrato. Desde el punto de vista de Tiger, desde que empezó a representarle en 1999, el agente había hecho un trabajo excepcional. Es más, nadie le había sido más leal que él durante su escándalo de infidelidad. Así pues, cuando Steinberg dejó IMG y empezó a trabajar en Excel Sports Management, Tiger no se lo pensó dos veces y el 6 de junio de 2010 anunció que iba a seguir su mismo camino. Fue la misma semana que Williams le dijo a Woods que seguía adelante con su decisión de hacerle de *caddie* a Adam Scott en el US Open.

Scott no jugó muy bien en ese *major* y acabó no pasando el corte. No obstante, dos semanas después, cuando Scott se enteró de que Tiger tampoco iba a participar en el AT&T National, volvió a pedirle a Williams que le llevara la bolsa. Tiger era el anfitrión de ese torneo. Parte de las ganancias irían a parar a su fundación. Por razones personales y profesionales, se puso duro y le dijo al *caddie* que, si volvía a trabajar para Scott, se acababa su relación.

—Pues se acabó —le dijo Williams.

Williams siempre había sido de los pocos en el círculo de Tiger que siempre le había dicho lo que pensaba. Nunca se había sentido intimidado por el golfista. Y su paciencia con él se había ido agotando desde el escándalo. Sin dudarlo, le dijo a Scott que le llevaría la bolsa en el AT&T. Después de la ronda final, Williams accedió a reunirse con Tiger en una sala de juntas del Aronimink Golf Club, justo a las afueras de Filadelfia.

Woods estaba reclinado sobre una silla y tenía los pies encima de la mesa —una de las posturas favoritas de su padre para hacer alarde de poder— cuando Williams entró. El *caddie* enseguida vio que descargar su ira no iba a servir de nada. ¿Por qué molestarse? En lugar de ello, le deseó suerte a Tiger. Él hizo lo mismo. Como tantas otras relaciones importantes en su vida, esa había acabado de la manera más fría posible. Hubo un firme apretón de manos, pero también mucha frustración reprimida por ambas partes. Tiger creía que Williams le había estado criticando por la espalda, algo inaceptable para un *caddie*; y Williams sentía que Tiger no le había tratado como se merecía. (Williams se negó a hablar de su relación laboral con Woods, citando un acuerdo de confidencialidad.)

A finales de julio, justo después del British Open, Woods anunció en su web que Williams dejaba de ser su *caddie*, aduciendo que había llegado la «hora de hacer un cambio». Al día siguiente, Williams emitió un comunicado: «Después de trece años de leal servicio, ni que decir tiene que esto me ha cogido por sorpresa. Con todo lo que ha estado sucediendo últimamente —estos últimos dieciocho meses lidiando con el escándalo de Tiger; un entrenador nuevo y un consiguiente cambio importante en su *swing*, y las lesiones a las que se está enfrentando—, me sabe muy mal que nuestra más que fructífera relación termine precisamente ahora».

Tiger había ayudado a Williams a hacerse rico. Según se dice, el *caddie* ganó doce millones durante los algo más de once años que estuvo con él, aunque Williams escribiría más tarde en sus memorias que a veces se había sentido el «esclavo» de Tiger, un comentario incendiario que era más un indicador de la naturaleza turbulenta de su ruptura que un reflejo de la realidad. Pero en agosto de 2011, en el Bridgestone Invitational, ambos eran rivales. De vuelta de su lesión, Tiger terminó empatado en el puesto treinta y seis, mientras que Adam Scott ganó el torneo por cuatro golpes. Fue la primera victoria para Scott con Williams llevándole la bolsa. Más tarde, presa de la emoción, el *caddie* tuiteó: «ESTA es la mayor victoria de mi carrera».

La indirecta a Tiger estaba clara: Métete tu bolsa por el culo.

Dos meses después, Tiger contrató a Joe LaCava, un *caddie* veterano de cuarenta y siete años. LaCava, que tenía una presencia apaciguadora, era el típico ciudadano de Nueva Inglaterra: duro e inquebrantablemente leal. Pero al mirar a su alrededor, Tiger solo veía a una persona de su círculo cercano que siguiera a su lado: Steinberg. Cada vez más, la gente comentaba que Tiger había perdido sus habilidades, que el aura de invencibilidad que le había rodeado durante toda su carrera había desaparecido. En 2011, sus recurrentes lesiones solo le permitieron jugar nueve torneos del Tour y, hacia el final de la temporada, después de acabar empatado en trigésima posición en el Frys.com Open, cayó hasta el puesto cincuenta y dos del ranking mundial. Él sabía que en el mundo no había cincuenta y un golfistas que fueran mejores que él. No había *ni uno* que fuera mejor que él. Steiny estaba de acuerdo. Lo único que necesitaba Tiger era recuperar la salud.

CAPÍTULO TREINTA Y DOS
DE CARNE Y HUESO

A las puertas de 2012, Tiger llevaba sin ganar una prueba del PGA Tour bastante más de dos años. Desde su vuelta en abril de 2010, había jugado veintisiete torneos sin obtener una sola victoria. El hecho de que estuviera reformando su *swing* por cuarta vez en su carrera no ayudaba demasiado y, para colmo, su nuevo entrenador de *swing*, Sean Foley, le estaba sugiriendo cambios radicales que, según afirmaban los críticos, estaban minando su pasión innata por el juego y contribuyendo a una sucesión de lesiones. Los dolores en el cuello, la espalda, la rodilla y el tendón de Aquiles le habían obligado a retirarse de varios torneos. Y, sin embargo, el problema principal del juego de Tiger estaba en su cabeza. Su instinto asesino se había esfumado.

La actitud de Tiger era lo que siempre le había diferenciado del resto. Los jugadores le tenían verdadero pavor. Tenía más músculos que nadie, el *swing* más rápido, el mejor juego a nivel general, guardaespaldas, el *caddie* más duro, los mayores patrocinadores, el agente más astuto, más dinero que nadie, la mujer más atractiva: todo ello componía la imponente imagen con la que intimidaba a sus oponentes. Pero el escándalo de adulterio y el divorcio —que fue de todo menos privado— eliminaron de un plumazo su aura de invencibilidad. Era como si todos sus adversarios se hubieran liberado del hechizo que llevaba años afectándolos. De repente, le veían de manera diferente. Todo el mundo. Tiger seguía siendo el golfista con más talento de la historia, pero también era falible, un ser humano con debilidades y flaquezas.

Gracias a la terapia, el propio Tiger había empezado a verse de modo más realista. Sus padres le habían educado para creerse «el Elegido» y le habían entrenado para ser un «asesino a sangre fría». Pero la fama le había llegado demasiado pronto, sesgando su perspectiva y perjudicándole de una manera tal que resultó impredecible y tardó años en manifestarse. En otras palabras, las semillas de sus hábitos adictivos y autodestructivos habían sido sembradas mucho antes de su boda con Elin. Le hizo falta someterse a un tratamiento para darse cuenta de que ciertos aspectos de su vida habían resultado ser una mentira.

Aunque el tratamiento le ayudó a ver las cosas en perspectiva, también le dejó cicatrices. Tiger recordaba aquella terapia como algo «horrible» y la resumía como «la peor experiencia» por la que había pasado. Fue un infierno que le destrozó de tal manera que afectó a los aspectos mentales de su juego, causando estragos en su autoconfianza y haciéndole vulnerable a ojos de aquellos a los que había dominado durante tantos años.

El tratamiento también le enseñó a Tiger algo que cambió su *modus operandi* en lo referente a las mujeres: ya no podía acostarse con la primera que se le antojara si no sentía algo especial. De lo contrario, se estaría poniendo en serio peligro. A nivel intelectual, era fácil de entender; a nivel práctico, el desafío era monumental. Al ser el más célebre de los deportistas, se había acostumbrado a tener sexo sin compromiso con muchísimas mujeres. «Rebasé los límites a los que debe ceñirse una pareja casada —dijo—. Creía que podía hacer lo que me viniera en gana. Sentía que había trabajado tan duro durante toda mi vida que me merecía disfrutar de las tentaciones que me rodeaban. Sentía que tenía derecho. Gracias al dinero y la fama, no me resultó difícil.»

Pero ahora le aconsejaban que hiciera dos cosas que sí le resultaban difíciles: autocontrolarse y perseguir una relación sana y seria con una mujer. Era un verdadero reto. «Ahora algunas chicas estarán todavía más interesadas en mí —le confesó a Hank Haney poco después de completar el programa Gratitud—. En especial las más salvajes.»

Su situación contribuyó a que su existencia fuera solitaria, peli- grosa y, en ocasiones, insostenible. Cuando Tiger empezó a salir con Elin, los periodistas dijeron de ella que estaba viviendo una «vida de cuento de hadas» al haber conquistado al soltero más codiciado —y rico— del golf. Pero estaban completamente equivocados. «La gente cree que para ella esto es como el cuento de *La Cenicienta*, pero es a Tiger a quien le ha tocado la lotería —le contó Mia Parnevik a *Sports Illustrated* en 2004—. Con el estilo de vida que lleva, es probable que nunca se haya topado con una buena chica. Tiene suerte de haber encontrado a Elin. O sea, ¿te imaginas la vida tan vacía que debía llevar antes de que llegara ella, golpeando pelotas de golf todo el día?»

En retrospectiva, el análisis de Parnevik parece profético. Diez años después de conocer a Elin, Tiger había vuelto básicamente a golpear pelotas de golf todo el día, y la perspectiva de empezar una nueva relación con una «buena chica» parecía una quimera. Al parecer, lo mejor que podía hacer era directamente evitar a las mujeres. Por otro lado, el golf era lo único que le proporcionaba un objetivo en la vida, la razón por la cual se levantaba cada mañana. Competir seguía siendo su fuente de energía, lo cual puede ayudarnos a entender su determinación a la hora de dejarse la piel reformando su *swing* y sus ganas de seguir jugando a pesar del dolor. En los últimos días de 2011, sintió que por fin estaba saliendo del pozo cuando terminó el año ganando el torneo anual a beneficio de su fundación, el Chevron World Challenge, que se celebró en el Sherwood Country Club. Aunque no fuera una prueba oficial del PGA Tour, Tiger necesitaba ganar algo, y esa victoria fue un chute de confianza para iniciar la temporada 2012. Físicamente, también se sentía mejor. Por primera vez en mucho tiempo, la vida le sonreía. Pero entonces sufrió un duro e imprevisible golpe.

En enero, a Tiger le llegó la noticia de que Hank Haney había escrito un libro: *The Big Miss: My Years Coaching Tiger Woods*. Se iba a publicar justo antes del Masters de 2012. «¿Que Hank ha escrito un libro? —Asombrado, Tiger se cuestionó inmediatamente las razones de su exentrenador—. ¿Por qué no me comentó nada?»

Tiger no era el único que estaba disgustado. Steinberg estaba furioso. Airear momentos y conversaciones privados entre un entrenador de *swing* y un golfista era violar una regla no escrita fundamental en el mundo del golf. Esas cosas no se hacían y punto. Y lo peor era que Haney no hubiera tenido la decencia de advertir a Tiger. Que lo hubiera hecho a sus espaldas era una prueba de la hostilidad que existía entre Haney y el tándem formado por Woods y Steinberg. «No les informé de nada —explicó más tarde Haney—. En mi contrato no ponía nada de que no pudiera [escribir el libro].»

Teniendo en cuenta la obsesión de Tiger con la privacidad y su afición por pedirle a todo el que trabajaba con él que firmara acuerdos de confidencialidad, resultaba desconcertante que Haney tuviera la libertad de escribir sobre lo que había visto y oído durante sus incontables horas a solas con el golfista. Incluso a su editorial le costó trabajo creerse que no estuviera sujeto a ninguna restricción legal. Su editor de Crown le pidió en repetidas ocasiones que se asegurara de no haber firmado ningún documento de ese tipo. Haney le aseguró una y otra vez que nunca le habían pedido hacerlo. «Steinberg la cagó», dijo.

Tiger y Steinberg vieron el libro de Haney como una traición. Claro que, comparado con la traición consistente en mantener relaciones extramatrimoniales e intentar encubrirlas con las artimañas más sofisticadas, quedaba en nada. No obstante, el libro prometía hacer daño a Tiger, poniendo a la vista de todos una grieta que podía haberse evitado si el golfista hubiera demostrado algo más de gratitud. A Haney le hubiera bastado con unas pocas muestras de agradecimiento y empatía, pero lo de mostrar o verbalizar sentimientos no iba con Tiger. Cuando ponía fin a una relación, se olvidaba de esa persona. En el caso de Haney, habían pasado casi dos años desde su distanciamiento. En todo ese tiempo, Tiger no le había llamado ni una sola vez para decir hola o para ver qué tal le iba. Las últimas palabras que le dedicó al entrenador fueron: «Sé que siempre seremos amigos». Para Haney, lo que aquello llevaba implícito era: «No cuentes nada». Decidió hacer caso omiso a su interpretación.

No contento con eso, Haney había escogido a Jaime Diaz como su colaborador. No había ningún cronista de golf que hubiera tratado con Tiger durante más tiempo ni que le conociera mejor a él y a su familia. Había pasado bastante tiempo en casa de los Woods, había viajado al extranjero con Kultida, y Tiger le había elegido su ayudante para escribir su manual instructivo de golf. Desde el punto de vista de Woods, que Diaz estuviera involucrado en el libro de Haney era otra traición más.

A finales de febrero, *Golf Digest* publicó un primer fragmento de ese libro. Hablaba de la obsesión de Tiger en 2007 por convertirse en un SEAL de la Marina y afirmaba que su entrenamiento de tipo militar conllevaba riesgo de lesiones. Sus palabras dieron lugar a titulares y debates. Incluso los propios SEAL se convirtieron en blanco de las críticas y tuvieron que hacer frente a preguntas sobre si, en efecto, habían permitido que un civil entrenara con ellos. «Puedo confirmar que en 2006 disparó armas en uno de nuestros campos de tiro», le contó un portavoz de las Fuerzas a la CNN. Es importante destacar que, por ese entonces, la gente no estaba al tanto de la fijación de Tiger con la milicia. Básicamente, Haney estaba desvelando su secreto.

En medio de esa acalorada controversia, Steinberg atacó a Haney, refiriéndose a su enfoque como «psicología de pacotilla». En un comunicado, el agente dijo: «No es ningún secreto que, por influencia de su padre, Tiger siempre ha respetado mucho todo el tema militar. Que Haney haya tergiversado esa admiración y la haya utilizado como algo negativo es una falta de respeto».

Las críticas al libro de Haney antes incluso de su publicación no hicieron más que aumentar el interés de la gente. Durante una rueda de prensa previa al inicio del Honda Classic, a finales de febrero, acribillaron a Tiger a preguntas relacionadas con los SEAL. Él hizo caso omiso de todas hasta que un colaborador de Golf Channel, Alex Miceli, decidió insistir y preguntarle si de verdad consideraba la posibilidad de unirse a las Fuerzas.

—Ya he hablado de todo lo que sale en el libro —dijo Tiger cortantemente—. He hecho comentarios sobre todo.

—Pues me debo haber perdido esa respuesta —dijo Miceli.

—Bueno, que yo ya he comentado todo lo que sale en el libro —le soltó Tiger—. ¿Eso sale? ¿Eso sale en el libro?

Miceli dijo que no había visto el libro, que solo había leído el fragmento.

—Eres un guapetón —dijo Tiger, utilizando su palabra clave para cuando quería decir *gilipollas*—, ¿lo sabías?

Tiger siempre recurría a ese tipo de frialdad para quitarse a la gente de encima. Sin embargo, sucedió algo que jamás habría sucedido antes del accidente. Miceli no se acobardó. Esgrimiendo el comunicado de Steinberg, que sugería que lo que se contaba en el fragmento era mentira, Miceli siguió insistiendo para averiguar si lo que Haney había escrito era verdad.

Furioso, Tiger le miró fijamente durante cinco largos segundos.

—No lo sé —dijo finalmente, rompiendo el incómodo silencio—. Que tengas un buen día.

El libro de Haney se convirtió en un éxito instantáneo y se colocó en el número uno de la lista del *New York Times*. El hecho de que alguien del círculo de Tiger se hubiera atrevido a escribir lo que había visto u oído en lugares como, por ejemplo, su casa causó sensación. Los periodistas que cubrían el Tour no pudieron resistirse a leerlo. Los jugadores no podían dejar de hablar de él. Los *caddies* y los entrenadores de *swing* andaban cuchicheando. Haney había hablado de todo, desde la relación de Tiger con su mujer hasta de cómo trataba a la gente en privado. Incluso Steinberg se llevó algún que otro palo. Pero Woods ignoró el revuelo y se centró en jugar. El 25 de marzo de 2012 ganó el Arnold Palmer Invitational en el Bay Hill, su primera victoria del PGA Tour desde el BMW Championship de septiembre de 2009. A ese triunfo le siguió un pésimo resultado en el Masters, tras lo cual el dolor le obligó a saltarse unos cuantos torneos. Pero en junio y julio —antes y después de una poco destacable actuación en el US Open—, ganó el Memorial y el AT&T. A principios de julio de 2012, Tiger había conseguido escalar hasta el número dos del ranking mundial. Solo Luke Donald estaba por delante de él.

En mitad de lo que parecía un resurgimiento en su juego, Tiger conoció a la esquiadora olímpica Lindsey Vonn, de veintisiete años. Los presentó una amiga de Tiger que trabajaba en su fundación. El golfista, receloso de las mujeres desde su tratamiento para la adicción al sexo, enseguida se sintió cómodo con Vonn. A pesar de haber conocido a infinidad de chicas a lo largo de su vida, muy probablemente Tiger jamás se había encontrado con ninguna que tuviera tantas cosas en común con él como Vonn. Empujada por su padre, a los dos años ya se la podía ver sobre unos esquís, y, a los siete, ya practicaba ese deporte durante todo el año. De joven se había mudado con su madre a Vail, Colorado, para entrenar y esquiar exclusivamente en el elitista Ski & Snowboard Club Vail. Sus años en el instituto fueron de todo menos convencionales: como recibía las clases a través de internet para que le quedara tiempo para su intensa rutina de entrenamiento, Vonn no acudía a bailes ni iba a fiestas de pijamas ni hacía amigos fuera del mundo del esquí. A los dieciséis años empezó a competir en el circuito profesional de la Copa del Mundo. Consiguió hacerse con un récord de ocho títulos de temporada en la disciplina de descenso de esa competición y se convirtió en la primera mujer estadounidense en ganar una medalla de oro olímpica en esa misma modalidad.

Tiger sentía un gran respeto por su talento. También admiraba su dedicación. Para Vonn, lo habitual era entrenar entre seis y ocho horas diarias. Vivía por y para el esquí. Y, sin embargo, pese a su superioridad en ese deporte, le preocupaba su imagen. A medida que fue creciendo, empezó a no sentirse a gusto con su cuerpo, y temía destacar por las razones equivocadas: era demasiado alta y demasiado musculosa. Además, aunque probablemente era la mejor esquiadora femenina del mundo, nunca le gustó la fama. El único lugar donde se sentía plenamente segura era en una montaña. Ahí no tenía miedo de nada.

En muchos aspectos, Woods y Vonn eran almas gemelas. Por primera vez, Tiger había encontrado una mujer con el mismo tipo de fijación que él. La manera de pensar de la esquiadora le permitía entender al golfista de un modo que a otras mujeres simplemente les era imposible. «Solo quería ganar —dijo sobre él—. Y quería ser el mejor.» Por simple que pueda sonar, Vonn sabía por experiencia propia que el instinto de Tiger alimentaba su preocupación por su físico y sus resultados en el golf. A los demás les parecía egoísta; a Vonn le resultaba familiar. Los deportistas de élite —en especial los que practican deportes individuales— tienen que ser egocéntricos.

Tiger y Vonn tenían otra cosa en común: ambos estaban superando una ruptura matrimonial. Unos meses antes de conocer a Tiger, Vonn y su marido —el primer hombre con el que había mantenido una relación seria— habían iniciado los trámites de su divorcio. Fue un proceso turbulento que les llevó más de un año. Pero en Tiger encontró a alguien en quien confiar, alguien con quien hablar, alguien con quien se sentía segura. Durante la última parte de 2012, ambos entablaron una amistad discreta y sana. Cuando la esquiadora se convirtió oficialmente en una mujer divorciada a principios de 2013, Tiger ya la veía como algo más que una amiga. Vonn había conocido a los hijos del golfista y se llevaba muy bien con ellos. Incluso a Elin le caía bien, especialmente por lo mucho que sus pequeños disfrutaban de su compañía.

Por primera vez desde el accidente, Tiger tenía en su vida a una mujer que se preocupaba por él.

El 5 de febrero de 2013, Tiger estaba en casa viendo por televisión el Campeonato Mundial de Esquí Alpino de Austria, en el que Vonn competía en la disciplina de eslalon supergigante, o super-G. Esas carreras requieren que los esquiadores realicen giros para cruzar una serie de puertas colocadas a una distancia considerable entre ellas mientras descienden a velocidades muy superiores a las que se alcanzan en los eslálones gigantes. Vonn era la mejor corredora femenina de super-G del mundo y era la favorita para ganar la competición. Woods se encontraba en el salón con su cocinero privado, su asistenta y su hija de cinco años, Sam, observando cómo Vonn sobrevolaba la pista de Schladming a una velocidad inquietante cuando, de repente, se le dobló la rodilla, cayó estrepitosamente sobre la punta de sus esquís y rodó montaña abajo en lo que resultó ser un accidente horrible. La esquiadora se retorcía de dolor y gritó tan fuerte que sus alaridos pudieron escucharse a través del televisor. Tiger temía que esos gritos pudieran traumatizar a Sam, así que le pidió rápidamente a la asistenta que la sacara de la habitación.

Tiger, más que acostumbrado a sufrir dolores atroces en la rodilla, no necesitó ver las repeticiones de la caída para saber que pintaba muy mal. Observó impotente cómo los médicos la aerotransportaban a un hospital cercano, donde los doctores dieron un pronóstico desalentador. Se había roto el ligamento cruzado anterior y el ligamento colateral medial, y también se había fracturado la tibia. Era difícil predecir cuándo podría volver a esquiar.

Decidido a hacer todo lo que estuviera en su mano, Tiger envió su avión privado para que llevara a Vonn de vuelta a Colorado para la operación. Antes de la intervención estuvo con ella y le aseguró que todo iba a salir bien. Lo peor, eso Tiger lo sabía bien, iba a ser el posoperatorio. «Te va a doler —le dijo—. Te va a doler y vas a tener que abstraerte y llegar a otro estado mental.»

El accidente de Vonn fue crucial en su relación. Poco después de la operación, decidieron anunciar su relación en Facebook y colgaron fotos de los dos. Luego Tiger dio la noticia oficial en su web: «Lindsey y yo llevamos un tiempo siendo amigos —escribió en marzo de 2013—, pero durante los últimos meses hemos estado muy unidos y actualmente estamos saliendo. Os damos las gracias por respetar nuestra intimidad».

Llegó el Masters de 2013 y Tiger era de lejos el favorito para ganar. Había empezado la temporada imponiéndose en el Farmers Insurance Open, el WGC-Cadillac Championship y el Arnold Palmer Invitational, lo que le había permitido recuperar el puesto número uno del ranking mundial. El camino había sido largo y lleno de vicisitudes, pero Woods volvía a estar en la cima. Eran grandes noticias para el golf y para las cadenas que emitían el PGA Tour.

Tiger iba detrás de su quinta chaqueta verde y la gente estaba excitada. Vonn le acompañó a Augusta, y sería la primera vez que se dejaban ver en público como pareja. La esquiadora vio el torneo con Steinberg, y Tiger empezó con muy bien pie, y terminó la primera vuelta con 70 (dos bajo par). En la segunda, electrizó al público haciendo un *birdie* detrás de otro mientras subía a lo más alto del marcador. Era un día de vientos racheados y Tiger fue el único jugador sin *bogeys* del campo. Sin embargo, el Masters de 2013 será recordado durante mucho tiempo por lo que pasó en su tercer golpe en el hoyo 15 (par 5) de la segunda ronda.

La bola había terminado en los árboles de la derecha por culpa de un *drive* desviado, y la había sacado de ahí con un golpe que la había dejado a setenta y ocho metros del hoyo. Tiger utilizó un *wedge* para atacar la bandera. El tiro fue prácticamente perfecto, y golpeó el asta a solo treinta centímetros del suelo, pero, al impactar la bola en el palo, rebotó hacia atrás y rodó por un desnivel hasta acabar en el estanque que había delante del *green*. Mala caída. De hecho, dadas las circunstancias —Tiger iba empatado en primer lugar a la conquista de su decimoquinto *major*—, puede que fuera la peor caída de su carrera.

Miró al frente enfadado e inexpresivo. «¿Y ahora qué?»

Tiger sabía que, según las reglas del golf, tenía tres opciones: jugar una bola desde el límite izquierdo de la calle, una área conocida como zona de dropaje, a unos cuarenta metros del *green*; trazar una línea imaginaria desde el hoyo hasta el punto en el que la bola había entrado en el agua y dropar una nueva bola en esa línea todo lo atrás que quisiera; o dropar una bola «tan cerca como sea posible del punto desde el que ejecutó el último golpe».

Steve Williams habría intervenido con algún consejo, pero su nuevo *caddie*, Joe LaCava, se quedó inmóvil mientras Tiger se dirigía hacia el *green*. Echó un vistazo a la zona de dropaje y descartó la primera opción. Tendría que golpear a contrapelo. «Un golpe complicado», pensó. La opción dos tampoco era demasiado halagüeña: si dropaba la bola en la línea imaginaria le quedaría muy poco margen de *green*. Tenía que decantarse por la tercera opción.

Dio media vuelta y volvió a dirigirse calle arriba, hacia la chuleta que señalaba el lugar desde el que acababa de ejecutar el golpe. Aún cabreado por su mala suerte, no quiso golpear desde el mismo punto. «Necesito ganar algo de distancia», pensó.

Sin consultarlo con LaCava ni pedirle al oficial de reglas que le supervisara, Tiger dropó su bola a unos dos metros de la chuleta. Era una violación clara de la regla que le obligaba a dropar «tan cerca como sea posible» del lugar desde el cual había jugado la última bola. Golpear a unos pocos centímetros era una cosa, pero dos metros no eran ninguna tontería. Pero sus dos compañeros de juego y sus *caddies* estaban esperando junto al *green*, demasiado lejos como para darse cuenta. Desde ochenta metros, Tiger pegó un golpe que aterrizó en el *green*, botó y rodó hasta detenerse a un metro veinte del hoyo. No podía haberlo hecho mejor. Al poco, ejecutó el *putt* e hizo *bogey* (un resultado estupendo, dadas las circunstancias). Terminó la ronda con 71, a solo tres golpes del líder. Iba a empezar el fin de semana en unas condiciones óptimas para conseguir uno de esos resultados a los que tan acostumbrados tenía a los aficionados.

Después de la vuelta, en una entrevista para ESPN, le preguntaron a Tiger por el dropaje en el hoyo 15. Tan dispuesto como siempre a hablar de todo lo que tuviera que ver con su juego, se explayó.

«Volví al punto desde donde la había jugado, pero me alejé un par de metros, que era lo que me parecía que le había sobrado al golpe —dijo Tiger—. De esa manera, la bola iría a parar cerca de la bandera en lugar de golpearla o pasarla de largo. Pensé que eso era lo que tenía que hacer si quería restarle cuatro [metros]. Y eso hice. Y la cosa salió muy bien.»

Sus comentarios generaron multitud de comentarios en Twitter y desataron la polémica en internet. Esa tarde, el locutor de la CBS Jim Nantz llamó al presidente del Comité de Competición del torneo, Fred Ridley, y le comentó lo que había dicho Tiger. Ridley tenía en sus manos un buen embrollo, y Nantz no sabía ni la mitad de la historia. Resultaba que Ridley había sido informado de la infracción de Tiger muy poco después de que tuviera lugar. David Eger, uno de los mayores expertos en reglas de golf, se había dado cuenta mientras seguía por televisión la retransmisión del Masters desde su casa en Carolina del Norte. Se puso en contacto inmediatamente con los oficiales del torneo para advertirles. «Yo me fijé enseguida en que no había ninguna chuleta [cerca de la bola] cuando jugó el quinto golpe —le explicó Eger al redactor de golf Michael Bamberger, que, junto con Alan Shipnuck, escribieron el informe definitivo del incidente—. Me di cuenta de que había jugado desde el lugar equivocado, y eso indudablemente implicaba una sanción.» Al ser informado por Eger, Ridley había ido a las oficinas del torneo mientras Tiger seguía en el campo y había revisionado las imágenes del dropaje. Pese a las evidencias visuales de que la bola no se había colocado «tan cerca como sea posible» de la chuleta, Ridley decidió no tomar medidas, permitiendo que Tiger terminara la ronda y firmara la tarjeta. Ahora que Woods había admitido públicamente haber dropado la bola dos metros más atrás, esa tarjeta era incorrecta, y firmar una tarjeta incorrecta era motivo de descalificación, precisamente lo que Eger había intentado evitar con su mensaje urgente.

Viendo la que se avecinaba, Ridley volvió a Augusta después de hablar con Nantz. Él y otros oficiales del torneo revisionaron algunos vídeos más. Mientras tanto, Nantz, que volvía a estar en antena, informó de que el tema del dropaje de Tiger todavía iba a «traer mucha cola». A esas alturas, Twitter ardía. Los oficiales del torneo y los ejecutivos de la CBS iban de aquí para allá agitados. Pasada la medianoche, un mensaje urgente de Steinberg despertó a Tiger. Ridley quería verle a primera hora de la mañana.

Woods estaba en un lío en el que él mismo se había metido, pero Ridley también. Tampoco ayudó el hecho de que el torneo ya estuviera recibiendo críticas por penalizar a Guan Tianlang, un prodigio de catorce años de China que había sido invitado al Masters tras ganar el Asia-Pacific Amateur Championship. Guan jugó impresionantemente bien durante la primera ronda en el Augusta y terminó a solo tres golpes de Woods. En el hoyo 17 de la segunda ronda, mientras luchaba por pasar el corte, le aplicaron un golpe de penalización por juego lento, una decisión surrealista si tenemos en cuenta el ritmo considerablemente tranquilo de las rondas en ese campo. Guan fue el primer jugador en la historia del torneo en ser penalizado por ese motivo. Incluso otros golfistas, entre ellos su compañero de juego Ben Crenshaw, salieron en defensa del chino. Pero cuando le preguntaron a Tiger por la severidad de la sanción a de Guan, respondió: «Bueno, las reglas son las reglas».

La cuestión era si Ridley aplicaría las reglas con Woods. Si lo hacía, tendría que descalificar al jugador número uno del mundo, que estaba muy arriba en el marcador; si no lo hacía, podían acusarle de favoritismo.

Tiger llegó al Augusta el sábado a las ocho de la mañana para reunirse con Ridley, que estaba acompañado del presidente del campo, Billy Payne. Mientras debatían, el comentarista Brandel Chamblee empezó su emisión matutina en Golf Channel recordándoles a los espectadores que Bobby Jones se había sancionado a sí mismo durante el US Open de 1925, cosa que le había hecho perder por un golpe. «Debe ser Tiger Woods quien se aplique la penalización y se descalifique por firmar una tarjeta incorrecta», dijo Chamblee agitando el dedo ante la cámara. Sus comentarios reflejaron lo que muchos otros miembros de la prensa del golf pensaban.

Pero Tiger sostuvo que no había incumplido las reglas intencionadamente. «En el hoyo 15 dropé la bola en un lugar que consideraba correcto y conforme a las reglas —escribió en Twitter—. En ese momento no era consciente de estar incumpliendo ninguna norma. No sabía que el dropaje fuera incorrecto antes de firmar la tarjeta.»

Ridley tampoco parecía tener intención de atenerse a la ley escrita. Por el contrario, en privado invocó una ley de 1952 que indica: «Una penalidad de descalificación puede dejar de aplicarse, modificarse o imponerse en excepcionales casos individuales si el Comité considera justificada tal acción». El excepcional caso individual era que Ridley no había intervenido al ser informado del incumplimiento de la regla por parte de Tiger. Eso no justificaba el dropaje incorrecto, pero había sido esa inacción por parte del presidente del Comité lo que había provocado que Tiger firmara una tarjeta incorrecta. Esperando dar carpetazo al tema, Ridley le aplicó dos golpes de penalización por dropaje incorrecto, con lo cual la puntuación del golfista en la segunda ronda pasó de 71 a 73. Woods pudo seguir en el torneo.

«Nos han sancionado con dos golpes de penalización —le dijo a Joe LaCava sin inmutarse tras la reunión con Ridley—. Nos lo vamos a tener que currar un poco para recuperarnos.»

Pero no fue tan sencillo. Inmediatamente empezaron a llover críticas sobre la decisión de Ridley, y el hecho de que Tiger no se autodescalificara indignó todavía más a la gente. «De esto se va a acordar toda su vida», dijo Chamblee en Golf Channel. Otros profesionales no tardaron en pronunciarse, incluidos dos miembros del Salón de la Fama. Tachando la situación de «terrible», Nick Faldo instó a Tiger a «comportarse como un hombre», reconocer que había infringido las reglas y retirarse. Greg Norman tuiteó: «Es por el jugador y por la integridad del juego. Woods ha infringido las reglas, y ser el n.º 1 conlleva una gran responsabilidad. Debería retirarse del torneo».

Una vez más, Tiger estaba en el centro de la polémica, solo que esa vez estaba teniendo lugar dentro de las cuerdas y se estaba cuestionando su integridad como profesional. Durante meses había tenido que aguantar titulares que le tildaban de adúltero por lo que había hecho a espaldas de su mujer, pero nunca le habían acusado de engañar en el terreno del golf. No era así como él lo veía, y no era nada agradable que los demás lo hicieran. Aun así, no pensaba ceder. Tras publicar su propio tuit —«Entiendo y asumo la sanción, y acepto la decisión de los miembros del Comité»—, se plantó en el *tee* del 1 a las 14.10 del sábado, en el ojo de un huracán devastador. Esa sensación tan familiar de sentir todas las miradas posadas en él había vuelto.

Entretanto, Lindsey Vonn se iba haciendo una idea de lo que implicaba ser la novia de Tiger Woods. El foco bajo el que solía estar ella por ser la mejor esquiadora femenina del mundo era una linternita comparado con el sol de mediodía que alumbraba a Tiger. La admiración que sentía por él creció.

El resto del torneo se vio eclipsado por la controversia, y Tiger no jugó tan bien como en las dos primeras rondas. En lugar de hacerse con otra chaqueta verde, terminó empatado en cuarta posición. No está claro hasta qué punto —y si fue así— toda la situación afectó a su juego, pero, sin duda, fue difícil pasar por alto la enérgica celebración del *caddie* Steve Williams, que le chocó la mano a Adam Scott después de que este consiguiera su primer Masters.

El capítulo más complicado para Woods de la historia de la jurisprudencia del golf no se cerró en Augusta. Tuvo que cargarlo sobre los hombros como un estigma. La siguiente vez que mandó una bola al agua —en mayo, en el The Players Championship—, el locutor de la NBC Johnny Miller cuestionó su punto de dropaje. Cinco meses más tarde, en el BMW Championship de Lake Forest, Illinois, volvieron a sancionarle, en esa ocasión durante la segunda ronda, por no avisar de que su bola se había movido al intentar retirar una rama debajo de un árbol de detrás del primer *green* (solo que esa vez la infracción fue captada por un cámara de PGA Tour Entertainment). Antes de que Woods firmara la tarjeta oficial al final de la ronda, el vicepresidente de competición del PGA Tour, Slugger White, le dio el alto y le mostró las imágenes que probaban que había movido la bola. Desde el punto de vista de White, estaba claro que Woods —debido a la posición en la que se encontraba, mirando hacia la bola desde arriba— podía no haber notado un movimiento tan sutil. Sin embargo, al enseñarle la prueba visual, Tiger seguía negándose a aceptar que, en efecto, su bola se había movido, aunque fuera ligeramente.

—Eso no es posible —le dijo a White, insistiendo en que su bola había permanecido en el punto original.

Woods y los oficiales del Tour le volvieron a poner el vídeo, pero él se mantuvo en sus trece. Después de una acalorada discusión, le sancionaron con dos golpes, convirtiendo su doble *bogey* en el primer hoyo en uno cuádruple y subiendo su puntación general en esa ronda de 70 a 72. Al hablar con los medios más tarde, Woods no reculó.

«Después de ver el vídeo, me pareció que la bola solo había oscilado. Ya está —dijo Woods—. Pensé que la historia acabaría ahí. Pero ellos no lo vieron así. Discutimos de lo lindo, y bueno, vamos a dejarlo ahí... Estaba bastante mosqueado porque me pareció que no había pasado nada.»

«Me lo pusieron varias veces —continuó—, pero a mí me seguía pareciendo lo mismo. Me lo había currado mucho, y pasar de estar cinco por detrás a estar siete fue un fastidio.»

Pocos criticaron a Woods por no haberse dado cuenta de que la bola se había movido, pero sí les puso la mosca detrás de la oreja el hecho de que negara lo que en las imágenes era evidente. Su uso de la palabra *oscilado* —un término que, en el terreno de la física, significa que algo varía en magnitud o posición de manera regular— llevó a Brandel Chamblee a insinuar que Tiger era un tramposo. «Después del escándalo de adulterio de 2009, perdió a las mujeres del Tour —dijo Chamblee en 2017—; después del BMW Tournament, perdió a los compañeros. Dieron por hecho que Tiger se autosancionaría. Al no hacerlo, empezaron a verle como un tramposo.»

Después de que Chamblee escribiera una controvertida columna en Golf.com puntuando a Tiger con una F —la nota más baja— por ser «poco caballero con las reglas», Steinberg advirtió a ESPN de que se estaba planteando tomar medidas legales. Unos días después, Chamblee reconoció que había «ido demasiado lejos» y le pidió disculpas a Tiger por Twitter. «Estoy aquí porque me he dado cuenta de que mis comentarios han encendido aún más a una audiencia dividida por este asunto —dijo—. El golf es un juego de caballeros, y no me enorgullezco de este debate. Quiero disculparme con Tiger por haber dado pie a esta polémica.»

A Woods le daban igual las disculpas. «Lo único que voy a decir es que tengo claro que voy a seguir para delante con esto —les dijo a los periodistas—. Todo este asunto ha sido muy decepcionante, porque ni siquiera se ha disculpado de verdad. Más bien ha reavivado la situación.»

Incluso en el punto culminante de su escándalo de adulterio, la reputación de Tiger como profesional se había mantenido intachable, pero el Masters de 2013 y el BMW Championship hicieron que todo fuera a parar al mismo saco. Al mismo tiempo, se atisbaban indicios de una nueva problemática que empezó con un tirón en la espalda durante la ronda final del PGA Championship de agosto de 2013. La tuvo entumecida durante dos semanas, y el agarrotamiento se le extendió al cuello. Como consecuencia, en los últimos nueve hoyos del pro-am The Barclays consiguió hacer poco más que *chips* y *putts*. Según él, la culpa era del colchón de su habitación de hotel, que era demasiado blando. Unos días después, durante la ronda final del torneo, un violento espasmo dorsal hizo caer de rodillas a Woods después de golpear una bola.

Se estaba poniendo de manifiesto que Woods tenía un problema grave en la espalda que estaba afectando a su juego. Aun así, pese a su *swing* acartonado, su espalda rebelde y el sambenito de «tramposo» colgado del cuello, Tiger se las apañó para ganar cinco torneos de la

PGA en 2013, y terminó siendo primero en ganancias, segundo en puntuación y Jugador del Año. También consiguió mantenerse en el número uno del ranking. Sin embargo, 2013 resultó ser un simple bis más que el preludio de su vuelta a la gloria.

La cualidad que Lindsey Vonn más admiraba de Woods era su fortaleza mental. Su ejemplo era lo que la había ayudado a superar la rehabilitación. El ejercicio mental, le aseguró Tiger, consistía en lidiar con el día a día, en intentar progresar sin retroceder en ningún momento. Él odiaba los tratamientos. Tumbarse en una camilla mientras alguien se dedicaba a trabajar con su cuerpo no estimulaba su adrenalina. La rehabilitación, sin embargo, era como entrenar. Dolía como un demonio, pero su actitud era: «Experimenta ese dolor».

Decidida a esquiar en las Olimpiadas de 2014, Vonn adoptó el método de Tiger. Se esforzó y consiguió estar sobre los esquís solo diez meses después de romperse dos ligamentos de la rodilla derecha y fracturarse un hueso. Pero en noviembre de 2013, durante un entrenamiento, volvió a romperse la rodilla reparada quirúrgicamente al caer rodando de cabeza a casi cien kilómetros por hora.

Devastada, Vonn entro en pánico. «¿Qué hago?», imploró. Su sueño de esquiar en los Juegos Olímpicos de Invierno de Sochi se había esfumado.

Tiger la ayudó a superar sus días grises. Pero, dos meses después de que Vonn anunciara que no iba a poder participar en las Olimpiadas, en enero de 2014, el cada vez más deteriorado estado físico del golfista le obligó a retirarse del Honda Classic. Los espasmos y el dolor en la zona lumbar no se detenían. Una semana después, consiguió jugar todo el Cadillac Championship del Doral, pero el dolor era tan intenso hacia el final del torneo que el último día hizo 78 golpes, la puntuación más alta de su carrera en una última vuelta. Diez días después, una vez más, se retiró del Arnold Palmer Invitational por su continuo dolor de espalda. Pero el incidente que le acabó de convencer de la gravedad de su situación tuvo lugar en su casa de la isla Júpiter.

Mientras practicaba en el pequeño campo que, muy eficazmente, hacía las veces de patio trasero, Tiger pegó un chip alto por encima de un búnker y al instante sintió que se le había pinzado un nervio. Cayó como si le hubieran abatido de un disparo. Habrá varios tipos de dolores, pero ese era de los peores. Incapaz de moverse, se quedó tirado en el suelo, impotente, temiendo por primera vez que su carrera pudiera haber llegado a su fin. No llevaba el móvil encima, así que no pudo sino confiar en que alguien le encontrara.

Finalmente salió su hija, Sam, que estaba buscándole.

—Papá, ¿por qué estás tirado en el suelo? —preguntó.

—Sam, menos mal que estás aquí. ¿Puedes entrar y decirles a los chicos que saquen el coche para ayudarme a levantarme?

—¿Qué te pasa?

—Es mi espalda, que está un poco fastidiada.

—¿Otra vez?

—Sí, otra vez, Sam. ¿Puedes avisar a los chicos?

CAPÍTULO TREINTA Y TRES

PUNTO DE NO RETORNO

Tumbado boca abajo e inmóvil sobre una mesa de operaciones en Park City, Utah, Tiger cerró los ojos. Junto a él, un cirujano se preparaba para hacerle una pequeña incisión en la zona lumbar. Era el 31 de mayo de 2014, y Woods necesitaba desesperadamente que le aliviaran el dolor, hasta el punto de estar dispuesto a pasar por el bisturí. Un disco dañado le estaba presionando un nervio en la parte baja de la columna. Desde que era niño, su violento *swing* había estado sometiendo a su cuerpo a movimientos muy bruscos. Era la fuente de energía detrás de esa deslumbrante manera suya de decirle al mundo: «No hay nadie como yo». Esa excesiva rotación —unida a dos décadas de levantar pesas incansablemente, de correr largas distancias y, más recientemente, de realizar duros entrenamientos al estilo SEAL— finalmente le estaba pasando factura. Si la columna de Tiger era el sistema operativo del *swing* más majestuoso del golf, la cirugía mediante microdiscectomía —un procedimiento consistente en extraer la parte herniada del disco lumbar que ejerce presión contra la raíz nerviosa— era el equivalente a desfragmentar el disco duro con la esperanza de que el sistema volviera a funcionar sin problemas. La duda estaba en si serviría de algo. Al salir de la operación, le advirtieron que necesitaría tiempo para curarse.

Pero darse tiempo nunca fue el fuerte de Tiger. Después de cada operación de rodilla, siempre había logrado vencer al cronómetro de la recuperación dándolo todo durante la rehabilitación y volviendo a competir en un tiempo récord que contravenía los calendarios de la comunidad médica para pacientes normales. Pensó que podría hacer lo mismo tras la cirugía lumbar. El 26 de junio de 2014 —menos de tres meses después de su operación de columna— estaba en Maryland para el Quicken Loans National, insistiendo en que estaba en condiciones de jugar. Terminó las dos primeras vueltas con siete sobre par y acabó fallando el corte. Un mes después, sudó sangre en el British Open solo para acabar cuarto empezando por la cola, *veintitrés golpes* por detrás del ganador. Más tarde volvió a fallar el corte en el PGA Championship, cojeando de tal manera que a duras penas pudo terminar la segunda ronda. Su visible debilidad hizo que acabara reconociendo que su espalda dañada necesitaba más tiempo para curarse y fortalecerse. Una semana después del PGA, Woods lo canceló todo hasta final de año. En solo siete torneos oficiales de 2014, se había retirado dos veces, había fallado dos cortes y había obtenido cinco resultados de cinco o más sobre par.

La temporada 2014 fue un fiasco. También fue un preludio de lo que estaba por llegar. A los treinta y ocho años y a simple vista, Tiger seguía siendo el golfista en mejor forma y con el físico más imponente del PGA Tour, pero eso era solo cuando estaba quieto. En movimiento, la realidad se hacía evidente. Además de limitar su rotación, sus problemas de espalda y el dolor provocado por el nervio estaban alterando su *swing*. Esperando solucionarlo todo antes del inicio de la temporada 2015, empezó por despedirse de su entrenador, Sean Foley. «Es el momento adecuado para poner fin a nuestra relación profesional», escribió Tiger el 25 de agosto de 2014 en su web, anunciando la separación.

La decisión no cogió a nadie por sorpresa. Desde que había contratado a Foley en el verano de 2010, Woods había vuelto a reformar su *swing* adoptando la filosofía altamente técnica del entrenador. Sin embargo, en esos cuatro años juntos, estuvo muy lejos de conseguir otro *major* y tuvo el porcentaje de victorias más bajo de su carrera (catorce por ciento), ganando solo ocho de los cincuenta y seis torneos que jugó. Con Hank Haney, Woods ganó el treinta y tres por ciento de los eventos del Tour en los que participó. Claro que no es justo comparar la época de Foley con la de Haney, puesto que, con el primero, Woods fue mucho más propenso a las lesiones y solo hubo dos temporadas —2012 y 2013— en las que pudo jugar el calendario completo. Durante ese breve lapso, Woods recuperó el primer puesto del ranking mundial aplicando el método Foley; no obstante, algunos analistas golfísticos sostienen que fue precisamente ese método el que aumentó su riesgo de lesiones. Woods echó por tierra esa teoría públicamente. Cuando dejó marchar a Foley, quiso adelantarse a las calumnias expresando su gratitud y alabando la labor del entrenador. «Sean es uno de los entrenadores de golf más excepcionales que existen actualmente —dijo Woods—. Y sé que seguirá cosechando éxitos junto a los jugadores que trabajen con él.»

Con Foley fuera del mapa, Woods dijo que no tenía prisa por contratar a un substituto, pero, de hecho, estaba ansioso por encontrar un nuevo enfoque. El que había sido su compañero de equipo en Stanford, Notah Begay III, le presentó a Chris Como, un estudiante de posgrado de treinta y siete años que estaba terminando un máster en Biomecánica en la Texas Woman's University. Contratar a Como suponía, sin duda, un nuevo enfoque. También planteaba una pregunta: ¿Qué puede aprender el golfista con el talento más innato de la historia de alguien cuyo currículum como entrenador se reduce a haber trabajado con tres tipos llamados Aaron Baddeley, Jamie Lovemark y Trevor Immelman? Pero no era precisamente un entrenador de *swing* lo que Tiger buscaba. La especialidad de Como era aplicar las leyes de la mecánica al movimiento humano como método para mejorar el rendimiento y reducir las lesiones. Woods le contrató como «asesor» de *swing*.

Tiger estaba convencido de que necesitaba volver a lo más básico. Una de las primeras cosas que hizo con Como fue desempolvar algunos VHS viejos de sus días con Butch Harmon. Pasaron horas visionando y evaluando su antiguo estilo. A continuación, se dispusieron a reformar su *swing* por la que sería la quinta vez en su carrera. Las técnicas de Como supusieron un gran cambio respecto del método de entrenamiento de Foley, pero, para finales de año, la velocidad del *swing* y la distancia del *drive* de Tiger habían subido a niveles a los que no había llegado desde el 2000.

«Chris quería que el *swing* de Tiger volviera a ser lo más parecido posible a [el de] sus días como golfista júnior —dijo el analista de Golf Channel Brandel Chamblee—. Era un *swing* más erguido, con movimiento lateral y desplazado hacia la derecha. El cambio principal fue que Chris no era tan arrogante ni tan lineal como Foley. Era casi como si Sean no estuviera preparado para la tarea que se le había encomendado. Ahora ha cambiado su método de entrenamiento y es un entrenador estupendo. Pero, en esa época, no estaba listo e hizo caer a Tiger.»

Woods lo tenía todo planeado. Volvería al PGA Tour en el Phoenix Open, a finales de enero de 2015. Ese mismo fin de semana y cerca de allí (en Glendale, Arizona), los New England Patriots se iban a enfrentar a los Seattle Seahawks en la 49.ª Super Bowl. El golfista pensó que no había mejor manera de rematar el fin de semana, así que consiguió entradas para el partido. Su intención era ir directamente del TPC Scottsdale al University of Phoenix Stadium. Tras un descanso de cinco meses, estaba deseando volver a ponerse en marcha.

Antes de eso, Woods hizo un viaje improvisado a Italia, donde Lindsey Vonn iba a competir en una prueba de esquí de la Copa del Mundo. Le había llevado mucho tiempo recuperarse de sus lesiones, pero parecía estar lista para volver a ganar y batir el récord mundial femenino de todos los tiempos de títulos de ese circuito. Tiger decidió darle una sorpresa y plantarse allí para su gran momento. Tras coger un avión privado hasta Italia y un helicóptero hasta la estación de esquí Cortina d'Ampezzo, en los Alpes Dolomitas, se vistió de incógnito —con una chaqueta con capucha, gafas de sol oscuras y una máscara blanca y negra con una calavera dentada estampada— para pasar desapercibido entre la multitud. Cuando Vonn terminó 0,85 segundos antes que su competidora más cercana, Woods estaba allí para saludarla.

—¡Ostras! —dijo—. ¡No me puedo creer que hayas venido!

—Te lo dije —respondió él.

Vonn se lanzó a sus brazos y le besó en los labios, que seguían cubiertos con la máscara tipo braga. Que hubiera ido hasta allí solo para ver su último descenso de la montaña significaba muchísimo para ella. Pero la presencia del golfista no tardó en eclipsar la victoria de récord de la esquiadora. A pesar de que Tiger se había tomado todas las molestias del mundo para evitar a los medios durante su breve estancia en el evento, un fotógrafo de Associated Press consiguió una instantánea de él con la máscara bajada. En la imagen se podía ver que a Tiger le faltaba uno de los incisivos. Los tabloides británicos aprovecharon la oportunidad para resucitar los antiguos rumores de que Elin presuntamente le había roto un diente al tirarle un móvil tras descubrir su infidelidad en 2009. Era cierto que a Woods le habían hecho una endodoncia en un incisivo y que lo llevaba postizo, pero él siempre había negado efusivamente que Elin le hubiera golpeado.

Sin embargo, con el hueco en la dentadura de Tiger protagonizando titulares en todo el mundo, Mark Steinberg emitió un comunicado insistiendo en que un fotógrafo le había golpeado accidentalmente en ese diente mientras veía a Vonn celebrar su victoria. «Durante una aglomeración de fotógrafos en el podio del evento de Italia de la Copa del Mundo, un miembro de la prensa con una cámara de vídeo cargada al hombro que intentaba abrirse paso hacia la plataforma se giró y golpeó a Woods en la boca», dijo el agente. El relato de Tiger desató una controversia internacional cuando los organizadores de la carrera de Italia refutaron las declaraciones de Steinberg, asegurando que el golfista no se había acercado a los fotógrafos en el área de llegada y que se había esfumado en una moto de nieve tras solicitar seguridad extra. «Yo estaba entre los que le escoltaron desde la carpa hasta la moto, y ese incidente no se produjo —dijo Nicola Colli, secretario general del comité organizador de la carrera—. Cuando llegó, pidió más seguridad, y nosotros hicimos venir a varios agentes de policía para que los vigilaran a él y a Lindsey.»

Cuando Woods llegó a Phoenix, periódicos de todo el país, desde el *Washington Post* hasta el *New York Daily News*, cuestionaban su versión de los hechos. Pero él estaba centrado en su regreso. El Phoenix Open es siempre el más bullicioso y concurrido de los eventos del Tour, y atrae cada año a más de medio millón de espectadores. Dos días antes del inicio del torneo, Tiger fue recibido por una multitud de gente que acudió para animarle durante una ronda de práctica de nueve hoyos. Alentado por el apoyo generalizado, interactuó con sus seguidores, firmándo autógrafos y haciéndose fotos con ellos. En la rueda de prensa previa al torneo, estaba relajado. Bromeó con los periodistas y rememoró las anteriores veces que había jugado en Phoenix durante su carrera. Pero rápidamente su diente cobró protagonismo cuando un periodista preguntó: «Tiger, ¿puedes contarnos qué le pasó a tu diente hace un par de semanas?».

Tiger explicó con firmeza y largo y tendido que, llevando todavía la máscara, había acabado en medio de una marea de fotógrafos después de la carrera de Vonn. «Un tío con una videocámara en el hombro que estaba de rodillas delante de mí se levantó, se dio la vuelta y me dio en toda la boca —dijo señalándose el diente—. Este me lo partió un poco y el otro se lo cargó del todo. Por eso intenté no quitarme la cosa esa, para no ir por ahí desangrándome.»

Continuó diciendo que, después de romperse el diente, no pudo comer ni beber nada hasta que llegó a EE. UU. y le visitó el dentista. «¡Jesús! El viaje de vuelta fue un chiste —dijo—. No podía comer, no podía beber... No me podía rozar ni el aire. Hasta respirar me dolía.»

Cuantas más explicaciones daba, más surrealista sonaba todo. ¿Estaba rodeado de una marea de fotógrafos, «desangrándose», y nadie consiguió inmortalizar la escena? Nadie —ni siquiera Vonn— dijo haber visto a Tiger sangrando después del evento.

—¿Qué te parece que haya tanta gente que no se crea tu historia? —preguntó otro periodista.

Tiger se encogió de hombros y sonrió.

—Bueno... Así sois la gente de los medios. Es lo que hay.

—No hablo solo de los medios —respondió el reportero.

—Es lo que hay —repitió Tiger, encogiéndose de hombros una vez más.

Todo eran sonrisas hasta que empezó el torneo; entonces la cosa fue cuesta abajo y sin frenos. Hizo *bogey* en los dos primeros hoyos y, después de cuatro, ya estaba cuatro sobre par. Tiger, vestido con pantalones azules, cinturón blanco y una camiseta Nike rosa que le marcaba los músculos, era el más elegante del campo, pero su juego corto era deplorable por culpa de un caso grave de *chip yips*, un término que define la situación en la que un golfista falla sistemáticamente sus golpes cortos a causa de los nervios. Al llegar a la segunda vuelta, los cronistas de golf ya se preguntaban: «¿Quién es ese?», y no se referían a Chris Como. En el *green* del hoyo 4 tuvo que pegar un *pitch* de once metros y lo mandó a casi quince *al otro lado* del objetivo. En el 14, en su intento de ejecutar un *chip* de veintiocho metros, la bola recorrió solo diecisiete. Y en el 15 estaba a quince metros del hoyo, pero, después de dos golpes, la bola solo había avanzado siete. Sus incomprensibles filazos desconcertaron a los espectadores. En ningún momento estuvo cerca de pasar el corte: terminó la segunda ronda con dos dobles *bogeys*, un triple *bogey* y seis *bogeys*, consiguiendo un desconcertante resultado de 82 golpes, once sobre par. Fue una de las actuaciones más chocantes de la historia del golf.

Pese a todo, la actitud de Tiger después de jugar fue casi igual de sorprendente. Estaba sonriendo y bromeando con la prensa. Era un comportamiento tan impropio de él que un reportero le preguntó que cómo podía estar tan sonriente después de lo que acababa de pasar.

—Así es el golf —dijo Tiger—. Todos tenemos días así.

El caso era que Tiger *nunca* había tenido un día así. Su segunda vuelta en el Phoenix Open de 2015 fue la peor de las 1.109 participaciones en el PGA Tour de su carrera. Eso no era un mal día; era un cataclismo.

Intentando encontrarle algo de sentido a toda la situación, un reportero le hizo la pregunta que todo el mundo esperaba:

—¿Has sentido alguna molestia en la espalda? ¿Qué tal se ha portado hoy?

—Estoy bien —dijo Tiger, mirándole a los ojos—. Eso ya ha dejado de ser un problema.

Cuando terminó, fue directo al avión y volvió a casa. No tenía sentido quedarse en Phoenix para la Super Bowl. Tenía cosas que hacer.

A las puertas de la temporada 2015, Tiger estaba haciendo uso de sus habituales artimañas con la prensa, contándole a todo el mundo que la espalda no le dolía en absoluto y que cualquier declive en su rendimiento era debido a que seguía adaptándose a los cambios en su *swing*. Tratándose de Tiger, los periodistas de golf le concedieron el beneficio de la duda. Pero eso estaba a punto de cambiar.

Una semana después de lo de Phoenix, Tiger fue al Torrey Pines para el Farmers Insurance Open. Su paso vacilante y su aspecto envejecido disparó todas las alarmas de los que le seguían desde hacía tiempo. Lo mismo sucedió con su intento durante una ronda de práctica de patear una bola fuera de un *rough* de hierba muy alta alrededor de un *green*. Tras el calentamiento previo a la primera vuelta, tuvo que esperar cerca de dos horas a que la densa niebla se disipara. Cuando por fin pegó el golpe de salida, enseguida empezó a hacer cosas inconcebibles, como mandar un *drive* tras otro a las calles adyacentes. También le costaba agacharse para recuperar la bola del hoyo. Cuando solo llevaba once hoyos de la primera vuelta y tras jugar el último como un golfista de hándicap 20, Woods informó a sus compañeros de juego que se retiraba del torneo. Les deseó suerte. Una miembro desde hacía tiempo del equipo de seguridad de Tiger del Departamento de Policía de San Diego, la agente Deborah Ganley, le recogió en un coche de golf y le escoltó fuera del campo. El golfista se dejó caer en el asiento de delante y la agente le prometió que iría despacio para que su espalda no se resintiera aún más. «Estoy bien —le dijo Tiger—. Estoy bien.»

Nadie podía creérselo. Ya eran dos los torneos consecutivos en los que el mejor golfista del mundo parecía haber olvidado cómo jugar. Que estuviera mal de la espalda era lo único que podía tener un mínimo de sentido, aunque que su psique estuviera dañada también era una explicación plausible. Cuando el coche llegó al aparcamiento de los jugadores, ya había una muchedumbre de reporteros y cámaras esperando para interrogarle. Woods, quitándole hierro al desastre que todos acababan de presenciar, dijo que durante la espera a causa de la niebla se le había agarrotado la espalda y que no se le había pasado. «Son mis glúteos, que no funcionan como deberían —dijo Tiger—. Y cuando no se activan, la cosa me sube hasta la zona baja de la espalda. He hecho todo lo posible por activarlos durante ese tiempo, pero no he llegado a conseguirlo.»

La gente no tardó en empezar a bromear con su explicación. Las publicaciones de golf sacaron titulares como «Tiger Woods culpa a su trasero "desactivado" de su última lesión». Sus posaderas también fueron tendencia en Twitter con la etiqueta #gluteosdisfuncionales (#glutesshuttingoff). «Todos estos chistes malos le estarán sentando como el culo #Gluteos #Tiger», tuiteó el comentarista de golf Robert Lusetich.

Ya se habían mofado de Tiger antes, pero nunca habían ridiculizado su juego. Al verle hacer muecas en todos los *swings* y caminar de un punto a otro a paso de tortuga, incluso los adversarios a los que había dominado durante años se compadecieron de él. «Por muy competitivos que seamos, no nos gusta ver a nadie sufrir de esa manera», dijo Ernie Els poco después de que Tiger abandonara el Torrey Pines antes de tiempo.

Nadie estaba más decepcionado que el propio Tiger. El orgullo le dolía tanto como la espalda. Decidió que ya era suficiente. Unos días después de culpar a sus glúteos, decidió recular. «Mi juego y mis resultados no son aceptables para un torneo de golf —dijo en su web—. Cuando participo en una prueba es para competir al más alto nivel, así que, cuando crea estar preparado, volveré.»

Su frustración le hizo estar dos meses desaparecido del Tour. No volvió a dejarse ver hasta el Masters de 2015. Cuando llegó, le acompañaban Lindsey Vonn y sus dos hijos. El único aspecto positivo de todas sus dificultades era que tenía a su lado a alguien que entendía por lo que estaba pasando. Tiger había visto a Vonn luchar contra los reveses posoperatorios. Su implacable deseo de dominar su deporte era algo que rara vez veía en otros seres humanos, y era una de las cosas que más le gustaban de ella. Habían pasado mucho tiempo juntos en el gimnasio, presionándose el uno al otro para recuperarse. Durante el concurso anual de pares 3 de principios de semana del Augusta, quedó claro que Vonn era ya como un miembro más de la familia. Estuvo acompañando al golfista mientras Charlie y Sam le hacían de *caddies*. Más que ninguna de sus antiguas novias, Vonn parecía capaz de lidiar con el foco de atención que alumbraba constantemente al golfista, centrándose en él y sus hijos. «Son muy buenos niños —le dijo la esquiadora a un periodista—. Les he cogido mucho cariño.»

Muchedumbres de espectadores siguieron a Tiger durante su primera vuelta en el Augusta. Desde el principio, jugó mucho mejor que en febrero. Su aspecto también era distinto. Había perdido peso desde el inicio de la temporada y parecía más flexible. Además, su sonrisa había vuelto. Incluso compartió risas con su viejo amigo Mark O'Meara. «Eh —le dijo O'Meara—, tu colega va a entrar este verano y espera verte allí.» Woods sabía exactamente a qué se refería: O'Meara había sido seleccionado para entrar a formar parte del Salón de la Fama del Golf Mundial. La ceremonia de ingreso tendría lugar ese mismo año en el British Open, que se iba a jugar en el St. Andrews. Decirle a Tiger que más le valía estar allí era una ofrenda de paz. O'Meara le estaba dando a entender que estaba dispuesto a pasar por alto el hecho de que llevara sin llamarle desde el accidente. Ya era hora de dejar el pasado atrás.

A lo largo de las tres primeras rondas del Augusta, pareció que el antiguo Woods había vuelto, con resultados respectivos de 73, 69 y 68 golpes. Estaba compitiendo. Cuando le preguntaron cómo había conseguido dar semejante giro y ponerse en forma para el Masters, él bromeó: «Me he roto el culo trabajando». Su motivación volvía a ser la de siempre: ganar. Pero ahora tenía un incentivo: la última vez que había conseguido la victoria en el Masters, en 2005, sus hijos no habían nacido. Ahora tenían seis y siete años. Que vieran a su padre poniéndose la chaqueta verde era lo que más ilusión le hacía.

Pero el domingo no pudo mantener el nivel, especialmente después de hacer un mal gesto con la muñeca al ejecutar un *swing* a mitad de la ronda. Su séptimo puesto —el mejor desde su operación de espalda de hacía trece meses— fue una pequeña alegría en un año terrible. Pero no podía ignorar el hecho de que había terminado nada menos que trece golpes por detrás del carismático ganador, Jordan Spieth, de veintiún años. Ya habían pasado diez años desde la última victoria de Tiger en el Masters. A sus treinta y nueve, estaba presenciando cómo un jugador de casi la mitad de su edad se enfundaba la chaqueta verde. El tiempo no estaba de su parte.

Después del Masters, Woods volvió a desaparecer. En esa ocasión tenía que encargarse de un asunto personal: su repentina ruptura con Vonn. Tras tres estupendos años juntos, el 3 de mayo de 2015 anunció en su web: «Siento gran admiración, respeto y amor por Lindsey, y siempre recordaré con cariño el tiempo que hemos estado juntos. Se ha portado genial con Sam y Charlie, y con toda mi familia. Por desgracia, los dos competimos en deportes exigentes y eso hace que llevemos vidas muy agitadas. Es muy difícil pasar tiempo juntos».

Ese mismo día, Vonn dijo esencialmente lo mismo en su página de Facebook: «Por desgracia, ambos llevamos vidas increíblemente agitadas que nos hacen estar separados la mayor parte del tiempo».

Woods y Vonn habían conseguido proteger su relación del escrutinio público. No iban a dar explicaciones ahora que se había acabado. Pero se trataba de algo más complicado que unos horarios exigentes, eso es inherente a la vida de un deportista de élite. Vonn había demostrado ser la pareja ideal para Tiger, alguien que encajaba perfectamente en su complicada vida. Le quería. Quería a sus hijos. Y se llevaba bien con Elin; incluso habían estado juntas con Tiger en un partido de *tee-ball* —un juego para niños basado en las reglas del béisbol— de uno de sus hijos justo antes de la separación. Pero ahora Lindsey ya no estaba. Cuando le preguntaron por los motivos, mantuvo el tono amistoso. «Enfrascarme en una relación cuando hacía tan poco que había pasado por un divorcio no fue una muy buena idea por mi parte —dijo—. No me arrepiento de nada. Quería a Tiger, y estos tres años con él han sido maravillosos. Además, me han servido para aprender. Cada relación te ayuda a averiguar qué necesitas y qué quieres en una pareja.»

Una de las cosas que a Tiger siempre le habían gustado de ser golfista era que casaba perfectamente con su personalidad; le hacía pasar incontables horas en soledad en el campo y el *green* de prácticas. «Podemos ser unos solitarios y no ver nunca a nadie», dijo en 2015. Pero la soledad deprimió a Vonn, y también afectó a Tiger. Cuando ella se marchó, estuvo tres días sin poder dormir.

Al cabo de un mes, todavía de bajón, Tiger jugó en el Memorial Tournament. Su tercera vuelta fue tan mala —85 golpes, trece sobre par— que superó el desastre de la segunda ronda del Phoenix Open, añadiendo un nuevo mínimo en su carrera. Luego batió otra marca personal al terminar con un resultado total de 302, la peor puntuación en setenta y dos hoyos de toda su carrera profesional. Parecía que en cada torneo conseguía establecer una nueva marca personal de peor actuación. En el US Open continuó la caída: en los peores treinta y seis hoyos de su carrera profesional, anotó un total de 156 golpes pegando cañazos, maldiciéndose y golpeando sus palos contra el suelo. En una ocasión, al ejecutar un mal *swing*, incluso llegó a escapársele el palo, que salió volando y aterrizó a unos seis metros detrás de él. En un momento dado, los locutores de televisión estaban tan desconcertados con lo que estaban viendo que se quedaron sin palabras. «No sé qué decir —dijo uno de ellos en directo—. Les juro que no sé qué decir.»

Woods ya no podía negar lo evidente: volver después de una operación de espalda no era lo mismo que hacerlo después de una de rodilla. El dolor en el nervio era mucho más debilitante que el dolor en la articulación. Ya fuera por optimismo o por ilusionismo, él seguía insistiendo en que estaba haciendo progresos, pero lo cierto era que solo estaba empeorando las cosas por intentar jugar sin estar bien. Hubo un momento durante la segunda jornada del US Open que resumió perfectamente la situación en la que se encontraba la carrera de Tiger: en el hoyo 1 había pegado un *drive* que había dejado la bola en un *rough* en una pendiente pronunciada. Al colocarse para golpear, puso mal el pie y cayó sobre su trasero. La gente no sabía si reírse o llorar. Woods estaba demasiado exasperado como para hacer ninguna de las dos cosas.

Mark O'Meara ingresó en el Salón de la Fama del Golf Mundial en una ceremonia que tuvo lugar en St. Andrews el 13 de julio de 2015, a pocos días del inicio del British Open. Para el que una vez fuera el mejor amigo de Tiger en el PGA Tour, era un momento muy importante, la coronación de su carrera. A sus cincuenta y ocho años,

O'Meara subió al escenario del Younger Hall entre calurosos aplausos, recogió su trofeo y pronunció un sentido discurso de aceptación. Aparte de su familia, no había nadie a quien deseara ver más allí que a Woods, su compañero de práctica durante tantos años, el que le había inspirado e impulsado a ganar sus dos únicos *majors*. O'Meara había llegado incluso a llamarle para recordarle la cita. Esa noche había entre los asistentes veintiún golfistas del Salón de la Fama. Pero Woods, que estaba en la ciudad para jugar en el Open, no se presentó.

En su discurso de diecisiete minutos, O'Meara dio las gracias personalmente a Hank Haney por «cambiarme la vida» y a Tom Watson por ser «haber sido una enorme inspiración para mí». Señaló a Palmer y a Nicklaus como «los grandes». Pero ni una palabra acerca de Tiger. Mucho después de que las luces que alumbraron esa velada excepcional se apagaran, O'Meara resumió su profunda decepción con Woods. «Tarde o temprano, uno tiene que comportarse como un ser humano —dijo en 2016, como sin poder acabar la frase—. No sé. No es lo mismo. Ojalá lo fuera.» Un año después, recordando esa noche, añadió: «Me defraudó muchísimo. No se trataba de mí. Le habría venido muy bien asistir».

Pese a ser una figura tan importante en la vida de tantas personas, Woods parecía no dar nunca la talla en las relaciones personales. Era la maldición del genio. Su mente siempre estaba centrada en sus propios objetivos. En 2015, su único objetivo era aguantar hasta el domingo. Era lo más que podía hacer para terminar los torneos. A punto de arrancar el British Open, se enfrentaba a una pregunta irritante: ¿Volvería alguna vez el antiguo Tiger? «Ya sé que algunos de vosotros pensáis que estoy muerto y enterrado —le dijo a la prensa antes del inicio del torneo—. Pero sigo aquí, delante de vosotros. Me encanta jugar. Me encanta competir. Y me encanta participar en estos eventos.»

Dadas las circunstancias, puede que esas fueran las declaraciones más reveladoras jamás pronunciadas por Tiger Woods. Su cuerpo le estaba suplicando que dejara de competir, pero él no sabía cómo hacerlo. De niño, su padre había puesto a su alcance la palabra clave *basta* y le había dicho que, cuando no pudiera hacer frente a las adversidades que se le pusieran por delante, no tenía más que pronunciarla. Por miedo a ser un cobarde, Tiger nunca lo hizo durante su infancia. A los treinta y nueve años, seguía teniendo miedo de rendirse. Si dejaba de competir, ¿qué le quedaba? Por supuesto que tenía dos hijos maravillosos con los que podría pasar más tiempo. Tenía una fundación muy próspera que estaba cambiándoles la vida a miles de chavales desfavorecidos. Tenía incluso un floreciente negocio de diseño de campos de golf —TGR Design— que estaba ganando reconocimiento, con un campo en Texas, al cual habían concedido un premio, y proyectos en desarrollo en Florida, Misuri, Cabo San Lucas, las Bahamas, Dubái y China. Pero nada de todo eso podría llenar el vacío que sentiría cuando no tuviera ningún torneo en el que jugar. El secreto de la hegemonía de Tiger consistía en ser el ser humano más unidimensional del PGA Tour. Jugar era su vida. No estaba preparado para vivirla sin eso.

Tras una espantosa ronda inicial en el Old Course de St. Andrews —un campo en el que había ganado dos British Open—, Tiger volvió a fallar el corte. Su precaria forma de jugar y su pronta salida empañaron el evento. Tenía los días contados. Por entonces, Woods ya ocupaba el puesto 254 del ranking mundial y seguía cayendo en picado. La última vez que había estado tan abajo había sido en el Quad Cities Open de 1996, justo después de hacerse profesional.

«Ha llegado el fin de uno de los mejores golfistas de la historia», declaró el columnista deportivo Joe Posnanski después de ver a Woods en el British Open.

Tiger solo jugó tres torneos más en 2015, el último —el Wyndham Championship— a finales de agosto. El 18 de septiembre, se sometió a una segunda cirugía mediante microdiscectomía. El Dr. Charles Rich, el mismo neurocirujano que le había operado en marzo de 2014, le extrajo un fragmento de disco que estaba ejerciendo presión contra un nervio. En esa ocasión, el Dr. Rich declaró que la operación había sido «todo un éxito». Pero durante las semanas siguientes, el dolor fue tan debilitante que, un mes después, Tiger tuvo que volver a pasar por el quirófano —su tercera operación de espalda en dieciocho meses— para aliviar las molestias. Cuando despertó, tuvo que enfrentarse a una nueva rutina: no podía moverse y tenía que tomar unos medicamentos muy potentes que le habían recetado para el dolor. Apenas podía salir de la cama y, como un prisionero encerrado en su fortaleza litoral de la isla Júpiter, en Florida, lo único que podía hacer era pensar. Había un pensamiento en concreto que le consumía.

«Puede que no vuelva a jugar nunca más.»

CAPÍTULO TREINTA Y CUATRO

HACIA EL *ROUGH*

Tiger acababa de empezar a caminar de nuevo. Habían pasado dos meses desde su tercera operación de espalda, y lo máximo que aguantaba eran diez minutos en la playa. Después de eso, tenía que volver a casa, tumbarse y matar el tiempo viendo la televisión. Ahora bien, si había algo que no soportaba ver, eran los programas de golf. Después de toda una vida siendo el centro de atención, lo de ser un mero espectador no estaba en su ADN. Y ahora que su vida giraba en torno al dolor y a sus intentos por controlarlo, ver a otros competir no hacía sino que se sintiera aún más desgraciado.

Lo de ser el mejor del mundo en algo tiene serios inconvenientes: no hay ninguna otra experiencia en la vida comparable a la emoción y la satisfacción personal que se sienten cuando uno está en lo más alto, pero, inevitablemente, el rendimiento decae tarde o temprano. Los dedos de un pianista célebre empiezan a moverse un poco más lentamente. La voz de una cantante de ópera famosa en todo el mundo empieza a temblar. Un velocista que ha ganado medallas de oro empieza a no estar tan en forma. En el caso de Tiger, su cuerpo había acabado sucumbiendo, derribado a golpes por una voluntad de hierro que le impedía decir *basta*. Incluso después de quedar fuera de la competición por culpa de decenas de lesiones graves y siete operaciones, siempre volvía, siempre demasiado pronto, y jugaba a pesar del dolor con un solo objetivo en mente. «No tiene sentido participar en un torneo si no crees que puedes ganarlo —dijo durante uno de sus intentos de regreso—. Eso es lo que siempre he creído, y es algo que no va a cambiar.»

Pero a finales de 2015, Woods estaba a punto de cumplir cuarenta años y, al igual que tanta gente cuando alcanza la mediana edad, sus creencias estaban cambiando junto con su cuerpo. Le costaba levantarse de la cama por la mañana. Caminar se había vuelto un fastidio. Cada vez que se agachaba para atarse los cordones, agonizaba. «He tenido una buena trayectoria —pensó—. Tener que ponerle fin por culpa de las lesiones no es mi final soñado, y voy a intentar evitarlo. Pero si no hay más remedio, que así sea.»

Con esa actitud estaba Tiger sentado en su nuevo restaurante, The Woods Jupiter, cerca de su casa, unos días antes de su cuarenta cumpleaños. Con una bolsa de hielo en la espalda, se reunió con el veterano periodista canadiense Lorne Rubenstein, que le iba a hacer una poco habitual entrevista personal.

—¿Tienes algún objetivo en cuanto al plazo de recuperación? —preguntó Rubenstein.

—No hay ninguna fecha —dijo Woods—. Y asumirlo es duro, porque siempre he sido de marcarme objetivos. Ahora he tenido que cambiar mi forma de ver las cosas y decirme: «Vale, mi objetivo de hoy es no hacer absolutamente nada». Para alguien que disfruta trabajando, es un concepto duro de asimilar. Pero me ha hecho darme cuenta de algunas cosas: primero, que no quiero que tengan que volver a operarme; y segundo, que incluso si no vuelvo a jugar, quiero disfrutar de mis hijos con calidad de vida. Y eso es algo que empecé a perder con las anteriores operaciones.

Las preguntas de Rubenstein trataron un amplio abanico de temas, pero, en muchas de sus respuestas, Tiger aludió a sus hijos. Suponía todo un logro para el golfista, muy distinto de los cosechados durante su carrera; estar inmovilizado le había obligado a contemplar el final del golf y el principio de algo más duradero. Le frustraba especialmente una escena que se vivía en su casa recurrentemente. Uno de sus hijos le decía: «Papá, vamos a jugar», y él tenía que responder: «Papá no se puede mover».

A Woods parecían preocuparle más que nunca la paternidad y el deseo de aferrarse a los años que le quedaban con sus hijos. Lo que recordaba con más cariño de su infancia eran los ratos a solas con su padre en el campo de golf. Del mismo modo, lo que más le gustaba hacer con sus hijos era enseñarles a jugar a algún deporte. El hecho de no poder ni siquiera chutarles una pelota de fútbol a sus hijos en su patio trasero era deprimente. «Lo más importante —le dijo Tiger a Rubenstein— es que puedo vivir mi vida con mis hijos. Me importa más eso que el golf. Ahora me doy cuenta.»

Sin embargo, la transición de ser uno de los deportistas más extraordinariamente centrados del mundo a pasarse la vida haciendo otra cosa —aunque fuera algo tan noble como estar con sus hijos— era un proceso cargado de insatisfacciones y anhelos.

—¿Dirías que has sido capaz de encontrar la paz? —preguntó Rubenstein

—Yo diría que, probablemente, la única paz que he encontrado estaba dentro de las cuerdas pegando golpes —admitió Woods.

Se comportó de un modo tan inusitadamente introspectivo con Rubenstein que la revista *Time* publicó una extensa transcripción de su conversación bajo el titular «Las luchas privadas de Tiger». Tiger también escogió al periodista canadiense para que le ayudara a escribir un libro con motivo del veinte aniversario de su histórica victoria en el Masters de 1997. Se decidió que *El Masters de mi vida: Mi historia* se publicaría coincidiendo con la edición de ese torneo de 2017. Hasta entonces, Woods pasó mucho tiempo con Rubenstein, compartiendo recuerdos y anécdotas. La editorial estaba encantada. Woods escribió sobre su tartamudez cuando era niño y sobre los dos años que pasó yendo a un logopeda hasta que aprendió a hablar con soltura, y sobre la presión de ser lo que llamaban la esperanza negra del golf. También habló con sinceridad del uso deliberado por parte de su padre de insultos denigrantes para fortalecerle. Al recordar ese periodo de su vida, Tiger defendió los métodos de Earl y le atribuyó el mérito de haberle enseñado a ser un campeón. Decidió utilizar el libro para ensalzar a Earl y para que el mundo supiera lo mucho que quería a sus padres.

Durante 2016, aunque habló largo y tendido con Rubenstein, Woods apenas se dejó ver. Sus fuertes dolores le impedían jugar torneos y hacer apariciones públicas. Tampoco se puso en contacto con las personas a las que estaba más unido cuando estas más le necesitaban. Cuando Glenn Frey, amigo suyo desde hacía tiempo y líder de los Eagles, murió inesperadamente a principios de año, no llamó a sus familiares ni les hizo llegar sus condolencias de modo alguno. Su silencio, según un amigo íntimo de Frey, desconcertó e hizo daño a la familia. Después de todo, los Eagles habían apoyado la fundación del golfista desde el principio, actuando como cabezas de cartel en la primera gala de recaudación de fondos Tiger Jam, que tuvo lugar en Los Ángeles en 1998. Frey también había actuado en varias de esas galas celebradas en Las Vegas, contribuyendo a lo largo de los años a recaudar millones de dólares para la organización benéfica del golfista.

Asimismo, cuando Lindsey Vonn se lesionó de forma espantosa durante un entrenamiento en Colorado en noviembre de 2016 —se destrozó el húmero del brazo derecho y necesitó ser operada de urgencia—, Tiger tampoco se puso en contacto con ella, aun a sabiendas de que los daños que su exnovia había sufrido en los nervios amenazaban con poner fin a su carrera como esquiadora. El silencio del golfista hacia la familia de Frey y hacia Vonn puede parecer cruel, pero cabe la posibilidad de que simplemente estuviera consumido por sus luchas personales contra el dolor crónico y el insomnio, que tenía que paliar tomando cada vez más medicamentos y en mayores dosis.

Según el Instituto de Medicina, más de cien millones de estadounidenses padecen dolor crónico, y las implicaciones para la salud mental pueden ser terribles y, frecuentemente, malinterpretadas. «Los que padecen dolores, a menudo reciben diagnósticos erróneos, no les entienden y viven sumidos en la tristeza —explicó Rachel Noble Benner, terapeuta de salud mental e investigadora de la John Hopkins University—. Pueden llegar a sufrir crisis de identidad bastante serias por el hecho de no ser capaces de realizar las actividades con las que antes disfrutaban… He trabajado con personas que, antes de padecer dolor crónico, tenían vidas ricas y plenas como líderes empresariales, deportistas y profesores. Sin embargo, cuando yo les visitaba, estaban aislados, sobremedicados y deprimidos, y creían que sus vidas carecían de sentido.»

La identidad de Tiger siempre había estado definida por su posición en el marcador. Una de las cosas que le habían inculcado sus padres era que lo importante era ganar, y, sin embargo, estaba viviendo uno de los periodos más improductivos de su carrera: una racha de cuatro años sin una sola victoria en un torneo de golf. Había perdido el rumbo e intentaba encontrarlo en su fundación y otras aventuras empresariales, pero nada llenaba el vacío de su incapacidad para competir. Además, aunque era una persona extremadamente celosa de su privacidad, echaba de menos la camaradería del Tour. Cuando le ofrecieron la oportunidad de ser el vicecapitán del equipo estadounidense de la Ryder Cup de 2016, que se iba a celebrar en el Hazeltine, no la dejó escapar.

Históricamente, el nivel de Woods en esa competición había sido sorprendentemente bajo. Muchos consideraban que sus resultados totales de 13-17-3 eran un reflejo de su falta de entusiasmo por el espíritu de equipo del torneo y, siendo realistas, siempre se había mostrado bastante distante con sus compañeros. Sin embargo, como vicecapitán, antes del torneo pasó horas discutiendo estrategias por teléfono con miembros del equipo como Brandt Snedeker. De repente, golfistas a los que Woods nunca había dirigido la palabra estaban siendo bombardeados con llamadas. La situación era tan insólita que incluso se reían de lo motivado que lo veían. «Era la primera vez que se comportaba como uno más con todos», dijo una fuente.

El día de las fotografías, había colocadas cinco sillas. A cada lado del capitán del equipo, Tom Watson, se sentaron dos jugadores, y el resto de los doce miembros se situaron detrás. Woods estaba tan emocionado que no se dio cuenta de que el fotógrafo estaba esperando educadamente a que saliera del encuadre. Por lo que parecía, se creía parte del equipo, y ninguno de los verdaderos miembros tuvo el valor de decirle al mejor golfista de todos los tiempos que no le correspondía estar ahí. Dejaron que fuera el fotógrafo quien le informara. «Esto... Tiger —dijo diplomáticamente—, ¿podrías moverte un poco hacia la derecha?» Woods, que no acababa de captar el mensaje, se desplazó un poco, pero siguió dentro de la fotografía. Expectantes, los del equipo estadounidense cuchicheaban y se daban golpes con el codo como colegiales, hasta que alguien finalmente reunió el valor para hablar.

—Tiger, tú no eres del equipo. ¿Podrías ponerte allí con el resto de los entrenadores?

Todo el mundo soltó una carcajada cuando a Woods se le dibujó una enorme sonrisa en el rostro. Durante toda la semana, había infundido respeto a los jóvenes jugadores, pero, de repente, parecía uno más. Nunca le habían visto tan humano. «Era inevitable cogerle cariño», dijo uno.

Más que nunca, Tiger echaba de menos tomar parte en lo que le gustaba llamar «la batalla». No soportaba que su cuerpo le retuviera. Pese a las tres operaciones de espalda y a su largo paréntesis, el dolor seguía siendo insoportable. Algunos días incluso estar tumbado suponía una tortura. Era exasperante. En contra de su sentido común, decidió intentar volver a la competición en el Farmers Insurance Open, a finales de enero de 2017, pero cada vez que realizaba el *swing*, el impacto le causaba un dolor agudo en el nervio que le llevó a hacer 76 golpes en la ronda inicial y a fallar el corte. Después de diecisiete meses alejado del PGA Tour, parecía que sus días como jugador estaban contados.

A pesar de ello, decidió seguir intentándolo y se fue hasta Oriente Medio para participar en el Dubai Desert Classic. En esa ocasión, el largo vuelo le dejó echo polvo, exacerbó sus espasmos dorsales y le obligó a retirarse después de la primera ronda. Para cuando llegó al sur de California para el torneo del que era anfitrión —el Genesis Open— a mediados de febrero, apenas podía caminar. Justo antes del inicio, asistió a un almuerzo privado en el Hillcrest Country Club de Beverly Hills. Su estado dejó impactados a los asistentes. «Si no le veías de cara, parecía un señor de noventa años por cómo arrastraba los pies», dijo un miembro del club que estaba presente.

Después del almuerzo, Woods se dirigió con paso cauteloso a una sala adyacente, donde algunos miembros del Hillcrest le esperaban a él y a su equipo diseñador de campos de golf para una presentación final. Al entrar, a Tiger le costaba incluso caminar unos pocos pasos.

Estaba tan mal que tuvo que subir los escalones *de espaldas*. Más alarmantes todavía eran sus ojos, vidriosos y rojos. «Estaba muy, pero que muy sobremedicado», apuntó un testigo.

Al día siguiente, Woods canceló su rueda de prensa en el Genesis, alegando que el médico le había ordenado «limitar todo tipo de actividad». Tras dos torneos en los que no había conseguido pasar de la segunda vuelta, Tiger pospuso su regreso. Dejando de lado una serie de apariciones ante los medios en Nueva York para promocionar el lanzamiento de su nuevo libro en marzo, se mantuvo alejado de la luz pública hasta el Masters, en abril. Pese a haberle dado a su espalda una tregua de cerca de dos meses y haber hecho todo lo posible por prepararse para jugar, el dolor que sentía al golpear se le hacía insoportable. Aun así, se fue hasta Augusta para asistir a la cena de campeones, donde se sentó junto a Mark O'Meara. Desde la ceremonia de ingreso de O'Meara en el Salón de la Fama, a la que Woods no había acudido, no habían vuelto a hablar, y Tiger tampoco había respondido los mensajes que O'Meara le había enviado antes del Masters. Pero volver a estar en el Augusta con su viejo amigo le supuso una alegría. Le encantaba que, después de tantos años, O'Meara siguiera llamándole «el chaval».

—Te quiero —le dijo Woods a O'Meara.

Lo decía de corazón, pero O'Meara no sabía qué pensar. Probablemente conocía mejor a Tiger que nadie del Tour, y, aun así, nunca tuvo la sensación de *conocerle* de verdad. Al igual que Hank Haney, no podía evitar preguntarse por qué su amigo rara vez tenía detalles tan simples como responder sus mensajes o llamar para preguntarle qué tal estaba. Era como si, inexplicablemente, hubiera periodos prolongados de su vida en los que desapareciera, y, sin embargo, cada vez que Woods se encontraba con O'Meara en un torneo o en cualquier otro sitio, su reacción era genuinamente como la de alguien que se reencuentra con un hermano perdido hace tiempo.

O'Meara le preguntó qué tal estaba. «Tengo días mejores y días peores», dijo Woods. Y luego bajó la guardia y le explicó a su amigo que la espalda le estaba matando, y añadió que creía que trabajar con Sean Foley había agravado la situación. La sinceridad de la conversación recordó a O'Meara aquellas charlas durante las rondas de golf cuando eran vecinos en Isleworth. Le recordó lo mucho que —él también— quería a Woods.

Un día después, al terminar la última ronda de práctica, el presentador de Golf Channel Rich Lerner le hizo una pequeña entrevista a O'Meara. Cuando le preguntó qué tal le iba a Tiger, O'Meara no quiso revelar lo que Woods le había contado. En lugar de ello, respondió vagamente, mencionando que se habían sentado juntos en la cena de campeones y que su amigo tenía «días mejores y días peores». Esa noche, alrededor de las dos de la madrugada, O'Meara se levantó para ir al baño. Al salir de la cama, vio que su teléfono se iluminaba. Woods le estaba escribiendo para decirle que le quería como a un hermano pero que le agradecería que no hiciera comentarios al respecto de su salud con los medios.

Admitir públicamente su vulnerabilidad, incluso cuando era dolorosamente obvia, iba en contra de todas las creencias de Woods. Sin embargo, de puertas para adentro, estaba llegando al límite. Había intentado por todos los medios no quirúrgicos aliviar el dolor lumbar —rehabilitación, medicación, inyecciones, limitar sus actividades—, pero nada había dado resultado. Incapaz de seguir viviendo con ese sufrimiento, habló con un especialista y sopesó sus opciones. Sabía que el disco L5-S1 de su zona lumbar se había reducido considerablemente, y que la ciática y el dolor intenso en la espalda y la pierna eran la consecuencia. Su mejor opción era una operación mínimamente invasiva llamada artrodesis intersomática lumbar anterior, también conocida como fusión espinal. Consistía en extraer el disco dañado y mantener el espacio que ocupaba a un nivel normal de separación, lo cual podía hacer que las vértebras se fusionaran. El objetivo final era aliviar la presión en el nervio, lo que le permitiría curarse en condiciones óptimas.

«Cuando alguien tiene que someterse a una fusión de un solo nivel, lo mejor es que sea el nivel inferior», explicó el Dr. Richard Guyer, del Centro de Reemplazo de Disco del Instituto de la Espalda de Texas.

El 20 de abril de 2017, Woods pasó por el quirófano, y el Dr. Guyer declaró que la operación había sido un éxito. Si todo iba según lo previsto, Tiger empezaría a recuperarse gradualmente hasta que el área estuviera curada por completo, y entonces podría empezar a realizar una serie de entrenamientos orientados a ayudarle a volver al golf competitivo.

Un mes después de su cuarta operación de espalda, Woods escribió en su blog una entrada bastante más extensa de lo habitual, disculpándose por no haber podido asistir a la Tiger Jam del MGM Grand y dándoles las gracias a las numerosas celebridades que habían asistido para hacer del fin de semana todo un éxito. «Ha pasado poco más de un mes desde que me sometí a una cirugía de fusión en la espalda —escribió—, y no puedo ni describir hasta qué punto me encuentro mucho mejor. Me alivió el dolor en el nervio al instante. Hacía años que no me encontraba tan bien.» Tras dar explicaciones sobre por qué se había decidido por la cirugía de fusión, elogió a sus médicos y dijo que el pronóstico en lo relativo a su vuelta al golf era positivo. «Me queda mucho camino por recorrer, pero, como ya he dicho, lo bien que estoy sin padecer dolor es inexplicable.»

Publicó esas declaraciones el 24 de mayo de 2017. Cinco días después, ingirió un cóctel de pastillas potencialmente letal —Dilaudid, una sustancia controlada que se receta para el dolor intenso; Vicodin, otro potente opiáceo para combatir el dolor; Xanax, un ansiolítico utilizado también para tratar la privación de sueño; THC, el ingrediente activo de la marihuana, y Ambien, un fármaco para combatir el insomnio— y perdió el conocimiento mientras conducía su deportivo Mercedes. Poco después de las dos de la madrugada, un agente de tráfico del Departamento de Policía de Júpiter detuvo su vehículo detrás del de Tiger, que estaba parado en el carril derecho del tramo 2900 de Military Trail, justo al sur de Indian Creek Parkway. Las dos ruedas del lado del conductor estaban reventadas, y las llantas estaban dañadas. El intermitente derecho y las luces de freno estaban encendidos, y el motor seguía en marcha.

Después de encender las luces rojas y azules y la cámara de a bordo, el agente se acercó por el lado del pasajero y alumbró con su linterna el interior del vehículo. Vio a Woods con los ojos cerrados. Golpeó en la ventana hasta que consiguió despertarle, y entonces le indicó que pusiera el coche en modo aparcamiento y apagara el motor. Tiger estaba aturdido y le costaba trabajo abrir los ojos del todo. Mientras buscaba a tientas el botón para bajar la ventanilla, el agente le iba repitiendo que pusiera el coche en modo aparcamiento. Tiger finalmente lo hizo, y logró encontrar su permiso de conducir y se lo entregó al agente, que lo examinó. Woods estaba a veinticuatro kilómetros de su casa, pero iba en dirección opuesta.

—¿De dónde viene? —preguntó el agente.

—Júpiter —dijo Woods.

—¿Adónde se dirige?

—Júpiter —repitió Tiger, que se estaba volviendo a quedar dormido.

Mientras el agente volvía al coche patrulla para comprobar su permiso de conducir, Tiger se reclinó sobre el reposacabezas y cerró los ojos. Al cabo de poco, un segundo agente se acercó por el lado del conductor del Mercedes y le preguntó a Woods de dónde venía.

—Los Ángeles —dijo esta vez, y añadió que se dirigía al condado de Orange.

El agente le dijo a Tiger que se encontraba en Florida, no en el sur de California.

Le pidió que se bajara del coche, y Woods se apoyó en la puerta para no irse de lado. El agente se dio cuenta de que Tiger tenía los cordones desatados, y le preguntó si quería atárselos. Cuando Woods le explicó que era incapaz de agacharse tanto, el agente observó que le costaba hablar y que apenas podía mantener abiertos los ojos. Durante todo ese tiempo, la cámara de a bordo estuvo grabando. Tiger, que se tambaleaba y se ayudaba de sus manos para mantener el equilibrio, no logró superar una serie de pruebas de alcoholemia estándar. El que había llegado a ser el deportista más grande del mundo era en ese momento incapaz de andar en línea recta.

—Señor, voy a tener que pedirle que ponga las manos detrás de la espalda —dijo uno de los agentes mientras el otro le ponía las esposas.

La detención de Tiger por conducción negligente tuvo lugar la víspera del Día de los Caídos, un día sin demasiadas noticias relevantes. Hacia el mediodía, la fotografía de su ficha policial —con los ojos caídos, aspecto descuidado y el pelo desaliñado— ya había incendiado internet. El *New York Post* y el *Daily News* la publicaron en portada con un titular llamativo e idéntico: «El control de alcohol y drogas de Tiger». Hubo otros titulares igual de despiadados: «¡Mira al pajarito! Esos ojos caídos no parecen estar listos para competir»; «El "Master" de su propia caída»; «Catatónico».

Tras pasar la noche en la cárcel del condado de Palm Beach, Woods fue puesto en libertad hacia el mediodía. Ese mismo día, un portavoz emitió un comunicado: «Soy consciente de la gravedad de lo que he hecho y asumo toda la responsabilidad de mis actos. Quiero que todo el mundo sepa que el alcohol no tuvo nada que ver. Me tomé unas pastillas que me han recetado y me produjeron un efecto inesperado. No me di cuenta de que la mezcla de fármacos me había afectado tanto».

Daba igual que hubiera dado 0 % en la prueba de alcoholemia. La muestra de orina que le fue tomada después de su detención confirmó que Woods estaba viviendo en lo que algunos expertos definen como «un nuevo tipo de prisión en la era de los opiáceos». Al combinar el Vicodin y el Dilaudid (dos opiáceos) con el Xanax y el Ambien (dos sedantes muy potentes) y el THC y coger el coche, Woods había puesto en peligro su vida, por no mencionar las de los demás conductores. El Vicodin, por ejemplo, puede provocar problemas respiratorios e incluso la muerte si se consume en altas dosis o si se combina con otras sustancias. Y el Xanax puede ocasionar pérdidas de memoria, y el riesgo de adicción, sobredosis y discapacidad es muy elevado.

Desde luego, Woods no estaba solo. La sobredosis de fármacos es actualmente la principal causa de muerte entre los estadounidenses de menos de cincuenta años, con un total de 52.404 fallecidos en 2016, el año más negro de la historia del país. Pero también podemos afirmar sin temor a equivocarnos que a ningún adicto a los medicamentos recetados se le sometía a un examen más exhaustivo y a una mayor humillación pública que a Woods. Las agencias de noticias pedían detalles sobre la detención del golfista, y las autoridades de Florida hicieron público un extenso vídeo en el que se le podía ver dando traspiés durante las pruebas de alcohol y drogas y hablando incoherentemente bajo custodia policial. Las imágenes se emitieron en la CBS, ABC, NBC, Fox y CNN y en un sinfín de webs de noticias. Más de un millón de usuarios vieron el vídeo en YouTube.

Lo que Tiger necesitaba era ayuda, no escarnio y críticas. Poco después de ser detenido, recibió una llamada del nadador olímpico Michael Phelps. Phelps, ganador de veintiocho medallas olímpicas, fue detenido en dos ocasiones por conducir en estado de embriaguez y pasó ocho semanas en un centro para combatir la ansiedad y la depresión. Después de salir del The Meadows, en Arizona, el nadador decidió que ayudaría a otras personas que estuvieran luchando contra alguna adicción o enfermedad mental. «Quiero ser capaz de plantarme delante de la gente y decir: "Sí, he logrado cosas increíbles en la piscina, pero también soy un ser humano" —dijo Phelps—. Estoy pasando por las mismas dificultades que muchas otras... personas.» Una de esas personas a las que había ayudado era Notah Begay III, íntimo amigo de Tiger y un alcohólico en proceso de rehabilitación que había decidido ponerse en contacto con el nadador. Desde el punto de vista de Begay, Phelps era una de las pocas personas cuya credibilidad y experiencia podían ayudar a Tiger en un momento tan crítico.

Phelps vio la detención de Tiger desde un prisma único. «A mí me parece que es un grito de auxilio enorme», dijo.

La primera vez que Woods habló con Phelps, la llamada duró dos horas. Fue el inicio de una nueva e importante amistad, que fue posible gracias a que el golfista tenía otros amigos que se preocupaban mucho por él. Tanto Begay como Phelps habían pasado por un proceso de tratamiento y rehabilitación, y juntos le lanzaron una cuerda salvavidas a un hombre que se ahogaba en el dolor y la desesperación. «No pretendíamos salvar una carrera golfística —dijo Begay—; queríamos salvar la vida y el futuro de una persona.»

CAPÍTULO TREINTA Y CINCO
PASANDO EL CORTE

A Tiger se le dibujó una sonrisa en la cara cuando vio a su hija de diez años, Sam, y a su hijo de ocho, Charlie, posar junto a Lionel Messi, el mejor futbolista del mundo. Era un momento privado de orgullo paternal, uno de esos con los que la mayoría de las madres y los padres solo pueden soñar. Como los dos niños jugaban al fútbol, Tiger les había concertado una audiencia privada con Messi, aprovechando que el F. C. Barcelona estaba en Florida para un partido de pretemporada en julio de 2017.

—¿No os parece estupendo poder conocer a un mito viviente? —le dijo Tiger a sus hijos.

—Sí —contestó Sam—. Vivimos con uno.

La respuesta provocó algunas risas. También hizo que Tiger pensara en que sus hijos nunca le habían visto jugar en su apogeo. Sam ya había nacido cuando su padre ganó sus cuatro últimos *majors*, pero era muy pequeña para acordarse. Y Charlie apenas había empezado a dar sus primeros pasos cuando Tiger ganó su último trofeo del PGA Tour, el del WGC-Bridgestone Invitational de 2013. «Sería maravilloso que cualquiera de los dos me llevara la bolsa en un torneo —se planteó Woods—. No me imagino lo que significaría para ellos verme ganar otra vez.»

La imaginación de Woods siempre le había distanciado del resto: no solo concebía golpes imposibles y jugadas insólitas, sino que conseguía hacerlos realidad. Una de las consecuencias más devastadoras de todos esos años de parón a causa del dolor crónico era que habían privado a Tiger de su genio creativo. Pero ahora que habían pasado tres meses desde su cirugía de fusión espinal, el golfista estaba experimentando una de las mejores sensaciones que existen en la vida: no sentir dolor. Por primera vez en mucho tiempo, había recuperado la movilidad.

También había estado en tratamiento por su uso inadecuado de los medicamentos recetados. Tras la detención y humillación pública de junio, Woods había ingresado discretamente en una clínica. Bajo cuidado médico, aprendió a controlar su dependencia de los analgésicos. Le había hecho falta verse perdido en el lateral de una carretera a solo veinticuatro kilómetros de su casa para convencerse de que necesitaba ayuda. «Estoy orgulloso de él —dijo Mark Steinberg cuando el golfista terminó su tratamiento—. Va a recuperarse esencialmente para poder llevar un estilo de vida saludable.»

A Steinberg, como a tantas otras personas que se preocupaban por él, les importaba el Tiger humano, no el Tiger golfista. El apoyo discreto por parte de amigos y otros deportistas de élite le dio las fuerzas necesarias para salir de la clínica decidido a dar comienzo por fin a ese segundo capítulo de su vida que tanto había tenido que posponer. Puede que el mejor indicio de su resurgimiento fuera la escena que pudo verse durante los campeonatos del US Open de tenis de Nueva York, que tuvieron lugar a finales de agosto y principios de septiembre de 2017 y a los que acudió para ver a su amigo Rafael Nadal. El partido de cuartos de final de Nadal atrajo a multitud de celebridades, como Uma Thurman, Bill Gates, Leonardo DiCaprio, Jerry Seinfeld o Julianna Margulies. Woods, sin embargo, fue el único padre famoso que acudió al torneo con sus dos hijos. Ya no había ningún disco dañado en la zona baja de su espalda que le impidiera pasar tiempo con sus pequeños y disfrutar de ellos, como su padre había hecho con él. Y, sentado con los dos en la tribuna de Nadal, Woods estaba a punto de conseguir algo más importante y más impresionante que sus —hasta entonces— catorce *majors* y setenta y nueve victorias en el PGA Tour: la redención.

Woods había tocado fondo en mayo de 2017. El Tiger Woods que aparecía tambaleándose y arrastrando las palabras en las grabaciones policiales del día de su detención era el polo opuesto del Tiger Woods que antaño había alzado el puño en los más prestigiosos campos de golf y había sonreído carismáticamente en anuncios de televisión para marcas como Nike o American Express. En un periodo de ocho años que empezó con su accidente en 2009 con el todoterreno, Woods había perdido su matrimonio, su reputación, su estatus icónico y su salud. La altura desde la que había caído habría destrozado a la mayoría de los mortales, pero Tiger nunca se comportó ni reaccionó como el resto de la gente. Aunque los métodos de Earl para inculcarle una fortaleza mental extrema a su hijo prodigio están abiertos a debate, Tiger acabó desarrollando una voluntad incansable. Siempre supo que era diferente. Practicaba más horas, entrenaba más duro y se preparaba más incansablemente. Nunca nadie había conseguido dominar como él todos y cada uno de los aspectos del golf. Sin embargo, después de su detención, Woods cambió, pero de un modo diferente. Por una vez, lo que le hacía único no tenía nada que ver con el deporte ni el talento. Lo que estaba haciendo era canalizar todo lo que había aprendido y heredado de sus padres para levantase, sobreponerse y partir de cero.

Empezó por hacer acopio de la voluntad necesaria para afrontar su nueva realidad. En agosto de 2017, entró en un programa para personas sin antecedentes detenidas por conducir bajo la influencia de alcohol o drogas. El 27 de octubre, entró rodeado de ocho agentes uniformados en un juzgado de Palm Beach Gardens, Florida, asumió toda la responsabilidad de sus acciones y se declaró culpable de conducción temeraria. Fue puesto en libertad condicional durante doce meses y le exigieron que se sometiera periódicamente a pruebas de drogas, que completara el curso para conductores temerarios y que realizara quince horas de trabajos comunitarios.

La primera prueba pública llegó a finales de año en el Hero World Challenge, un torneo que Woods organiza anualmente en las Bahamas para recaudar fondos para su fundación. Desde el nacimiento del torneo en el 2000, siempre había sido un evento no oficial, una fuente de dinero garantizado que atraía a algunos de los mejores jugadores del mundo. El 30 de noviembre de 2017, acudieron más golfistas de primera de lo habitual, pero los espectadores de todo el planeta siguieron el torneo por una única razón: ver a Tiger Woods jugar al golf por primera vez desde su cirugía de fusión. Cuando se acercó al *tee* del hoyo 1, había casi más cámaras que espectadores. La última vez que había jugado en un torneo competitivo —trescientos un días atrás—, apenas había podido golpear. Lo que se preguntaba todo el mundo en esta ocasión era si su espalda fusionada quirúrgicamente aguantaría el tipo.

Mientras se preparaba para pegar el tiro de salida, vio a Rafael Nadal. El tenista número uno del mundo estaba de vacaciones con su familia en las Bahamas y había decidido presentarse sin avisar para mostrarle su apoyo. A Tiger se le iluminó la cara. Entonces ejecutó un potente *drive* que aterrizó casi treinta metros por delante del de su compañero de juego Justin Thomas. Al poco, consiguió su primer *birdie*. Un poco más tarde, después de embocar un *putt* largo para par, hizo su característico alzamiento de puño. En un gesto de solidaridad, deportistas de todo el mundo comentaron el acontecimiento por Twitter:

«¡Un día estupendo para ver a @TigerWoods de vuelta en el campo de golf!», escribió Bo Jackson.

«Se acabó la espera. Se acabó la espera», dijo Stephen Curry.

«¡¡¡Emocionadísimo por ver a @TigerWoods de vuelta!!!», tuiteó Michael Phelps.

Tiger consiguió hacer menos de 70 golpes en tres de las cuatro rondas y acabó el torneo empatado en novena posición en un campo ocupado por dieciocho auténticas estrellas del golf. Se mirara por donde se mirara, había conseguido ganar en algo más importante que el golf. Dejando de lado el antiinflamatorio que se tomó antes de cada vuelta por recomendación médica, había abandonado la medicación. Ya no hacía muecas de dolor al ejecutar el *swing* o al agacharse. El domingo, al terminar, todo eran sonrisas. No fingía sentirse como cuando tenía veinte años; fue sincero respecto al hecho de que nadie a los cuarenta se siente como un veinteañero. Otra verdad admitida que hacía que cada vez resultara más sencillo sentirse identificado con él.

Las luchas personales de Tiger Woods le humanizaban de una manera que habría sido impensable durante su obcecado ascenso a la cima del mundo del golf. Tiger jamás conseguiría estar a la altura de la disparatada expectativa de tener un impacto mayor en el mundo que Martin Luther King Jr., Gandhi o Nelson Mandela, y tampoco había mostrado intención de seguir los pasos de Muhammad Ali o Arthur Ashe en lo que a activismo en temas de justicia racial o social se refería. De hecho, Woods ni siquiera había conseguido mejorar la integración racial en el PGA Tour. Pese a su inmenso éxito, solo un afroamericano —Harold Varner III— participaba en el Tour en el arranque de 2018, y solo un puñado de los golfistas júnior de élite actuales son negros. No obstante, la determinación de Tiger de reponerse de sus flaquezas y sus periodos de adicción le hacía irresistible a los aficionados. Tras su actuación en las Bahamas, la venta de entradas para el Farmers Insurance Open del Torrey Pines de finales de enero de 2018 experimentó el equivalente a un electrochoque en cuanto anunció su participación.

A su llegada, Tiger, que no tenía muy claro qué esperar de sí mismo, fue recibido por un público que le adoraba y que acudió para verle jugar una ronda de práctica previa al inicio del torneo. Durante la rueda de prensa posterior, Tiger utilizó la palabra *diversión* y derivados nada menos que nueve veces para describir su vida en ese momento. «Mis expectativas se han suavizado un poco, porque llevo mucho sin jugar —dijo—. Llevo sin hacerlo a tiempo completo desde 2015. Han pasado años. Si os tengo que ser sincero, lo único que quiero es empezar a jugar en el Tour y coger ritmo para poder volver a hacer una temporada entera.»

Era un nuevo Tiger Woods. A sus cuarenta y dos años, tenía los carrillos más gruesos y más entradas. Había cogido peso y tenía arrugas en el cuello. Pero a las 10.40 de la mañana del jueves 25 de enero de 2018 salió del *green* de entrenamiento y pasó junto a una muchedumbre de aficionados que gritaba «¡A por todas, Tiger! ¡Vamos, Tiger!». Cientos de espectadores se arremolinaban alrededor del *tee* del hoyo 1 del campo Sur del Torrey Pines, y otros miles estaban colocados a lado y lado de la calle formando un total de veinte filas. De repente, volvió a tener una sensación familiar: «Todo el mundo me está mirando». Los demás jugadores, el público que abarrotaba el campo, los espectadores en sus casas: seguía teniendo esa aura. «¡Menuda sensación!»

Puede que fuera una mañana de jueves del mes de enero en el Torrey Pines, pero más bien parecía una tarde de domingo en el Augusta. Diez años atrás, también en el campo en el que se encontraba ahora, Woods había ganado el US Open —su último *major*— jugando con una pierna rota. El golf había cambiado muchísimo desde entonces. Una oleada de jóvenes estrellas —Rory, Dustin, Jordan, Rickie, Justin y Jon— se había convertido en el nuevo centro de atención. Pero ninguno de ellos estaba al nivel de Tiger. Por poner algunos ejemplos:

A los veintisiete años, Rickie Fowler contaba con tres victorias en el PGA Tour. A esa misma edad, Tiger tenía treinta y cuatro.

A Jordan Spieth le costó ciento doce participaciones en el Tour conseguir su décima victoria. Tiger lo logró en sesenta y tres.

Dustin Johnson ganó su único *major* a los treinta y un años. A esa edad, Tiger había ganado doce.

Por mucho que les gustara la idea de tener a Woods de vuelta en el Tour, ninguna de esas jóvenes estrellas tenía ni idea de lo que significaba competir contra él en su apogeo. Simultáneamente, algunos profesionales más veteranos percibieron un cambio importante: su actitud malhumorada e impasible había sido reemplazada por una sonriente y encantadora. Quizá el ejemplo más claro se dio el jueves en el hoyo 13 (par 5) después de que Woods fallara un *putt* para par de ocho metros. Si se cabreó consigo mismo, no se notó. Cuando puso rumbo al *tee* del 14, alzó la vista y vio a varios militares en las gradas de detrás del *green*. Un marine con traje de gala había estado sujetando la bandera mientras los jugadores embocaban sus *putts*. Era el homenaje que el Torrey rendía a esa ciudad militar. Woods se detuvo y saludó a los hombres y las mujeres vestidos de uniforme.

El gesto cautivó a un asiduo del Tour desde hacía años. «Nunca, jamás de los jamases habría hecho algo así antes —comentó el testigo—. Habría ido con la cabeza gacha sin ver nada. Ahora iba con la vista levantada, atento a todo y disfrutando de lo que le rodeaba.»

¿Pero podría un Woods transformado y más entrado en años armarse del instinto asesino que le había permitido aplastar a un profesional detrás de otro durante tantos años? Durante la mayor parte de los dos primeros días, Tiger tuvo que lidiar con un *driver* que le traicionó en prácticamente todos los hoyos, pero, a pesar de ello, logró abrirse paso hasta conseguir, si no estar en contención, por lo menos sí tener una oportunidad realista de pasar el corte de los treinta y seis. El viernes, Woods se encontró frente a una situación de todo o nada, una de esas pruebas que, en el pasado, superaba a menudo. Fue en el último hoyo del día, el 9 (par 5), en el rediseñado campo Norte, más estrecho y más duro. Tras dos golpes, Woods se encontraba a unos veinticinco metros del hoyo. Necesitaba desesperadamente embocar en dos golpes y hacer *birdie* para tener una oportunidad de jugar el fin de semana, así que abordó el *putt* como lo habría hecho el antiguo Tiger. Subió el *putter* lentamente y disparó hacia el hoyo la bola, que rodó hasta detenerse a solo veinte centímetros del agujero. Entre un coro de ovaciones, golpeó para *birdie* y acabó pasando el corte. Sonriente, se quitó la gorra, saludó a la multitud y le estrechó la mano a su compañero de juego Patrick Reed.

El mismo fin de semana que la estrella del tenis Roger Federer, a sus treinta y seis años, consiguió redefinir aún más los límites de edad ganando su vigésimo título de Grand Slam individual en el Australian Open, Woods acaparó titulares al completar un evento del PGA Tour por primera vez en casi novecientos días. Al terminar la ronda del domingo, el mundo del deporte estaba experimentando una sensación de *déjà vu*. El índice de audiencia de CBS Sports de la última vuelta superó en un treinta y ocho por ciento al del año anterior, haciendo que el torneo alcanzara la mejor cifra dominical en cinco años, desde la última victoria de Woods en el Torrey. Quedó demostrado una vez más que, siempre que compite, Tiger es el golfista al que la gente presta más atención.

La actuación de Woods hizo sugerir a los periodistas que su vuelta al golf competitivo era una especie de milagro. Tal vez fuera verdad.

Teniendo en cuenta la altura desde la cual se había precipitado al pozo oscuro y cavernoso que ha engullido a tantas otras estrellas infantiles —actores, músicos, deportistas—, la mayor victoria de Tiger no estaba en el golf, sino en su regreso a la luz y, por primera vez en muchos años, a la vida. Era un hombre nuevo y estaba listo para enseñarles a sus hijos —y a una nueva generación de profesionales del golf y aficionados— qué significaba ser un mito viviente.

AGRADECIMIENTOS

Este libro no existiría, desde luego no de esta manera, sin la inestimable ayuda de nuestro excelente equipo. Primero y ante todo, queremos elogiar la labor de Timothy Bella, un periodista extraordinario que ya nos acompañó en *The System* y que asumió un rol similar en esta nueva aventura. Tim pasó incontables horas revisando papeleo administrativo para buscar y obtener documentos públicos de gobiernos municipales, agencias estatales y federales, juzgados y departamentos de policía. Realizó varias entrevistas muy valiosas. Y le apodamos «el localizador» por su peculiar habilidad para encontrar personas en redes sociales y otras bases de datos, a veces a los pocos minutos de darle el nombre. También leyó y comentó más de trescientas transcripciones de ruedas de prensa de Tiger Woods.

Los abogados Bruce Lay, en Florida, y Michael McCann, en Vermont, localizaron registros inmobiliarios, documentos financieros, registros judiciales e informes policiales. El investigador jurídico Ron Fuller, en Washington D. C., analizó expedientes judiciales y ayudó a generar cientos de páginas de procesos relacionados con Tiger Woods, su empresa, Nike, Titleist y otras personas y entidades. Y Eliza Rothstein obtuvo cifras de ventas de los libros publicados por Tiger Woods y Earl Woods. Dan Riemer, de Revelations, Inc., en Plantation, Florida, llevó a cabo varias y valiosas tareas secundarias.

El *Stanford Daily* nos proporcionó copias de todos sus artículos en los que se mencionaba a Tiger Woods. Al mismo tiempo, un bibliotecario investigador de *Sports Illustrated* nos envió cajas con copias impresas de más de mil artículos sobre Tiger Woods de periódicos, revistas, diarios y otras publicaciones periódicas. Las ayudantes de investigación de Jeff Benedict, Brittany Weisler y Mette Laurence, ordenaron por fecha todos los artículos y nos ayudaron a elaborar una cronología detallada de la vida de Tiger, una tarea que tardó más de seis meses en completarse.

La editora Carolyn Lumsden nos facilitó todos los artículos del *Hartford Courant* relacionados con las diversas causas contra John Merchant en Connecticut.

El teniente coronel Ben Garrett, jefe de prensa del ejército de los EE. UU., nos ayudó a obtener los expedientes militares de Earl Woods. Y David Martin, el corresponsal desde hace tiempo de CBS News en el Pentágono, nos echó una mano a la hora de interpretar y entender dichos expedientes.

Jon Parton, jefe de redacción del *Kansas State Collegian*, le hizo la entrevista inicial a Mike Mohler, sepulturero del Sunset Cemetery, y desenterró vídeos e información de los días de Earl Woods en la universidad estatal de Kansas.

Los periodistas Jaime Diaz, Alan Shipnuck, John Strege, John Feinstein, Jimmy Roberts y Wright Thompson tuvieron la amabilidad de compartir con nosotros sus valiosos puntos de vista. La gente de CBS Sports y NBC Sports nos ayudaron muchísimo proporcionándonos vídeos e información contextual.

También queremos darles las gracias a: Paul Mason, exresponsable de producción de ABC News y el hombre detrás de *Tiger's Tale*, el primer perfil sobre Woods y su familia para la televisión en abierto, que se emitió en *Primetime Live* el 15 de julio de 1993; Lance Barrow, veterano coordinador de producción del golf del PGA Tour en CBS Sports, por su hospitalidad tejana y por el acceso a una selección de eventos del circuito; Rick Schloss, el director de medios durante treinta años del Buick Invitational y el Farmers Insurance Open del Torrey Pines; Dave Cordero, director de comunicaciones del Salón de la Fama del Golf Mundial y su museo, por el enlace al discurso de aceptación de Mark O'Meara en 2015; Tom Clearwater, por facilitarnos al contacto con algunos asiduos de Las Vegas; Norm Clarke,

Mr. Las Vegas y creador de *NORM!*, su diario de la ciudad; Rick Ryan, presidente del Brooklawn Country Club; Barclay Douglas Jr. y otros miembros del Newport Country Club; Ed Mauro; Tom Graham, del Country Club of Fairfield, y al Dr. Gary Gray, fisioterapeuta, director del Gray Institute y practicante y padre fundador de la Ciencia Funcional Aplicada.

Antes de hacer una lista con los periodistas y analistas deportivos y de golf a los que queremos darles las gracias, pedimos disculpas a todos aquellos de los que nos hayamos olvidado sin quererlo. Las crónicas de la carrera de Tiger han sido escritas por algunos de los mejores de la profesión. Pasamos a mencionarlos en orden alfabético y junto al empleo que tenían durante su trato con Woods: Karen Allen, *USA Today*; Nancy Armour, *USA Today*; Michael Bamberger, *Sports Illustrated*; Thomas Bonk, *Los Angeles Times*; Nick Canepa, *San Diego Union-Tribune*; Mark Cannizzaro, *New York Post*; Brandel Chamblee, Golf Channel; Tim Crothers, *Sports Illustrated*; Karen Crouse, *New York Times*; Tom Cunneff, *People*; Steve DiMeglio, *USA Today*; Larry Dorman, *New York Times*; Tim Elfrink, *Miami New Times*; Doug Ferguson, Associated Press; Gus Garcia-Roberts, *Newsday*; Shav Glick, *Los Angeles Times*; Hank Gola, *New York Daily News*; Bob Harig, ESPN. com; Mickey Herskowitz, *Houston Chronicle*; Tod Leonard, *San Diego Union-Tribune*; Robert Lusetich, Fox Sports.com; Jonathan Mahler, *New York Times*; Cameron Morfit, *Sports Illustrated*; Ian O'Connor, ESPN.com; Bill Pennington, *New York Times*; Bill Plaschke, *Los Angeles Times*; Rick Reilly, *Sports Illustrated*; Howard Richman, *Kansas City Star*; Mark Seal, *Vanity Fair*; Ed Sherman, *Chicago Tribune*; Alan Shipnuck, *Sports Illustrated*; Ron Sirak, Associated Press y Ronsirak.com; Gary Smith, *Sports Illustrated*; Howard Sounes, autor; Gary Van Sickle, *Sports Illustrated*; Dan Wetzel, Yahoo Sports; y Michael Wilbon, *Washington Post*.

Por último, está el equipo editorial, empezando por nuestro agente, Richard Pine, inteligente, creativo, siempre dispuesto a apoyarnos y, sobre todo, un gran amigo. Estuvo a nuestro lado a lo largo de todo el proyecto, desde la idea hasta la publicación. Dorothea Halliday nos dio valiosísimas opiniones y guía en lo referente a la narrativa. Kelvin Bias fue nuestro sagaz verificador de información. Nuestro redactor, Jofie Ferrari-Adler, nos guio inteligente y perspicazmente y nos ayudó a transformar la narrativa. Y fue un lujo trabajar con nuestro editor, Jon Karp, y también con el responsable de corrección, Jonathan Evans, y con todo el equipo de Simon & Schuster, incluidos Julianna Haubner, editora asociada; Richard Rhorer, asistente editorial; Larry Hughes, subdirector de publicidad; Dana Trocker, subdirectora de marketing; Kristen Lemire, editora en jefe; Lisa Erwin, directora de producción; Samantha Hoback, editora de producción; Ben Holmes, corrector; Laura Ogar, confeccionadora del índice; Jackie Seow, diseñadora de la portada; y Carly Loman, que le ha dado a las páginas de este libro ese aspecto limpio y fresco.